OETTLE

Raumwirtschaftliche Aspekte
einer Betriebswirtschaftslehre des Verkehrs

CIP-Kurztitelaufnahme der Deutschen Bibliothek

<u>Oettle, Karl</u>
Raumwirtschaftliche Aspekte einer Betriebswirtschaftslehre des Verkehrs.- Hannover: Schroedel, 1978.
 (Veröffentlichungen der Akademie für Raumforschung und Landesplanung: Abhandlungen; Bd. 77)
 ISBN 3-507-91 474-3

VERÖFFENTLICHUNGEN
DER AKADEMIE FÜR RAUMFORSCHUNG UND LANDESPLANUNG

Abhandlungen
Band 77

Raumwirtschaftliche Aspekte einer Betriebswirtschaftslehre des Verkehrs

von

KARL OETTLE

HERMANN SCHROEDEL VERLAG KG · HANNOVER · 1978

Anschrift des Verfassers:
Prof. Dr. Karl Oettle,
Sandstraße 11, 8034 Unterpfaffenhofen

Best-Nr. 91 474
ISB 3-507-91 474-3

Alle Rechte vorbehalten · Hermann Schroedel Verlag KG, Hannover 1978
Gesamtherstellung: Schweiger & Pick Verlag, 3100 Celle
Auslieferung durch den Verlag

INHALTSVERZEICHNIS

Seite

I. Absicht und Plan der Arbeit 1

II. Wissenschaftssystematische und gegenstandsgebietliche Probleme 7
   1. Wirtschaftswissenschaften als Entscheidungshilfen 7
   2. Notwendigkeit von Zweigwirtschaftslehren in Volkswirtschaftslehre und Betriebswirtschaftslehre 9
   3. Räumliche Eigenschaften des Verkehrs als eine zentrale Eigenart dieses Wirtschaftszweiges 11
   4. Konkurrenz der Wirtschaftszweige und -betriebe, Konkurrenz der Wirtschaftsräume und Gemeinden 17
   5. Verkehrsanschlüsse als wesentliche Faktoren in der Konkurrenz der Wirtschaftsräume und Gemeinden 19

III. Methodische Probleme und Lösungsansätze 22
   1. Wirtschaftstheorie als Eigenschafts- und Beziehungsanalyse; Gegenstände der volkswirtschaftlichen und der betriebswirtschaftlichen Analyse 22
   2. Komplementarität morphologischer, ablaufstheoretischer und prognostischer Methoden 24
   3. Strukturanalyse als erster Schritt der Gewinnung raumwirtschaftlicher Aspekte einer Betriebswirtschaftslehre des Verkehrs 26
   4. Zusammenhänge zwischen Gebildestrukturen, Prozessen und Situationen 27
   5. Strukturelle Verknüpfungen zwischen Betrieben, Verkehrsmärkten und Wirtschaftsräumen 28
   6. Prozessuale Verknüpfungen zwischen Betrieben, Verkehrsmärkten und Wirtschaftsräumen 33
   7. Unterscheidungen und Verknüpfungen zwischen privater und öffentlicher Verkehrswirtschaft 35
   8. Raumwirtschaftliche Bedingtheit und Bedeutung verkehrswirtschaftlicher Prognosen 40

IV. Strukturpolitische Probleme 43

  A. Kontroverse Prinzipien der Führung von Verkehrsbetrieben und -verwaltungen 43
    1. Übersicht über Kriterien der Unterscheidung verkehrs- und raumwirtschaftlich bedeutsamer Betriebsführungsprinzipien 43
    2. Äußere Freiheit oder Bindung der Betriebsführung: Autonomie- oder Organprinzip 45
    3. Oberste Leitmaxime der betrieblichen Betätigung: Erwerbs- oder Dienstprinzip 48
    4. Eigentum am Betrieb: Private oder öffentliche Betriebsführung 50
    5. Zentren der betrieblichen Willensbildung: Alleinbestimmung oder Mitbestimmung 52
    6. Innere Bindung oder Freiheit der Betriebsführung: Zentralität oder Dezentralität 54

  B. Kriterien der Wahl betrieblicher Führungs- und Verwaltungsgrundsätze im Verkehr 56
    1. Grund- und Zweckmäßigkeitsentscheidungen, volkswirtschafts- und betriebswirtschaftspolitische Entscheidungen über Betriebsführungsgrundsätze 56
    2. Volkswirtschaftspolitische Grund- und Zweckmäßigkeitsentscheidungen ... 58
    3. Betriebswirtschaftspolitische Grund- und Zweckmäßigkeitsentscheidungen .. 61

	Seite

C. Raumwirtschaftliche Auswirkungen der Wahl bestimmter verkehrsbetrieblicher Führungs- und Verwaltungsprinzipien 62

    1. Wirkungskette, Wirkungszurechnung, Wirkungszeiträume 62
    2. Typen raumwirtschaftspolitischer Grundentscheidungen 65
    3. Typen volks- und betriebswirtschaftlicher Grundentscheidungen im Verkehr 69
    4. Bedingungen raumwirtschaftlicher Neutralität volks- und betriebswirtschaftlicher Grundentscheidungen im Verkehr 71
    5. Konträre oder komplementäre raumwirtschaftspolitische und verkehrspolitische Grundentscheidungen 74
    6. Konträre oder komplementäre raumwirtschaftspolitische und verkehrsbetriebliche Grundentscheidungen 79

V. Absatz- bzw. angebotspolitische Probleme als Beispiele ablaufpolitischer Fragen . . 84

  A. Verknüpfungen zwischen Struktur- und Ablaufpolitik im Verkehr am Beispiel der Absatz- bzw. Angebotspolitik 84

    1. Oberzielstruktur und Potentialstruktur von Verkehrsbetrieben 84
    2. Betriebsstrukturelle Möglichkeitsrahmen der Absatz- bzw. Angebotspolitik im Verkehr 85
    3. Ziel- und Ereignisadäquanz von Entscheidungen 89

  B. Verkehrliche Preispolitik 89

    1. Oberziele und Leistungsverwertung von Verkehrsbetrieben 89
    2. Preispolitik als Zweig der Absatz- bzw. Angebotspolitik im Verkehr . . . 95
    3. Verkehrliche Preispolitik und Raumwirtschaft 102

  C. Verkehrliche Dienstbereitschaft 113

    1. Fahrplanpolitik als Zweig der Absatz- bzw. Angebotspolitik im Verkehr . . 113
    2. Einzelwirtschaftliche Kosten und Nutzen verkehrlicher Dienstbereitschaft . . 115
    3. Verkehrliche Dienstbereitschaft und Raumwirtschaft 118

VI. Rechnerische Probleme 122

  A. Kaufmännische und öffentliche Erfolgsrechnungen 122

    1. Betriebsziele, Rechnungsziele, Rechnungsstoff 122
    2. Raumwirtschaftspolitische Erfolge im Verkehr 125

  B. Kaufmännische und öffentliche Investitionsrechnungen 129

    1. Bedürfnisse nach Kosten-Nutzen-Untersuchungen in der privaten und in der öffentlichen Wirtschaft 129
    2. Allgemeine Probleme von Kosten-Nutzen-Untersuchungen 132
    3. Verkehrsspezifische Probleme von Kosten-Nutzen-Untersuchungen 133

VII. Prognostische Probleme 137

    1. Wahrscheinlichkeitscharakter von Prognosen 137
    2. Partialanalytischer Charakter üblicher verkehrswirtschaftlicher Prognosen . . 138
    3. Instrumentaler Charakter verkehrswirtschaftlicher Prognosen 140

Literaturverzeichnis 142

I. Absicht und Plan der Arbeit

Die Betriebswirtschaftslehre des Verkehrs (Verkehrsbetriebslehre) ist eines der speziellen Gebiete der Einzelwirtschaftslehre, die — im Gegensatz zu anderen, den speziellen Funktionslehren etwa der Produktion, des Absatzes, der Finanzierung — nach Wirtschaftszweigen gegliedert sind. Diese Art spezieller Betriebswirtschaftslehren (Wirtschaftszweiglehren) ist ebenso wie das Bündel jener speziellen Lehren der Volkswirtschaftspolitik, das die Politik gegenüber einzelnen Wirtschaftszweigen behandelt, neuerdings heftigen Angriffen ausgesetzt. Wissenschaftsreformer leugnen die Sinnhaftigkeit solcher Spezialisierung und fordern eine sie beseitigende „Entrümpelung" der Wirtschaftswissenschaften; Konstrukteure von Lehrplänen und Hochschulsystemen wollen das Wirtschaftszweigeigentümliche nur noch zur Exemplifizierung allgemeiner Lehren zulassen [2]); auf betriebs- und volkswirtschaftliche Fachgebiete spezialisierte Politiker schwimmen auf diesen Strömungen und geben ihnen Nahrung zugleich, indem sie das Vorhandensein etwa von Eigenarten der Verkehrswirtschaft bestreiten und allgemeine Patentrezepte zur Lösung zweigwirtschaftlicher Probleme propagieren [3]), die nur als „fürchterliche Vereinfachungen" im Sinne Jacob Burckhardts bezeichnet werden können. Diese Zeiterscheinungen veranlassen mich als einen der Vertreter des Faches Betriebswirtschaftslehre des Verkehrs, dessen raumwirtschaftliche Aspekte herauszuarbeiten, um damit — wie mit vielerlei anderen Arbeiten [4]) — darzutun, daß dieses Fach nicht nur eine Existenzberechtigung hat, sondern dringend des Ausbaues bedarf, weil es sowohl einzelwirtschaftliche als auch brennende gesamtwirtschaftliche Fragen auf rationalem Wege lösen helfen kann.

---

[1]) So etwa Fritz Hufen: Die Zukunft der Wirtschaftswissenschaften, Mannheimer Morgen vom 16. Juli 1966.

[2]) Siehe zum Beispiel: Reimut Jochimsen (Leiter), Arbeitsgruppe Wirtschafts- und Sozialwissenschaften. In: Studienreform — Ein Beitrag zur Reform der Universität, Studienstiftung des Deutschen Volkes 6, Bonn 1965, S. 15 ff., insbes. S. 23.
Anders beispielsweise: *Deutsche Studentenunion (DSU):* Vorschlag für die Reform des wirtschaftswissenschaftlichen Studiums, Schriftenreihe der DSU 2, Bonn 1970, wo interessanterweise „Raumordnung und Verkehrswirtschaft" als eine „Studienrichtung" aufgeführt werden (S. 37).
Einen Überblick über die derzeitige Lage geben Heidelore Dillkofer und Jürgen Kuhlmann; Zur Situation der Wirtschafts- und Sozialwissenschaften und der entsprechenden Hochschulausbildung. In: Thomas Ellwein und Ralf Zoll (Hrsg.), Wirtschafts- und Verwaltungswissenschaften — Curriculum für die Hochschulen der Bundeswehr, Opladen 1975, S. 117 ff.

[3]) Vgl. für viele Ernst Müller-Herrmann: DB-Sanierung — höchste Eisenbahn, Stuttgart 1976, S. 23 ff; *Bundesverband der Industrie e.V.:* Verkehrspolitik vor der Entscheidung — Zukunft der Bundesbahn, eine Stellungnahme des BDI, BDI-Drucksache Nr. 96, Köln 1973; *Deutscher Industrie- und Handelstag:* Die Entwicklung der gemeinsamen Verkehrspolitik — Stellungnahme zur Mitteilung der Kommission an den Rat über die Entwicklung der gemeinsamen Verkehrspolitik vom 23. Oktober 1973, Bonn 1974, insbes. S. 5 f. und S. 9 ff.

[4]) Eine Auswahl sei genannt: Tarif- und investitionspolitische Fragen des kommunalen Personen-Nahverkehrs. In: Der Gemeindehaushalt 65 (1964), S. 265 ff.; Voraussetzungen und Folgen einer unternehmungsweisen Führung der Deutschen Bundesbahn. In: Betriebswirtschaftliche Forschung und Praxis 16 (1964), S. 385 ff., wieder abgedruckt in: Grundfragen öffentlicher Betriebe I — Ausgewählte Aufsätze zur Zielsetzung, Führung und Organisation öffentlicher Betriebe, Baden-Baden 1976, S. 71 ff.; Die gegenwärtige Bedrängnis der Deutschen Bundesbahn in öffentlichwirtschaftlicher Sicht. In: Betriebswirtschaftliche Forschung und Praxis, 18 (1966), S. 74 ff., 143 ff. und 200 ff.; Demolierung des öffentlichen Flächenverkehrs aus betriebswirtschaftlichen Gründen?

Eine zweite Absicht der Arbeit hat mit der Sache selbst zu tun; sie ist darauf gerichtet, den betriebswirtschaftlichen Gehalt von Verkehrsfragen für die Raumordnung nutzbar zu machen. In erster Annäherung sind kaum Zusammenhänge zwischen der Führung von Verkehrsbetrieben und dem Instrumentarium von Raumordnung und Landesplanung zu vermuten, zumal die Betriebswirtschaftslehre sich bis jetzt — leider — hauptsächlich mit privaten kaufmännischen Unternehmungen befaßt hat [5]). Wird aber zur Kenntnis genommen, daß die Verkehrswirtschaft in unserem Staat wie in anderen Industriestaaten zu einem erheblichen Teil von öffentlichen Betrieben getragen wird [6]), daß diese geborene Instrumente öffentlicher Politik sind [7]), und daß Verkehrmärkte wegen ihrer Eigenarten

---

In: Verkehrswirtschaftliche Informationen 13 (1968), Nr. 1-3, S. 2 ff.; Wasserstraßen in betriebswirtschaftlicher und volkswirtschaftlicher Sicht. In: Die Kanalschiffahrt im Jahre 1968/1969, Bericht über die Ordentliche Mitgliederversammlung des Schiffahrtverbandes für das westdeutsche Kanalgebiet e. V., Dortmund 1969, S. 115 ff.; Eigenwirtschaftliche Wegenetze? — Kritische Anmerkungen zum Wegekostenbericht. In: Hamburger Jahrbuch für Wirtschafts- und Gesellschaftspolitik 15 (1970), S. 177 ff.; Verantwortung und Gefährdung der wissenschaftlichen Berater im Verkehrswesen. In: Rainer Willeke (Hrsg.), Wissenschaftliche Beratung der verkehrspolitischen Planung, Düsseldorf 1971, Festschrift zum 50-jährigen Bestehen des Instituts für Verkehrswissenschaft an der Universität zu Köln, S. 27 ff., gleichzeitig in: Zeitschrift für Verkehrswissenschaft 42 (1971), S. 27 ff.; Der Verkehr, der Einzelne und die Gesellschaft. In: Karl Lechner (Hrsg.), Analysen zur Unternehmenstheorie, Festgabe für Leopold Illetschko, Berlin 1972, S. 221 ff.; Grenzen des ökonomischen Prinzips im Verkehr. In: Emil Meynen (Hrsg.) unter Mitarbeit von Egon Riffel, Geographie heute — Einheit und Vielfalt, Ernst Plewe zu seinem 65. Geburtstag, Wiesbaden 1972 (Geographische Zeitschrift, Beihefte: Erdkundliches Wissen, Heft 33), S. 46 ff.; Über die zukünftige Finanzierung der Aufgaben des öffentlichen Personen-Nahverkehrs. In: Akademie für Raumforschung und Landesplanung (Hrsg.). Die Kernstadt und ihre strukturgerechte Verkehrsbedienung, Forschungs- und Sitzungsberichte, Bd. 92 (Raum und Verkehr 11), Hannover 1974, S. 149 ff.; Berufsverkehr. In: Eduard Gaugler (Hrsg.), Handwörterbuch des Personalwesens, Stuttgart 1975, Sp 591 ff.; Probleme der absatzorientierten Unternehmenspolitik im öffentlichen Verkehr. In: Verkehrsannalen 22 (1974), S. 93 ff.; Verkehrsbetrieb und Verkehrsbetriebslehre. In: Erich Grochla und Waldemar Wittmann (Hrsg.), Handwörterbuch der Betriebswirtschaft, 4. Aufl., Band 3, Stuttgart 1976, Sp. 4150 ff.; Verkehrsprobleme im ländlichen Raum, in größere Zusammenhänge gestellt. In: Der Landkreis 46 (1976), S. 211 ff.; Bundesbahn — quo vadis?. In: ETR — Eisenbahntechnische Rundschau 26 (1977), S. 449 ff.; Zur „Optimalität" öffentlicher Verkehrsnetze. In: Zeitschrift für Eisenbahnwesen und Verkehrstechnik — Glasers Annalen 101 (1977), S. 174 ff.

[5]) Hierüber insbesondere GERHARD WEISSER, siehe unter anderem: Die Unternehmensmorphologie — nur Randgebiet? — Bemerkungen zu ihrer Erkenntniskritik und Methodologie. In: Archiv für öffentliche und freigemeinnützige Unternehmen 8 (1967), S. 1 ff.; siehe etwa auch W. W. ENGELHARDT: Die öffentlichen Unternehmen und Verwaltungen als Gegenstand der Einzelwirtschaftsmorphologie und -typologie. In: Zeitschrift für Betriebswirtschaft 44 (1974), S. 483 ff. und S. 577 ff.; THEO THIEMEYER: Gemeinwirtschaft in Lehre und Forschung, Schriftenreihe Gemeinwirtschaft 13, Frankfurt (Main) 1974; *derselbe:* Wirtschaftslehre öffentlicher Betriebe, Reinbek bei Hamburg 1975, insbes. S. 20 ff.; HERBERT R. HAESELER: Prolegomena zur Betriebswirtschaftslehre gemeinwirtschaftlicher Betriebe und öffentlicher Verwaltungen. In: Herbert R. Haeseler (Hrsg.), Gemeinwirtschaftliche Betriebe und öffentliche Verwaltungen, Zeitschrift für betriebswirtschaftliche Forschung Sonderheft 5/1976, S. 9 ff.; KARL OETTLE: Öffentliche Verwaltung und Betriebswirtschaftslehre, Sonderdruck der Kommunalen Gemeinschaftsstelle für Verwaltungsvereinfachung (KGSt) 1971; *derselbe:* Die Bedeutung der Betriebswirtschaftslehre für wirtschaftsdidaktische Bemühungen. In: Reiner Buchegger u. a., Bezugswissenschaften der Wirtschaftslehre und Wirtschaftslehrerbildung, Trier 1977, S. 67 ff., inbes. S. 82 ff.

[6]) Siehe: *Europäische Zentrale der öffentlichen Wirtschaft (CEEP):* Die Bedeutung der öffentlichen Wirtschaft in der Europäischen Gemeinschaft, Brüssel 1975.

[7]) Vgl. KARL OETTLE: Öffentliche Betriebe. In: Erich Grochla und Waldemar Wittmann (Hrsg.), Handwörterbuch der Betriebswirtschaft, 4. Aufl., Band 2, Stuttgart 1975, Sp. 2792 ff., insbes. S. 2795 f.; ausführlich über den instrumentalen Sinn öffentlicher Betriebe THEO THIEMEYER: Gemeinwirtschaftlichkeit als Ordnungsprinzip — Grundlegung einer Theorie gemeinnütziger Unternehmen, Berlin 1970, insbes. S. 213 ff.; *derselbe:* Wirtschaftslehre öffentlicher Betriebe, a.a.O., S. 60 ff.

auch und gerade bei einer etwaigen verkehrspolitischen Untätigkeit des Staates von diesem beeinflußt werden [8]), dann wird schon in Umrissen sichtbar, inwiefern nicht nur einige, sondern sogar recht viele wichtige und enge Beziehungen zwischen der Führung von Verkehrsbetrieben und der Raumwirtschaftspolitik bestehen. Diese Zusammenhänge sollen aufgezeigt und gewürdigt werden.

Die Arbeit soll sechs Problemkreise behandeln, die das Thema ansprechen; der erste ist wissenschafts- und gegenstandssystematischen, der zweite methodischen, der dritte institutionellen und strukturpolitischen, der vierte absatz- bzw. angebotspolitischen, der fünfte rechnerischen und der sechste prognostischen Fragen gewidmet. Die Erörterung der beiden ersten Problemkreise von wissenschaftssystematischer und methodischer Natur soll den logischen Grund für die dann folgende Behandlung verkehrswirtschaftlichen Stoffes legen. Diese wendet sich mit dem institutionellen (strukturpolitischen) und dem angebotspolitischen (bzw. absatzpolitischen) Problemkreis zunächst den Oberzielen von Verkehrsbetrieben und der Leistungsverwertung dieser Betriebe zu. Die Oberziele von Verkehrsbetrieben sind mit maßgebend dafür, wie sie sich rationalerweise auf allen ihren Funktionsgebieten verhalten, und zwar auch auf dem der Leistungsverwertung (Absatz, Angebot), auf dem vor allem raumwirksame verkehrsbetriebliche Entscheidungen getroffen werden. Die beiden weiteren stofflichen Problemkreise befassen sich mit jenen Instrumenten der Führung von Verkehrsbetrieben, die als Erfolgs- und Investitionsrechnungen sowie als Prognosen der Vorbereitung bzw. der nachträglichen Würdigung ihrer Entscheidungen dienen. Diese Instrumente sind auch bei öffentlichen Verkehrsbetrieben weithin noch dieselben wie bei privaten kaufmännischen Unternehmungen und deshalb nicht geeignet, gesellschaftliche Kosten und Nutzen der Betriebstätigkeit zu erfassen [9]), was unter anderem notwendig wäre, wenn die Betriebe unter anderem auch in den Dienst der Raumwirtschaftspolitik gestellt werden sollen [10]). Was in den zu je einem dieser Problemkreise gehörenden folgenden sechs Kapiteln der Arbeit im einzelnen abgehandelt wird, zeigt diese Übersicht:

In dem wissenschaftssystematischen und gegenstandsgebietlichen Kapitel (II) wird davon ausgegangen, daß die Wirtschaftstheorie Entscheidungshilfe sein will. Da die Probleme, über die in den Einzelwirtschaften wie in der Gesamtwirtschaft entschieden werden muß, nicht nur wirtschaftssystem- und oberzielbezogen, sondern wegen ihrer

---

[8]) Siehe: KARL OETTLE; Ökonomismus und Rationalität in der Verkehrspolitik. In: Verkehrsannalen 15 (1968), S. 95 ff.

[9]) Hierüber KARL OETTLE: Betriebserfolge in der privaten und in der öffentlichen Wirtschaft, Sonderdruck der Kommunalen Gemeinschaftsstelle für Verwaltungsvereinfachung KGSt, Köln-Marienburg 1972, wieder abgedruckt in: Grundfragen öffentlicher Betriebe I, a.a.O., S. 37 ff.; PETER JÄGER: Probleme und Möglichkeiten einer mit sozialen Kosten und Nutzen erweiterten Erfolgswürdigkeit öffentlicher Betriebe des Personen-Nahverkehrs, Diss. München 1974, als Buch leicht gekürzt und überarbeitet unter dem Titel: Soziale Nutzen — soziale Kosten im öffentlichen Personennahverkehr, Konzept einer gemeinwirtschaftlichen Erfolgswürdigung, Düsseldorf 1976; PETER EICHHORN: Entwurf einer gesellschaftsbezogenen Erfolgsrechnung für öffentliche Unternehmen. In: Peter Mertens (Hrsg.), Die Unternehmung in ihrer gesellschaftlichen Umwelt, Wiesbaden 1974, S. 137 ff.; THEO THIEMEYER: Wirtschaftslehre öffentlicher Betriebe, a.a.O., S. 258 ff.

[10]) Siehe hierzu THEO THIEMEYER: Wirtschaftslehre öffentlicher Betriebe, a.a.O., S. 60 ff.; vgl. auch: KARL OETTLE: Forderungen der Landesplanung an die Verkehrsplanung. In: Raumforschung und Raumordnug 30 (1972), S. 108 ff. Politische Dokumente zur Frage: *Kommission der Europäischen Gemeinschaften,* Memorandum der Kommission über den Verkehr als Mittel der Regionalpolitik und der Raumordnung auf Gemeinschaftsebene, Brüssel 31. Oktober 1972, SEK (72) 3827 endg.; *Deutscher Industrie und Handelstag:* Verkehrspolitik und Regionalpolitik — Zum Memorandum der Kommission der Europäischen Gemeinschaften „Der Verkehr als Mittel der Regionalpolitik und der Raumordnung auf Gemeinschaftsebene", Bonn 1973.

Abhängigkeit von Produktions- und Marktbedingungen auch gegenstandsbezogen sind, ist es notwendig, sowohl in der Volkswirtschaftslehre als auch in der Betriebswirtschaftslehre die sogenannten Zweigwirtschaftslehren zu pflegen. Diese haben insbesondere zu untersuchen, inwieweit die Eigenarten der großen Wirtschaftszweige die jeweils zu lösenden Probleme mitbestimmen. Das Vorhandensein solcher Eigenarten wird von manchen Wissenschaftsreformern und Praktikern der Politik geleugnet. Was beispielsweise den Verkehr angeht, so lassen sich jedoch eine ganze Reihe von Eigentümlichkeiten nachweisen, die bewirken, daß die verkehrswirtschaftlichen Probleme teilweise von ganz anderer Natur sind als etwa die industriewirtschaftlichen. Eine zentrale Eigenart der Verkehrswirtschaft stellen ihre räumlichen Eigenschaften dar, insbesondere die räumliche Erstreckung der Transportleistungen, die räumliche Festlegung der verkehrlichen Infrastruktur, die zwischen Wirtschaftsräumen und zwischen Orten bestehenden verkehrlichen Affinitäten, das Vorhandensein räumlicher Teilmärkte für Transportobjekte und Verkehrsleistungen sowie die Verschiedenartigkeit, mit der die einzelnen Gebiete an die großen Verkehrsnetze angeschlossen sind. Was letzteres angeht, so handelt es sich um einen wesentlichen Faktor in der Konkurrenz, in der die Wirtschaftsräume zueinander stehen. Die Verkehrsanschlüsse beeinflussen über die Produktions-, Beschaffungs- und Absatzmöglichkeiten einmal die regionalen und lokalen *Erwerbs*möglichkeiten in entscheidendem Maße. Zum anderen stellen sie einen wesentlichen Bestandteil der jeweiligen regionalen und lokalen *Verbrauchs*möglichkeiten dar. Aus beiderlei Gründen sind sie wichtige Kriterien der Standort- und Wohnsitzwahl.

In dem methodischen Kapitel (III) wird zunächst darüber gehandelt, daß Wirtschaftstheorie Beziehungsanalyse ist. Sodann wird dargestellt, wie diese Analyse komplementärer morphologischer, ablaufstheoretischer und prognostischer Methoden bedarf, wenn sie Entscheidungshilfe sein soll. Zuerst müssen die Strukturanalyse und -abbildung als morphologische Methoden eingesetzt werden, wenn raumwirtschaftliche Aspekte einer Betriebswirtschaftslehre des Verkehrs herausgearbeitet werden sollen. Sie werden benötigt, um strukturelle Verknüpfungen zwischen Wirtschaftsräumen, Verkehrsmärkten, Verkehrszweigen und Verkehrsbetrieben aufzudecken sowie um Verknüpfungen zwischen öffentlicher und privater Verkehrswirtschaft darzustellen. In einem zweiten Schritt werden dann Ablaufsanalyse und -abbildung benötigt, wenn es gilt, raumwirtschaftliche Aspekte einer Betriebswirtschaftslehre des Verkehrs zu beschreiben. Diese Analysen dienen dazu, Verknüpfungen zwischen verkehrsbetrieblichen, verkehrsmarktlichen und raumwirtschaftlichen Prozessen aufzuzeigen. Drittens ist es schließlich notwendig, die raumwirtschaftliche Bedingtheit und Relevanz verkehrbetrieblicher wie verkehrswirtschaftlicher Prognosen darzulegen, die gewissermaßen den Schlußstein bilden, wenn verkehrsbetriebliche, verkehrspolitische oder kombinierte verkehrs- und raumwirtschaftspolitische Entscheidungen theoretisch fundiert werden sollen. Beispielsweise braucht man für verkehrs- und raumwirtschaftspolitische Entscheidungen Vorstellungen über die Entwicklung von Verkehrsströmen, die ihrerseits davon abhängen, wie sich die ökonomischen Potenzen und ihre Verteilung im Raume entwickeln, worauf hinwiederum die Raumwirtschaftspolitik Einfluß zu nehmen vermag.

Das Kapitel über die institutionellen (strukturpolitischen) Probleme (IV) ist dreigeteilt. Zuerst werden kontroverse Prinzipien der Führung von Verkehrsbetrieben und Verkehrsverwaltungen behandelt (IV A), nämlich: Autonomie- und Organprinzip; Erwerbs- und Dienstprinzip; private und öffentliche Führung; alleinbestimmte und mitbestimmte Führung; zentrale und dezentrale Führung oder Verwaltung. Sodann werden Kriterien der Wahl betrieblicher Führungs- und Verwaltungsprinzipien im Verkehr gewonnen (IV B). Als solche kommen in Frage: volkswirtschaftspolitische (Ziel-) Grundentscheidungen; volkswirtschaftliche Zweckmäßigkeitsentscheidungen; betriebswirtschaftspolitische (Ziel-) Grundentscheidungen; betriebswirtschaftspolitische Zweckmäßigkeitsentscheidungen. Schließlich werden raumwirtschaftliche Auswirkungen der Wahl bestimmter betrieblicher Führungs- und Verwaltungsprinzipien im Verkehr erörtert (IV C). Dabei werden herausgearbeitet: Typen raumwirtschaftspolitischer Grundentscheidungen; Typen volks- und betriebswirtschaftspolitischer Grundentscheidungen im Verkehr; Voraussetzungen (Bedingungen) raumwirtschaftlicher Neutralität volks- und betriebswirtschaftspolitischer Grundentscheidungen im Verkehr; konträre Grundentscheidungen von Raumwirtschaftspolitik auf der einen und verkehrswirtschaftlicher sowie verkehrsbetrieblicher Politik auf der anderen Seite; komplementäre Grundentscheidungen von Raumwirtschaftspolitik auf der einen und verkehrswirtschaftlicher sowie verkehrsbetrieblicher Politik auf der anderen Seite. Hier wird noch deutlicher als in vorangegangenen Kapiteln (II und III) werden, daß Verkehrspolitik nicht nur Wettbewerbspolitik gegenüber den Verkehrsbetrieben sein kann, sondern immer zugleich auch Politik des Wettbewerbs ist, der zwischen den Wirtschaftsräumen um die Entwicklungsmöglichkeiten besteht. Nur wenn die Verkehrspolitiker dies berücksichtigen, wird es zu allein rationalen komplementären, einander stützenden Grundentscheidungen in Verkehrs- und Raumwirtschaftspolitik kommen. Wird diese Ambivalenz der Verkehrspolitik hingegen zugunsten ihrer einseitigen Konzentration auf die Regulierung des Wettbewerbs zwischen den Verkehrszweigen und -betrieben außer acht gelassen, so werden verkehrspolitische und raumwirtschaftspolitische Grundentscheidungen einander konterkarieren, es sei denn, es würde eine Raumwirtschaftspolitik des laisser faire betrieben.

Die ablaufstheoretischen Probleme können ihrer starken Verästelung wegen nur exemplarisch behandelt werden. Weil sie für die raumwirtschaftlichen Wirkungen des Verkehrs besonders wichtig sind, werden in dem prozeßpolitischen (ablaufpolitischen) Kapitel (V) zwei Gebiete der Absatz- bzw. Angebotspolitik herausgeriffen, und zwar die verkehrliche Preispolitik und die Politik der verkehrlichen Dienstbereitschaft. Was die erstere angeht, so wird über die Bedeutung der Betriebsziele für die Absatzpolitik im Verkehr, über die Rolle der Preispolitik im Instrumentarium der verkehrlichen Absatz- bzw. Angebotspolitik sowie über die heute gern kleingeschriebene Bedeutung gehandelt, die die Verkehrspreispolitik für die Raumwirtschaft besitzt. Was die verkehrliche Dienstbereitschaft betrifft, so wird zunächst die unterschiedliche Rolle dargestellt, die Nutzkosten und Leerkosten einerseits bei Sachleistungs- und andererseits bei Dienstleistungsbetrieben spielen. Sodann gilt es, kostenwirtschaftliche Aspekte der Dienstbereitschaft herauszuarbeiten. Schließlich werden die raumwirtschaftlichen Einflüsse erörtert, die auf Grund der Reaktionen von Verkehrsnutzern auf gute oder schlechte Gestaltung der verkehrlichen Dienstbereitschaft entstehen.

Das Kapitel über die rechnerischen Probleme (VI) ist zweigeteilt. Der erste Teil (VI A) ist den Gemeinsamkeiten und Unterschieden gewidmet, die zwischen kaufmännischen und öffentlichen (gesellschaftlichen) Erfolgsrechnungen bestehen. Dabei wird davon ausgegangen, daß die Betriebsziele die Rechnungsziele sowie den Rechnungsstoff bestimmen. Sodann wird dargelegt, worin kaufmännische und worin öffentliche Rechnungsziele bestehen. Je nach den Rechnungszielen muß sich das Rechnungswesen um die Erfassung verschiedenartiger Erfolgskategorien bemühen. Beispielsweise ist es unmöglich, für öffentliche Haushalte Rentabilitäten zu errechnen, die im Mittelpunkt der Bemühungen des kaufmännischen Rechnens stehen. Umgekehrt steht der finanzwirtschaftliche Deckungserfolg im Zentrum der öffentlichen Erfolgsrechnung, für den es in der kaufmännischen Rechnung keine Parallele geben kann, weil kaufmännische Unternehmungen von Verkaufserlösen und nicht von Zwangsertragseinnahmen leben. Als wichtigstes

Ergebnis ist die Tatsache zu würdigen, daß kaufmännische Rentabilitäten nichts über die sozialökonomische, hier: über die raumwirtschaftliche Nützlichkeit von Verkehrsdiensten und verkehrlichen Infrastrukturangeboten auszusagen vermögen. Der zweite Teil dieses «rechnerischen» Kapitels (VI B) befaßt sich mit den Gemeinsamkeiten und Unterschieden, die es zwischen kaufmännischen und öffentlich-wirtschaftlichen Investitionsrechnungen gibt. Dabei werden die unterschiedlichen Bedürfnisse herausgearbeitet, die es in der privaten und in der öffentlichen Wirtschaft für Kosten-Nutzen-Untersuchungen gibt, die mehr Rechnungszielen als die lediglich rentabilitätsorientierten kaufmännischen Investitionskalkulationen dienen. Des weiteren werden allgemeine und verkehrsspezifische Probleme von Kosten-Nutzen-Untersuchungen für Investitionsvorhaben erörtert.

Das letzte Kapitel (VII) beschäftigt sich mit Prognosefragen. Zuerst wird über den Wahrscheinlichkeitscharakter von Prognosen, sodann über den partialanalytischen Charakter üblicher verkehrswirtschaftlicher Prognosen und schließlich über den instrumentalen Charakter dieser Prognosen gehandelt.

II. Wissenschaftssystematische und gegenstandsgebietliche Probleme

1. Wirtschaftswissenschaften als Entscheidungshilfen

Sieht man von ihrer wirtschaftspädagogischen Aufgabe ab, die bis heute noch viel zu kurz kommt [11]), so ist es Hauptaufgabe der Wirtschaftswissenschaften, wirtschaftliche Entscheidungen rationaler machen zu helfen [12]). Dabei haben sich die Bemühungen der wirtschaftswissenschaftlichen Disziplinen sowohl auf die Vorbereitung von Entscheidungen als auch auf die Verbesserung der Beurteilung des Erfolges von Entscheidungen zu richten. Beides hängt insofern miteinander zusammen, als die Beurteilung des Erfolges früherer Entscheidungen dazu dienen kann, künftige Entscheidungen der gleichen Art besser als bisher vorzubereiten und gegebenenfalls auch personelle Konsequenzen aus Mißerfolgen zu ziehen.

Die Mittel der Wirtschaftswissenschaften sind teils theoretischer, teils rechnerischer Natur. Die Theorie bemüht sich darum, Beziehungen zwischen Ursachen und Wirkungen zu erfassen und gedankliche Abbildungen wirklicher und möglicher Strukturen, Zustände und Vorgänge zu schaffen, die ihrerseits untereinander zusammenhängen. Die Rechnung befaßt sich mit der Messung und Schätzung von Größen, die zu den Merkmalen von Strukturen, Zuständen und Vorgängen gehören. Theorie und Rechnung werden dadurch miteinander verbunden, daß theoretisch erarbeitete Beziehungsgerüste mit gemessenen oder geschätzten Größenangaben ausgefüllt werden.

Die Wirtschaftswissenschaften beschäftigen sich mit Strukturen und Zuständen von Gebilden und Vorgängen, die sich in und zwischen Gebilden abspielen, insoweit in den Gebilden gewirtschaftet wird. Die Gebilde, deren sich die Wirtschaftswissenschaften annehmen, sind insbesondere Betriebe (Einzelwirtschaften) und Betriebszusammenschlüsse, Märkte, Teilräume (Regionen) von Staatswesen, Volkswirtschaften bzw. Staaten und ihre Gliederungen sowie Zusammenschlüsse von Staaten und ihren Gliederungen. Die Wirtschaftswissenschaften nehmen sich dieser und anderer Gebilde nur an, insoweit in ihnen gewirtschaftet wird [13]). Sie erfassen damit nur eine von mehreren Seiten, die jedes dieser Gebilde besitzt: So ist jeder Betrieb und jeder Staat zugleich ein technisch-naturales, ein ökonomisches, ein soziales und ein rechtliches oder jeder Markt zumindest ein ökonomisches und ein soziales Gebilde.

Die verschiedenen Seiten der untersuchten Gebilde stehen untereinander in Wechselbeziehungen, die es notwendig machen, bei der rationalen Vorbereitung und Beurteilung von Entscheidungen auf mehrere, einander ergänzende Wissensgebiete zurückzugreifen, also

---

[11]) Hierüber JOHANNES BAUMGARDT: Die Bedeutung des Ideellen und Pragmatischen in Wirtschaft und Erziehung für die Wirtschaftserziehung. In: Johannes Baumgardt (Hrsg.), Erziehung in einer ökonomisch-technischen Welt, Festschrift für Friedrich Schlieper, Freiburg i. Br. 1967, S. 25 ff.

[12]) Siehe hierzu etwa EDMUND HEINEN: Einführung in die Betriebswirtschaftslehre, 6. erw. u. verb. Aufl. Wiesbaden 1977, insbes. das erste Kapitel über „Die Betriebswirtschaftslehre als angewandte Wissenschaft", S. 9 ff.

[13]) Hierüber etwa ALFRED AMONN: Volkswirtschaftliche Grundbegriffe und Grundprobleme, 2. Aufl. Bern 1944, insbes. S. 16 ff.; HANS PETER: Einführung in die Politische Ökonomie, Stuttgart 1950, insbes. S. 19 ff.

interdisziplinär zu arbeiten. Beispielsweise ist der naturwissenschaftlich-technische Fortschritt an sich nicht mehr und nicht weniger als eine Vermehrung des Kenntnis- und Fähigkeitsstandes, der einer betriebswirtschaftlichen Relativierung unterworfen ist, einer sozialökonomischen Relativierung bedarf und möglicherweise auch rechtliche Wirkungen zeitigt. Seine betriebswirtschaftliche Relativierung besteht darin, daß Betriebe bei rationalem Verhalten von technisch-naturwissenschaftlichem Fortschritt nur Gebrauch machen, sofern sie sich davon Nutzen versprechen, was etwa bei kaufmännischen Unternehmungen nicht der Fall ist, wenn es für mögliche neue Produkte an Absatzmöglichkeiten mangelt. Die sozialökonomische Relativierung technisch-naturwissenschaftlichen und betriebswirtschaftlichen Fortschritts besteht darin, daß betriebswirtschaftlich für nützlich Gehaltenes in gesamtwirtschaftlicher und gesellschaftlicher Hinsicht durchaus als schädlich erachtet werden mag, was etwa für die Massenfertigung und den Massenabsatz überschneller und daher gefährlicher Motorräder gelten könnte. In rechtlicher Hinsicht kann der technisch-naturwissenschaftliche Fortschritt zum Beispiel neue Erfinderrechte zeitigen oder bestehende verletzen, im Falle seiner betriebswirtschaftlichen Verwertung zu Lizenzverträgen und im Falle seiner sozialökonomischen Bedenklichkeit zu Geboten oder zu Verboten führen.

In den deutschen und in einigen anderen Sprachgebieten haben sich die Wirtschaftswissenschaften, ungefähr beginnend um 1900, arbeitsteilig in Volkswirtschaftslehre und Betriebswirtschaftslehre gegliedert [14]). Die erstere nimmt sich der rationalen Fundierung und Beurteilung wirtschaftspolitischer Entscheidungen von Staaten, ihrer Gliederungen und ihrer Zusammenschlüsse an, die letztere bemüht sich um die rationale Fundierung und Beurteilung betriebspolitischer Entscheidungen. In der Grenzzone zwischen den beiderseitigen Untersuchungsgebieten liegen die einzelwirtschaftliche Tätigkeit des Staates und seiner Untergliederungen, also etwa die Führung großer staatlicher Verkehrsbetriebe und die Gemeindewirtschaft, sowie die staats- und kommunalpolitische Indienstnahme privater Wirtschaftstätigkeit [15]), wie sie derzeit m. E. zum Beispiel in der Urproduktion, in der Energieversorgung und in der Verkehrswirtschaft geboten erscheint. Die hier im Hinblick auf ihre raumwirtschaftlichen Aspekte zu behandelnde Betriebswirtschaftslehre des Verkehrs ist mithin in zweifacher Hinsicht keine reine Einzelwirtschaftslehre; denn zum einen wird ein wesentlicher, wenn auch von Industriestaat zu Industriestaat teilweise erheblich schwankender Teil des Verkehrsangebots von öffentlichen Verkehrsbetrieben (und -verwaltungen) erbracht, und zum andern ist die moderne Verkehrswirtschaft wegen von ihr hervorgerufener Notstände (vor allem: Unfallnotstand auf den Straßen, Notstand der gegenseitigen Behinderung im Straßen- und im Luftverkehr, straßenverkehrsbedingte Störung der Funktionsfähigkeit städtischer Siedlungen als Wohn-, Geschäfts-, Verwaltungs- und Kulturzentren; hohe Umweltbelastung durch Verkehrsmittel und zentrale Verkehrsbauten; Demolierung des öffentlichen Verkehrs insbesondere in der Fläche) [16]) besonders stark ordnungs- und regulierungsbedürftig [17]).

---

[14]) Hierüber BERNHARD BELLINGER: Geschichte der Betriebswirtschaftslehre, Stuttgart 1967, insbes. S. 51 ff.

[15]) Vgl. KLAUS VON WYSOCKI: Betriebswirtschaftslehre und Staat. In: Zeitschrift für betriebswirtschaftliche Forschung Neue Folge 18 (1966), S. 198 ff.

[16]) Vgl. etwa KARL OETTLE: Verkehrsprogramme und Verkehrsnotstand. In: Internationales Verkehrswesen 20 (1968), S. 39 ff.

[17]) Vgl. die gegensätzlichen Auffassungen zwischen *Wissenschaftlicher Beirat beim Bundesverkehrsministerium, Gruppe A — Verkehrswirtschaft:* Zur Frage der optimalen Verkehrsbedienung in der Fläche, Verkehrspolitik als ein Mittel der Regionalpolitik, Schriftenreihe des Wissenschaftlichen Beirats beim Bundesverkehrsministerium 12, Frankfurt am Main 1966; KARL OETTLE: Verkehrspolitik, Stuttgart 1967.

2. Notwendigkeit von Zweigwirtschaftslehren in Volkswirtschaftslehre und Betriebswirtschaftslehre

Der Betriebswirtschaftslehre des Verkehrs korrespondiert in der Volkswirtschaftslehre die Lehre von der Verkehrspolitik. Weil die erstere, wie dargetan, keine ausgesprochene Einzelwirtschaftslehre, sondern ein Grenzgebiet zwischen dieser und der Volkswirtschaftslehre darstellt, ist auch ihre Abgrenzung zur Lehre von der Verkehrspolitik unscharf [18]). Wie die Scheidung von Volkswirtschaftslehre und Betriebswirtschaftslehre überhaupt von konventioneller und nicht von logisch-zwingender Natur ist wie etwa die zwischen den Wirtschafts- und den Rechtswissenschaften ist, können sich die beiden verwandten Gebiete der wirtschaftlichen Verkehrswissenschaft nur durch die jeweilige Schwerpunktbildung voneinander abheben. Diese liegt bei der Betriebswirtschaftslehre des Verkehrs auf der Behandlung einzelwirtschaftlicher Verkehrsprobleme innerhalb der Verkehrswirtschaft sowie bei deren Abnehmern und Lieferanten, also auf betriebswirtschaftlichen Fragen, insoweit sie verkehrswirtschaftlicher Natur sind [19]). Demgegenüber konzentriert sich die Lehre von der Verkehrspolitik auf gesamtwirtschaftliche Verkehrsprobleme [20]). Zu diesen gehören auch die verkehrlichen Fragen der Raumwirtschaft, sonderlich soweit sie verkehrliche Bedürfnisse von Siedlungsräumen betreffen [21]), die

---

[18]) Das wird besonders deutlich bei CLAUDE KASPAR: Verkehrswirtschaftslehre im Grundriß, St. Galler Beiträge zum Fremdenverkehr und zur Verkehrswirtschaft, Reihe Verkehrswirtschaft 7, Bern und Stuttgart 1977. Demgegenüber bleibt die gesamtwirtschaftliche Seite der Verkehrswirtschaft völlig oder weitgehend ausgeklammert bei LEOPOLD L. ILLETSCHKO: Transport-Betriebswirtschaft im Grundriß, Wien 1957 (2. Aufl. Wien - New York 1966, Transport-Betriebswirtschaftslehre); KARL LECHNER: Verkehrsbetriebslehre, Stuttgart 1963; HELMUT DIEDERICH: Verkehrsbetriebslehre, Wiesbaden 1977.

[19]) Verkehrswirtschaftliche Fragen der Abnehmer von Verkehrsleistungen schließt die Lehre von der betriebswirtschaftlichen Logistik mit ein. Siehe zum Beispiel: N. E. MARKS, R. M. TAYLOR (Hrsg.): Marketing Logistics — Perspectives and Viewpoints, New York, London, Sidney 1967; DONALD J. BOWERSOX, EDWARD W. SMYKAY, BERNARD J. la LONDE: Physical Distribution Management — Logistics Problems of the Firm, New York, London 1968; GÖSTA B. IHDE: Logistik — Physische Aspekte der Güterdistribution, Stuttgart 1972; WERNER KIRSCH, INGOLF BAMBERCER, EDUARD GABELE, HEINZ KARL KLEIN: Betriebswirtschaftliche Logistik — Systeme, Entscheidungen, Methoden, Wiesbaden 1973.

[20]) Die deutschsprachigen Lehrbücher über Verkehrspolitik sind allerdings weitgehend Beschreibungen der Verkehrszweige. Ganz ausgeprägt so ALFONS SCHMITT: Verkehrspolitik. In: Adolf Weber unter Mitwirkung von Adolf Lampe und Alfons Schmitt, Handels- und Verkehrspolitik (Binnenhandel — Verkehr — Außenhandel), Wirtschaftspolitik II, München und Leipzig 1933, S. 147 ff.; W. M. FREIHERR VON BISSING: Verkehrspolitik — Eine Einführung, Berlin 1956. — ANDREAS PREDÖHL: Verkehrspolitik, 2. verb. und erw. Aufl. Göttingen 1964, widmet ungefähr die Hälfte seines Textes der Entwicklung des Verkehrs und der Verkehrszweige, den Rest verteilt er zum größeren Teil auf die Darstellung der Organisation des Verkehrs und zum kleineren Teil auf die eigentliche Verkehrspolitik („Gestaltung des Verkehrs"). Ähnlich RAINER WILLEKE: Verkehrspolitik, In: Karl Hax und Theodor Wessels (Hrsg.), Handbuch der Wirtschaftswissenschaft, 2. überarb. u. erw. Aufl., Band II Volkswirtschaft, Köln und Oplanden 1966, S. 309 ff.. Demgegenüber habe ich mich bemüht, die verkehrspolitischen Ziele und Mittel sowie die Bildung des verkehrspolitisch Willens in den Mittelpunkt der Darstellung zu rücken: KARL OETTLE: Verkehrspolitik, Stuttgart 1967.

[21]) In diesem Sinn insbesondere FRITZ VOIGT: Die gestaltende Kraft der Verkehrsmittel in wirtschaftlichen Wachstumsprozessen — Untersuchung der langfristigen Auswirkungen von Eisenbahn und Kraftwagen in einem Wirtschaftsraum ohne besondere Standortvorteile, Bielefeld, 1959; derselbe: Verkehr, Erster Band, zweite Hälfte, Die Theorie der Verkehrswirtschaft, Berlin 1973, S. 680 ff.; derselbe: Verkehr, Zweiter Band, zweite Hälfte, Die Entwicklung des Verkehrssystems, Berlin 1965, S. 1211 ff.; G. WOLFGANG HEINZE: Raum und Verkehr. In: CEMT Europäische Konferenz der Verkehrsminister (Hrsg.), Sechstes internationales Symposium über Theorie und Praxis in der Verkehrswirtschaft, Madrid 22. — 25. September 1975, Vorabdruck;

ihrerseits großenteils nicht unmittelbar vom Staat, sondern über teilverselbständigte öffentliche Verkehrsbetriebe von staatlichen Unterverbänden (Gemeinden, Gemeindeverbänden), von privaten Verkehrsunternehmungen und im Eigenverkehr von Einzelwirtschaften befriedigt oder nicht befriedigt werden.

Wie (auf S. 1) erwähnt, wird die Notwendigkeit von Zweigwirtschaftslehren, beispielsweise der Betriebswirtschaftslehre des Verkehrs und der Lehre von der Verkehrspolitik, neuerdings bestritten, und zwar sowohl für die Organisation der Forschung als auch für die der Lehre. Die Volkswirtschaftslehre und die Betriebswirtschaftslehre haben bisher, grob skizziert, je eine Dreigliederung aufzuweisen in einen allgemein-theoretischen Teil, in Funktionslehren und in Wirtschaftszweiglehren. Die Funktionslehren befassen sich mit einzelnen wirtschaftlichen Instrumenten oder Instrumentengruppen, die in mehreren oder in allen Wirtschaftszweigen angewandt werden: In den Betrieben aller Wirtschaftszweige gibt es produktions-, beschaffungs-, absatz-, personal-, investitions- und finanzwirtschaftliche Fragen, und bestimmte finanz-, währungs- und strukturpolitische Instrumente lassen sich gegenüber den Betrieben aller oder verschiedener Wirtschaftszweige anwenden. Die Wirtschaftszweiglehren befassen sich hingegen mit speziellen Problemen der Betriebe einzelner Wirtschaftszweige bzw. mit speziellen Problemen der öffentlichen Politik gegenüber den Betrieben einzelner Wirtschaftszweige sowie mit den betriebswirtschaftlichen bzw. wirtschaftspolitischen Problemen, die von einem bestimmten Wirtschaftszweig, etwa der Verkehrswirtschaft, auf andere Wirtschaftszweige, etwa auf Lieferantenindustrien des Verkehrs, oder auf andere Gegenstandsgebiete der staatlichen Politik, beispielsweise auf die Raumwirtschaft, ausstrahlen.

Entgegen dem von den Gegnern der Wirtschaftszweiglehren Behaupteten sind Funktionslehren und Wirtschaftszweiglehren keine Substitute, sondern Komplemente. Gewiß überschneiden sie sich insofern, als beispielsweise in der Betriebswirtschaftslehre des Verkehrs unter anderem produktions- und absatzwirtschaftliche Instrumente berücksichtigt werden müssen, für die es je eine eigene Funktionslehre gibt. Die Betriebswirtschaftslehre des Verkehrs will jedoch in bezug auf diese Instrumente etwas anderes leisten als die Lehren von der Produktions- und von der Absatzwirtschaft: diese beschäftigen sich mit einem umfassenden System produktions -bzw. absatzwirtschaftlicher Probleme und Instrumente, jene will hingegen spezifische Produktions- und Absatzfragen der Verkehrswirtschaft erfassen und die Eignung der vorhandenen produktions- und absatzwirtschaftlichen Mittel für ihre Lösung untersuchen. Die Funktionslehren können mithin überhaupt nur unter Rückgriff auf die Arbeit der Wirtschaftszweiglehren die von ihnen erstrebte Allgemeinheit ihrer Systeme erreichen; denn diese besteht ja darin,

---

derselbe: Disparitätenabbau und Verkehrstheorie — Anmerkungen zum Aussagevermögen der räumlichen Entwicklungstheorie von Fritz Voigt. In: Sigurd Klatt und Manfred Willms (Hrsg.), Strukturwandel und makroökonomische Steuerung, Festschrift für Fritz Voigt, Berlin 1975, S. 427 ff.; *derselbe:* Raumentwicklung und Verkehrsentstehung als mehrdimensionales Problem. In: Berichte zur Raumforschung und Raumplanung 21 (1977), S. 7 ff.; Siehe auch: *Ausschuß „Raum und Verkehr" der Akademie für Raumforschung und Landesplanung:* Forschungsberichte, Raum und Verkehr 1-12, nämlich: Veröffentlichungen der Akademie für Raumforschung und Landesplanug, Forschungs- und Sitzungsberichte IV Bremen-Horn 1956; VII Bremen-Horn 1957; VIII Bremen-Horn 1958, XII Verkehrsprobleme in Ballungsräumen, Bremen-Horn 1959; XIII Der Verkehr im Rheingebiet, Bremen-Horn 1959; XVIII Zonenbildung im Verkehr, Hannover 1961; XXIV Aufgabenteilung im Verkehr, Hannover 1963; XXXVII Der Raumbedarf des Verkehrs, Hannover 1967; 57 Die strukturgerechte Verkehrsbedienung ländlicher Räume, Hannover 1969; 71 Die Regionalstadt und ihre strukturgerechte Verkehrsbedienung, Hannover 1972; 92 Die Kernstadt und ihre strukturgerechte Verkehrsbedienung, Hannover 1974; 120 Verkehrstarife als raumordnungspolitisches Mittel, Hannover 1977. Negativ: HANS-REINHARD MEYER: Verkehrswirtschaft und Verkehrspolitik — Aktuelles und Grundsätzliches, Bern und Stuttgart 1976, S. 18 ff.

daß alle wirtschaftszweiglichen Eigenarten abgedeckt werden. Immerhin könnten die Funktionslehren die Ausforschung wirtschaftszweiglicher Eigenarten auf ihren jeweiligen Gegenstandsgebieten mit übernehmen, wenn deren jeweils isolierte Betrachtung genügte. Das ist jedoch nicht der Fall; denn die Probleme der einzelnen betrieblichen Funktionsgebiete sind eingebettet in den gesamtbetrieblichen Problemzusammenhang, so wie die Entscheidungen über den Einsatz der Instrumente einzelner betrieblicher Funktionsgebiete rationalerweise nicht isoliert, sondern in Abstimmung mit der Gesamtbetriebspolitik und den Entscheidungen auf den komplementären betrieblichen Funktionsgebieten getroffen werden müssen. Die wirtschaftlichen und anderen Probleme, vor denen die Betriebsleitung insgesamt und auf Teilgebieten steht, sind überdies wesentlich von den innerbetrieblichen, zum Beispiel produktionstechnisch-produktionswirtschaftlichen, wie von den außerbetrieblichen, beispielsweise absatzmarktlichen Eigenarten des jeweiligen Gegenstandsgebietes, beeinflußt. Was für die betriebswirtschaftlichen Zweigwirtschaftslehren ausgeführt wurde, gilt sinngemäß auch für die volkswirtschaftlichen.

Die gebrachten Argumente für die Notwendigkeit betriebswirtschaftlicher wie volkswirtschaftlicher Zweigwirtschaftslehren beziehen sich unmittelbar auf die Forschung. Mittelbar gelten sie auch für die Lehre. Wohl läßt sich mit guten Gründen dafür plädieren, die Spezialisierung während des Studiums nicht zu weit zu treiben und vielmehr die Fähigkeit des Studenten zu fördern, sich dank einer guten systematischen Übersicht leicht in spezielle Probleme einzelner Wirtschaftszweige oder Betriebe hineinzudenken. Der Einbau spezieller Wirtschaftszweiglehren in das wirtschaftswissenschaftliche Universitätsstudium wäre aber auch falsch aufgefaßt, würde er als spezielle Vorbereitung auf die Tätigkeit in einem oder für einen bestimmten Wirtschaftszweig gesehen. Worum es allein gehen kann, ist beim Betriebswirt die Exemplifizierung des Konturierens und Angehens gesamtbetriebspolitischer Probleme und teilbetriebspolitischer Probleme in ihrer Abhängigkeit von ersteren. Dem Volkswirt wird mit der Einführung in eine zweigwirtschaftliche Lehre von der Wirtschaftspolitik analog die Gelegenheit gegeben, die kombinierte Anwendung verschiedenartiger wirtschaftspolitischer Instrumente beispielhaft auf einem bestimmten Anwendungsgebiet zu studieren und dabei, so die betreffende Lehre sinnvoll angeboten wird, die induktiven Wirkungen ihres Einsatzes in benachbarten Wirtschaftszweigen beachten zu lernen [22].

3. Räumliche Eigenschaften des Verkehrs als eine zentrale Eigenart dieses Wirtschaftszweiges

Wie bereits eingangs angedeutet (S. 1), hängen die derzeitigen Angriffe gegen die Zweigwirtschaftslehren und die gegenwärtige Verbreitung des Irrglaubens an allgemeine betriebswirtschafts- und volkswirtschaftspolitische Patentrezepte miteinander zusammen. Die wissenschafts- und studienorganisatorischen Gegner der Zweigwirtschaftslehren haben mit den dem Glauben an wirtschaftswissenschaftliche Allheilmittel verfallenen praktischen Politikern gemeinsam, daß sie die Existenz wirtschaftszweiglicher Eigenarten gänzlich oder großenteils ignorieren. Gäbe es diese Eigenarten nicht, so wären ihre Vorstellungen gewiß begründet. Tatsächlich sind aber gewichtige wirtschaftszweigliche Eigenarten vorhanden, die bei betriebs- oder volkswirtschaftlichen Entscheidungen zu vernachlässigen irreal und damit arational wäre. Diese Eigenarten sind Bestimmungsfaktoren der anstehenden Probleme, die nicht richtig gesehen werden können, wenn vernachlässigt

---

[22] Einschlägige didaktische Versuche bei HEINZ-DIETRICH ORTLIEB, FRIEDRICH-WILHELM DÖRGE (Hrsg.): Wirtschafts- und Sozialpolitik — Modellanalysen politischer Probleme, Opladen 1964.

wird, woraus sie resultieren, und die nicht richtig angegangen werden können, wenn nicht zur Kenntnis genommen wird, wo, nämlich bei welchen ihrer Ursachen, sich die Hebel der verfügbaren Mittel ansetzen lassen.

Wie in anderen Wirtschaftszweigen, etwa in der Landwirtschaft, im Bergbau und in der Bankwirtschaft, hat die von Wissenschaftern und Publizisten propagierte und von Politikern praktizierte Vernachlässigung brancheneigentümlicher Eigenschaften der jeweiligen Betriebe, ihrer Umwelt, ihrer gesamtwirtschaftlichen und ihrer gesellschaftlichen Bedeutung auch im Verkehr schon verhängnisvoll gewirkt. So ist die westdeutsche Bundesverkehrspolitik lange Zeit und neuerdings wieder [23] und so sind bis vor kurzem auch die Grundsätze für eine Verkehrspolitik der Europäischen Gemeinschaft [24] darauf aufgebaut gewesen, beim Verkehr handle es sich um einen Wirtschaftszweig wie jeden anderen, der in einem marktwirtschaftlichen System wie dem unsrigen völlig oder doch sehr weitgehend vom Wettbewerb gesteuert werden müsse. Die Folgen waren die (S. 8) schon erwähnten Verkehrsnotstände, die zum Teil verkehrbedingte siedlungswirtschaftliche Notstände darstellen (so die straßenverkehrsbedingte Funktionsstörung städtischer Siedlungen, die starke Umweltbelastung durch zentrale Verkehrsbauten und die Demolierung des öffentlichen Verkehrs insbesondere in der Fläche).

Gedankliche Grundlage der gemeinten verkehrspolitischen Fehlvorstellungen ist die These, es gäbe kaum «Besonderheiten» der Verkehrswirtschaft; denn was unter ihnen verstanden würde, gäbe es auch in anderen Wirtschaftszweigen: so die Nichtspeicherbarkeit von Leistungen, die starken saisonalen Schwankungen der Nachfrage, den hohen Anteil beschäftigungsfixer Kosten sowie die Konkurrenz zwischen Gewerbe und Selbstbedienung [25]. Richtig ist, daß dies wenigstens teilweise zutrifft, und zwar insofern, als solche Eigenschaften der Verkehrswirtschaft auch in anderen Wirtschaftszweigen vorkommen. Falsch ist jedoch zunächst einmal schon die von der Uniformitätsbehauptung eingeschlossene stillschweigende Unterstellung, daß derartige Eigenschaften anderswo in derselben Kombination und mit dem gleichen oder einem ähnlichen Gewicht wie im Verkehr vorhanden seien. Zum Beispiel sind wohl auch die Leistungen des Handels nicht speicherbar und haben manche seiner Zweige ähnliche Tages-, Wochen- und Jahreszeitrhythmen der Nachfrage aufzuweisen wie der Verkehr, doch haben die beschäftigungsfixen Kosten bei ihm wegen seiner Warenintensität (allgemeiner: Materialintensität)

---

[23] Siehe insbesondere *Bundesminister für Verkehr:* Die Verkehrspolitik in der Bundesrepublik Deutschland 1949 — 1965 — Ein Bericht des Bundesministers für Verkehr, Schriftenreihe des Bundesministers für Verkehr 29, Hof (Saale) 1965, insbes. S. 24 f.; *Bundesminister für Verkehr:* Verkehrspolitik 76 — Grundsatzprobleme und Schwerpunkte, Ansprache des Bundesministers für Verkehr Kurt Gscheidle am 29. Januar 1976 anläßlich des verkehrspolitischen Jahresgespräches in Bonn, Schriftenreihe des Bundesministers für Verkehr 50, Bonn-Bad Godesberg 1976, insbes. S. 7. f. und S. 17. Anders: *Bundesminister für Verkehr:* Der Mensch hat Vorfahrt — Kursbuch für die Verkehrspolitik, Bonn o. J. (1973), insbes. S. 10 ff.

[24] Siehe insbesondere *Europäische Wirtschaftsgemeinschaft, Kommission:* Denkschrift über die Grundausrichtung der gemeinsamen Vrkehrspolitik, Brüssel 10. April 1961, VII/KOM (61) 50 endgültig; *dieselbe:* Aktionsprogramm für die gemeinsame Verkehrspolitik (Mitteilung der Kommission an den Rat), Brüssel 23. Mai 1962, VII/KOM (62) 88 endgültig. Anders: *o. V.:* Die gemeinsame Verkehrspolitik, Europäische Dokumentation 1971, Sonderdruck; *Kommission der Europäischen Gemeinschaften,* Gemeinsame Verkehrspolitik: Ziele und Programm, Mitteilung der Kommission an den Rat über die weitere Entwicklung der gemeinsamen Verkehrspolitik (dem Rat am 25. Oktober 1973 vorgelegt), Bulletin der Europäischen Gemeinschaften Beilage 16/73.

[25] So etwa Hans-Rudolf Peters: Marktwirtschaftliche Verkehrsordnung und die „Besonderheiten" des Güterverkehrs, Bad Godesberg 1966; Robert Bühlmann: Die Frage der Besonderheiten des Verkehrs, Bern 1969, Anders: Karl Oettle: Verkehrspolitik, a.a.O., S. 51 ff.; *derselbe:* Verkehrsbetrieb und Verkehrsbetriebslehre, a.a.O., Sp. 4152 ff.

trotz ihrer beträchtlichen Höhe lange nicht ein ähnliches Gewicht wie im Verkehr und fehlt bei ihm von seiner volkswirtschaftlichen Funktion her das Nebeneinander von Gewerbe und Selbstbedienung, das große verkehrswirtschaftliche, verkehrspolitische und raumwirtschaftspolitische Probleme aufwirft [26]). Des weiteren unterstellt die Uniformitätsthese stillschweigend, die zu ihrer Begründung genannten Eigenschaften der Verkehrswirtschaft, bei denen es sich nur um scheinbare Besonderheiten handle, seien tatsächlich die wichtigsten Eigenarten dieses Wirtschaftszweiges. Auch das ist falsch. Es gibt vielmehr eine Fülle von Eigenarten des Verkehrs, die von den Verfechtern der Uniformitätsthese jeweils außer acht gelassen werden. Alle Eigarten zusammen schaffen besondere verkehrbetriebliche und verkehrspolitische Probleme, denen bei verkehrsbezogenen betriebswirtschafts- oder volkswirtschaftspolitischen Entscheidungen Rechnung getragen werden muß, wenn diese wirklichkeitsentsprechend sein sollen, was eine der Voraussetzungen ihrer Rationalität ist.

Die Eigenarten des Verkehrs sind von geographischer, technologischer, produktionstechnisch-betriebsökonomischer, sozialökonomischer und politischer Natur. Ich habe sie an anderen Stellen ausführlich, wenn auch noch keineswegs vollständig beschrieben [27]). Hier seien lediglich die räumlichen Eigenschaften des Verkehrs genannt, die den Ansatzpunkt für die raumwirtschaftspolitische Indienstnahme der volkswirtschaftlichen Verkehrspolitik und der Politik von Verkehrsbetrieben und Eigenverkehr treibenden Nicht-Verkehrsbetrieben bilden. Die räumlichen Eigenschaften des Verkehrs ergeben sich teils unmittelbar aus geographischen und sozialökonomischen, teils mittelbar — als Konsequenzen — aus diesen sowie aus technologischen und produktionstechnisch-betriebsökonomischen Eigenarten des Wirtschaftszweiges. Zu dessen politischen Eigenarten gehört die gute Eignung verkehrspolitischer Maßnahmen zur Mitverfolgung raumwirtschaftspolitischer Ziele, deren Nachweis diese gesamte Abhandlung dient, und die, genau genommen, noch mehr ist, nämlich eigentlich eine unerläßliche Komplementarität von Raumwirtschafts- und Verkehrspolitik [28]).

a) Die *geographischen Eigenarten* des Verkehrs sind samt und sonders unmittelbar zuzugleich auch räumliche:

(1) Die Verkehrsmittel sind in unterschiedlichem Maß *witterungsabhängig,* was sich etwa an einem Vergleich zwischen der Eisenbahn auf der einen und dem Straßenverkehr und der Binnenschiffahrt auf der anderen Seite leicht vor Augen führen läßt. Der ununterbrochene Verkehrsanschluß von Räumen kann mithin von verschiedenen, gänzlich oder teilweise substitutiven Verkehrsmitteln wie den genannten je nach Klimazone nur in unterschiedlichem Grad sichergestellt werden.

(2) Die Zweige des Landverkehrs und die Binnenschiffahrt sowie die Anlage von Häfen für den Schiffs- und Flugzeugverkehr werden in bezug auf die Anwendung ihrer technischen Möglichkeiten und in bezug auf deren Kosten von der jeweiligen *Bodengestalt* beeinflußt, und zwar oft in unterschiedlicher Weise. Zum Beispiel setzen Gebirge ihrer Überquerung durch Eisenbahnen stärkere Hindernisse als der durch Straßen und der durch Kanäle wiederum stärkere als der durch Eisenbahnen entgegen.

---

[26]) Siehe außer den beiden in der letzten Anmerkung genannten Quellen auch KARL OETTLE: Ungelöste Probleme der Verkehrswirtschaft. In: Omnibusrevue 27 (1976), S. 66 ff., insbes. S. 68.

[27]) Siehe insbesondere die beiden in Anmerkung 25 zuletzt genannten Quellen.

[28]) Siehe KARL OETTLE: Prinzipien der vorgesehenen gemeinsamen Verkehrspolitik und ihre raumwirtschaftliche Problematik. In: Mitteilungen der Österreichischen Verkehrswissenschaftlichen Gesellschaft 14 (1967), S. 156 ff.; PETER FALLER: Die raumwirtschaftliche Problematik der Wettbewerbstarife nach Art. 80 Abs. 3 des EWG-Vertrages, ebenda, S. 179 ff.

(1 und 2) Insoweit *Bodengestalt und Klima* — insbesondere über die Höhenlage — zusammenhängen, können sich beiderlei Einflüsse gegenseitig verstärken (so beeinträchtigen Gebirge den Straßenverkehr im Winter und machen seine Wege zugleich teuer), aber auch kompensatorisch aufeinander wirken (so sind zwar Gebirgsbahnen unter sonst gleichen Bedingungen teurer als Flachlandbahnen, zugleich vermag ihre relativ große Witterungsunabhängigkeit aber im Gebirge — wenigstens in der kalten und gemäßigten Klimazone — größeren Nutzen zu stiften als im Flachland).

(3) Die Beförderungsleistungen werden nicht wie sonstige Dienstleistungen und wie Sachleistungen an einzelnen Punkten im Raume, sondern *in räumlicher Erstreckung* erbracht. Infolgedessen werden die konkurrenzwirtschaftlichen Möglichkeiten im Verkehr und über deren Ausnützung die Kosten der einzelnen Transportleistungen von der räumlichen Verteilung des Verkehrsbedarfs nach Quellen und Zielen sowie von der Schichtung des jeweiligen örtlichen Verkehrsbedarfs insbesondere nach Transportobjekten maßgeblich beeinflußt.

b) Von den *sozialökonomischen Eigenarten* des Verkehrs hängt die eine unmittelbar mit der zuletzt genannten geographischen zusammen:

(1) Die Stärke des örtlichen und gebietlichen Verkehrsbedarfs sowie dessen Zusammensetzung (bei der die nach Zielen und Transportobjekten ökonomisch am bedeutsamsten erscheint) ist abhängig von der höchst unterschiedlichen räumlichen Verteilung der Bevölkerung, der anderen ökonomischen Potenzen und der ökonomischen wie der nicht-ökonomischen (etwa verwandtschaftlichen und kulturellen) Austauschbeziehungen, der räumlichen Affinitäten. Aus der räumlichen Erstreckung der Beförderungsleistungen (a3) und aus der sehr ungleichen räumlichen Verteilung des Verkehrsbedarfs ergibt sich die *Abhängigkeit der Wettbewerbsmöglichkeiten von der Stärke der Verkehrsströme*. Nachhaltig funktionsfähige Konkurrenzmärkte vermögen sich im Verkehr wegen der ihm eigentümlichen Kostenabhängigkeiten (vgl. Kapitel V B 2, S. 95 ff.) nur dort zu bilden, wo starke Verkehrsströme fließen. Je stärker die Konkurrenz auf räumlichen Teilmärkten des Verkehrs ist, um so mehr trägt sie dazu bei, die Verkehrsgunst der fraglichen Orte und Räume zu verbessern, soweit die öffentliche Verkehrspolitik die ungünstigen Wirkungen einer fehlenden oder schwachen verkehrlichen Konkurrenz an anderen Orten und in anderen Räumen nicht ausgleicht.

Zwei weitere sozialökonomische Eigenarten des Verkehrs sind im Gegensatz zu der ersten nur mittelbar zugleich räumliche Eigenschaften:

(2) Die *Konkurrenz zwischen Fremd- und Selbstbedienung* (Fremd- und Eigenverkehr) kann die erstere insofern aushöhlen, als sie ihr immer mehr kostenwirtschaftlich günstige «Grundlast» entzieht und sie auf die Wahrnehmung kostenwirtschaftlich ungünstiger Pufferfunktionen zurückdrängt. Wenn dies geschieht, so ist es wegen der Abhängigkeit der Wettbewerbsmöglichkeiten von der Stärke der Verkehrsströme (b 1), um die konkurriert wird, offenbar dort besonders gravierend, wo ohnehin nur schwache Verkehrsströme vorhanden sind.

(3) Der Wettbewerb zwischen Fremd- und Selbstbedienung spielt in der modernen Verkehrswirtschaft tatsächlich eine große Rolle, sei es, daß der Eigenverkehr den Fremdverkehr des privaten Verkehrsgewerbes und der öffentlichen Verkehrsbetriebe ungehemmt in der erwähnten Weise (b 2) aushöhlen darf, sei es, daß dieser Vorgang verkehrspolitisch gebremst wird. Der Wettbewerb zwischen Fremd- und Selbstbedienung im Verkehr muß außerdem insofern als eine *unvollständige Substitutionskonkurrenz* gesehen und raumwirtschaftlich beachtet werden, als — vor allem im Perso-

nenverkehr — nicht jedermann in der Lage oder in gleicher Weise wie andere fähig ist, bei Ungenügen des Fremdverkehrsangebots oder aus anderen Gründen auf den Eigenverkehr auszuweichen. Dies beeinträchtigt offenbar die verkehrliche Freizügigkeit bzw. die Wirtschaftlichkeit der Befriedigung ihrer Transportbedürfnisse für alle von solcher Hinderung Betroffenen, die ihren Wohnsitz oder ihren Standort in Gebieten ohne oder mit schlechtem Fremdverkehrsangebot haben.

c) Unter den *technologischen Eigenarten* des Verkehrs haben vor allem jene die Langlebigkeit vieler Verkehrsinvestitionen betreffenden mittelbar auch räumliche Bedeutung:

(1) Im Verkehr spielen *sehr langlebige Anlagen* eine viel größere Rolle als in den meisten anderen Wirtschaftszweigen. Daraus ergeben sich für die Investitionspolitik der Verkehrsbetriebe wie der öffentlichen Verkehrsverwaltungen große prognostische Schwierigkeiten, die ihrerseits um so größere Investitionsrisiken bestehen lassen, je weniger es gelingt, sie zu bewältigen. Soll dem begegnet werden, so ist es unter anderem erforderlich, die Verkehrsinvestitionspolitik und die Besiedlungspolitik wegen des (unter b 1) erwähnten Zusammenhanges zwischen der räumlichen Verteilung von Bevölkerung und Wirtschaftskraft und dem örtlichen und gebietlichen Verkehrsbedarf gut aufeinander abzustimmen.

(2) In bezug auf die Langlebigkeit von Verkehrsinvestitionen bestehen allerdings von Verkehrszweig zu Verkehrszweig teilweise erhebliche Unterschiede, die direkt die durchschnittliche technische Nutzungsdauer von Fahrzeugen und indirekt das Verhältnis betreffen, in dem diese zu der räumlichen Verschieblichkeit von Fahrzeugen steht. Die Fahrzeuge substitutiver Verkehrszweige haben eine höchst unterschiedliche technische Lebensdauer, so etwa Schiffe und Schienenfahrzeuge eine lange, Kraftfahrzeuge und Flugzeuge eine kurze. Demgegenüber sind die stationären Anlagen zwar für alle Verkehrszweige — wenn auch nicht in völlig gleicher Weise — langlebig, bilden aber für substitutive Verkehrszweige Netze von höchst unterschiedlicher Größe und Dichte, woraus schon in rein technischer Hinsicht eine höchst ungleiche räumliche Verschieblichkeit der jeweils zugehörigen Fahrzeugart resultiert. Diese ist bei Verkehrsmitteln mit langer technischer Lebensdauer wegen der relativen Kleinheit und Weitmaschigkeit der komplementären Wege- und Stationsnetze wesentlich geringer als bei Fahrzeugen mit kurzer technischer Nutzungsdauer. Für Binnenschiffe ist sie viel geringer als für Eisenbahnfahrzeuge und für diese wiederum viel geringer als für Flugzeuge und Kraftwagen. Dieser Zusammenhang verstärkt die ohnehin vorhandene investitionspolitische *Neigung zur Wahl von Verkehrsmitteln mit kürzerer technischer Lebensdauer*, die, soweit ihr verkehrspolitisch nicht entgegengewirkt wird, unter anderem etwa zum Rückzug der Eisenbahn aus schwächer besiedelten Räumen führt und auch in Räumen mit dichter Besiedlung dazu beiträgt, daß beim öffentlichen Personen-Nahverkehr Schienenverkehrsmittel weithin durch Straßenfahrzeuge substituiert werden.

d) Auch die drei wichtigsten *produktionstechnisch-betriebsökonomischen Eigenarten des Verkehrs* sind mittelbare räumliche Eigenschaften:

(1) Die eine besteht darin, daß im Verkehr die *Konkurrenz zwischen Betrieben mit sehr unterschiedlicher Produktionstiefe* eine große Rolle spielt. Kraft-, Schiffs- und Luftverkehrstreibende benützen in der Regel Wege und Stationen, die ihnen von der öffentlichen Hand — zumeist gegen Benützungsgebühren oder heute weithin als Benützungsgebühren aufgefaßte spezielle Steuern [29] — zur Verfügung gestellt werden,

---

[29] So etwa DIETER POHMER: Grundlagen der Betriebswirtschaftlichen Steuerlehre, Berlin 1958, S. 89 f.

wohingegen Schienenverkehrs- und Rohrleitungsbetriebe die Wege und Stationen fast durchweg selbst vorhalten müssen. Üblicherweise tragen also die ersteren im Gegensatz zu den letzteren keine betriebindividuellen Risiken von Investitionen in Wege- und Stationsnetze. Dieser produktionstechnisch bedingte ökonomische Unterschied unterstützt in bezug auf die Wahl zwischen Schienen- und Straßenverkehrsinvestitionen die Neigung, Verkehrsmittel mit kürzerer technischer Lebensdauer, also den Kraftverkehr, vorzuziehen (c2), und zwar unter sonst gleichen Verhältnissen um so mehr, je weniger gut eigene Wege- und Stationsnetze voraussichtlich ausgelastet werden können und je größeren Beschäftigungsrisiken ihr Betrieb ausgesetzt ist, das heißt je schwächer die Verkehrsströme sind und je unsicherer die wirtschaftliche Zukunft eines Raumes ist.

(2) Insbesondere der Linienverkehr sowie die Straßen, Kanäle und Häfen weisen eine ungünstige Relation von Nutzkosten und Leerkosten oder, absatzwirtschaftlich gesehen, von *Nutzleistungen und Bereithaltungsleistungen* auf. Sie beruht darauf, daß sich Transportleistungen, wie andere Dienstleistungen auch, überhaupt nicht und Leistungen stationärer Anlagen großenteils nicht speichern lassen, und daß der Verkehrsbedarf rhythmischen und arhythmischen Schwankungen unterliegt [30]). Wo das vor allem in der Sachleistungswirtschaft zumeist zweckentsprechende Bestreben, das Verhältnis der Nutzkosten zu den Leerkosten zu verbessern, auf öffentliche Verkehrsinvestitionen oder öffentliche Verkehrsbetriebe übertragen wird [31]), wird eine in raumwirtschaftlicher Hinsicht fragwürdige Tendenz ausgelöst; dichtbesiedelte Gebiete werden dann wegen der in ihnen erreichbaren relativ hohen Auslastungsgrade besonders gut mit Investitionen in Verkehrsnetze und mit öffentlicher Verkehrsbedienung bedacht und schwach besiedelte Räume in gegenteiliger Weise behandelt. Diese Tendenz einer verkehrspolitischen Förderung ohnehin begünstigter Gebiete und einer verkehrspolitischen Benachteiligung ohnehin benachteiligter Räume würde sich entsprechenden Wirkungen noch auflagern, die sich daraus ergeben, daß das Verhalten privatgewerblicher Verkehrsanbieter von vornherein die leistungsspezifischen Kosten berücksichtigt und daß die Möglichkeiten des verkehrlichen Wettbewerbs (b1) von der Stärke der Verkehrsströme abhängen.

(3) Unter anderem deshalb, weil sie in räumlicher Erstreckung erbracht werden (a3), stehen Verkehrsleistungen in *substitutiven Beziehungen zu bestimmten nicht-verkehrlichen produktionstechnisch-betriebswirtschaftlichen Mitteln*, nämlich mit solchen, deren Wahl Verkehrsbedarf vermeidet, verringert, vergrößert oder in seiner Qualität wandelt. Ein solches Mittel ist vor allem die *Standort- oder Wohnsitzwahl*, die von dem Bedürfnis, Verkehrsbedarf zu vermeiden, beeinflußt sein, aber auch von ihr verursachten Verkehrsbedarf in Kauf nehmen kann. Diese wechselseitige Substitutionsmöglichkeit zwischen Verkehrsbedarf und Verkehrsleistungen auf der einen und Lozierung von Betrieben auf der anderen Seite ist sozusagen der wichtigste Schlüssel für die raumwirtschaftspolitische Indienstnahme verkehrspolitischer Möglichkeiten. Eine weitere einschlägige Substitutionsbeziehung betrifft nicht die Entfernungskomponente von Verkehrsbedarf und Verkehrsleistung, sondern deren Multiplikation mit zu transportierenden Mengen sowie die Qualifizierung des sich ergebenden Produkts «Beförderungsleistung» nach der Art der Transportobjekte und den von diesen gestellten Ansprüchen an die Eigenschaften der Verkehrsleistungen, insbesondere der Beförderungs-, aber

---

[30]) Siehe beispielsweise WILLI EFFMERT: Das Problem der Verkehrsspitzen. In: Die Bundesbahn 40 (1966), S. 12 ff.

[31]) Siehe hierzu etwa GERD ABERLE: Die Investitionsplanung im Straßenbau: Steigerung der gesamtwirtschaftlichen Produktivität und interregionale Umverteilung als konkurrierende Ziele. In: Zeitschrift für Verkehrswissenschaft 43 (1972), S. 1 ff.

etwa auch der Abfertigungsleistungen. Derartige substitutive Beziehungen können in bezug auf den Güterverkehr etwa zwischen *Produktionsverfahren und Verkehrsleistungen* bestehen, so wenn bei der Verhüttung von Erzen der Bedarf an herbeizuführenden Gewichtsverlustmaterialien reduziert wird. Im Personenverkehr kann beispielsweise eine *Umorganisation* der zwischen standortverschiedenen Konzerngliedern oder Betriebsteilen bestehenden Beziehungen den Verkehrsbedarf vergrößern oder verkleinern. Wo der Verkehrsbedarf in bezug auf Transportmengen und deren Zusammensetzung verändert wird, wandelt sich mit ihm ein wichtiger Bestimmungsfaktor rationaler Standort- bzw. Wohnsitzentscheidungen. Weitere substitutive Beziehungen können zwischen *verkehrlichen und lagerwirtschaftlichen Leistungen* bestehen. Zum einen lassen sich mit Hilfe von Lagerhaltung Schwankungen des Verkehrsbedarfs ausgleichen und umgekehrt. Zum andern können Verkehrsleistungen Lagerhaltung ersetzen oder erfordern, je nachdem wie bestimmte ihrer Eigenschaftsstellen ausgeprägt sind. So ist es bei großer Zuverlässigkeit im Verkehr möglich, mit geringeren Lagermengen auszukommen als bei geringer Zuverlässigkeit. Bei all den genannten Möglichkeiten der Substitution zwischen verkehrlichen und nicht-verkehrlichen Leistungen kann ihre Wahrnehmung mit der Substitution von Verkehrsmitteln verbunden sein. Das kann der Fall sein, weil sich die Zahl der vom neuen Standort oder Wohnsitz aus zugänglichen Verkehrszweige vermehrt oder vermindert, weil sich die Ansprüche an die Eigenschaften von Verkehrsleistungen (etwa an die Zuverlässigkeit) wandeln oder weil die Verkehrsvolumina vergrößert oder verkleinert werden und dadurch Wirtschaftlichkeitsgrenzen zwischen substitutiven Verkehrsmitteln (zum Beispiel zwischen der Binnenschiffahrt und der Eisenbahn oder zwischen beiden und dem Rohrleitungsverkehr) nach oben oder nach unten hin überschritten werden.

4. Konkurrenz der Wirtschaftszweige und -betriebe, Konkurrenz der Wirtschaftsräume und Gemeinden

Das Herausstellen des räumlichen Bezugs geographischer, sozialökonomischer, technologischer und produktionstechnisch-betriebsökonomischer Eigenarten des Verkehrs hat schon deutlich werden lassen, daß dieser Wirtschaftszweig in die Konkurrenz eingreift, die zwischen den Gemeinden und zwischen den Wirtschaftsräumen um die Verteilung der Bevölkerung und der anderen ökonomischen Kräfte besteht. Die raumwirtschaftlichen Wirkungen, die der Verkehr ausübt, können verkehrspolitisch ungesteuert bleiben. Dann richten sie sich allein nach den Ergebnissen des Wettbewerbs, der auf den verschiedenartigen Teilmärkten des Verkehrs stattfindet. Ein solcher in raumwirtschaftspolitischer Hinsicht ungelenkter Wettbewerb zwischen Verkehrszweigen und Verkehrsbetrieben, zwischen Fremdverkehr und Eigenverkehr sowie unter den Verkehrsnachfragern kann durchaus in verkehrspolitisch geregelten Bahnen verlaufen, die dann eben wettbewerbspolitische Ordnungsvorstellungen lediglich innerhalb der Verkehrswirtschaft verwirklichen helfen sollen. Außer der Ordnungsaufgabe auf den Märkten hat der Staat jedoch auch eine solche in bezug auf die zwischen den Orten und Wirtschaftsräumen bestehende Konkurrenz. Dieser Wettbewerb hat freilich teilweise andere Ausdrucksformen als der marktliche. Die an ihm beteiligten Gemeinwesen kämpfen nicht wie die auf Märkten miteinander konkurrierenden Einzelwirtschaften unmittelbar um Erwerb und Verwendung von Einkommen, sondern um Wohnsitz- und Standortentscheidungen autonomer Einzelwirtschaften.

Der Wettbewerb auf den Märkten spiegelt sich unter anderem in Umsatzmengen, Umsatzanteilen, Preisen, Lohnsätzen, Gewinnen und Verlusten wider. Vor allem die

Umsatzmengen und Preise signalisieren gleichsam täglich den Stand des marktlichen Wettbewerbs, aber auch Umsatzanteile, Lohnsätze, Gewinne und Verluste werden in verhältnismäßig kurzen Abständen immer wieder neu festgestellt bzw. geschätzt. Ganz anders verhält es sich bei der Konkurrenz zwischen den Wirtschaftsräumen und zwischen den Gemeinden. Wohl lassen sich die Zuwanderungsgewinne und Abwanderungsverluste ebenso wie die Veränderungen in den wirtschaftlichen Potenzen der ansässigen Einzelwirtschaften (Produktivbetriebe, Konsumtivbetriebe) laufend oder in verhältnismäßig kurzen Abständen verfolgen. Sie sind aber zumeist ziemlich verzögerte Signale von Änderungen in der Standort- oder Wohnsitzqualität bzw. von Änderungen in ihrer Beurteilung. Entscheidungen über einen Standort- oder Wohnsitzwechsel werden in der Regel viel früher angebahnt und getroffen, als ausgeführt, weil sie sich wegen vorhandener betrieblicher und marktlicher Rigiditäten, teilweise auch wegen zu überwindender emotionaler Hemmungen, nur auf lange Sicht in der gewünschten Art und Weise, etwa: ohne Verlust, mit Gewinn, unter beruflicher Verbesserung, ausführen lassen. Indirekt schlagen sich die Standort- und Wohnsitzentscheidungen der Einzelwirtschaften allerdings auch auf räumlichen und örtlichen Teilmärkten (vor allem für Grundstücke, Arbeitskräfte, Dienstleistungen einschließlich solcher des Verkehrs) nieder.

Die wettbewerbspolitisch veranlaßte Ordnung der Konkurrenz auf Märkten kann mit raumwirtschaftspolitischen Zielen, insbesondere mit solchen des räumlichen Ausgleichs, in ähnlicher Weise kollidieren wie die wettbewerbspolitische Abstinenz gegenüber allen oder bestimmten Märkten. Das gilt hauptsächlich in bezug auf das sogenannte flache Land etwa für die Steuerung oder Nichtsteuerung von Agrarmärkten oder in bezug auf alle Orte und Gebiete für die Steuerung oder Nichtsteuerung von Märkten für Energieversorgungsleistungen. Große raumwirtschaftliche Bedeutung für alle Typen von Gemeinden und Regionen kommt auch der gegenüber der Verkehrswirtschaft betriebenen oder unterlassenen Ordnung des Wettbewerbs zu. Ungehemmter Wettbewerb zeitigt, wie die wirtschaftsgeschichtliche Erfahrung lehrt, die Tendenz zu seiner Selbstvernichtung durch Oligopolisierung und Monopolisierung. Diese Tendenz würde sich in der sich selbst überlassenen Verkehrswirtschaft gewissermaßen so nach dem Muster eines räumlichen Gefälles ausbreiten, daß die Gebiete mit jeweils schwächeren Verkehrsströmen eher und stärker von ihr ergriffen werden als die Räume mit jeweils stärkeren Verkehrsströmen. Das räumlich abgestufte Vorrücken der Konkurrenzverdünnung würde dazu beitragen, die Verkehrsungunst der ohnehin wirtschafts- und verkehrsschwachen Gebiete im Vergleich zu den wirtschafts- und verkehrsstarken Räumen weiter zu erhöhen und damit sich selbst zu beschleunigen und zu verstärken. Außer von dem ungebremsten Wettbewerb und der ihm innewohnenden Selbstvernichtungstendenz gehen auch von jeder gegenüber der Verkehrswirtschaft betriebenen Wettbewerbsregulierung schädliche oder bedenkliche raumwirtschaftliche Wirkungen aus, soweit sich die Verkehrspolitik raumwirtschaftspolitisch abstinent verhält, also die in jedem Fall aus der Verkehrsentwicklung resultierenden Einflüsse auf den Wettbewerb zwischen den Wirtschaftsräumen und zwischen den Gemeinden ignoriert. Selbst wenn es einer solchen allein oder vornehmlich auf Erhaltung des Wettbewerbs unter den Verkehrszweigen und Verkehrsbetrieben abzielenden Verkehrspolitik gelingt, eine Konzentration im privaten Verkehrsgewerbe zu verhindern, kann sie die auf der Tatsache höchst unterschiedlicher Stärke der verschiedenen Verkehrsströme beruhende räumliche Abstufung der Konkurrenzgrade nicht beseitigen. Dazu bedarf es einer Kombination wettbewerbs- und raumwirtschaftspolitischer Ziele der Verkehrspolitik, für welch letztere, wie (insbesondere in den Kapiteln IV und V) noch zu zeigen sein wird, vor allem das Angebot öffentlicher Verkehrsdienste ein geeignetes Instrument ist.

5. Verkehrsanschlüsse als wesentliche Faktoren in der Konkurrenz der Wirtschaftsräume und Gemeinden

Die branchenbezogenen Zweige der Wirtschaftspolitik sind mit den funktionsbezogenen, zu denen auch die Raumwirtschaftspolitik gehört, selbst dann über ihre Wirkungen verschränkt, wenn sie nicht mit ihnen abgestimmt sind. Beispielsweise beeinflußt die Förderung eines Gewerbezweiges dessen Steuerkraft, wie sich umgekehrt unter anderem auch steuerpolitische Mittel zu seiner Förderung verwenden lassen. Jedwede branchenbezogene Wirtschaftspolitik hat schon insofern raumwirtschaftliche Wirkungen, als die Förderung oder Zurückdrängung eines Gewerbezweiges und auch die Erhaltung oder Verdünnung der zwischen seinen Angehörigen bestehenden Konkurrenz die für ihre Standorte und deren Umgebung bedeutsame Qualität von Produktivbetrieben beeinflußt. Darüber hinaus können Maßnahmen oder Unterlassungen branchenbezogener Wirtschaftspolitik Anlaß zu Standortverlagerungen geben; so können etwa ungehemmt bleibende Tendenzen der Unternehmungskonzentration auch zu einer räumlichen Konzentration des betreffenden Wirtschaftszweiges führen. Während die branchenbezogene Wirtschaftspolitik mit ihren Maßnahmen jeweils auf einzelne Wirtschaftszweige gerichtet ist und dabei unter anderem auch raumwirtschaftliche Wirkungen hervorruft, vermag die funktionsbezogene Wirtschaftspolitik, insoweit sie nicht ausgesprochene Raumwirtschaftspolitik ist, raumwirtschaftliche Impulse zu geben, indem sie auf gesamtwirtschaftlicher Ebene Orientierungsdaten für Unternehmungen verschiedenster Wirtschaftszweige und verschiedenster Standorte beläßt oder verändert. Solches geschieht zum Beispiel, wenn steuer- oder teilenteignungspolitische Maßnahmen Kapitalflucht induzieren.

Die Raumwirtschaftspolitik nimmt Instrumente der branchen- wie der funktionsbezogenen anderen Zweige der Wirtschaftspolitik in Dienst; ihr «eigenes» Instrumentarium besteht, abgesehen von Verboten und Genehmigungsgeboten, lediglich in Landesentwicklungsplänen [32]), die vielfach ohne «Nachhilfe» durch den Einsatz anderer Mittel nicht dazu führen, daß sich von ihnen angesprochene Einzelwirtschaften und Gemeinwesen freiwillig so verhalten, wie es die Planziele wünschen. Unter den branchenbezogenen Zweigen der Wirtschaftspolitik sind die Instrumente der Verkehrspolitik für die Raumwirtschaftspolitik insofern von besonderem Gewicht, als die Verkehrsanschlüsse wesentliche, die Unternehmungen aller Wirtschaftszweige, die privaten Haushalte und die öffentlichen Dienste interessierende Faktoren der Konkurrenz zwischen den Wirtschaftsräumen und zwischen den Gemeinden darstellen.

Allgemein ausgedrückt, lassen sich Verbesserungen von Verkehrsanschlüssen eines Ortes oder Raumes auch als Verkürzungen ihn angehender ökonomischer Entfernungen und Verschlechterungen von Verkehrsanschlüssen umgekehrt als Verlängerungen derselben bezeichnen [33]). Dieser Charakter verleiht Verbesserungen von Verkehrsanschlüssen die Eignung, unter bestimmten Voraussetzungen in bezug auf Verschlechterungen anderer Standorteigenschaften kompensatorisch zu wirken. Die Verlängerung geographischer Entfernungen, die — etwa in der Form der Zusammenlegung von Arbeitsstätten — infolge privatwirtschaftlicher oder öffentlich-wirtschaftlicher räumlicher Konzentrationsvorgänge auftritt, muß nicht zu einer Vergrößerung der zugehörigen ökonomischen Ent-

---

[32]) Übersicht und Würdigung der rechtlichen Instrumente der Landesplanug bei HANS-GERHART NIEMEIER: Das Recht der Raumordnung und Landesplanung in der Bundesrepublik Deutschland — Eine systematische Darstellung, Veröffentlichungen der Akademie für Raumforschung und Landesplanung, Abhandlungen, Bd. 75, Hannover 1976.

[33]) Über ökonomische Distanzverringerung und ihre Effekte FRITZ VOIGT: Verkehr, Erster Band, zweite Hälfte, a.a.O., S. 675 ff.

fernungen führen, wenn nur die einschlägigen Verkehrsanschlüsse entsprechend verbessert werden. Ihre kompensatorische Wirkung macht die Verbesserung von Verkehrsanschlüssen zum Substitut für eine stärkere räumliche Streuung von Verkehrszielen. Auf diese Substitutionsmöglichkeit berufen sich neuerdings beispielsweise die Verwaltungsreformer. Sie begründen die Vergrößerung der Verwaltungsterritorien und damit die stärkere Konzentration öffentlicher Dienststellen mit der «Maßstabsvergrößerung» [34]) durch den modernen Verkehr, sprich: vor allem durch den Automobilverkehr, unterstellen dabei allerdings stillschweigend eine allgemeine Maßstabsvergrößerung, die in Wirklichkeit nur eine spezielle, nicht jedermann zugute kommende ist und dort, wo die öffentliche Verkehrsbedienung verschlechtert wird, für bestimmte Bevölkerungsgruppen mit einer Maßstabsverkleinerung einhergeht.

Die Verkehrsziele, die Verbesserungen von Verkehrsanschlüssen ökonomisch näher heranholen oder deren Weiterwegwandern diese ökonomisch ausgleichen sollen, sind teils von wirtschaftlicher, teils von nicht-wirtschaftlicher Natur. Die ökonomischen Verkehrsziele ihrerseits umfassen Erwerbsmöglichkeiten (Arbeitsstätten, Märkte der verschiedensten Art für Produktivbetriebe) und Konsumtionsmöglichkeiten (Einkaufs-, Behandlungs-Unterhaltungsmöglichkeiten). Zu den nicht-ökonomischen Verkehrszielen gehören unter anderem die öffentlichen Verwaltungen, die Schulen und die Kirchen. Die Mittel, mit denen die Verkehrsanschlüsse verbessert und damit die ökonomischen Entfernungen zu den Verkehrszielen verkürzt werden können, sind vielgestaltig. Die wichtigsten sind der Bau neuer Verkehrswege und -stationen; Vergrößerungen der quantitativen und Verbesserungen der qualitativen Kapazität vorhandener Verkehrswege und -stationen; Vermehrung der Zahl der Verkehrsnetze, die einen Ort oder Raum berühren; Verbesserungen und Verbilligungen der angebotenen Verkehrsdienste durch Förderung der Konkurrenz unter Verkehrszweigen und -betrieben oder durch Förderung öffentlicher Verkehrsbetriebe, die bei schwacher örtlicher und regionaler Konkurrenz im Verkehrsgewerbe als Konkurrenzsurrogate zu wirken vermögen (vgl. hierzu die Kapitel IV und V).

Der kompensatorischen Wirkung, die Verbesserungen örtlicher und regionaler Verkehrsanschlüsse in bezug auf Verschlechterungen anderer Standorteigenschaften zeitigen, entspricht gleichsam eine potenzierende Wirkung von Verschlechterungen örtlicher und regionaler Verkehrsanschlüsse, wenn sie mit Verschlechterungen anderer Standorteigenschaften zusammenfallen. Die letztgenannten Verschlechterungen bestehen ja darin, daß ökonomische oder nicht-ökonomische örtliche Verkehrsziele gänzlich oder teilweise durch außerörtliche ersetzt werden oder daß außerörtliche Verkehrsziele gänzlich oder teilweise weiter wegwandern. Dies würde schon erhebliche Verschlechterungen von Standorteigenschaften bewirken, wenn der status quo der Verkehrsanschlüsse erhalten bliebe. Auf allen Lebensgebieten, die betroffen sind, würden sich außer den geographischen auch die ökonomischen Entfernungen allein durch die Wegverlagerung von Verkehrszielen verlängern.

---

[34]) Wissenschaftlich z. B. DIETER BÖKEMANN: Zur Einführung des Zeitfaktors in die Theorie der zentralen Orte — Walter Christaller (1893-1969) zum Gedenken. In: Archiv für Kommunalwissenschaften 8 (1969), S. 68 ff., siehe insbes. den Abschnitt „Anwendung auf die Regionalplanung", S. 85 ff..Politisch z. B. *Kommission für die Reform der staatlichen Verwaltung Baden-Württemberg und Kommission für Fragen der kommunalen Verwaltungsreform Baden-Württemberg:* Gutachten zur Kreisreform. In: Staatsministerium Baden-Württemberg (Hrsg.), Dokumentation über die Verwaltungsreform in Baden-Württemberg, Stuttgart 1972, S. 72 ff., insbes. S. 76, Tz. 3; *Kommission für Fragen der kommunalen Verwaltungsreform Baden-Württemberg,* Teilgutachten A: Stärkung der Verwaltungskraft kleinerer Gemeinden, ebenda, S. 532 ff., insbes. S. 540, Leitsatz 7.

Zusätzliche Verlängerungen der ökonomischen Entfernungen kämen hinzu, falls auch Verkehrsanschlüsse verschlechtert werden.

Man kann sagen: Die Verbesserung oder die Verschlechterung von Verkehrsanschlüssen hat eine um so größere positive oder negative Fächerwirkung in bezug auf die Standorteigenschaften, je mehr andere Lebensgebiete in der gleichen Zeitlage von räumlichen Konzentrationsvorgängen am Ort oder in der Region in Mitleidenschaft gezogen werden. Eine solche Fächerwirkung ist unter den branchenbezogenen wirtschaftspolitischen Maßnahmen lediglich den verkehrspolitischen eigen; denn die Verkehrsanschlüsse verbinden nicht nur die verschiedenen Wirtschaftszweige, sondern auch die verschiedensten wirtschaftlichen und nicht-wirtschaftlichen Lebensgebiete der privaten Haushalte miteinander. Die Fähigkeit, die gemeinte Fächerwirkung zu entfalten, rückt die Verkehrspolitik, die zu den branchenbezogenen Zweigen der Wirtschaftspolitik gehört, insofern in eine Doppelrolle, als ähnliche Wirkungsweisen sonst nur funktionsbezogenen Zweigen der Wirtschaftspolitik, vor allem der Finanz- und der Währungspolitik, eigen sind.

III. Methodische Probleme und Lösungsansätze

1. Wirtschaftstheorie als Eigenschafts- und Beziehungsanalyse; Gegenstände der volkswirtschaftlichen und der betriebswirtschaftlichen Analyse

Bei der Erörterung wissenschafts- und gegenstandssystematischer Probleme (S. 7) wurde auf die teils theoretische, teils rechnerische Natur der wirtschaftswissenschaftlichen Mittel hingewiesen. Zugleich wurde die Wirtschaftstheorie insofern als Eigenschafts- und Beziehungsanalyse charakterisiert, als sie Beziehungen zwischen Ursachen und Wirkungen zu erfassen und gedankliche Abbildungen wirklicher und möglicher Strukturen, Zustände und Vorgänge zu schaffen trachtet. Die Strukturen, Zustände und Vorgänge, deren sie sich annimmt, hängen ihrerseits miteinander zusammen. Die zwischen ihnen bestehenden Zusammenhänge sind schon deshalb Gegenstand der Wirtschaftstheorie, weil sich die Strukturen, Zustände und Vorgänge überhaupt nur abbilden lassen, wenn berücksichtigt wird, wie sie untereinander verbunden sind. Darüber hinaus sind die gemeinten Zusammenhänge für die Wirtschaftstheorie insofern interessant, als sie Schlüssel zur Untersuchung von Kausalbeziehungen darstellen.

Geht man von der nicht zwingenden, nur arbeitsteiligen — nicht in allen Sprachgebieten eingebürgerten — Scheidung von Volkswirtschaftslehre und Betriebswirtschaftslehre aus, so handelt es sich bei den Strukturen, Zuständen und Vorgängen, die Gegenstände der Wirtschaftstheorie sind, zum Teil um geborene Objekte der volkswirtschaftlichen oder der betriebswirtschaftlichen Theorie, zum Teil aber um gemeinsame Objekte beider wirtschaftswissenschaftlicher Disziplinen, und zwar, weil sie gleichsam zwischen deren geborenen Objekten stehen, diese gewissermaßen miteinander verbinden. Geborene Gegenstände der Volkswirtschaftslehre sind gesamtwirtschaftliche Strukturen, Zustände und Vorgänge sowie die Mittel, die es gibt, sie zu beeinflussen. Geborene Gegenstände der Betriebswirtschaftslehre sind einzelwirtschaftliche Strukturen, Zustände und Vorgänge sowie die Mittel, die es gibt, sie zu gestalten. Zu den gemeinsamen Objekten beider wirtschaftswissenschaftlicher Fächer gehören die Märkte und die Wirtschaftsräume.

In marktwirtschaftlichen Systemen verkehren Einzelwirtschaften miteinander über Märkte, wenn man davon absieht, daß es unter Gemeinwesen (etwa unter benachbarten Gemeinden) einen politisch bestimmten wirtschaftlichen Verkehr und zwischen bestimmten öffentlichen Betrieben (Haushalten), die Hoheitsfunktionen ausüben, und anderen Einzelwirtschaften (etwa in Gestalt der Besteuerung) einen wirtschaftlichen Zwangsverkehr gibt. Die Märkte sind aber nicht nur Verbindungsmöglichkeiten und Verbindungen zwischen Einzelwirtschaften. Sie sind zugleich auch insofern Aggregationsformen der an ihnen teilnehmenden Betriebe, als sich in ihnen nach außen wirkende Entscheidungen derselben niederschlagen und in Resultanten (Marktpreisen, Marktkonditionen, Qualitätsnormen, Umsätzen, Umsatzanteilen) konzentrieren. Je größer die Märkte in räumlicher Hinsicht sind, das heißt, je weiter sie über bloße örtliche (kleinräumige) Märkte hinausgehen, in um so stärkerem Maße sind sie für den Staat wirtschaftspolitisch von Interesse und damit auch Gegenstände der Volkswirtschaftslehre.

Alle Einzelwirtschaften sind nicht nur von Märkten, sondern auch mit Wirtschaftsräumen wechselseitig verbunden, und zwar so, daß sie zum einen Bestandteil von Märkten und der Wirtschaft eines Raumes oder mehrerer Räume sind und daß sie zum andern auf Märkten und in Räumen wirtschaften. Jeder Betrieb hat mindestens einen Standort, mancherlei Betriebe (zum Beispiel Betriebe des Linienverkehrs, der Energie- und Wasserversorgung, des Schulwesens) haben auch fest abgegrenzte Bedienungsgebiete. Die Wahl des Standorts und des etwaigen Bedienungsgebiets sowie deren — bei Produktivbetrieben eine Daueraufgabe darstellende — Überprüfung muß rationalerweise raumwirtschaftliche Merkmale berücksichtigen. Des weiteren verwertet jeder Produktivbetrieb seine Leistungen auf kleineren oder größeren, immer auch räumlich charakterisierten Märkten, wie er sich auf solchen Arbeitskräfte, Dienstleistungen, Waren und Finanzmittel beschafft. Analoges gilt für Konsumtivbetriebe (private Haushalte), für die überdies raumwirtschaftliche Eigenschaften ihres Standortes (des Wohnsitzes ihrer Mitglieder) auch in bezug auf nicht-wirtschaftliche Bedürfnisse bedeutsam sind, wie es beispielsweise in bezug auf das Verhältnis von Landschafts- und Siedlungscharakter zu emotional begründeten Ansprüchen an den Wohnsitz gilt. In den neben seinen natürlichen Eigenschaften stehenden sozialökonomischen Eigenschaften eines Wirtschaftsraumes spiegeln sich — ähnlich wie auf den Märkten — Entscheidungen der zugehörigen Einzelwirtschaften wider, allerdings weder allein noch unbedingt dominierend. Außer von Entscheidungen der in dem betreffenden Raum ansässigen Betriebe wird dessen sozialökonomische Entwicklung auch von Entscheidungen außerhalb befindlicher Betriebe beeinflußt, bei denen es sich sowohl um Partner der ansässigen Betriebe als auch um Betriebe handelt, für die der Raum einen potentiellen, aber nicht gewählten Standort bietet. Der Einfluß der letztgenannten Betriebe (einschließlich der privaten Haushalte!) auf sozialökonomische Eigenschaften eines Raumes ist Teil der Konkurrenz, die zwischen Wirtschaftsräumen besteht, und zwar jener Teil, der ein Analogon zur Konkurrenz zwischen Märkten mit substitutiven Gütern wie zur totalen Konkurrenz zwischen Märkten für verschiedenartige, nicht-substitutive Güter [35]) darstellt. Schließlich werden die sozialökonomischen Eigenschaften eines Raumes außer von Entscheidungen zu ihm gehöriger und außerhalb befindlicher Einzelwirtschaften auch vom Staat mitgestaltet, und zwar in der Regel in viel stärkerem Maße, als der Staat in marktwirtschaftlichen Systemen in Märkte einzugreifen pflegt. Die Wirtschaftsräume bilden, ähnlich wie die Märkte, eine räumliche Hierarchie. Kleine Räume sind Teile größerer, diese wiederum Teile noch größerer. Je größer ein Raum ist, um so stärker ist unter sonst gleichen Verhältnissen das wirtschaftspolitische Interesse des Staates an ihm, und desto eher ist er auch Gegenstand der Volkswirtschaftslehre.

Die sozialökonomischen Eigenschaften eines Raumes sind außer in bezug auf ihre Verursachung auch im Hinblick auf ihre Veränderlichkeit von anderer Natur als die Eigenschaften von Märkten. Deren Eigenschaften können sich teilweise, so insbesondere die Marktpreise, jederzeit oder sehr rasch ändern, wohingegen Wandlungen in den sozialökonomischen Eigenschaften von Räumen geschichtliche Vorgänge von längerer Dauer sind. (Vgl. was hierzu bereits S. 17 f. im Zusammenhang mit der Gegenüberstellung der Konkurrenz zwischen Wirtschaftszweigen bzw. Betrieben und der Konkurrenz zwischen Wirtschaftsräumen bemerkt wurde.)

---

[35]) Zum Begriff der totalen Konkurrenz WILHELM VERHOFEN: Totale Konkurrenz als Kern der Absatzproblematik. In: Deutsche Gesellschaft für Betriebswirtschaft (Hrsg.), Rationale Absatzwirtschaft — heute und morgen, Berlin 1955, S. 17 ff.

2. Komplementarität morphologischer, ablaufstheorethischer und prognostischer Methoden

Die volkswirtschaftliche wie die betriebswirtschaftliche Theorie läßt sich nach den jeweils anzuwendenden Denkmethoden in einen morphologischen und in einen ablaufstheoretischen Teil gliedern, die einander komplementär sind [36]).

Die wirtschaftswissenschaftliche Morphologie [37]) befaßt sich mit der Struktur wirtschaftlicher Gebilde (Betriebe und Betriebszusammenschlüsse, Märkte, Wirtschaftsräume bzw. -regionen, Volkswirtschaften bzw. Staaten und deren wirtschaftliche Zusammenschlüsse). Dabei wird unter Struktur von Gebilden in erster Annäherung der Komplex der Eigenschaften verstanden, den diese besitzen. Die Morphologie analysiert, woraus sich die Gebilde zusammensetzen und wie ihre Elemente untereinander verknüpft sind. Darauf aufbauend, zeichnet sie entweder mittels gleichmäßiger Abstraktion umfassende oder mittels differenzierender Abstraktion schwerpunktbezogene gedankliche Abbildungen dieser Gebilde (z. B. umfassende wirtschaftliche Betriebstypen bzw. finanzwirtschaftliche, investitionswirtschaftliche, produktionswirtschaftliche oder andere Schwerpunkttypen von Betrieben).

Die wirtschaftswissenschaftliche Ablaufstheorie [38]) geht demgegenüber von bestimmten Annahmen aus, die von der gestellten Aufgabe und vom gewählten Abstraktionsgrad abhängig sind, und sie fragt, was unter den Annahmen geschieht, wenn ein bestimmtes Ereignis oder eine bestimmte Ereignisreihe eintritt. Sie reduziert also, was in den Voraussetzungen und in der Natur des gedachten Ereignisses beschlossen, aber zumeist nicht offen zutage liegt und deshalb gedanklich herausgeholt, entwickelt werden muß. Was sie so entwickelt, sind gedankliche Abbildungen von Lebensvorgängen wirtschaftlicher Gebilde, so wie die Annahmen, von denen sie ausgeht, Eigenschaften, Strukturmerkmale solcher Gebilde und die unter den Annahmen auf ihre Wirkungen hin betrachteten Ereignisse von Gebilden selbst veranlaßte oder sie treffende Situationen (Zustände) darstellen.

Morphologie und Ablaufstheorie haben das gleiche Untersuchungsobjekt, das sie jeweils in verschiedener Art und Weise und, isoliert gesehen, mit verschiedenen Erkenntniszielen angehen. Ihre jeweiligen Erkenntnisziele unterstützen jedoch einander. Die Morphologie liefert gedankliche Abbildungen von Gebildestrukturen oder -teilstrukturen, und die Ablaufstheorie betrachtet Vorgänge, die sich in Gebilden abspielen, aus Kräften

---

[36]) Wegen der Komplementarität von Morphologie und Ablaufstheorie HEINZ HALLER: Typus und Gesetz in der Nationalökonomie — Versuch zur Klärung einiger Methodenfragen der Wirtschaftswissenschaften, Stuttgart und Köln 1950; GERGARD WEISSER: Wirtschaft. In: Werner Ziegenfuß (Hrsg.), Handbuch der Soziologie, Stuttgart 1956, S. 970 ff.; KARL OETTLE: Unternehmerische Finanzpolitik — Elemente einer Theorie der Finanzpolitik industrieller Unternehmungen, Stuttgart 1966, insbes. S. 330 ff.

[37]) Siehe außer den in Anmerkung 36 genannten Quellen insbesondere GERHARD WEISSER: Morphologie der Betriebe. In: Hans Seischab und Karl Schwantag (Hrsg.), Handwörterbuch der Betriebswirtschaft 3. Aufl., Band III, Stuttgart 1960, Sp. 4036 ff.; *derselbe:* Form und Wesen der Einzelwirtschaften — Theorie und Politik ihrer Stile, Erster Band, 2. Aufl. Göttingen 1949; *derselbe:* Die Unternehmensmorphologie — nur Randgebiet? Bemerkungen zu ihrer Erkenntniskritik und Methodologie, In: Archiv für öffentliche und freigemeinnützige Unternehmen 8 (1967/68), S. 1 ff.; HELMUT COX: Analyse und Theorie der einzelwirtschaftlichen Strukturen als Gegenstand der Unternehmenmorphologie. Zur Methodologie, Erkenntniskritik und Technologie der unternehmensmorphologischen Forschung und Theoriebildung, ebenda, 8 (1967/68), S. 289 ff.; THEO THIEMEYER: Unternehmensmorphologie. Methodische Vorbemerkungen zur Bildung praxisbezogener Betriebstypen. Thesen in didaktischer Absicht, ebenda 10 (1972), S. 92 ff.

[38]) Als Musterbeispiel betriebswirtschaftlicher Ablaufstheorie sei genannt ERICH GUTENBERG: Die Unternehmung als Gegenstand betriebswirtschaftlicher Theorie, Berlin und Wien 1929.

von Gebildestrukturen gespeist werden und die Struktur von Gebilden erhalten oder (sei es zum Positiven, sei es zum Negativen) verändern. Selbst wenn die Ablaufstheorie aus didaktischen Gründen oder wegen der Begrenztheit ihrer methodischen Möglichkeiten von Annahmen ausgeht, die angesichts ihrer Einfachheit gedankliche Abbildungen bloßer Strukturrudimente sind, baut sie auf morphologischem Fundament. Umgekehrt kann die morphologische Arbeit im Hinblick auf die wirtschaftswissenschaftliche Hauptaufgabe, die Entscheidungshilfe, nur durch ihre ablaufstheoretische Ergänzung fruktifiziert werden.

Ähnlich wie Morphologie und Ablaufstheorie innerhalb der Wirtschaftstheorie einander komplementär sind, ist es diese selbst mit der Wirtschaftsrechnung. Die Wirtschaftstheorie beschreibt die Eigenschaften wirtschaftlicher Gebilde, sie untersucht die Beziehungen, in denen diese Strukturmerkmale untereinander und mit ihren Bestimmungsfaktoren stehen, sie untersucht die wirtschaftlichen Vorgänge (Prozesse) und ihre Wirkungen sowie die (zu Gebildestrukturen gehörenden) Mittel, die es zu deren Ingangsetzung und Gestaltung gibt. Soweit sie Eigenschaftsanalyse ist, arbeitet die Theorie mit Beobachtung, Analyse des Beobachteten und Synthese der analytisch herausgearbeiteten Strukturelemente zu gedanklichen Nachbildungen wirklicher oder möglicher wirtschaftlicher Gebilde. Soweit die Wirtschaftstheorie Beziehungsanalyse ist, stellt sie logische Verknüpfungen her (so die Morphologie etwa zwischen Gebildeeigenschaften und ihren Bestimmungsfaktoren) oder legt sie in den Ausgangspunkten eingeschlossene logische Verknüpfungen bloß (so die Ablaufstheorie). In jedem Falle geht es ihr bei den behandelten Gebilden, Prozessen und Zuständen allein oder zuvörderst um das Erfassen von Eigenschafts«stellen» und Bestimmungsfaktor«stellen» sowie um das zwischen ihnen jeweils bestehende Beziehungsgeflecht.

Die «Stellen» sind Kategorien von Eigenschaften und von Bestimmungsfaktoren derselben, die in der Wirklichkeit mit den verschiedensten Ausprägungen (Größen, Werten) «besetzt» sein können [39]. Solche «Besetzungen» sind allenfalls für eine gebildeindividuelle, aber nicht für eine allgemeinere (etwa gebildetypenbezogene) oder allgemeine Theorie notwendig; sie können gleichsam in um so stärkerem Maße nur exemplarischen Charakter haben, je weniger gebildeindividuell theoretisiert wird. Für die Anwendung von Theorien auf die Lösung praktischer Entscheidungs- oder Erfolgsbeurteilungsprobleme sind die Ausprägungen von Eigenschaften und Bestimmungsfaktoren jedoch unerläßlich. Wenn sie nicht festgestellt (gemessen) werden können, müssen sie geschätzt werden. Festgestellte oder geschätzte Ausprägungen von Eigenschaften und Bestimmungsfaktoren füllen gewissermaßen das der Untersuchung eines Einzelfalles zugrunde gelegte Struktur- und Beziehungsgerüst der Theorie mit dem einschlägigen «Material» an. Für die Messung wie für die Schätzung von Größen bedarf es der Wirtschaftsrechnung, die teils retrospektiven, teils prospektiven Charakter hat. Retrospektive Rechnungen dienen der Erfolgsbeurteilung, prospektive der Entscheidungsvorbereitung (vgl. hierzu Kapitel II. 1).

Die vorhandenen Möglichkeiten der prospektiven Wirtschaftsrechnung sind auf betriebs- wie auf volkswirtschaftlichem Gebiet weitaus geringer als die der retrospektiven Rechnung. Daß dem so ist, liegt nicht an ihrer wissenschaftlichen Bevorzugung oder Benachteiligung, sondern an den unterschiedlichen sachlichen Schwierigkeiten. In der Vergangenheit sind bestimmte Ereignisse von mehreren oder vielen für möglich gehaltenen eingetreten und bestimmte Entscheidungen von mehreren möglich gewesenen getroffen

---

[39]) Über „Stelle" und „Besetzung" FELIX KAUFMANN: Methodenlehre der Sozialwissenschaften, Wien 1936, S. 28 und 72.

worden, wohingegen für die Zukunft Ereignisse wie Entscheidungen noch dahinstehen. Wohl ist die Wirtschaftstheorie gleichermaßen für die rationale Fundierung von Urteilen über die Erfolge vergangener Entscheidungen wie von Entscheidungsvorbereitungen gedacht und geeignet. Doch ist die auf sie gerichtete Ergänzungsbedürftigkeit der prospektiven Wirtschaftsrechnungen größer als die der retrospektiven, da letzere sich, wie es weithin geschieht, wegen der einfacheren Problemstellung mit geringem theoretischen Unterbau erstellen und auswerten lassen, wohingegen erstere von vornherein und fast ausschließlich auf Schätzungen beruhen und das vergleichsweise sehr unsichere Zahlenmaterial prinzipiell von den Schätzmethoden her wenig verbesserungsfähig ist und allein durch theoretisch begründete Verwertung aussagefähiger gemacht werden kann [40]).

3. Strukturanalyse als erster Schritt der Gewinnung raumwirtschaftlicher Aspekte einer Betriebswirtschaftslehre des Verkehrs

Sollen der Betriebswirtschaftslehre des Verkehrs raumwirtschaftliche Aspekte abgewonnen werden, so sind die notwendige Untersuchungsbreite und die notwendige Untersuchungstiefe festzulegen. Was die Untersuchungsbreite angeht, so bedarf es der Kombination von verkehrsbetrieblicher, verkehrsmarktlicher und wirtschaftsräumlicher Betrachtung; denn die Strukturen von Betrieben, Märkten und Wirtschaftsräumen sind (wie in Punkt 1 dieses Kapitels ausgeführt) generell miteinander verknüpft, und die Wechselbeziehungen zwischen Verkehrsbetrieben und Verkehrsmärkten auf der einen und Wirtschaftsräumen auf der anderen Seite sind (wie in Kapitel II. 3. und 5. dargelegt) besonders eng. Was die Untersuchungstiefe betrifft, so ist es nötig, auf die Strukturanalyse von Verkehrsbetrieben und verkehrsnachfragenden Betrieben, aber auch von Verkehrsmärkten und Wirtschaftsräumen zurückzugreifen; denn diese ist (wie in Punkt 2 dieses Kapitels erläutert) die Basis einer wirtlichkeitsnahen Ablauftheorie und einer theoretisch fundierten Prognose, auf welch letztere ja auch die Raumwirtschaftspolitik bauen muß.

Bei der für die Gewinnung raumwirtschaftlicher Aspekte einer Betriebswirtschaftslehre des Verkehrs notwendigen Strukturanalyse kommt es zum einen besonders auf jene Strukturmerkmale der zu untersuchenden Gebildekategorien (Betriebe, Märkte, Wirtschaftsräume) an, die gewissermaßen Bindeglieder zwischen ihnen sind (siehe Punkt 5 dieses Kapitels) und die zwischen ihnen spielenden Prozesse übertragen (siehe Punkt 6 dieses Kapitels). Zum andern ist es wegen der Eigentümlichkeit des Verkehrs moderner westlicher Industriegesellschaften, neben einem privatwirtschaftlichen Verkehrssektor einen bedeutenden öffentlichen zu haben, unerläßlich, die Unterscheidungen und Verknüpfungen zwischen diesen beiden hervorzuheben (siehe Punkt 7 dieses Kapitels). Diese Arbeit wäre überflüssig, wenn sich die öffentlichen Verkehrsbetriebe nur durch das Eigentum an ihnen von privaten unterschieden, im übrigen aber wie private kaufmännische Verkehrsunternehmungen geführt und nicht als Instrumente der öffentlichen Verkehrspolitik benützt würden. Da es sich aber anders verhält oder doch, wo dies nicht zutrifft, in marktwirtschaftlichen Systemen wegen der bei ihnen bestehenden Erfordernis, öffentliche Wirtschaftstätigkeit zu rechtfertigen, anders verhalten sollte, führt die notwendige Befassung mit dem Nebeneinander von privater und öffentlicher Verkehrswirtschaft zur Verkehrspolitik als einem Zweig der Wirtschaftspolitik von Staat und Gemeinden.

---

[40]) Als Beispiel für derartige theoretische Bemühungen sei genannt WALDEMAR WITTMANN: Unternehmung und unvollkommene Information. Unternehmerische Voraussicht — Ungewißheit und Planung, Köln und Opladen 1959, siehe insbes. S. 83 ff. („Auf Verbesserung des Informationsstandes gerichtete Maßnahmen").

Jene Kategorien von Strukturmerkmalen, die Bindeglieder zwischen den Kategorien der zu untersuchenden Gebilde (Betriebe, Märkte, Wirtschaftsräume) darstellen, liefern Ansatzpunkte für die Erfassung verkehrsmarktlicher Wirkungen der Politik von Verkehrsanbietern, Verkehrsnachfragern sowie für die Erfassung raumwirtschaftlicher Wirkungen verkehrsmarktlicher Entwicklungen. Umgekehrt muß auf ihnen auch aufgebaut werden, wenn verfolgt werden soll, wie raumwirtschaftliche Entwicklungen Verkehrsmärkte und deren Entwicklungen die Politik von Verkehrsanbietern und die von Verkehrsnachfragern zu beeinflussen vermögen. Deshalb werden die Kategorien der «Bindegliedmerkmale» betrieblicher, verkehrsmarktlicher und wirtschaftsräumlicher Strukturen eine wichtige Grundlage der Diskussion raumwirtschaftsbezogener absatz- bzw. angebotspolitischer Probleme von Verkehrsbetrieben (Kapitel V) bilden. Eine zweite wesentliche Grundlage der absatz- bzw. angebotspolitischen Erörterungen werden die Kategorien der Prinzipien des Führens von Verkehrsbetrieben (siehe Kapitel IV A und B) bilden; denn deren Ausprägung bestimmt, ob und gegebenenfalls wie Verkehrsbetriebe raumwirtschaftspolitische Ziele unterstützen oder konterkarieren (vgl. Kapitel IV C) und welches absatz- bzw. angebotspolitische Verhalten von ihnen im Wechsel der Marktlagen und marktlichen Entwicklungen, das heißt, indirekt auch im Zuge raumwirtschaftlicher Entwicklungen bei rationalem Handeln zu erwarten ist (vgl. Kapitel V). Was für Führungsprinzipien gewählt werden, hängt entscheidend, wenn auch nicht ausschließlich davon ab, ob ein Verkehrsbetrieb privatwirtschaftlich oder öffentlich-wirtschaftlich geführt wird, wofür nicht das private oder öffentliche Eigentum, sondern die Indienstnahme für die Wahrnehmung öffentlicher Aufgaben maßgebend ist.

4. Zusammenhänge zwischen Gebildestrukturen, Prozessen und Situationen

Ehe strukturanalytisch vorgegangen werden kann, muß Klarheit über das dafür benötigte gedankliche Werkzeug geschaffen sein. Wie bereits mehrfach (S. 7 f., 24 f.) erwähnt, steht die Struktur wirtschaftlicher Gebilde in engen Wechselbeziehungen zu wirtschaftlichen Vorgängen (Prozessen) und Zuständen (Situationen). Jede dieser Erscheinungen läßt sich daher unter Rückgriff auf die jeweils anderen erklären.

Allgemein ausgedrückt und in erster Annäherung bedeutet «Struktur von Gebilden» den Komplex der Eigenschaften, den diese besitzen. «Prozesse» sind Vorgänge, die sich in Gebilden und damit in deren strukturellem Rahmen abspielen. «Situationen» sind Zustände, in die Gebilde geraten und unter denen Prozesse verlaufen. Strukturmerkmale, Prozeßeigenschaften und Situationseigenschaften können — wenigstens in bezug auf die hier zu behandelnden Gebilde: Betriebe, Betriebszusammenschlüsse, Märkte, Wirtschaftsräume bzw. Regionen, Volkswirtschaften bzw. Staaten und deren Zusammenschlüsse — natürlichen, technischen, ökonomischen, sozialen und rechtlichen Charakters sein. Wirtschaftswissenschaftlich interessieren die ökonomischen Eigenschaften sowie die ökonomische Bedeutung der nicht-ökonomischen Eigenschaften.

Zu den ökonomischen Strukturmerkmalen wirtschaftlicher Gebilde gehören deren Potenzen (Möglichkeiten, eigene Kräfte) sowie die Gegenkräfte, die ihnen gegenüberstehen, gegebenenfalls auch die verfolgten Ziele (sie fehlen nicht-organisierten Märkten sowie solchen Wirtschaftsräumen, die nicht in Gemeinden, Gemeindeverbänden, Regionalverbänden oder sonstwie institutionalisiert sind). Die eigenen Potenzen werden durch die in dem gebildestrukturellen Rahmen ablaufenden Prozesse erhalten oder verändert; die Prozesse werden ihrerseits von diesen Potenzen genährt. Wirtschaftliche Prozesse werden spontan, das heißt ohne den Anstoß von Situationsänderungen oder reaktiv, das heißt auf Situationsänderungen hin, in Gang gesetzt. Sie erhalten oder verändern außer der jeweiligen Gebildestruktur auch die jeweilige Situation.

Die ökonomischen Kräfte eines Gebildes, die dessen Gegenkräften (etwa denen der Geschäftspartner oder der Konkurrenzbetriebe, der substitutiv bzw. totaliter konkurrierender Märkte, der konkurrierenden Wirtschaftsräume oder Volkswirtschaften) gegenüberstehen, sind zum Teil, nämlich insoweit sie seiner sozialen Seite entstammen, Willensträger, die übrigen sind willenlose Instrumente in deren Hand. Die dem Gebilde von seinen Angehörigen (Willensträgern) verliehenen Kräfte sind ihrerseits zumeist nicht von einheitlicher Natur, sondern Resultanten aus in bestimmten Hinsichten wohl konvergierenden, in anderen Hinsichten aber divergierenden Teilkräften. Am deutlichsten wird das bei Märkten: Die auf ihnen herrschende Konkurrenz unter den Anbietern bzw. den Nachfragern ist die Resultante divergierender Teilkräfte, neben denen möglicherweise nur jene konvergierenden Teilkräfte stehen, die auf die Erhaltung der Funktionsfähigkeit der Konkurrenz und auf die Behauptung des betreffenden Marktes in der Substitutionskonkurrenz mit einigen anderen und in der totalen Konkurrenz mit allen anderen Märkten bedacht sind. Insoweit die Gebilde von sozialer Natur sind, sind sie also zumeist in sich wiederum aus Teilgebilden zusammengesetzt, die sowohl kooperieren als auch konkurrieren und die auch in sich wiederum in derselben Weise gegliedert sein können, wie es etwa bei größeren und mittleren Betrieben mit den in ihnen vorhandenen informalen Gruppen, Teilgruppen, Untergruppen usw. der Fall ist [41]. Wo soziale Kräfte wirtschaftlicher Gebilde miteinander konkurrieren, ist es möglich, daß sie sich zu einem Teil gewissermaßen gegenseitig verbrauchen und daß von den insgesamt vorhandenen personalen Potenzen nur der verbleibende Rest den Gegenkräften des gesamten Gebildes entgegentreten kann. Solcher Selbstverbrauch sozialer Gebildekräfte findet vor allem statt, wo kräftezehrende Machtkämpfe etwa um Schlüsselpositionen oder um die Verteilung von Wertschöpfung an die Stelle des kräftesteigernden Leistungswettbewerbs treten.

5. Strukturelle Verknüpfungen zwischen Betrieben, Verkehrsmärkten und Wirtschaftsräumen

Sollen zwecks Gewinnung raumwirtschaftlicher Aspekte einer Betriebswirtschaftslehre des Verkehrs jene ökonomischen bzw. ökonomisch bedeutsamen Strukturmerkmale von Betrieben, Verkehrsmärkten und Wirtschaftsräumen herausgearbeitet werden, die gleichsam «Bindeglieder» zwischen wenigstens zweien von ihnen darstellen, so ist es zunächst notwendig, eine Übersicht über die wichtigsten Merkmalsstellen dieser drei Gebildekategorien zu schaffen. Der Vergleich der drei erforderlichen Übersichten zeigt dann die Verknüpfungsstellen. Bei der Nennung und Erläuterung der Strukturmerkmale bleibt außer acht, daß hinter jeder Eigenschaftsstelle Bestimmungsfaktoren (genauer: Bestimmungsfaktorkategorien oder -stellen) stehen, die ihrerseits eine «Hintergrundstruktur» bilden und der aus Eigenschaftsstellen zusammengesetzten «Vordergrundstruktur» gegenübergestellt werden können [42]. Des weiteren bleibt außer Ansatz, daß einzelne Eigenschaftsstellen, die genannt werden, zu den Bestimmungsfaktoren anderer, ebenfalls aufgeführter Eigenschaftsstellen gehören.

---

[41] Über die betriebsgesellschaftliche Seite betrieblicher Entscheidungen ausführlich WERNER KIRSCH: Entscheidungsprozesse, Band III, Entscheidungen in Organisationen, Wiesbaden 1971.

[42] Über betriebswirtschaftliche „Vordergrund- und Hintergrundstrukturen" KARL OETTLE: Unternehmerische Finanzpolitik, a.a.O., insbes. S. 390 ff.

(a') Zu den ökonomischen (ökonomisch bedeutsamen) Eigenschaftsstellen der *Struktur von Verkehrsbetrieben* sind insbesondere zu rechnen:

(1) Gegenstände, das heißt, Leistungsprogramme nach der Leistungsbreite wie der Leistungstiefe; die Leistungsbreite gibt an, zu welchen Verkehrszweigen oder auch nichtverkehrlichen Wirtschaftszweigen der Verkehrsbetrieb gehört; die Leistungstiefe ist im Verkehr jeweils um so größer, je mehr der komplementären Verkehrsfunktionen [43]) ein Verkehrsbetrieb für einen der von der Leistungsbreite umschlossenen Gegenstände selbst wahrnimmt;

(2) Kapazitätsgrößen, und zwar sächliche und personale, sowie deren Teilung bzw. Teilbarkeit;

(3) Kapazitätsqualitäten, unter anderem: Modernität von Sachanlagen bzw. beherrschten Arbeitsmethoden; Kostenabhängigkeiten; Nutzenabhängigkeiten; Umstellungs-, Überbeanspruchungs-, Erneuerungselastizitäten [44]); räumliche Verschieblichkeiten; Geschwindigkeit, Sicherheit, Zuverlässigkeit, Bequemlichkeit;

(4) Standorte und Bedienungsgebiete;

(5) Eigentums- und Leitungsorganisation, nämlich Zusammensetzung der Eigentümer und der Leitungsorgane sowie rechtliche Einkleidung beider ökonomischer Tatbestände;

(6) Aufbau- und Ablauforganisation;

(7) gegenwärtige und erwartete marktliche Lebensbedingungen der betrieblichen Leistungswirtschaft; [45])

(8) gegenwärtige und erwartete öffentliche (staatspolitische) Lebensbedingungen der betrieblichen Leistungswirtschaft; [45])

(9) Kapitalbedarfe in ihren verschiedenen Zustandsformen (nach der benötigten Art der Kapitalbeanspruchung, nach der Herkunft, nach der Deckung);

(10) Finanzierungsmöglichkeiten in ihren verschiedenen Zustandsformen (nach der Art ihrer Inanspruchnahme, nach der Herkunft, nach ihrer Realität);

(11) richtungsweisende betriebswirtschaftliche Entscheidungen, daß heißt, in die Zukunft wirkende, schwer reversible leistungs- und finanzwirtschaftliche Festlegungen;

(12) Ruf des Betriebes auf den verschiedensten Gebieten (als Anbieter, Abnehmer, Arbeitgeber, Kapitalnehmer, Koalitions- bzw. Kooperationspartner, Konkurrent);

(13) innerbetriebliche soziale Schichtung in verschiedenerlei Hinsicht (Alter, Interessen, Einfluß, Verhalten);

(14) Oberziele.

(a") Die ökonomischen (ökonomisch bedeutsamen) Eigenschaftsstellen der *Struktur verkehrsnachfragender Betriebe* sollen hier nur berücksichtigt werden, soweit sie für den betrieblichen Verkehrsbedarf wichtig sind. Als solche sind vornehmlich aufzuführen:

(1) Gegenstände des Verkehrsbedarfs nach Bedarfsbreite, insbesondere nach Transportobjekten, sowie nach Bedarfstiefe (Bedarfsintensität), insbesondere nach besonderen

---

[43]) LEOPOLD L. ILLETSCHKO unterscheidet: Wegsicherungs-, Beförderungs-, Abfertigungs- und Hilfsfunktion, Transport-Betriebswirtschaftslehre, Wien und New York 1966, S. 7 ff.; trennt man gedanklich Bereithaltungs- und Nutzungsfunktionen, so sind Weg-, Fahrzeug- und Stationsbereithaltung, Wegsicherung, Beförderung, Abfertigung und Hilfsdienste mögliche verkehrsbetriebliche Funktionen (vgl. KARL OETTLE: Verkehrsbetrieb und Verkehrsbetriebslehre, a.a. O.,Sp. 4151.).

[44]) Wegen der Begriffe Überbeanspruchungs- und Erneuerungselastizität siehe KARL OETTLE: Zur Eigenkapitalausstattung öffentlicher Betriebe. In: Der Gemeindehaushalt 65 (1964), S. 25 ff. und S. 49 ff., hier: S. 49 f. (wieder abgedruckt in Karl Oettle; Grundfragen öffentlicher Betriebe II, Ausgewählte Aufsätze zur Finanzierung und Rechnung öffentlicher Betriebe, Baden-Baden 1976, S. 9 ff., hier: S. 34 ff.).

[45]) Über diese Lebensbedingungen KARL OETTLE; Unternehmerische Finanzpolitik, a.a.O., S. 52 ff. und S. 129 ff.

Ansprüchen an die Beförderung und an die übrigen verkehrlichen Funktionen sowie nach komplementären Bedarfen, deretwegen die Verkehrswirtschaft sogenannte Hilfsfunktionen wahrnimmt (zum Beispiel Verkehrsfinanzierung, Verkehrsversicherung, Beherbergung und Bewirtung während der Fahrt);

(2) kapazitativer Möglichkeitsrahmen für den quantitativen Bedarf an Verkehrsleistungen und ihren Komplementen;

(3) kapazitativer Möglichkeitsrahmen für den qualitativen Bedarf an Verkehrsleistungen und ihren Komplementen;

(2 und 3) beiderlei Möglichkeitsrahmen werden bei Produktivbetrieben von den Kapazitätsgrößen und Kapazitätsqualitäten, bei Konsumtivbetrieben (privaten Haushalten) vor allem von ihrer Größe und ihren Einkommensverhältnissen bestimmt;

(4) räumlicher Möglichkeitsrahmen für den quantitativen und qualitativen Bedarf an Verkehrsleistungen und ihren Komplementen; dieser Möglichkeitsrahmen, der die beiden vorgenannten ergänzt, wird sowohl vom Standort bzw. Wohnsitz als auch von den dort ausstrahlenden räumlichen Beziehungen des Betriebes bestimmt, die bei Produktivbetrieben nur von geschäftlicher, bei Konsumtivbetrieben teils von geschäftlicher, teils von persönlicher Natur sind;[46]

(5) richtungsweisende betriebswirtschaftliche Entscheidungen in bezug auf die Deckung von Verkehrsbedarf (etwa durch Eingehen längerfristiger Bindungen an bestimmte Verkehrsanbieter oder durch Investitionen für den Eigenverkehr);

(6) beschaffungspolitische Spielräume auf den Verkehrsmärkten.

(b) Zu den ökonomischen (ökonomisch bedeutsamen) Eigenschaftsstellen der *Struktur von Verkehrsmärkten* gehören vor allem:

(1) Gegenstand bzw. komplementäre Gegenstände; komplementäre und substitutive Verkehrsmärkte, nicht-verkehrliche Ergänzungs- und Ersetzungsmöglichkeiten sowie Möglichkeiten zur Substitution nicht-verkehrlicher Mittel (z. B. von Standortverlagerungen, von Lagerhaltung; vgl. S. 16 f.);

(2) einschlägige Kapazitätsgrößen der zugehörigen Anbieter wie unter (a'2), auch Kapazitätsgrößen der etwaigen substitutiven und komplementären Verkehrszweige; Möglichkeitsrahmen für den quantitativen Bedarf an einschlägigen Verkehrsleistungen und ihren Komplementen bei den zugehörigen Nachfragern (a"2 mit 4);

(3) einschlägige Kapazitätsqualitäten der zugehörigen Anbieter wie unter (a'3), auch Kapazitätsqualitäten der etwaigen substitutiven und komplementären Verkehrszweige; Möglichkeitsrahmen für den qualitativen Bedarf an einschlägigen Verkehrsleistungen und ihren Komplementen bei den zugehörigen Nachfragern (a"3 mit 4);

(4) Zusammensetzung des Marktes aus Teilmärkten, vor allem nach Transportobjekten, Relationen oder Räumen, Linien- oder Gelegenheitsverkehr; Zusammenhänge zwischen den Teilmärkten (gegenseitige Abschottung oder gegenseitige Überschneidung);

(5) Konkurrenzstruktur nach Zahl, Größe, Standorten, Bedienungsgebieten und absatzpolitischen Spielräumen der Anbieter sowie nach Zahl, Größe, Standorten, verkehrlichen Beziehungen und beschaffungspolitischen Spielräumen der Nachfrager;

(6) Bewegungsstruktur (Art der Nachfragerhythmen; Vorkommen arhythmischer Nachfragespitzen und -täler, Konjunkturabhängigkeiten; Markttendenzen wie Entwick-

---

[46] Über geschäftliche (produktive) und persönliche (konsumtive) Personenverkehrsbedürfnisse GERHARD ISENBERG: Entfernungsaufwand im Personenverkehr und Raumordnung im Ballungsgebiet. In: Verkehrsprobleme in Ballungsräumen, Forschungs- und Sichtungsberichte der Akademie für Raumforschung und Landesplanung XII, a.a.O., S. 7 ff., hier S. 18 ff.

lung der Bedarfsstruktur, der Konkurrenzstruktur, der Substitutionskonkurrenz, der Arbeitsteilung oder der Arbeitsbündelung); [47]

(7) Elastizitätsstruktur des Angebots, nötigenfalls auch des Angebots auf komplementären und substitutiven Verkehrsmärkten, insbesondere Beschäftigungselastizitäten der Kapazitäten sowie zeitliche und kombinatorische Elastizitäten der Absatzpolitik;

(8) Elastizitätsstruktur der Nachfrage, vor allem Einkommenselastizitäten (Personenverkehr) und Umsatzelastizitäten (Güterverkehr) [48], Reaktionselastizitäten in bezug auf Angebotseigenschaften (Preise, Konditionen, Qualitäten, Werbung, Kundendienst), Abwanderungs- und Zuwanderungselastizitäten in bezug auf Substitute;

(9) Struktur der leicht variablen öffentlichen Eingriffsmöglichkeiten, unter anderem der einschlägigen gebühren- und steuerpolitischen, arbeitsmarktpolitischen, gewerbe- und verkehrspolizeipolitischen, verkehrskonkurrenzpolitischen Instrumente;

(10) Struktur der verhältnismäßig feststehenden öffentlichen Eingriffe, unter anderem der Einschränkungen der Autonomie von Verkehrsbetrieben, der arbeits- und sozialrechtlichen Bindungen, der einschlägigen öffentlichen Verkehrsinfrastruktur;

(11) Transparenz der Marktstruktur (der Merkmalstellen 1—10) selbst, etwaige Differenzierungen dieser Transparenz;

(12) Transparenz von Marktsituationen und -verläufen, etwaige Differenzierungen dieser Transparenz; Transparenz situations- und prozeßbedingter Verhandlungsmöglichkeiten.

(c) Die Eigenschaftsstellen der *Struktur von Wirtschaftsräumen (Siedlungsräumen)* sollen hier, dem Thema und dem Zweck der Übersichtsgewinnung entsprechend, wegen ihrer Vielfalt nur berücksichtigt werden, soweit sie verkehrswirtschaftlich wichtig sind. Nach diesem Auswahlgesichtspunkt seien genannt:

(1) Zutreffende Einteilungsebene in der «Hierarchie» der Wirtschaftsräume, das heißt insbesondere, ob es sich jeweils um Orte (Gemeinden), Nachbarschaften, Gemeindeverbandsgebiete, Regionen, Territorien der verschiedenen Stufen staatlicher Regierung oder Gebiete staatenübergreifender Wirtschaftsgemeinschaften handelt (aus der Zugehörigkeit zu einer bestimmten Einteilungsebene ergibt sich auch, ob das fragliche Gebiet rein administrative und damit heute noch weithin historisch bedingte Grenzen hat oder nach sozialökonomischen Gesichtspunkten begrenzt ist);

(2) Lage im jeweils übergreifenden Raume, hauptsächlich nach Bodengestalt und sonstiger natürlicher Ausstattung (vor allem: Klima, Bodenqualitäten, offenen Gewässern und Grundwasserverhältnissen, Bodenschätzen) sowie nach Nachbarräumen;

(3) Größe und Zusammensetzung aus Teilräumen der jeweils nachgeordneten Einteilungsebene in der räumlichen «Hierarchie»;

---

[47] Arbeitsbündelung ist das Gegenstück zur Arbeitsteilung. In raumwirtschaftlicher Hinsicht ist sie geeignet, Orte und Gebiete von geringer ökonomischer Tragfähigkeit kostengünstiger zu bedienen als bei Arbeitsteilung. Diese führt dank der Routinierung zu Spezialisierungsdegressionen der Kosten, die aber nur bei guter Beschäftigung, also bei Ausnützung auch der Beschäftigungsdegression der Kosten zu Buche schlagen. Jene verzichtet auf Spezialisierungsdegressionen der Kosten und faßt dafür verschiedenerlei Nachfrage zusammen, um die Beschäftigungsdegression der Kosten besser auszunützen. Die Möglichkeiten der Arbeitsbündelung scheinen bei den sogenannten Gebietsreformen und Netzkonzentrationen öffentlicher Dienste ziemlich außer acht gelassen worden zu sein.

[48] Wenn gesagt wird, die Güterverkehrsnachfrage sei weithin umsatzelastisch, so ist dies Ausfluß ihres abgeleiteten Charakters. Vgl. hierzu PAUL RIEBEL; Absatzwirtschaftliche Probleme der Verkehrsbetriebe. In: Bruno Tietz (Hrsg.), Handwörterbuch der Absatzwirtschaft, Stuttgart 1974, Sp. 2075 ff.; HELMUT DIEDERICH: Verkehrsbetriebslehre, a.a.O., 277 ff.

(4) historisch-gewachsene sozialökonomische Potenzen, vornehmlich: Bevölkerung sowie deren soziale Schichtung und Verteilung im Raume; Art, Größe und räumliche Verteilung der nicht-verkehrlichen wie der verkehrlichen Produktivbetriebe;

(5) sozialökonomische Bewegungs- und Möglichkeitsstruktur, nämlich sichtbare Entwicklungstendenzen der historisch-gewachsenen wie der natürlichen sozialökonomischen Potenzen (c 4 und 2) nach Volumen, Schichtung und binnenräumlicher Verteilung sowie denkbare positive oder negative Entwicklungsmöglichkeiten;

(6) verkehrliche Affinitäten binnenräumlicher und den Raum übergreifender Art, vor allem nach räumlicher Lage, Transportobjekten und zeitlicher Bewegungsstruktur (nach den unter b 6 genannten Kriterien);

(7) verkehrliche Infrastruktur, vor allem: Verkehrswege und -stationen;

(8) vom Raum eingeschlossene, raumgleiche und den Raum zwar berührende, ihn jedoch übergreifende Teilmärkte des Verkehrs (nach den unter b 4 genannten Gesichtspunkten).

(a und b) Die wichtigsten *Verknüpfungsstellen zwischen der Struktur von Betrieben und der Struktur von Verkehrsmärkten* sind folgende:

(1) Gegenstände von Verkehrsbetrieben, Gegenstände des Verkehrsbedarfs nachfragender Betriebe und Gegenstände von Verkehrsmärkten (a' 1, a" 1 und b 1); ein Verkehrsbetrieb ist auf so viel Verkehrsmärkten tätig, wie er verkehrliche Gegenstände hat, und ein Nicht-Verkehrsbetrieb fragt auf so vielen Verkehrsmärkten nach, wie sein Verkehrsbedarf Gegenstände hat;

(2) Kapazitätsgrößen von Verkehrsbetrieben und der Anbieter auf den einzelnen Verkehrsmärkten (a' 2 und b 2); Möglichkeitsrahmen des quantitativen Verkehrsbedarfs von Betrieben und der Nachfrager auf den einzelnen Verkehrsmärkten (a" 2 mit 4 und b 2);

(3) Kapazitätsqualitäten von Verkehrsbetrieben und der Anbieter auf den einzelnen Verkehrsmärkten (a" 3 und b 3); Möglichkeitsrahmen des qualitativen Verkehrsbedarfs von Betrieben und der Nachfrager auf den einzelnen Verkehrsmärkten (a" 3 mit 4 und b 3);

(4) gegenwärtige und erwartete marktliche Lebensbedingungen der Leistungswirtschaft von Verkehrsbetrieben (a' 7) und Zusammensetzung des Marktes aus Teilmärkten (b 4), Konkurrenzstruktur des Marktes (b 5), Bewegungstruktur des Marktes (b 6), Elastizitätsstruktur des Angebots (b 7) und Elastizitätsstruktur der Nachfrage (b 8);

(5) Möglichkeitsrahmen des quantitativen und des qualitativen Verkehrsbedarfs von Betrieben (a" 2 mit 4 bzw. a" 3 mit 4) und Bewegungsstruktur des Marktes (b 6) sowie Elastizitätsstruktur der Nachfrage (b 8);

(6) verkehrliche Affinitäten binnenräumlicher und den Raum übergreifender Art, vor allem nach räumlicher Lage, Transportobjekten und zeitlicher Bewegungsstruktur (nach den unter b 6 genannten Kriterien);

(7) gegenwärtige und erwartete öffentliche (staatspolitische) Lebensbedingungen der Leistungswirtschaft von Verkehrsbetrieben (a' 8) sowie beschaffungspolitische Spielräume von Betrieben auf Verkehrsmärkten (a" 6) und Struktur der leicht variablen Möglichkeiten öffentlicher Eingriffe (b 9) sowie Struktur der verhältnismäßig feststehenden öffentlichen Eingriffe in den Verkehrsmarkt (b 10).

(b und c) Die wichtigsten *Verknüpfungsstellen zwischen der Struktur von Verkehrsmärkten und der Struktur von Wirtschaftsräumen* sind diese:

(1) Struktur der einschlägigen öffentlichen Verkehrsinfrastruktur (b 10 und c 7);

(2) Zusammensetzung des Verkehrsmarktes nach Teilmärkten, insbesondere nach räumlichen Teilmärkten (b 4) und verkehrliche Teilmarktstrukturen des Wirtschaftsraumes (c 8);

(3) Konkurrenzstruktur (b 5) und Bewegungsstruktur (b 6) des Verkehrsmarktes sowie Elastizitätsstruktur des Angebots (b 7) und Elastizitätsstruktur der Nachfrage (b 8) mit den historisch-gewachsenen sozialökonomischen Potenzen (c 4), der Lage und natürlichen Ausstattung (c 2), der sozialökonomischen Bewegungs- und Möglichkeitsstruktur (c 5), den räumlichen Affinitäten des Verkehrs (c 6) und der verkehrlichen Infrastruktur (c 7) eines Raumes; die Zusammenhänge zwischen den aufgezählten marktlichen und wirtschaftsräumlichen Eigenschaftsstellen sind derart, daß letztere Bestimmungsfaktoren der ersteren darstellen (zum Beispiel ist die Konkurrenzstruktur auf der Anbieterseite von Verkehrsmärkten unter anderem von der Art, Größe und räumlichen Verteilung der zu seinen historisch-gewachsenen sozialökonomischen Potenzen gehörenden Verkehrsbetriebe und verkehrlichen Infrastrukturen eines Raumes abhängig).

(a, b und c) Alle drei *Strukturen, die von Betrieben, Verkehrsmärkten und Wirtschaftsräumen,* sind insofern unmittelbar miteinander verknüpft, als die Standorte und Bedienungsgebiete von Verkehrsbetrieben (a' 4) bzw. die räumlichen Möglichkeitsrahmen des quantitativen und qualitativen Verkehrsbedarfs verkehrsnachfragender Betriebe (a" 4) sowohl die Konkurrenzstruktur auf den räumlichen und güterlichen Teilmärkten des Verkehrs (b 5) als auch die historisch-gewachsenen ökonomischen Potenzen des Wirtschaftsraumes (c 4) mitbestimmen. Eine weitere unmittelbare Verbindung zwischen allen drei Arten von Gebilden gibt es dort, wo Verkehrsbetriebe wie gemeinhin die Eisenbahn oder eigenverkehrstreibende Nicht-Verkehrsbetriebe wie Großunternehmungen der Mineralölwirtschaft eigene Infrastrukturanlagen (Eisenbahnnetze oder -strecken bzw. Rohrleitungen) vorhalten (a' 2 und 3 bzw. a" 5; b 2, b 3 und gegebenenfalls b 10; c 8). Strukturen von Betrieben, Märkten und Wirtschaftsräumen bilden sich auf Grund einzelwirtschaftlicher Entscheidungen im Rahmen natürlicher, historisch-gewachsener und künstlich-gesetzter (staatspolitisch gesetzter) Daten. Die Strukturen von Märkten und die sozialökonomischen Bestandteile der Strukturen von Wirtschaftsräumen sind jeweils Resultanten aus Entscheidungen einer Vielzahl von Wirtschaftseinheiten. Insoweit bei den einzelwirtschaftlichen Entscheidungen die jeweiligen Gegenkräfte (der Geschäftspartner, der Konkurrenten, der öffentlichen Hand) berücksichtigt werden, was sie rationalerweise sollten, wirken diese «kollektiven» Resultanten indirekt auch auf die betriebsindividuellen Wahlhandlungen ein.

6. Prozessuale Verknüpfungen zwischen Betrieben, Verkehrsmärkten und Wirtschaftsräumen

Die Strukturen von Betrieben, Märkten und Wirtschaftsräumen sind, wie gezeigt, durch bestimmte Elemente miteinander verknüpft, die jeweils zweien oder auch dreien von ihnen gemeinsam sind. Das heißt, die Strukturen dieser drei Kategorien von Gebilden überschneiden einander. An den Überschneidungsstellen der Strukturen gehen auch Wirkungen von Prozessen der einen Gebildeart auf Prozesse der anderen Gebildeart aus und umgekehrt. Der zuvor gegebenen Übersicht über die strukturellen Verknüpfungen zwischen (a) Betrieben, (b) Verkehrsmärkten und (c) Wirtschaftsräumen sei eine solche über die zwischen ihnen bestehenden wesentlichen prozessualen Verbindungen zur Seite gestellt. Dabei darf, weil selbstverständlich, vernachlässigt werden, daß die Veränderung eines gemeinsamen Elements in einer Gebildeart, etwa die Vergrößerung oder

Verbesserung betrieblicher Kapazitäten (a 2 bzw. a 3), zu einer entsprechenden Wirkung bei der anderen Gebildeart führt, hier: bei den zugehörigen Verkehrsmärkten, und zwar bei ihren Kapazitätsmerkmalen (b 2 bzw. b 3). Was interessieren muß, sind vielmehr jene Vorgänge, die sich im jeweiligen strukturellen Rahmen abspielen, insoweit er gemeinsam ist, und die diesen erhalten oder im positiven bzw. negativen Sinn verändern. Diese Vorgänge sind es, die Betrieben unter bestimmten Umständen die Möglichkeit verschaffen, Eigenschaften des Marktes zu beeinflussen, die es der öffentlichen Hand gestatten, über Eingriffe in den Markt auf Betriebe einzuwirken und die der Betriebspolitik, namentlich derjenigen öffentlicher Betriebe, wie der öffentlichen Marktpolitik Handhaben dafür bieten, raumwirtschaftlich erwünschte Wirkungen zu erzielen.

(a und b) Zwischen *verkehrsanbietenden bzw. verkehrsnachfragenden Betrieben und Verkehrsmärkten* bestehen insbesondere folgende prozessuale Verknüpfungen:

(1) Die Absatz- bzw. Angebotspolitik der zugehörigen Verkehrsbetriebe gestaltet bei Fehlen öffentlicher Eingriffe zusammen mit der Beschaffungspolitik der Verkehrsnachfrager die Umsatzprozesse auf den einzelnen Verkehrsmärkten, soweit die einzelnen Betriebe über marktpolitische (absatz- bzw. beschaffungspolitische) Spielräume verfügen und diese ausnützen. Die Marktverläufe (marktlichen Umsatzprozesse) spiegeln Erfolgsgrade der marktpolitischen Bemühungen der Betriebe wider und regen diese gegebenenfalls dazu an, neue marktpolitische und kapazitätspolitische (investitions- und beschäftigungspolitische) Entscheidungen zu überlegen.

(2) Sowohl die substitutiven Gegenstände (Leistungen) derselben oder verschiedener Verkehrsbetriebe als auch die Märkte für diese Gegenstände konkurrieren untereinander, wofür das eben unter (1) Gesagte sinngemäß gilt.

(3) Die Verkehrsmärkte insgesamt stehen in totaler Konkurrenz mit allen Nicht-Verkehrsmärkten und über die Verkehrsmärkte Verkehrsbetriebe mit Nicht-Verkehrsbetrieben. Im Konsumtivbereich geht die totale Konkurrenz vornehmlich, aber nicht ausschließlich um die Einkommensverwendung [49]), besteht sie also in einem Wettbewerb verschiedenartiger Verbrauchszwecke. Im Produktivbereich sowie in bestimmter Hinsicht auch im Konsumtivbereich (so bei der Wahl zwischen einem arbeitsplatznahen und einem arbeitsplatzfernen, Berufsverkehr implizierenden Wohnsitz) besteht die totale Konkurrenz in einem Substitutionswettbewerb zwischen verkehrlichen und nichtverkehrlichen Mitteln. Auch für die totale Konkurrenz gilt das oben unter (1) Gesagte analog.

(4) Die Marktverläufe auf den einzelnen Verkehrsmärkten, die etwaige Substitutionskonkurrenz zwischen diesen und den zu ihnen gehörigen Verkehrsbetrieben sowie die totale Konkurrenz können von der öffentlichen Hand durch Variation des Einsatzes leicht variabler Eingriffsmöglichkeiten (etwa durch Variation der Sätze für Verkehrsabgaben oder durch Änderung der Angebotspolitik öffentlicher Verkehrsbetriebe) beeinflußt werden. Die Art und Weise des Konkurrenzverlaufes kann Anlaß zu solchen Variationen geben, und diese sollen ihrerseits für die betroffenen Verkehrsanbieter bzw. Verkehrsnachfrager Anreiz oder Gebot sein, marktliches Verhalten zu ändern.

(5) Auch verhältnismäßig feststehende öffentliche Eingriffe können aus gleichen Gründen wie leicht variable Eingriffe geändert werden. Wo es geschieht, wird wegen

---

[49]) Eine wichtige Rolle spielt bei mancherlei Konsum auch die totale Konkurrenz um die Zeitverwendung; so konkurrieren etwa Sport, Naturgenuß, Umherfahren, kulturelle Angebote, Massenunterhaltung um die Feierabendfreizeit.

ihrer geringeren Reversibilität die Geschäftsgrundlage einzelwirtschaftlicher Entscheidungen über Verkehrsinvestitionen noch stärker gewandelt als bei der Anwendung leicht variabler verkehrspolitischer Instrumente. Derartige Eingriffe in den Markt und damit in die marktpolitischen Spielräume von Verkehrsanbietern und -nachfragern lassen sich teilweise in kürzester Frist vornehmen, so daß die betroffenen Verkehrsmärkte und Betriebe keinen zeitlichen Anpassungsspielraum haben (das wäre beispielsweise der Fall, wenn die Autonomie privater Verkehrsanbieter oder -nachfrager plötzlich oder ohne längere Vorankündigung eingeschränkt oder weiter eingeschränkt würde). Bestimmte derartige Eingriffe erzwingen hingegen von ihrer Natur her dank dem Zeitbedarf für ihre Ausführung solche zeitlichen Anpassungsspielräume (so der Bau neuer öffentlicher Verkehrswege, nicht aber umgekehrt die Stillegung vorhandener Verkehrswege).

(b und c) Zwischen *Verkehrsmärkten und Wirtschaftsräumen* gibt es in der Hauptsache diese prozessualen Verbindungen:

(1) Die Verläufe der zugehörigen Teilmärkte des Verkehrs spiegeln außer positiven oder negativen marktpolitischen Erfolgen von Verkehrsanbietern und Verkehrsnachfragern (a und b 1) auch die jeweilige wirtschaftliche Lage der in einem Wirtschaftsraum ansässigen Verkehrsnachfrager wider. Sie ist normalerweise maßgeblich dafür, inwieweit die Möglichkeitsrahmen des quantitativen und des qualitativen Verkehrsbedarfs ausgeschöpft sind. Die wirtschaftliche Lage der ansässigen Verkehrsnachfrager wird ihrerseits sowohl von der Situation der Wirtschaftszweige, denen sie angehören, als auch von der wirtschaftlichen Lage der Siedlungsräume, in denen sie sitzen und in denen sie tätig sind, erheblich beeinflußt. Die Tätigkeitsräume können teilweise andere sein als die Räume, in denen sich die betrieblichen Standorte (Wohnsitze) befinden. Insbesondere ist bei wichtigen standortfremden betrieblichen Tätigkeitsräumen an Absatzgebiete, in manchen Wirtschaftszweigen auch an Beschaffungsgebiete oder an beiderlei Räume zu denken.

(2) Die Verläufe der verkehrlichen Teilmärkte eines Wirtschaftsraumes können mehr oder weniger stark von raumwirtschaftspolitisch gemeinten öffentlichen Eingriffen reguliert sein. Das geschieht gegebenenfalls auf direktem Wege, indem auf Verkehrsangebote Einfluß genommen wird, die die Wettbewerbsfähigkeit des fraglichen Raumes erhalten, stärken oder schwächen sollen. Auf indirektem Wege kann es geschehen, indem auf Nicht-Verkehrsbetriebe so eingewirkt wird, daß ihre Verkehrsnachfrage erhalten bleibt, steigt oder fällt.

(3) Die regulierte wie die unregulierte Konkurrenz zwischen den Wirtschaftsräumen erhält oder verändert sowohl die Kapazitätsgrößen und Kapazitätsqualitäten des Angebots als auch die quantitativen und die qualitativen Möglichkeitsrahmen der Nachfrage auf den zugehörigen Teilmärkten des Verkehrs.

7. Unterscheidungen und Verknüpfungen zwischen privater und öffentlicher Verkehrswirtschaft

Die verkehrspolitischen Instrumente, mit denen die öffentliche Hand regulierend und strukturierend in die Verkehrsmärkte und über diese in die Konkurrenz zwischen den Wirtschaftsräumen einzugreifen vermag, sind teils vorwiegend abstrakter, dispositiver, teils vorwiegend konkreter, apparativer Natur. Zu den vorwiegend abstrakten, dispositiven Instrumenten der Verkehrspolitik gehören insbesondere Planungen, Gebote, Verbote, Genehmigungen und Versagungen, finanzielle Anreize und Belastungen sowie Kontrollen. Sie werden von öffentlichen Planungs-, Lenkungs- und Kontrollbetrieben [50]) in Gestalt von überstaatlichen Verkehrsbehörden, Verkehrsministerien, mittleren und unteren staatlichen sowie kommunalen Verkehrsbehörden angewandt, zweckmäßigerweise unter anderem auch in Zusammenarbeit mit Landesplanungsbehörden. Sie sind allesamt Mittel der Ordnungspolitik. Die vorwiegd konkreten, apparativen Instrumente der Verkehrspolitik sind Einrichtungen der verkehrlichen Infrastruktur und gegebenenfalls auch deren Nutzung für öffentliche Beförderungsangebote. Sie werden von öffentlichen Ausführungsbetrieben gehandhabt, die Wege- und Stationsbetriebe (Straßen- und Wasserstraßenverwaltungen, Hafen- und Lufthafenbetriebe) oder öffentliche Verkehrsbetriebe i. e. S. (Eisenbahn-, Nahverkehrs-, Luftverkehrs-, Postbetriebe) sind. Diese Betriebe stellen, wenigstens im Verkehr, allesamt Mittel der Leistungspolitik dar, die indirekt — über ihre Leistungsangebote und deren Annahme — auch ordnungspolitische Ziele verfolgen können [51]).

Alle öffentlichen Verkehrsbetriebe unterscheiden sich zunächst vordergründig durch das öffentliche Eigentum von privaten Verkehrsbetrieben. Dieses allein macht sie aber noch nicht zu Instrumenten der Verkehrspolitik. Die öffentlichen Planungs-, Lenkungs- und Kontrollbetriebe sind von ihrem Gegenstand her geborene Instrumente der öffentlichen Politik; denn die von ihnen wahrgenommenen hoheitlichen Funktionen dürfen in modernen Staatswesen keinesfalls privaten Unternehmungen anheimgegeben werden. Für die öffentlichen Ausführungsbetriebe gilt dies nur teilweise, und zwar nur, sofern es sich bei ihnen um ausgesprochene Gewährleistungsbetriebe handelt, die — wenigstens in der Regel — keine Einzelleistungen (Sach- oder Dienstleistungen) an bestimmte Empfänger abgeben, sondern ausschließlich oder vorwiegend einzelnen nicht zurechenbare Gesamtheitsleistungen erbringen, indem sie staats- oder kommunalpolitisch erwünschte Zustände durch ihr Vorhandensein gewährleisten [52]). Gewährleistungsbetriebe sind beispielsweise die Gerichte, die Polizeidienststellen und die Dienststellen von Streitkräften. Sofern öffentliche Ausführungsbetriebe den Zweck haben, Sach- oder Dienstleistungen zu erzeugen und an je einzelne Empfänger abzugeben, sofern sie also Einzelleistungsbetriebe sind, erfüllen sie gesamtwirtschaftliche und gesellschaftliche Funktionen, die im Prinzip auch von privaten Produktivbetrieben wahrgenommen werden können. Sollen solche öffentlichen Ausführungsbetriebe Instrumente der öffentlichen Politik sein, so muß ihr Auftrag, also eine öffentliche Willensbekundung, dies vorsehen. Ein solcher Auftrag darf in einem individualistischen, marktwirtschaftlichen System wie dem unsrigen nicht willkürlich erteilt werden. Es ist hier, von der Gesellschafts- und Wirtschaftsordnung her gesehen, an die Voraussetzung gebunden, daß mit der Erzeugung und Abgabe öffentlicher Sach- oder Dienstleistungen bestimmte gesellschaftlich

---

[50]) Über diese Einteilung KARL OETTLE: Öffentliche Betriebe. In: Erich Grochla und Waldemar Wittmann (Hrsg.), Handwörterbuch der Betriebswirtschaft, 4. Aufl., Band 2, Stuttgart 1975, Sp. 2792 ff., insbes. Sp. 2795 ff.

[51]) "Die *Ordnungspolitik* legt als Systempolitik fest, welchen Prinzipien wirtschaftliche und andere gesellschaftliche Abläufe folgen sollen und welche Instrumente zu deren Beeinflussung eingesetzt werden dürfen; als Regulierungspolitik entscheidet sie darüber, wie die Grundsätze im Einzelfall ausgelegt und welche Instrumente in welcher Dosierung und für welche Zeit bei konkreten Situationen benützt werden sollen. Der *Leistungspolitik* ist aufgegeben, sich im Rahmen ordnungspolitischer Grundsätze bestimmter individueller und kollektiver Verbrauchsbedürfnisse anzunehmen, also dafür zu sorgen, daß Sach- oder Dienstleistungen produziert und — wie bei privaten Produktionsbetrieben — an Dritte abgegeben werden." (Ebenda, Sp. 2794).

[52]) Näheres ebenda, Sp. 2796 f.; ausführlicher KARL OETTLE: Einzelleistungs- und Gewährleistungsbetriebe, Sonderdruck der Kommunalen Gemeinschaftsstelle für Verwaltungsvereinfachung (KGSt), Köln-Marienburg 1974.

erwünschte Zustände (zum Beispiel der Versorgung, der Verkehrserschließung, der Verkehrsbedienung) gewährleistet werden sollen, die die private Produktivwirtschaft wegen ihrer Erwerbsorientierung nicht sicherstellen würde, sei es, daß sie die fraglichen Einzelleistungen nicht in der erwünschten Menge und in der erwünschten Art und Weise erbrächte, sei es, daß sie sich der fraglichen Sach- oder Dienstleistungsaufgabe gar nicht annähme, weil sie ihr nicht lohnend erscheint.

Die eben genannte systembedingte Voraussetzung öffentlicher Wirtschaftstätigkeit in Gestalt des Erbringens von Sach- und Dienstleistungen ist im Verkehr nur zum Teil in unstrittiger oder ziemlich unstrittiger Weise erfüllt, zum Teil werden öffentliche Verkehrsbetriebe in einer Grenzzone zwischen der öffentlichen und der privaten Wirtschaft tätig, die umstritten ist. Gar nicht oder kaum angezweifelt wird, daß die Wegenetze für bestimmte Verkehrszweige (Straßenverkehr, Binnenschiffsverkehr, Seeverkehr, Luftverkehr) ebenso wie die Stationen für bestimmte Verkehrszweige (Schiffahrt, Luftfahrt) gänzlich oder weithin von der öffentlichen Hand für die private oder die gemischte private und öffentliche Nutzung vorgehalten werden müssen [53]. Dafür, daß die öffentliche Hand hier tätig wird, spricht schon die Wirtschaftlichkeit von Wege- und Stationsmonopolen im Vergleich zu Parallelverbindungen und -stationen. Wege- und Stationsmonopole dürfen aber, so sie errichtet werden, nicht der Ausbeutung durch private Unternehmungen überlassen bleiben. Hinzu kommt die weitgehende Übereinstimmung darüber, daß die Wege- und Stationsnetze für die genannten Verkehrszweige nicht etwa nach kaufmännischen Rentabilitätserwägungen, sondern nach siedlungswirtschaftlichen, nach raumwirtschafts- und städtebaupolitischen Gesichtspunkten geschaffen, erhalten und verändert werden sollten [54]. Stark angezweifelt wird demgegenüber die Systemkonformität öffentlicher Verkehrsdienste, die teils in Konkurrenz, teils außerhalb der Konkurrenz mit privaten Verkehrsunternehmungen und privatem Eigenverkehr erbracht werden.

Die stärksten Zweifel an der Existenzberechtigung öffentlicher Verkehrsdienste in unserem Gesellschafts- und Wirtschaftssystem rühren einesteils daraus her, daß solche Dienste (hauptsächlich solche der Eisenbahnen) im Wettbewerb mit privaten Diensten

---

[53] Man beachte allerdings Vorschläge, Wegenetze als „sonderfiskalische Zweckvermögen mit unternehmensähnlicher Zielsetzung" zu betreiben. Siehe RENE MALCOR: Fragen im Zusammenhang mit der Anwendung eines Systems zur Abgeltung der Benutzung der Straßen — Im Auftrag der Kommission der Europäischen Gemeinschaften erstellter Bericht, Kommission der Europäischen Gemeinschaften (Hrsg.), Studien Reihe Verkehr 2, Brüssel 1970, insbes. S. 15; GERD ABERLE: Vom Rapport Allais zum Wegekostenbericht des Bundesverkehrsministeriums — Zwischenbilanz oder Schlußbilanz? In: Achim Diekmann, Gerd Aberle, Straßenverkehr der Zukunft, Vom Rapport Allais usw., Schriftenreihe des Verbandes der Automobilindustrie (VDA) 3, Frankfurt am Main 1969, S. 27 ff.; RAINER WILLEKE und GERD ABERLE: Zur Lösung des Wegekostenproblems, dieselbe Schriftenreihe 4, Frankfurt am Main o.J. (1970), insbes. S. 78 ff.

[54] Siehe etwa *Bundesminister für Verkehr:* Bundesverkehrswegeplan 1. Stufe, Deutscher Bundestag 7. Wahlperiode, Drucksache VII/1045 vom 3. Oktober 1973, S. 115, Tz. 183; *Kommission der Europäischen Gemeinschaften:* Memorandum der Kommission über den Verkehr als Mittel der Regionalpolitik und der Raumordnung auf Gemeinschaftsebene, Brüssel 31. Oktober 1972, SEK (72) 3827 endg., insbes. S. 4 f.; *dieselbe:* Gemeinsame Verkehrspolitik: Ziele und Programm, Bulletin der Europäischen Gemeinschaften Beilage 16/73, S. 12, Tz. 30; K.M. GWILLIAM, S. PERTRICCIONE, F. VOIGT und J. A. ZIGHERA: Koordinierung der Verkehrswegeinvestitionen — Analyse, Empfehlungen, Verfahren, Kommission der Europäischen Gemeinschaften (Hrsg.) Studien Reihe Verkehr 3, Brüssel 1973, S. 52 ff.; *Kommission der Europäischen Gemeinschaften:* Orientierungsrahmen für die Regionalpolitik der Gemeinschaft (Mitteilung und Vorschläge der Kommission an den Rat), KOM (77) 195 endg., Brüssel 7. Juni 1977, insbes. S. 9, Tz 21.

stehen und dessenungeachtet öffentliche Unterstützung erfahren [55]). Andernteils wird Kritik an der verkehrlichen Betätigung der öffentlichen Hand auch dort, wo private Konkurrenz fehlt, in zunehmendem Maße von Unzufriedenheit mit tatsächlich oder nur vermeintlich teurer und schlechter werdenden Angeboten der betreffenden öffentlichen Betriebe (vor allem: des Nachrichtenverkehrs) hervorgerufen [56]). Was das «Konkurrenzargument» angeht, so wird es kaum gegenüber dem öffentlichen Personen-Nahverkehr in Ballungsgebieten vorgebracht; denn daß die Notstände im Straßenverkehr und die straßenverkehrsbedingten siedlungswirtschaftlichen Notstände sich *dort* nicht auf konkurrenzwirtschaftlichem Wege gleichsam von selbst beheben, ist inzwischen nahezu Allgemeinüberzeugung geworden [57]), wenn auch gerade manche Verkehrsfachleute sehr lange gezögert haben, die hier liegende öffentliche Aufgabe anzuerkennen. In bezug auf den Personen- und insbesondere den Güter-Fernverkehr der Eisenbahnen wird das Vorliegen öffentlicher Verkehrsaufgaben entgegen dem, was unter anderen auch der Verfasser für richtig hält und auch in dieser Abhandlung zu begründen versucht, noch heftig bestritten [58]).

Das Nebeneinander großer privat- und öffentlich-wirtschaftlicher Sektoren im Verkehr, das zu den Eigentümlichkeiten dieses Wirtschaftszweiges gehört, besteht teils in Ergänzungsverhältnissen, teils in Wettbewerbsbeziehungen, die je besondere, auch raumwirtschaftlich belangvolle Probleme aufwerfen.

Was die Komplementaritätsbeziehungen zwischen privater und öffentlicher Verkehrswirtschaft angeht, so führt die Bereithaltung öffentlicher Wege- und Stationsnetze für bestimmte, vornehmlich oder auch privatwirtschaftlich betriebene Verkehrszweige einmal (wie in Kapitel II 3 d gezeigt) zu der Konkurrenz zwischen Betrieben mit sehr unterschiedlicher Produktionstiefe, die die Wahl substitutiver Verkehrsmittel in problematischer Weise zu beeinflussen vermag. Zum andern steht dem Wettbewerbsvorteil jener Verkehrsbetriebe, die ihre Wege und Stationen nicht selbst vorhalten, der Nachteil gegenüber, daß die Entscheidungen über die Netzgestalt unter Umständen nach gänzlich anderen Gesichtspunkten als die Entscheidungen über die Netzinanspruchnahme getroffen werden. Letztere orientieren sich an Erwerbszielen, zumindest soweit sie in der Hand privater Verkehrsunternehmungen und Eigenverkehrstreibender liegen; für erstere gelten dagegen wenigstens der Tendenz nach, wenn auch praktisch oft sehr vage oder verwässert, raumwirtschafts- oder städtebaupolitische Zielvorstellungen [59]).

---

[55]) Siehe etwa WOLFGANG FIKENTSCHER: Marktmacht und Preisunterbietung im Verkehr — Ein Rechtsgutachten über Fragen, die bei der rechtlichen Beurteilung von auf Tarifmaßnahmen beruhenden Preisunterbietungen der Deutschen Bundesbahn im Güterverkehr eine Rolle spielen können, Erstellt im Auftrag des Bundesverbandes der Deutschen Binnenschiffahrt e.V. in Bonn-Beuel und des Bundesverbandes des Deutschen Güterfernverkehrs e.V. in Frankfurt am Main, Schriftenreihe des Bundesverbandes des Deutschen Güterfernverkehrs e. V. 15, Bonn-Bad Godesberg 1970, insbes. S. 28 ff.

[56]) Vgl. beispielsweise die vorsichtige Kritik an der Deutschen Bundespost in: *Deutcher Industrie- und Handelstag DIHT*: Bericht 1976, Bonn 1977, S. 88 ff.

[57]) Siehe etwa *Deutscher Industrie- und Handelstag DIHT*: Zum Verlust verurteilt? Die wirtschaftlichen Grundlagen des öffentlichen Nahverkehrs, Bonn 1970; *Verband der Automobilindustrie (Hrsg.)*: Planen für die menschliche Stadt — Die Rolle des Automobils, Referate und Diskussionbeiträge von 2 VDA-Kolloquien, Schriftenreihe des Verbandes der Automobilindustrie (VDA) 15, Frankfurt am Main 1973, insbes. S. 97 ff. und S. 164 ff.

[58]) Siehe zum Beispiel WALTER HAMM: Überholtes Kokurrenzschutzdenken. In: Internationales Verkehrswesen 28 (1976), S. 328 ff.

[59]) Vgl. beispielsweise *Bundesminister für Verkehr*: Verkehrspolitik '76 — Grundsatzprobleme und Schwerpunkte, a.a.O., S. 17, Investitionspolitische Grundsätze 7 (Straßenbau) und 8 (Bundesbahn).

Was die Wettbewerbsbeziehungen zwischen der privaten und der öffentlichen Verkehrswirtschaft angeht, so stellen sie die Verkehrspolitik vor ein Dilemma, das sich zwar mildern, aber prinzipiell nicht aufheben läßt: Öffentliche Verkehrsdienste empfangen ihre öffentlichen Aufgaben großenteils aus nicht-verkehrlichen Bereichen der staatlichen und kommunalen Politik, so heute vor allem aus denen der Raumwirtschafts-, Städtebau-, Agrar-, Außenwirtschafts und Schutzpolitik [60]). Die öffentlichen Aufgaben allein rechtfertigen in individualistischen, markwirtschaftlichen Gesellschafts- und Wirtschaftssystemen wie dem westdeutschen öffentliche Verkehrsdienste. Diese Dienste dürfen aber gerade wegen der zu erfüllenden Aufgaben nicht so erbracht werden, wie es bei privaten Unternehmungen der Fall wäre. Infolgedessen müssen die öffentlichen Verkehrsangebote dort, wo sie mit privaten konkurrieren, in allein wirtschaftszweigbezogener wettbewerbspolitischer Sicht Fremdkörper sein, die in mehr oder weniger starkem Maße lenkende Impulse in die Märkte hineintragen. Das ist aber erforderlich, wenn unerwünschte Wirkungen rein marktwirtschaftlicher Steuerung des Verkehrs etwa auf die Konkurrenz der Wirtschaftsräume oder gegen schutzpolitische Bestrebungen vermindert oder vermieden werden sollen. Kompliziert wird die wettbewerbspolitische Problematik des verkehrspolitischen Einsatzes öffentlicher Verkehrsdienste noch dadurch, daß große öffentliche Verkehrsbetriebe (Eisenbahn, Post) Leistungen anbieten, die zweckmäßigerweise gemeinsam, das heißt unter Verwendung gleicher Kapazitäten, erzeugt werden, aber unterschiedliche — teils große, teils geringe oder keine — Bedeutung für die wahrzunehmenden öffentlichen Aufgaben haben. Bekanntlich gibt es bei gemeinsamer Produktion keine einwandfreie verursachungsgerechte Kostenzurechnung auf die jeweiligen Produktarten [61]). Dieser Sachverhalt macht die Konkurrenten öffentlicher Verkehrsbetriebe verständlicherweise mißtrauisch; sie befürchten, finanzielle Unterstützungen für öffentliche Verkehrsangebote, die in Erfüllung öffentlicher Aufgaben gemacht werden, kämen auch solchen öffentlichen Verkehrsleistungen zugute, die im Wettbewerb angeboten werden und — wenigstens behauptetermaßen — nicht oder kaum öffentlichen Aufgaben dienen [62]).

Außer den genannten isolierbaren Komplementaritäts- und Konkurrenzbeziehungen zwischen privatem und öffentlichem Verkehr gibt es auch solche, die ineinander verschlungen sind. Bei ihnen handelt es sich darum, daß Betriebe eines Verkehrszweiges insofern ergänzungsbedürftig sind, als sie mit Betrieben anderer Verkehrszweige in ein und derselben Transportkette stehen, und daß diese Komplementarität konkurrenzwirtschaftliche Auswirkungen hat.

---

[60]) So etwa auch WILLI RITSCHARD: Probleme der Verkehrs- und Energiepolitik. In: Schweizerisches Archiv für Verkehrswissenschaft und Verkehrspolitik 29 (1974), S. 307 gg.; ANTON JAUMANN: Die Sanierung der Deutschen Bundesbahn und ihre zukünftige Tarifpolitik, In: Internationales Verkehrswesen 29 (1977), S. 73 ff.

[61]) Hierzu allgemein PAUL RIEBEL: Kosten und Preise bei verbundener Produktion, Substitutionskonkurrenz und verbundener Nachfrage, Opladen 1971; verkehrsbezogen: W. BÖTTGER, A. F. NAPP-ZINN, P. RIEBEL, H. ST. SEIDENFUS, S. WEHNER: Methodische Probleme der vergleichendenen Wegekostenrechnung für Schiene, Straße und Binnenwasserstraße. In: Deutcher Bundestag 4. Wahlperiode, Drucksache IV/1449, betr.: Verzerrung der Wettbewerbsbedingungen im binnenländischen Güterverkehr (1963), S. 45 ff.; PAUL RIEBEL: Rechnungswesen der Verkehrsbetriebe. In: Erich Grochla und Waldemar Wittmann (Hrsg.), Handwörterbuch der Betriebswirtschaft, 4. Aufl., Band 3, Stuttgart 1976, Sp. 4162 ff., insbes. Sp. 4177 f.

[62]) So beispielsweise *Zentralausschuß der deutschen Binnenschiffahrt:* Die Verzerrungen der Wettbewerbsbedingungen im binnenländischen Güterverkehr — Stellungnahme zu dem Bericht der Bundesregierung vom 2. August 1963, Bundestagsdrucksache IV/1449, Beuel 1964, S. 38, 56 f., 63; *Bundesverband der deutschen Binnenschiffahrt e.V.:* Binnenschiffahrt 1972 — Geschäftsbericht 1971/72, Bonn-Beuel o. J. (1972), S. 35.

In konkurrenzwirtschaftlicher Hinsicht kann sich insbesondere dreierlei ereignen: Erstens kann die gegenseitige Ergänzungsbedürftigkeit für die Beteiligten von ungleicher Bedeutung, also imparitätisch sein, so daß die Beteiligten in ungleichen Verhandlungspositionen zueinander stehen und der eine den anderen zur Annahme für ihn ungünstiger Bedingungen zu zwingen vermag. Zweitens kann es bei Fehlen, aber auch bei Vorhandensein solcher ungleicher Ergängungsbedürftigkeit zur friedlichen und allerseits zufriedenstellenden Kooperation kommen. Drittens ist es möglich, daß einer der Partner angesichts seiner stärkeren Ergänzungsbedürftigkeit oder auch gerade wegen der stärkeren Ergänzungsbedürftigkeit seiner Partner aus der gemeinsamen Transportkette ausschert und versucht, zum «Gesamt-Verkehrsunternehmer» zu werden, der die Transportkette allein, ohne Partner, anbietet. Falls öffentliche Verkehrsbetriebe, etwa Staatseisenbahnen, letzteres erstreben sollten [63]), begeben sie sich offenbar in die Domäne privater Verkehrsunternehmungen, die jenseits öffentlicher Verkehrsaufgaben liegt. Im Erfolgsfalle würden sie sogar gegen eine wichtige wettbewerbspolitische Aufgabe öffentlicher Verkehrsbetriebe verstoßen. Diese sollen ja dort, wo ein Wegemonopol — wenigstens gegenüber bestimmten Benützerschichten — besteht, dafür sorgen, daß es nicht im einzelwirtschaftlichen Erwerbsinteresse ausgebeutet wird. Sie könnten nun, wenn ihre Größenvorteile im Verdrängungswettbewerb gegenüber privaten Verkehrsunternehmungen erfolgreich wahrgenommen werden, ihr Wegemonopol gewissermaßen durch ein Transportkettenmonopol überhöhen. Der wichtigste Größenvorteil, den sie im Verdrängungswettbewerb auszuspielen vermöchten, wäre die Möglichkeit, den Wagenpark viel besser poolen zu können als wesentlich kleinere und zahlreiche private Unternehmungen. Damit ließen sich die Leerfahrten und die Leistungseinheitskosten stark reduzieren.

8. Raumwirtschaftliche Bedingtheit und Bedeutung verkehrswirtschaftlicher Prognosen

Wirtschaftliche Gebilde geraten immer wieder in neue Situationen, sei es, daß sich äußere Lebensbedingungen (Eigenschaften ihrer Umwelt) verändern, sei es, daß sie, so sie — etwa als Betriebe oder Staaten — selbst Handlungsfähigkeit besitzen, von sich aus nach innen oder nach außen oder in beiderlei Richtungen wirkende Änderungen herbeiführen. Wirtschaftliche Gebilde leben gleichsam mit den Abläufen (Prozessen), die sich in ihrem strukturellen Rahmen abspielen, die aus dessen Kräften gespeist werden und diese erhalten oder verändern (stärken bzw. schwächen). Diese Lebensvorgänge finden sowohl unter unveränderten Situationen als auch bei Situationsände-

---

[63]) Eine Tendenz dazu vermeine ich in der (alsbald überholten) „Neuen Unternehmenskonzeption der DB" zu erkennen. Dort heißt es: „Selbstverständlich können die absatzpolitischen Aktivitäten nicht auf den Schienenverkehr begrenzt bleiben. Der Vorstand ist sich darüber klar, daß der Kunde von einem Verkehrsunternehmen künftig in noch weit größerem Umfang als bisher eine Gesamtkonzeption zur Lösung seiner Transportprobleme erwartet." Wohl wurde den anderen Verkehrsträgern in diesem Zusammenhang ein Kooperationsangebot gemacht, es wird jedoch vielsagend auf den „Rahmen des kommerziell Vertretbaren" beschränkt. (*Vorstand der Deutschen Bundesbahn:* Die Stabilisierung der wirtschaftlichen Lage der DB — Neue Unternehmenskonzeption des Vorstandes der DB, Bericht an den Bundesminister für Verkehr am 24. Mai 1973, Die Bundesbahn 49, 1973, S. 371 ff., hier S. 381).
Interessant ist, daß einer der wissenschaftlichen Verfechter von möglichst weitgehender marktwirtschaftlicher Steuerung des Verkehrs, H. R. Meyer, in einer Würdigung des seinerzeitigen Diversifikationsstrebens der Deutschen Bundesbahn vor ihm nicht aus wettbewerbspolitischen, sondern betriebswirtschaftlichen Gründen warnt („Konkurrenzierung der DB durch sich selbst", fehlende „Gewißheit der Kostendeckung"). Siehe HANS-REINHARD MEYER: Verkehrswirtschaft und Verkehrpolitik, a.a.O., S. 11.

rungen statt, an die das Gebilde sich anzupassen oder die es herbeizuführen versucht. Strukturmerkmale und eine Situation, eine Situationsänderung oder ein Situationsveränderungsziel gegeben, kann die wirtschaftswissenschaftliche Ablaufstheorie im Prinzip sagen, was für Erhaltungs- oder Anpassungsprozesse (Aktionen) zweckmäßig sind. Das Ergebnis läßt sich logisch aus dem Vergleich von Anforderungen und Möglichkeiten, ihnen zu entsprechen, herleiten. Das gilt sowohl für rückschauende wie für vorausschauende Betrachtungen, nur daß zwischen ihnen insofern ein grundlegender Unterschied besteht, als sich in der Vergangenheit von vielen zu einer bestimmten Zeit möglichen Situationen jeweils ganz bestimmte verwirklicht haben, für die Zukunft aber noch offen ist, welche der vielen denkbaren Situationen tatsächlich vorkommen werden und wann es jeweils der Fall sein wird.

Möglichst begründete Vermutungen darüber anzustellen, welche der insgesamt für möglich zu haltenden Situationen mit was für einer Wahrscheinlichkeit zu welcher Zeit eintreten werden, ist Aufgabe der Prognose. Sie kann hier nicht allgemein erörtert werden. Da eine Betriebswirtschaftslehre des Verkehrs unter anderem die methodischen Möglichkeiten zur rationalen Fundierung verkehrswirtschaftlicher Entscheidungen verbessern soll, ist es jedoch notwendig, jene für verkehrswirtschaftliche Prognosen bedeutsamen Eigentümlichkeiten zu nennen, die sich aus strukturellen und prozessualen Verknüpfungen zwischen Verkehrsbetrieben, Verkehrsmärkten und Wirtschaftsräumen sowie aus gegenseitigen Beziehungen von privater und öffentlicher Verkehrswirtschaft ergeben.

Verkehrsbetriebliche wie verkehrsmarktliche Prognosen stehen in Wechselbeziehungen zueinander: Die Verkehrsbetriebe müssen bei ihren Zukunftsbetrachtungen die Entwicklungen der Verkehrsmärkte berücksichtigen, auf denen sie anbieten, auf denen zu ihren Leistungen komplementäre oder auf denen zu ihren Leistungen substitutive andere Verkehrsleistungen oder auch Nicht-Verkehrsleistungen (z. B. Fahrzeuge für den individuellen Verkehr) umgesetzt werden. Umgekehrt muß bei Bemühungen, die Entwicklung von Verkehrsmärkten im voraus zu beurteilen, an die Möglichkeiten der weiteren Entwicklung und des künftigen Verhaltens der auf ihnen anbietenden Verkehrsbetriebe wie der auf ihnen nachfragenden Nicht-Verkehrsbetriebe gedacht werden.

Die verkehrsbetrieblichen und die verkehrsmarktlichen Prognosen müssen nicht nur aufeinander bezogen, sondern auch mit raumwirtschaftlichen Zukunftsbetrachtungen verknüpft werden: Verkehrsleistungen werden in räumlicher Erstreckung erbracht und bilden Verkehrsströme im Raum; Verkehrsmärkte sind unter anderem auch in räumlicher Hinsicht in Teilmärkte gegliedert. Die Entwicklung und die Lage der Bevölkerung und der anderen wirtschaftlichen Kräfte eines Ortes und eines Raumes bestimmen, unveränderte verkehrliche Bedarfsstrukturen der privaten Haushalte und der Produktivbetriebe vorausgesetzt, die Stärke der vom Ort oder Raum ausgehenden und zu ihm hinführenden sowie die Stärke der innerörtlichen oder innerräumlichen verkehrlichen Affinitäten. Diese werden je nach dem Angebot auf den örtlichen, kleinräumlichen und großräumlichen Teilmärkten des Verkehrs mehr oder weniger vollständig in Verkehrsströme umgewandelt.

Zu den Vorgängen, die sich im strukturellen Rahmen eines Wirtschaftsraumes abspielen und diesen erhalten oder verändern, gehören unter anderem diejenigen des Verkehrs, also die Bewegungen auf den vom Raum eingeschlossenen oder ihn tangierenden Verkehrsmärkten und die von Verkehrsbetrieben wie von Eigenverkehrstreibenden erzeugten Verkehrsströme innerhalb des Raumes und zwischen ihm und anderen Räumen. Wie nicht-verkehrliche Vorgänge, beispielsweise solche auf Absatzmärkten der heimischen Industrie, tragen auch die verkehrlichen Prozesse zur positiven oder negativen Entwicklung des Raumes oder zur Erhaltung seines status quo bei, und zwar unmittelbar zunächst, wenn ihr Verlauf Verkehrsbetriebe oder -verwaltungen veranlaßt, bei unveränderten Kapazitäten ihre Absatz- bzw. Angebotspolitik zu ändern. Ferner rufen verkehrliche Abläufe dann unmittelbare raumwirtschaftliche Wirkungen hervor, wenn sie Verkehrsbetriebe oder -verwaltungen dazu bewegen, örtliche oder gebietliche verkehrliche Produktionskapazitäten zu verändern.

IV. Strukturpolitische Probleme

A. Kontroverse Prinzipien der Führung von Verkehrsbetrieben und -verwaltungen

1. Übersicht über Kriterien der Unterscheidung verkehrs- und raumwirtschaftlich bedeutsamer Betriebsführungsprinzipien

Für die Führung von Betrieben (und Verwaltungen) lassen sich nach einer Reihe von Kriterien Grundsätze verschiedenster Art herausarbeiten. Eine erste Einteilung ist die in logische, betriebssoziale und betriebsintrumentale Führungsprinzipien. Die logischen Prinzipien gelten für alle Betriebe. Sie stellen allgemeine, formale Grundsätze dar, die zu verletzen bedeutet, das Erreichen betrieblicher Oberziele zu beeinträchtigen, gleichgültig wie das Oberzielbündel des jeweiligen Betriebes zusammengesetzt ist. Die allgemeinen, formalen Prinzipien der Betriebsführung wurzeln in den verschiedenen Seiten eines Betriebes: Das Produktivitätsprinzip entstammt seiner naturalen-technischen, das ökonomische Prinzip seiner wirtschaftlichen und das Prinzip der tolerierten Verhaltensweise seiner sozialen Seite, so wie die Prinzipien der Erfüllungsbereitschaft (das Liquiditätsprinzip oder Prinzip des finanziellen Gleichgewichts, das Prinzip der Abnahmebereitschaft und das Prinzip der Lieferbereitschaft) daraus resultieren, daß der Betrieb auch ein rechtliches Gebilde ist. Die betriebssozialen Führungsgrundsätze gelten nicht wie die logischen Führungsprinzipien unter allen Umständen, sondern stellen vielmehr Wahlmöglichkeiten dar. Sie umfassen insbesondere Grundsätze der Findung und Vorgabe betrieblicher Unterziele, Grundsätze der Betriebsorganisation und Grundsätze der Menschenführung (des Führungsstils)[64]. Bei den betriebsinstrumentalen Führungsprinzipien handelt es sich wie bei den betriebssozialen um Wahlmöglichkeiten, im Gegensatz zu diesen sind sie aber nicht in erster Linie nach innen, sondern vor allem nach außen gerichtet. Die betriebssozialen Führungsgrundsätze sagen etwas über die Art und Weise aus, wie ein Betrieb geführt werden soll, insoweit er ein soziales Gebilde ist, wofür außer betriebssozialen (betriebsgesellschaftlichen) Überlegungen durchaus auch betriebswirtschaftliche und rechtliche, ja sogar auch technische maßgebend sein können[65]. Die betriebsinstrumentalen Führungsprinzipien betreffen demgegenüber den Einsatz des Betriebes für die Zwecke, für die er gedacht ist. Da es keinen sinnvollen Betrieb gibt, der um seiner selbst willen geführt wird, da jeder Betrieb instrumentalen Charakter hat[66], liegen diese Zwecke stets außerhalb seiner selbst. Infolgedessen richten sich betriebsinstrumentale Führungsgrundsätze darauf, wie der Betrieb in die ihn übergreifenden sozialökonomischen Verhältnisse eingeordnet werden

---

[64] Über betriebssoziale Führungsgrundsätze KARL OETTLE: Die Anwendung von Grundsätzen moderner Unternehmungsführung im Krankenhaus. In: Studienstiftung der Verwaltungsleiter deutscher Krankenanstalten e. V. (Hrsg.), Zentrallehrgang 1974, Kulmbach 1974, S. 21 ff. (wieder abgedruckt in: Karl Oettle, Grundfragen öffentlicher Betriebe I, a.a.O., S. 93 ff.).

[65] Man denke an „Sachzwänge", die sich beispielsweise aus Eigenschaften automatischer Datenverarbeitungsanlagen auf die Organisation und Personalführung von Betrieben ergeben können (Zeitzwänge, Zwangslaufwege, Aggregatgrößenzwänge).

[66] Siehe hierzu RALF-BODO SCHMIDT: Wirtschaftslehre der Unternehmung, Band 1: Grundlagen und Zielsetzung, Stuttgart 1969, insbes. S. 47 ff.

soll. Zu den betriebsinstrumentalen Führungsprinzipien sind diejenigen zu zählen, die seinen Sinn angeben und die für ihn in Frage kommenden Oberzielkategorien bestimmen, die die Willensbildung in bezug auf die Konkretisierung dieser Oberziele angehen und die sein Verhältnis zu anderen Betrieben sowie das Verhältnis der Betriebsleitung zu der Leitung der Betriebsglieder regeln.

Die logischen Grundsätze der Betriebsführung können wegen ihres allgemeinen, formalen Charakters und ihrer generellen Gültigkeit nicht kontrovers sein. Sie können zwar untereinander in Konkurrenz geraten, so etwa wenn das Wirtschaftlichkeitsdenken für eine geringe und das Liquiditätsdenken für eine reichliche Liquiditätsvorsorge spricht. Der Gegensatz ist jedoch durch Rückgriff auf das Bündel der Oberziele zu lösen, die der jeweilige Betrieb verfolgt. Erst sie füllen die unter ihnen stehenden, Unterziele darstellenden allgemeinen, formalen Prinzipien mit Inhalt. Bei den betriebssozialen und den betriebsinstrumentalen Führungsgrundsätzen gibt es hingegen in bezug auf die Fragen, für deren Behandlung sie jeweils gedacht sind, mehrere, einander widersprechende Möglichkeiten. Zum Beispiel können in betriebssozialer Hinsicht die Findung und die Vorgabe von Unterzielen mit oder ohne Beteiligung derjenigen geschehen, die die fraglichen Ziele verfolgen sollen, und in betriebsinstrumentaler Hinsicht stehen einander etwa das Erwerbsprinzip und das Dienstprinzip gegenüber, wenn es gilt, die maßgeblichen, dem Sinn des jeweiligen Betriebs entsprechenden Oberzielkategorien festzulegen.

Die betriebssozialen Führungsgrundsätze müssen rationalerweise auf Grund von Zweck-Mittel-Überlegungen gewählt werden, in die sowohl die oberziel- als auch die gegenstandsbedingten Anforderungen einfließen. Worin diese Anforderungen bestehen, kann strittig sein. Hinzu kommt, daß betriebssoziale Führungsgrundsätze häufig nicht allein nach Gesichtspunkten der Rationalität, sondern auch nach emotionalen Regungen gewählt werden. Die betriebsinstrumentalen Führungsgrundsätze sind demgegenüber selbst mit der Wahl von Kategorien betrieblicher Oberziele wie mit der Ausfüllung, der Konkretisierung dieser Kategorien verbunden. Wo sie kontrovers sind, was häufig, insbesondere auch in der öffentlichen Wirtschaft, der Fall ist [67]), muß der Sinn des Betriebes strittig sein.

Soll, wie hier, nach verkehrs- und raumwirtschaftlich bedeutsamen Unterscheidungen von Grundsätzen der Betriebsführung gefragt werden, so scheiden die logischen und die betriebssozialen Grundsätze der Betriebsführung aus. Die logischen Führungsprinzipien gelten für alle Betriebe, sind also wirtschaftssystem-, oberziel- und betriebstypunabhängig. Die betriebssozialen Führungsgrundsätze sind auf die innere soziale Seite von Betrieben gerichtet. Wohl kann diese die Wahl betriebsinstrumentaler Führungsgrundsätze beeinflussen und können die gewählten betriebssozialen Führungsgrundsätze Bemühungen um solche Einflüsse fördern oder behindern, dessenungeachtet sind unter den Betriebsführungsgrundsätzen allein die betriebsinstrumentalen Führungsprinzipien *unmittelbare* Bestimmungsfaktoren verkehrs- und raumwirtschaftlicher Wirkungen der

---

[67]) Vgl. hierzu die Kontroverse zwischen zwei wissenschaftlichen Beiräten: *Wissenschaftlicher Beirat beim Bundesministerium der Finanzen:* Zur Lage und Entwicklung der Staatsfinanzen in der Bundesrepublik Deutschland, Bulletin des Presse- und Informationsamtes der Bundesregierung Nr. 103 vom 16. August 1975, S. 1001 ff., insbes. S. 1007 ff.; *Wissenschaftlicher Beirat der Gesellschaft für öffentliche Wirtschaft und Gemeinschaft e.V. (GÖWG):* Privatisierung öffentlicher Unternehmen — kein Mittel zum Abbau von Haushaltsdefiziten, Schriftenreihe der Gesellschaft für öffentliche Wirtschaft und Gemeinwirtschaft e.V., 13, Berlin 1976.

Führung von Verkehrsbetrieben und -verwaltungen [68]). Wie die betriebssozialen Führungsgrundsätze sind sie wirtschaftssystem- und betriebstypbezogen. Sind diese oberzielabhängig, so sind die betriebinstrumentalen Führungsprinzipien oberzielbeeinflussend. Die betrieblichen Oberziele aber weisen dem betrieblichen Verhalten die Richtung.

Betriebsinstrumentale Führungsgrundsätze lassen sich zunächst (mit ERICH GUTENBERG, der sie zu den «Determinanten des Betriebstyps» rechnet) [69]) nach der äußeren Freiheit oder Bindung sowie nach der «obersten Leitmaxime» betrieblicher Betätigung [70]), sodann aber auch nach dem Eigentum am Betriebe, nach der Zahl der an der betrieblichen Willensbildung beteiligten Personenkategorien [71]) und nach der inneren Bindung oder Freiheit der Betriebsführung einteilen. Welche hiernach zu unterscheidenden Grundsätze gewählt werden, kann und wird häufig von betriebsgesellschaftlichen Kräften mitbestimmt, und zwar um so mehr, je erfolgreicher diese in dem Bemühen sind, den Betrieb zu ihrem eigenen Instrument zu machen oder sich ihn als solches zu erhalten. Die nach dem letztgenannten Kriterium der inneren Bindung oder Freiheit der Betriebsführung zu formulierenden Grundsätze stehen noch in einem anderen Zusammenhang mit der sozialen Seite von Betrieben. Sie können zugleich auf Grund betriebsgesellschaftlicher wie auf Grund betriebsinstrumentaler Überlegungen gewählt werden, es ist aber auch möglich, daß die ersteren für einen Grundsatz, etwa den der dezentralen Betriebsführung, und die letzteren für einen anderen, ja für den entgegengesetzten, etwa den der zentralen Betriebsführung, sprechen.

Nach den genannten vier Kriterien der Unterscheidung betriebsinstrumentaler Führungsgrundsätze werden diese im Folgenden der Verdeutlichung wegen jeweils als Gegensatzpaare vorgestellt. Dabei muß weithin vernachlässigt werden, daß die gewählten Grundsätze häufig nicht in der beschriebenen «reinen» Form verstanden und befolgt werden, daß die tatsächlich angewandten Grundsätze also oft zwischen den Gegensatzpaaren oder Grenzfällen stehende Mischformen darstellen. Das gilt selbst für das Eigentum am Betrieb, das nicht allein entweder privaten oder öffentlichen, sondern auch „gemischtwirtschaftlichen" Charakter haben und im letzteren Falle die verschiedensten Mischungsverhältnisse aufweisen kann [72]).

2. Äußere Freiheit oder Bindung der Betriebsführung: Autonomie- oder Organprinzip

Das Kriterium der äußeren Freiheit oder Bindung der Betriebsführung muß sowohl in bezug auf seine Tragweite erläutert als auch gegenüber dem Kriterium der Zentralität oder Dezentralität der Betriebsführung abgegrenzt werden. Von letzterem unterscheidet es sich dadurch, daß es nicht wie dieses auf innerbetriebliche Freiheiten oder Bindungen, sondern auf die Handlungsspielräume abstellt, die zunächst Betrieben und

---

[68]) Betriebssoziale Führungsgrundsätze — etwa solche der Mitbestimmung von Belegschaftsvertretern über die Unternehmenspolitik — können die Wahl betriebsinstrumentaler Führungsgrundsätze beeinflussen.
[69]) ERICH GUTENBERG: Grundagen der Betriebswirtschaftslehre, Erster Band: Die Produktion, 1. Auflage Berlin — Göttingen — Heidelberg 1951, S. 332 ff. (22. Aufl. Berlin — Heidelberg — New York 1976, S. 457 ff.).
[70]) Ebenda, S. 12 und S. 349 (S. 471).
[71]) Ebenda, S. 364 ff. (S. 486 ff.)
[72]) Hierzu PETER EICHHORN: Zum Begriff der gemischtwirtschaftlichen Unternehmung. In: Betriebswirtschaftliche Forschung und Praxis 18 (1966), S. 609 ff. PETER JÄGER: Der gemischtwirtschaftliche Betrieb. In: WiSt Wirtschaftswissenschaftliches Studium 6 (1977), S. 109 ff.

Betriebszusammenschlüssen vom Staat innerhalb der Wirtschaftsordnung und etwaiger wirtschaftszweiglicher oder einzelmarktlicher Sonderordnungen und die sodann zusammengeschlossenen Betrieben innerhalb ihres Verbundes auf Grund von dessen öffentlicher oder privater Ordnung gelassen werden. Da der betriebliche Handlungsspielraum unter zivilisierten Verhältnissen vom Staat selbst bei größter Wirtschaftsfreiheit beispielsweise durch bürgerlich-rechtliche, handelsrechtliche, arbeits- und sozialrechtliche, gewerberechtliche und abgabenrechtliche Vorschriften eingegrenzt ist, stellt die völlige äußere Freiheit der Betriebsführung einen praktisch bedeutungslosen Grenzfall dar. Ähnlich verhält es sich mit der vollständigen äußeren Bindung der Führung von Betrieben und Betriebszusammenschlüssen: Sie wäre zum einen eine Contradictio in adjecto; dort wo sie bestünde, müßte der ganze Wirtschaftszweig oder gar die ganze Volkswirtschaft als *ein* Betrieb aufgefaßt werden. Zum andern ist dieser Fall selbst in staatsverwaltungswirtschaftlichen Systemen schärfster Observanz nicht realisiert. Auf Betriebszusammenschlüsse angewendet, müßte die vollständige äußere Bindung ihrer Glieder diese jeweils zu Betriebsteilen und die Zusammenschlüsse zu Einzelbetrieben werden lassen.

Daß die Gegensätze der vollständigen äußeren Freiheit und der vollständigen äußeren Bindung der Betriebsführung in der Wirklichkeit nicht vorkommen, macht es schwer, jene einander konträren Prinzipien genau zu formulieren, die realistischer- und damit zweckmäßigerweise an ihre Stelle zu setzen sind. Wir wollen sie mit ERICH GUTENBERG das Autonomie- und das Organprinzip nennen [73]), aber etwas anders als er kennzeichnen. Ihre Kennzeichnung kann wegen der vorgegebenen Unvollständigkeit der Autonomie wie der Organschaft und wegen der großen Variationsbreite dieser Unvollständigkeit nichts über tatsächliche Grade der äußeren Freiheit oder Bindung aussagen. Sie muß sich darauf beschränken, das Autonomie- und das Organprinzip generell als betriebsinstrumentale Grundsätze zu beschreiben, die vielerlei konkrete Ausprägungen haben, jeweils unter höchst unterschiedlichen Bedingungen befolgt werden und infolge von beiderlei Verschiedenheiten mit den unterschiedlichsten Freiheits- oder Bindungsgraden zu vereinbaren sind.

Jedweder Betrieb hat in vielerlei Hinsicht Gliedcharakter, gleichgültig ob er dem Autonomie- oder dem Organprinzip gehorcht. So ist jeder Betrieb gleichsam eine Zelle der Volkswirtschaft, steht jeder Betrieb eines marktwirtschaftlichen Systems auf vielerlei Märkten und hat jeder Betrieb mindestens einen Standort, mit dem er in die örtliche und regionale Wirtschaftsstruktur eingebettet ist. Ob der Betrieb dem Autonomie- oder dem Organprinzip folgt, bestimmt jedoch, nach was für Gesichtspunkten er seine gliedschaftlichen Funktionen erfüllt. Wo das Autonomieprinzip gilt, geriert sich der Betrieb als ein individuelles Gebilde und nimmt er seine gliedschaftlichen Funktionen etwa auf Märkten und in Gemeinwesen wahr, indem er sich an seinen eigenen Interessen, das heißt an den Interessen derjenigen orientiert, deren Instrument er ist. Wo das Organprinzip herrscht, bestimmen nicht seine individuellen Interessen bzw. die der maßgeblichen Betriebspersonen, wie der Betrieb seine gliedschaftlichen Funktionen erfüllt. Er macht vielmehr deren gute Erfüllung im übergreifenden Interesse zur Richtschnur seines Handelns, sei es, daß er sich als Organ eines Betriebszusammenschlusses, etwa eines Konzerns, betrachtet, sei es, daß er sich als Organ eines Gemeinwesens, etwa einer Gemeinde, auffaßt. In beiden genannten Beispielen der organschaftlichen Betriebsführung, beim Konzernglied wie beim Gemeindebetrieb, muß diese schon deshalb als die einzig

---

[73]) ERICH GUTENBERG: Grundlagen der Betriebswirtschaftslehre, Erster Band: Produktion, a.a.O., S. 332 ff. (S. 457 ff.).

rationale gelten, weil alle Glieder des übergreifenden Gebildes (Konzern, Gemeinde) durch die Gemeinsamkeit des Eigentums an ihnen miteinander verbunden sind. Die organschaftliche Betriebsführung kann jedoch auch andere Gründe haben, zum Beispiel die Gemeinsamkeit partieller Interessen wie bei Kartellen oder die Staatsraison wie bei organschaftlichem Verhalten von Gemeinwesen und öffentlichen Betrieben verschiedener gebietskörperschaftlicher Ebenen.

In staatsverwaltungswirtschaftlichen Systmen dominiert das Organprinzip. Alle oder möglichst viele Betriebe sollen sich am Kollektivinteresse orientieren und nach Kräften dazu beitragen, die zentral gesteuerten Pläne zu erfüllen. Umgekehrt dominiert in marktwirtschaftlichen Systemen das Autonomieprinzip keineswegs in ähnlicher Weise wie das Organprinzip unter staatsverwaltungswirtschaftlichen Ordnungen. Zum einen wird das Autonomieprinzip in der privaten Unternehmungswirtschaft in dem Maße durch das Organprinzip zurückgedrängt, in dem sich Unternehmungszusammenschlüsse ausbreiten. Zum andern benötigen auch marktwirtschaftliche Systeme einen großen Sektor öffentlicher Wirtschaft und Verwaltung, in dem das Organprinzip teils aus Eigentümer-, teils aus Staatsraison gelten sollte, freilich, wie die Erfahrung lehrt, häufig genug arationalerweise nicht oder nur verwässert zum Zuge kommt [74]). Insoweit Betriebe das Autonomieprinzip für sich reklamieren, werden sie rationalerweise Unabhängigkeitsziele hegen. Die Erhaltung von Autonomie kann jedoch unter Umständen dadurch gefördert werden, daß auf einem betrieblichen Funktionsgebiet oder auf mehreren betrieblichen Funktionsgebieten teilweise oder gänzlich auf Selbständigkeit verzichtet wird und insoweit Anlehnungsziele, etwa durch Beitritt zu Dienstgenossenschaften oder Kartellen, verfolgt werden. Dem liegt die Absicht zugrunde, auf Teilgebieten gemeinsam mehr zu erreichen, als einzeln zu erreichen möglich ist, und so dazu beizutragen, die verbleibende Autonomie durch Stärkung der eigenen Position im Wettbewerb oder innerhalb eines Gemeinwesens zu erhalten oder zu verbessern.

Betriebliche Anlehnungs- oder Vereinigungsziele ergeben sich nicht mit der gleichen Selbstverständlichkeit aus dem Organprinzip wie betriebliche Unabhängigkeitsziele aus dem Autonomieprinzip. Wohl gebietet das Organprinzip Kooperation statt Konkurrenz zwischen den Betrieben, für die es gemeinsam gilt. Sie setzt zweifellos Anlehnungsziele, keinesfalls aber Vereinigungsziele voraus. Letzteren kann gerade die Überzeugung entgegenstehen, die organschaftlichen Aufgaben seien selbständig und in der kleineren Betriebseinheit besser erfüllbar als von unselbständigen Gliedern größerer Betriebseinheiten. Eine solche Überzeugung kann sich auf vielerlei Argumente stützen, die wichtigsten sind die größere Problemnähe, die größeren Anpassungselastizitäten und die bessere Führbarkeit sowie — bei Gemeinwesen und öffentlichen Betrieben — die größere Bürgernähe kleinerer Gebilde im Vergleich zu größeren. Das Organprinzip ist also durchaus mit der Verknüpfung betrieblicher Unabhängigkeits- und Anlehnungsziele, das heißt mit einer auch bei Herrschen des Autonomieprinzips möglichen Oberzielkombination, zu vereinbaren. Nur die hinter der Kombination gleicher Zielkategorien stehenden Motive sind verschieden. Verfehlt sind hingegen heute grassierende Vorstellungen, nach denen die organschaftlichen Aufgaben vor allem öffentlicher Versorgungs- und Verkehrsbetriebe sich dann am besten wahrnehmen ließen, wenn diese mög-

---

[74]) Beispiele aus dem Verkehr bei KARL OETTLE: Die Gemeinschaftsaufgaben — Idee, Intentionen und Perspektiven. In: Kommunalwirtschaft 1967, S. 266 ff.; *derselbe:* Die Komplementarität staatlicher und kommunaler Verkehrspolitik. In: Heinz Lampert, Karl Oettle, Die Gemeinden als wirtschaftspolitische Instanzen, Schriftenreihe des Vereins für Kommunalwissenschaften e. V. 26, Stuttgart-Berlin-Köln-Mainz 1968, S. 43 ff.

lichst uneingeschränkt nach dem Autonomieprinzip geführt würden und auf Unabhängigkeit, nicht aber auch auf Anlehnung an die anderen Glieder des Gemeinwesens bedacht wären [75]). Nicht durch Anlehnungsziele moderierte Unabhängigkeitsziele sind logisch nicht mit dem Organprinzip verträglich. Praktisch führen sie dazu, daß innerhalb von Gemeinwesen Teilerfolge in arationaler Weise über Gesamterfolge gegestellt werden.

3. Oberste Leitmaxime der betrieblichen Betätigung: Erwerbs- oder Dienstprinzip

Nach dem von ihm so genannten Kriterium der «obersten Leitmaxime» betrieblicher Betätigung unterscheidet ERICH GUTENBERG das Erwerbsprinzip, das Angemessenheitsprinzip und das Prinzip der plandeterminierten Leistungserstellung [76]). Hier wird dem Erwerbsprinzip hingegen das Dienstprinzip gegenübergestellt [77]) und auf das nach dem gleichen Kriterium zu formulierende Prinzip der Ausübung eines bestimmten Berufes oder des Verbleibens bei einem bestimmten Gegenstandsgebiet, das für «ständische Unternehmungen» [78]) eine große Rolle gespielt, nicht näher eingegangen, da es dort, wo es gilt, in der Regel zusammen mit dem Erwerbsprinzip verfolgt wird und da die Rangordnung zwischen beiden Prinzipien für die weiteren Erörterungen bedeutungslos erscheint.

---

[75]) So gehören die „finanzielle Eigenständigkeit der Verkehrsunternehmungen" und die „Handlungsfreiheit der Verkehrsunternehmer" zu den Grundsätzen der ursprünglichen gemeinsamen westeuropäische Verkehrspolitik (*Kommission der Europäischen Wirtschaftsgemeinschaft:* Denkschrift über die Grundausrichtung der gemeinsamen Verkehrspolitik, a.a.O., S. 60 ff.). Ähnlich in bezug auf Bahn und Post: *Deutscher Industrie- und Handelstag:* Neue Chance für die Schiene — Zur Sanierung der Deutschen Bundesbahn, o.O, 1965, insbes. S. 10 f. und S. 13 ff.; *Deutscher Industrie- und Handelstag, Bundesverband der Deutschen Industrie, Bundesverband des Deutschen Groß- und Außenhandels, Hauptgemeinschaft des Deutschen Einzelhandels, Zentralverband des Deutschen Handwerks:* Die Zukunft der Post — Eine Stellungnahme der Spitzenorganisationen der gewerblichen Wirtschaft, o.O. 1967, insbes. S. 7 f. Anders jedoch in bezug auf den öffentlichen Personennahverkehr: *Deutscher Industrie- und Handelstag:* Zum Verlust verurteilt? — Die wirtschaftlichen Grundlagen des öffentlichen Nahverkehrs, a.a.O., insbes. S. 21 ff.
Kritik üben unter anderen: RUDOLF HOFFMANN: Rückzug der Eisenbahnen aus der Fläche? — Ein Problem der Regional- und Verkehrspolitik, Veröffentlichungen der Akademie für Raumforschung und Landesplanung Bd. 46, Hannover 1965, insbes. S. 20 ff.; HANS RITSCHL: Vom Verkehrschaos zur Verkehrsordnung, Zeitfragen 5, Hamburg 1968; *derselbe:* Marktwirtschaft und Gemeinwirtschaft im Verkehrswesen, Wien — München 1969; *derselbe:* Gemeinwirtschaftliche Verkehrsbedienung und eigenwirtschaftliche Betriebsführung der Deutschen Bundesbahn — Gutachten. In: Die öffentliche Wirtschaft 9 (1960), S. 171 ff.; PETER FALLER: Kommerzielle Handlungsfreiheit für die Eisenbahnen des EWG-Raumes — Zum Realitätsgehalt einer modernen Zauberformel. In: Zeitschrift für Verkehrswissenschaft, 39 (1968), S. 205 ff.
Die neueren amtlichen Bekundungen zur gemeinsamen westeuropäischen Verkehrspolitik sind durch die Einsicht in die Komplementarität der verschiedenen Zweige öffentlicher Politik gekennzeichnet, was sich auch in den Bemerkungen über die Führung öffentlicher Verkehrsbetriebe niederschlägt. Siehe vor allem: *Kommission der Europäischen Gemeinschaften,* Gemeinsame Verkehrspolitik: Ziele und Programme, a.a.O. (1973), insbes. S. 5 Tz. 2, S. 17 Tz. 44 und S. 19 Tz. 53. Zu diesem Dokument KARL OETTLE: Zum Entwurf einer gemeinsamen Verkehrspolitik in der EG. In: Wirtschaftsdienst 54 (1974), S. 569 ff..

[76]) ERICH GUTENBERG: Grundlagen der Betriebswirtschaftslehre, Erster Band: Die Produktion, a.a.O., S. 340 ff. (S. 464 ff.).

[77]) Hierzu KARL OETTLE: Über den Charakter öffentlich-wirtschaftlicher Zielsetzungen. In: Zeitschrift für betriebswirtschaftliche Forschung 18 (1966), S. 241 ff., insbes. S. 247 (wieder abgedruckt in: Karl Oettle, Grundfragen öffentlicher Betriebe I, a.a.O., S. 9 ff., hier insbes. S. 18).

[78]) Mit „ständischen Unternehmungen" sind private Unternehmungen gemeint, bei denen wie etwa noch teilweise in der Landwirtschaft, im Handwerk und im freien Beruf das Motiv, eine bestimmte Tätigkeit ausüben zu wollen, stärker als das Erwerbsstreben ist.

Das Angemessenheitsprinzip und das Prinzip der plandeterminierten Leistungserstellung stehen u. E. nicht auf der gleichen Ebene wie das Erwerbsprinzip, das Dienstprinzip und das Prinzip der Ausübung eines bestimmten Berufes. Sich mit Preisen und Eigenkapitalrentabilitäten zu bescheiden, die als angemessen angesehen werden, kann ohne Zweifel vielfach mit den beiden letztgenannten Prinzipien, unter Umständen aber auch mit dem Erwerbsprinzip zu vereinbaren sein. Plandeterminiert ist die Leistungserstellung, streng genommen, nicht nur in staatsverwaltungswirtschaftlichen Betrieben, sondern zumindest in allen rational vorgehenden Produktivbetrieben.

Wo das Erwerbsprinzip herrscht, wird der Betrieb als Erwerbsinstrument geführt. So geführte Betriebe sind freilich keinenfalls selbstverständlicherweise auf die sogenannte „Gewinnmaximierung" bedacht. Da Erwerbschancen in der Regel mit Erwerbsrisiken verbunden sind, müssen die Rentabilitäts- oder Gewinnziele simultan mit den Sicherheitszielen festgelegt werden, so daß sich bei rationaler Zielbildung Gewinn- oder Rentabilitätsziele ergeben, die den zugleich verfolgten Sicherheitszielen angemessen sind. Die Rede von dem dem Erwerbsprinzip gemäßen Gewinnmaximierungsstreben erweist sich mithin auch für die häufigen Fälle als höchst ungenau, in denen das Erwerbsprinzip die alleinige oberste Leitmaxime der betrieblichen Tätigkeit darstellt [79]).

Wo das Erwerbsprinzip nicht mit dem Prinzip der Ausübung eines bestimmten Berufes oder des Verbleibens bei einem bestimmten Gegenstandsgebiet verknüpft ist, richtet sich das Leistungsprogramm des Betriebes allein nach den Vorstellungen darüber, was seine Zusammensetzung für das Erreichen der verfolgten Gewinn- (Rentabilitäts-) und Sicherheitziele bedeutet. Geleistet wird also, was lohnend erscheint. Das Erbringen bestimmter Leistungen ist hier lediglich Unterziel. Ganz anders verhält es sich bei Betrieben, die dem Dienstprinzip gehorchen. Bei ihnen stehen bestimmte Leistungsaufgaben im Vordergrund. Allein um ihretwillen wird der Betrieb tätig. Die Erfüllung der Leistungsaufgaben kann mit einer Gewinnerzielung zu vereinbaren sein. Die Aussichten auf sie sind aber nicht, wie das bei reinen Erwerbsbetrieben der Fall ist, Voraussetzung für die Übernahme der Leistungsaufgaben. Wenn diese es erfordern, wird sogar teilweise oder gänzlich darauf verzichtet, die Kosten der betrieblichen Tätigkeit durch Leistungsentgelte zu decken.

Uneingeschränkt läßt sich das Erwerbsprinzip nur dort verfolgen, wo der Betrieb autonom über seine Gegenstandsgebiete entscheiden, daß heißt, jene Märkte aufsuchen darf, deren Belieferung jeweils als am günstigsten erscheint. Demgegenüber ist das Dienstprinzip insofern eng mit dem Organprinzip verknüpft, als dem Betrieb mit seinen bestimmten, nicht frei wählbaren Leistungsaufgaben innerhalb der Volks- oder Regionalwirtschaft eine von ihm selbst nicht veränderbare Rolle zugewiesen wird.

Der Unterschied zwischen Erwerbsprinzip und Dienstprinzip zeitigt nicht allein verschiedenartige Kategorien betrieblicher Oberziele, sondern auch unterschiedliche Oberzielstrukturen, nämlich einfachere dort und kompliziertere hier. Aus dem Erwerbs-

---

[79]) Hierzu ARTHUR LISOWSKY: Kostendenken und Ertragsdenken in der Betriebswirtschaft — Ein Beitrag zur wissenschafts- und erkenntnistheoretischen Grundlegung der allgemeinen Betriebswirtschaftslehre, insbesondere der Absatzlehre, In: Zeitschrift für Betriebswirtschaft, 14 (1937), S. 392 ff. (wieder abgedruckt in: Arthur Lisowsky, Grundprobleme der Betriebswirtschaftslehre, Zürich und St. Gallen 1954, S. 135 ff.); EDMUND HEINEN: Die Zielfunktion der Unternehmung. In: Helmut Koch (Hrsg.), Zur Theorie der Unternehmung — Festschrift zum 65. Geburtstag von Erich Gutenberg, Wiesbaden 1962, S. 9 ff., insbes. S. 41 ff..

prinzip ergeben sich lediglich Gewinn- oder Rentabilitätsziele sowie finanzwirtschaftliche Sicherungsziele. Aus dem Dienstprinzip resultieren verschiedene Kategorien von Darbietungszielen, und zwar Leistungs-, Bedarfslenkungs- und Belastungsziele, sowie außer Zielen der finanzwirtschaftsichen Sicherung des Leistungsangebots auch solche einer leistungswirtschaftlichen (produktionswirtschaftlich-produktionstechnischen) Sicherung [80]).

Die Leistungsziele sind so zahlreich wie die Arten der jeweiligen Leistungsaufgaben. Die Bedarfslenkungsziele sind entweder Beeinflussungs- oder Reglementierungsziele, je nach dem, ob die Abnahme der angebotenen Leistungen ins Belieben der Adressaten gestellt ist oder nicht. Die Belastungsziele betreffen die Frage, inwieweit die Kosten der dargebotenen Sach- oder Dienstleistungen von ihren Empfängern oder von Dritten zu tragen sind, sofern dies nicht auf Grund von Beeinflussungszielen (etwa der Straßenentlastung, der gesundheitlichen Prophylaxe, des Ergreifens von Fortbildungsgelegenheiten) geregelt werden soll. So wie die Rentabilitäts- und Sicherungsziele erwerbsstrebiger Betriebe nach ihrem Ausmaß und ihrem zeitlichen Horizont näher bestimmt sein müssen, müssen die Leistungsziele und leistungswirtschaftlichen Sicherungsziele dienststrebiger Betriebe außer dem Leistungsgegenstand auch festlegen, in welchen Mengen und Qualitäten sowie für welche Abnehmerschaft und welches Bedienungsgebiet er angeboten bzw. sein Angebot gesichert werden soll. Wie das gegenseitige Verhältnis zwischen Rentabilitäts- und Sicherungszielen erwerbsstrebiger Betriebe muß bei dienststrebigen Betrieben auch das gegenseitige Verhältnis zwischen Darbietungszielen sowie leistungswirtschaftlichen Sicherungszielen einerseits und finanzwirtschaftlichen Sicherungszielen andererseits festgelegt werden, wenn diese Oberziele hinreichend konkretisiert werden sollen, was sie müssen, um als Maßstäbe für betriebliche Entscheidungen und deren Beurteilung brauchbar zu sein.

Die Einfachheit oder Kompliziertheit der Oberzielstrukturen ist von entscheidender Bedeutung für Möglichkeiten der Erfolgsermittlung, besser: Erfolgsschätzung, und Erfolgsbeurteilung (Kapitel VI) sowie der Erfolgsprognose (Kapitel VII). Je weniger Oberziele vorhanden sind, um so weniger Erfolgskategorien gibt es und um so übersichtlicher können retrospektive wie prospektive Erfolgsbetrachtungen sein und umgekehrt.

4. Eigentum am Betrieb: Private oder öffentliche Betriebsführung

In der verkehrspolitischen Diskussion wie bei wirtschaftspolitischen und wirtschaftsordnungspolitischen Erörterungen überhaupt spielt die am Eigentum orientierte Unterscheidung von privater und öffentlicher Wirtschaft eine Rolle, die ihr im Hinblick auf die Grenzziehung zwischen beiden großen Sektoren der Volkswirtschaft nicht zukommt [81]). Die Wahl zwischen privatem oder öffentlichem Eigentum an Betrieben ist eine betriebsinstrumentale Wahlhandlung unter anderen, und sie ist nicht die entscheidende. Primär ist die Wahl zwischen Erwerbsprinzip oder Dienstprinzip. Sie weist dem Betrieb seine instrumentale Funktion zu. Ob der Betrieb dann nach den Prin-

---

[80]) Vgl. die in Anmerkung 77 genannte Quelle S. 252 ff. (S. 24 ff.).

[81]) Symptomatisch dafür war die frühere Aufzäunung der Wirtschaftslehre öffentlicher Betriebe an der Unterscheidung ihrer Rechtsformen. So ALBERT SCHNETTLER: Öffentliche Betriebe, Essen 1956. Anders neuerdings THEO THIEMEYER: Wirtschaftslehre öffentlicher Betriebe, Reinbek bei Hamburg 1975; ACHIM VON LOESCH: Die gemeinwirtschaftliche Unternehmung — Vom antikapitalistischen Ordnungsprinzip zum marktwirtschaftlichen Regulativ, Köln 1977.

zipien der Autonomie oder der Organschaft oder nach einer Kombination zwischen ihnen geführt wird, ist, wie gezeigt, wenigstens teilweise von der Wahl zwischen Erwerbs- und Dienstprinzip vorbestimmt und im übrigen eine Zweckmäßigkeits- oder Einstellungsfrage.

Der Zusammenhang zwischen der obersten betrieblichen Leitmaxime und dem privaten oder öffentlichen Eigentum an Betrieben ist noch weniger eng als der zwischen oberster betrieblicher Leitmaxime und äußerer Freiheit oder Bindung des Betriebes. Dem Dienstprinzip und zugleich dem Organprinzip gehorchen keineswegs nur in öffentlichem Eigentum befindliche Betriebe, sondern etwa auch zahlreiche frei-gemeinnützige Unternehmen. Umgekehrt befinden sich beispielsweise in Westdeutschland — allerdings im Widerspruch zum herrschenden individualistisch-marktwirtschaftlichen System — zahlreiche zugleich nach dem Erwerbs- und Autonomieprinzip geführte Betriebe vornehmlich der Industrie und der Bankwirtschaft in öffentlichem Eigentum. Schließlich gibt es private Unternehmungen, die versuchen, ihre Erwerbsziele durch Übernahme öffentlicher Aufgaben zu erreichen, die sie unter Inkaufnahme öffentlicher Auflagen, also unter Einschränkung ihrer Autonomie, wahrnehmen [82]).

Der nachgeordneten Bedeutung des Eigentums an Betrieben für die Scheidung von privater und öffentlicher Wirtschaft läßt sich Rechnung tragen, indem alle unmittelbar der Erfüllung öffentlicher Aufgaben dienenden Betriebe zum gemeinwirtschaftlichen und alle unmittelbar im Dienste privater Aufgaben stehenden Betriebe zum privatwirtschaftlichen Sektor der Volkswirtschaft gerechnet werden. Der gemeinwirtschaftliche Sektor umfaßt dann zunächst nebeneinander öffentliche und frei-gemeinnützige Betriebe, von denen sich die ersteren kraft Auftrags und die letzteren auf Grund freiwilliger Initiative in den Dienst der Allgemeinheit stellen, also dem Dienstprinzip folgen. Außerdem gehören zum gemeinwirtschaftlichen Sektor auch jene privaten Unternehmen, die zwar private Erwerbsziele verfolgen, solche aber zu erreichen trachten, indem sie sich gleichsam öffentlichen oder frei-gemeinnützigen Körperschaften auf Dauer (wenn auch kündbar) für die Erfüllung bestimmter Aufgaben verdingen. Da diese privaten Unternehmungen erwerbsstrebig sind, gehören sie zugleich auch zum privatwirtschaftlichen Sektor der Volkswirtschaft. Dieser umfaßt im übrigen alle nicht dem Dienstprinzip folgenden Produktivbetriebe in privatem, aber auch öffentlichen Eigentum, die zwar dem Dienstprinzip verpflichteten, aber nicht an der Erfüllung allgemeiner Aufgaben arbeitenden, sondern im Interesse bestimmter Gruppen tätigen Dienstgenossenschaften (Hilfsgenossenschaften) sowie die privaten Haushalte und deren Vereinigungen [83]).

Es könnte paradox erscheinen, wie hier geschehen, erwerbsstrebige Industrie- oder Bankunternehmungen in öffentlichem Eigentum zur privaten und öffentliche Aufgaben, etwa Omnibusliniendienste, versehende private Unternehmungen (auch) zur öffentlichen Wirtschaft zu rechnen. Eine solche Zuordnung hat jedoch die funktionale Richtigkeit für sich. Sie fußt außerdem darauf, daß die öffentliche Wirtschaft in einem individualistisch-marktwirtschaftlichen System wie dem westdeutschen nur eine subsidiäre Rolle spielen sollte und Erwerbsunternehmungen in öffentlichem Eigentum deshalb eigentlich

---

[82]) Siehe vor allem die in Anmerkung 37 genannten Schriften von GERHARD WEISSER.

[83]) Wegen der strittigen Frage, ob und inwieweit Genossenschaften gemeinwirtschaftlich sind, siehe etwa HANS RITSCHL: Gemeinwirtschaft, in: Handwörterbuch der Sozialwissenschaften Vierter Band, Stuttgart-Tübingen-Göttingen 1965, S. 331 ff., hier: S. 339; ACHIM VON LOESCH: Die gemeinwirtschaftliche Unternehmung, a.a.O., S. 99 ff..

systemwidrig sind. Wo sie aber vorkommen, haben sie für den öffentlichen Eigentümer die gleiche instrumentale Funktion wie für den privaten.

Im Gegensatz zu der Wahl äußerer Freiheit oder Bindung der Betriebsführung und zur Wahl der obersten betrieblichen Leitmaxime hat der Tatbestand, ob sich ein Betrieb in privater oder in öffentlicher Hand befindet, weder unmittelbaren noch auch nur teilweise zwangsläufigen Einfluß darauf, daß der Betrieb bestimmte Kategorien von Oberzielen hat. Das private oder öffentliche Eigentum an Betrieben kann allerdings dafür ausschlaggebend sein, welche anderen, zielbestimmenden betriebsinstrumentalen Führungsgrundsätze gewählt werden. Infolgedessen kann es einen mittelbaren Einfluß darauf haben, für welche Kategorien von Oberzielen sich ein Betrieb entscheidet [84]).

Unmittelbaren Einfluß darauf, wie die Oberziele konkret bestimmt werden, kann die Art öffentlichen Eigentums an Betrieben mit öffentlichen Aufgaben ausüben. So müssen die öffentlichen Miteigentümer gemischt-wirtschaftlicher Unternehmungen die Erwerbsinteressen der privaten Miteigentümer entweder bei der Zielbildung oder bei der Zuschußgewährung berücksichtigen, wenn deren weitere Beteiligung sichergestellt werden soll. Des weiteren spielt die Finanzkraft der jeweiligen öffentlichen Eigentümer gemischt-wirtschaftlicher oder öffentlicher Betriebe eine wichtige Rolle dafür, wie das Spannungsverhältnis behandelt wird, das zwischen Darbietungszielen sowie leistungswirtschaftlichen Sicherungszielen auf der einen Seite und finanzwirtschaftlichen Sicherungszielen auf der anderen Seite besteht. Hier haben Bund und Länder oft wesentlich bessere finanzielle Möglichkeiten als Gemeinden und Gemeindeverbände, Darbietungszielen, um deretwillen der Betrieb ja da ist, Vorrang vor betrieblichen Selbstfinanzierungszielen zu geben, die seiner finanziellen Sicherung aus eigener Kraft dienen [85]).

5. Zentren der betrieblichen Willensbildung: Alleinbestimmung oder Mitbestimmung

Das Eigentum an Betrieben verleiht heute nicht mehr fraglos das volle Direktionsrecht. Dieses ist zwar, Kleinbetriebe ausgenommen, in personalwirtschaftlichen und sozialen Fragen schon seit Jahrzehnten durch Mitbestimmungsrechte des Betriebsrats eingeschränkt. Sie gelten aber nur einer der verschiedenen Marktseiten des Betriebes, nämlich seiner Arbeitsmarktseite, und zwar in Respektierung dessen, daß die menschliche Arbeit in humanitären Gemeinwesen nicht wie eine Ware gehandelt und behandelt werden darf. Ihre Gewährung hat den auf den Arbeitsmärkten herrschenden staatspolitischen Lebensbedingungen der betroffenen Betriebe gegenüber den marktlichen mehr Gewicht verschafft, aber die sonstigen staatspolitischen Lebensbedingungen der Betriebe unmittelbar nicht berührt. Von der Montanindustrie ausgehend, wo sie bereits seit längerem eingeführt ist, wird heute gefordert, Vertretern von Belegschaften und Gewerkschaften in allen größeren privaten und öffentlichen Betrieben allgemeine, die ganze Geschäftspolitik umschließende Mitbestimmungsrecht einzuräumen. In dem Maße in dem der Staat diesem Begehren stattgibt, fügt er dem ursprünglichen alleinigen betrieblichen Willensbildungszentrum der Eigentümerseite ein zweites hinzu. Außer einem zweiten Willensbildungszentrum der Belegschafts- und Gewerkschaftsseite wäre auch ein

---

[84]) Das ist zum Beispiel der Fall, wenn öffentliche Betriebe nicht denselben Verpflichtungen zur Beteiligung von Belegschaftsvertretern an der Betriebspolitik unterworfen sind wie bestimmte Gruppen privater Produktivbetriebe. Vgl. auch Anmerkung 68.

[85]) Vgl. die in Anmerkung 74 genannten Quellen.

solches (bzw. ein drittes) der Wahrnehmung öffentlicher Interessen an der Geschäftspolitik denkbar [86])

Die Vermehrung der Zahl der Zentren betrieblicher Willensbildung ist für Betriebe verschiedenen Typs ungleich zu beurteilen. Insbesondere gilt dies im Hinblick auf die Belegschafts- oder Gewerkschaftsmitbestimmung für private und öffentliche Betriebe sowie innerhalb der privaten für solche mit und solche ohne Vollhaftung der Eigentümer. Während die letztgenannte Differenzierung vor allem wirtschaftsordnungs- und privatrechtspolitisch bedeutsam und damit für das hier zu behandelnde Thema wenig beachtlich sein dürfte, ist die erstgenannte Unterscheidung deshalb sehr themabezogen, weil in der Verkehrswirtschaft private und öffentliche Betriebe miteinander konkurrieren und die raumwirtschaftlich wirksame öffentliche Verkehrsbedienung von der Geschäftspolitik der öffentlichen Verkehrsbetriebe abhängt. Hinzu kommt, daß die Vertretung öffentlicher Interessen in der Politik öffentlicher Verkehrsbetriebe und solcher privater Verkehrsbetriebe, die öffentliche Aufgaben wahrnehmen, auch aus raumwirtschaftlichen Gründen diskutiert werden sollte, was derzeit freilich kaum geschieht [87]).

Was die Mitbestimmung von Belegschafts- und Gewerkschaftsvertretern angeht, so ist sie für öffentliche Betriebe prinzipiell ganz anders als für private zu beurteilen und aus wirtschaftsordnungs- wie aus staatspolitischen Gründen abzulehnen [88]). Private Unternehmungen können in Einklang mit der in westlichen individualistisch-marktwirtschaftlichen Systemen herrschenden Ordnung durchaus als solidaristische Erwerbsgemeinschaften von Eigentümern und Belegschaften aufgefaßt werden [89]). Beide Gruppen betrachten ihren jeweiligen Betrieb allein, in erster Linie oder doch wenigstens unter anderem auch als Instrument zum Erreichen von Erwerbszielen. Infolgedessen sind sie beide daran interessiert, ihn nach dem Autonomieprinzip und nach dem Erwerbsprinzip möglichst zu seinem höchsteigenen Vorteil zu führen. Nur was gemeinsam erwirtschaftet

---

[86]) Über „Zentren der betrieblichen Willensbildung" ERICH GUTENBERG: Grundlagen der Betriebswirtschaftslehre, Erster Band: Die Produktion, a.a.O., S. 364 ff. (S. 486 ff.).

[87]) Hierüber allgemein und auch auf den Verkehr bezogen KARL KÜHNE, Sinn und Verantwortung der öffentlichen Kontrolle. In: Hauptvorstand der Gewerkschaft Öffentliche Dienste, Transport und Verkehr (Hrsg.), Karl Osterkamp und Karl Kühne (Bearbeiter), Handbuch der Öffentlichen Wirtschaft, Erster Band, Stuttgart 1960, S. 20 ff., insbes. S. 24 ff.; GERT VON EYNERN: Das öffentlich gebundene Unternehmen. In: Archiv für öffentliche und freigemeinwirtschaftliche Unternehmen 4 (1958), S. 1 ff.; *derselbe:* Gemeinwirtschaftliche Bindung von Unternehmen, Schriftenreihe Gemeinwirtschaft 17, Frankfurt am Main — Köln 1975. Siehe auch: MARVER H. BERNSTEIN: Regulating Business by Independent Commissions, Princeton 1955; ELMER D. SMEAD: Governmental Promotion and Regulating of Business, New York 1969.

[88]) Hierüber Näheres KARL OETTLE: Die Willensbildung in öffentlichen Unternehmen. In: Horst Albach (Hrsg.), Die Bedeutung gesellschaftlicher Veränderungen für die Willensbildung im Unternehmen, Schriften des Vereins für Socialpolitik NF 88, Berlin 1976, S. 255 ff,; aus rechtlicher Sicht GÜNTER PÜTTNER: Die Mitbestimmung in kommunalen Unternehmen unter dem Grundgesetz — Rechtsgutachten unter Mitwirkung von PETER WÖSSNER, Bremen — Frankfurt am Main 1972. Anderer Auffassung etwa FRITZ OSSENBÜHL: Erweiterte Mitbestimmung in kommunalen Eigengesellschaften — Ein Rechtsgutachten, erstattet für die Gewerkschaft ÖTV, Stuttgart 1972. Übersichten über kontroverse Argumente EUGEN ZELLER: Kommunale Mitbestimmung — Mitbestimmung in Betrieben und Unternehmungen der öffentlichen Hand, Bonn 1972; *Wissenschaftlicher Beirat der Gesellschaft für öffentliche Wirtschaft und Gemeinwirtschaft:* Mitbestimmung in öffentlichen und gemeinwirtschaftlichen Unternehmen — Eine Diskussion, Schriftenreihe der Gesellschaft für öffentliche Wirtschaft und Gemeinwirtschaft 12, Berlin o.J. (1975).

[89]) Siehe hierzu vor allem HEINRICH NICKLISCH: Die Betriebswirtschaft, 7. Aufl. der Wirtschaftlichen Betriebslehre, Stuttgart 1932, insbes. S. 241 ff.; GUIDO FISCHER: Partnerschaft im Betrieb, Heidelberg 1955.

wurde, kann zwischen beiden Gruppen aufgeteilt werden. Würden sich öffentliche Betriebe als derartige solidaristische Erwerbsgemeinschaften verhalten, so würden sie ihren wirtschaftsordnungspolitischen Sinn für marktwirtschaftliche Systeme in sein Gegenteil verkehren und gerade jene Aufgaben nicht öffentlich-wirtschaftlich erfüllen, die wegen des Vorhandenseins von Wege- oder Leitungsmonopolen nicht privater Ausbeutung überlassen werden sollen, vom Erwerbsstandpunkt aus nicht für lohnend erachtet werden oder von Privaten — wie die Verkehrsbedienung strukturschwacher Räume — nicht in der sozialökonomisch gewünschten Art und Weise wahrgenommen würden. Staatsrechtspolitisch gesehen, würde die Einführung der allgemeinen Mitbestimmung in öffentlichen Betrieben und Verwaltungen das parlamentarisch regierte Staatswesen in Richtung auf ein ständestaatlich regiertes umwandeln. Der Einräumung genereller Mitbestimmungsrechte an Belegschafts- und Gewerkschaftsvertreter ist der Wirkung nach die tatsächliche, wenn auch (noch) nicht formalrechtlich abgesicherte Überlassung entsprechender Machtpositionen in der Leitungsorganisation öffentlicher Betriebe gleichzusetzen.

Was die Vertretung öffentlicher Interessen bei der Willensbildung öffentlicher Verkehrsbetriebe betrifft, so sollte sie insbesondere deshalb diskutiert werden, weil sich die übergreifenden großen öffentlichen Betriebe des Eisenbahn- und Postwesens im alleinigen Eigentum eines öffentlichen Oberverbandes befinden, aber existenzielle Bedeutung für öffentliche Unterverbände besitzen. Diese Inkongruenz von Eigentümerschaft und Bedienungsinteressen kann vor allem in zweierlei Hinsicht raumwirtschaftliche Probleme aufwerfen: Werden die Betriebe zentral geleitet (vgl. Punkt 6 dieses Kapitels), kann die Berücksichtigung besonderer örtlicher und regionaler Bedienungsbedürfnisse zu kurz kommen. Werden die Betriebe nach dem Erwerbs- statt nach dem Dienstprinzip und nach dem Autonomie- statt nach dem Organprinzip geführt, so ist damit zu rechnen, daß ihre Politik die verkehrspolitische Unterstützungsbedürftigkeit anderer Zweige der öffentlichen Politik, so auch die der Raumwirtschaftspolitik, ignoriert [90]).

Was die Vertretung öffentlicher Interessen bei der Willensbildung privater Verkehrsbetriebe mit öffentlichen Aufgaben betrifft, so ist sie solange zu entbehren, als private Unternehmungen miteinander um die Übertragung öffentlicher Aufgaben konkurrieren und zugleich auch die Möglichkeit der Selbstwahrnehmung durch öffentliche Verkehrsbetriebe besteht. Sie muß jedoch erwogen werden, wenn sich öffentliche Verkehrsbetriebe weithin aus ihrem bisherigen Aufgabenkreis zurückziehen und diesen insoweit der privaten Verkehrswirtschaft überlassen [91]).

6. Innere Bindung oder Freiheit der Betriebsführung: Zentralität oder Dezentralität

Wie (S. 45) gesagt, können für die im Hinblick auf die innere Bindung oder Freiheit der Betriebsführung zu treffenden Entscheidungen auch von betriebssozialen Überlegungen beeinflußt oder gar maßgeblich bestimmt sein. Insoweit das geschieht, wird darauf abgestellt, Mitwirkungsbedürfnisse von Mitarbeitern zu befriedigen und diese (auch) dadurch zu bewegen, nach Kräften zu einer effizienten Betriebsgebarung

---

[90]) Vgl. KARL OETTLE: Die öffentliche Flächenverkehrsbedienung in raumordnerischer Sicht. In: Schwartzsche Vakanzen-Zeitung 102 (1976), S. 141 ff.; *derselbe:* Verkehrsprobleme im ländlichen Raum, in größere Zusammenhänge gestellt. In: Der Landkreis 46 (1976), S. 211 ff.

[91]) Eine Privatisierung bisher öffentlicher Verkehrsdienste wird beispielsweise von der Vertretung des westdeutschen Omnibusgewerbes verlangt: *Bundesverband des Deutschen Personenverkehrsgewerbes (BDP):* Die privaten Bus-Unternehmen zum öffentlichen Personennahverkehr ÖPNV — Eine Stellungnahme, Frankfurt am Main 1977, insbes. S. 21 ff.

beizutragen. Für das hier gestellte raumwirtschaftliche Thema ist dieser betriebssoziale Aspekt der Wahl von Betriebsführungsgrundsätzen nicht von unmittelbarem Interesse. Das Thema verlangt vielmehr, das Augenmerk auf die betriebsinstrumentale Seite der Wahl zwischen innerer Bindung oder Freiheit der Betriebsführung zu richten. Ihre Betrachtung soll zeigen, inwiefern die Wahl hierhergehöriger Grundsätze der Betriebsführung die Befriedigung von Nachfragerbedürfnissen und gegebenenfalls auch die Erfüllung öffentlicher Aufgaben beeinflußt. Solche Einflüsse können bei Verkehrsbetrieben raumwirtschaftliche Wirkungen zeitigen.

Nach dem Kriterium der inneren Bindung oder Freiheit der Betriebsführung lassen sich die Grundsätze der Zentralität oder Dezentralität einander gegenüberstellen. Zentrale Betriebsführung bedeutet, daß alle wesentlichen betrieblichen Entscheidungen von Zentralinstanzen getroffen werden und die in der weiteren betrieblichen Hierarchie Verantwortlichen vor allem auf die Ausführung zentral gefaßter Entschlüsse beschränkt sind. Dezentrale Betriebsführung besteht demgegenüber darin, möglichst viele auch der wesentlichen betrieblichen Entscheidungen innerhalb der betrieblichen Hierarchie nach unten zu verlagern. Reine Ausprägung der zentralen wie der dezentralen Führung größerer Betriebe dürften kaum vorgefunden werden; die zentrale Betriebsführung ist jedoch bei kleineren Betrieben durchaus auch in ziemlich reiner Form häufig. Was für solche Betriebe im betriebsinstrumentalen Sinn zweckmäßig sein mag, kann für größere Betriebe gerade unzweckmäßig sein, weil sie für die Führungsspitze weniger transparent sind als kleinere.

Die Vorzüge und Nachteile zentraler und dezentraler Betriebsführung lassen sich nicht generell für alle Wirtschaftszweige herausarbeiten; sie sind vor allem von den jeweiligen betrieblichen Produktions- und Umweltbedingungen abhängig. Im Verkehr bietet die zentrale Führung größerer Betriebe hauptsächlich erhebliche produktionswirtschaftliche Vorteile in Gestalt der Poolung von Fahrzeugen zwecks Minimierung von Leerfahrten, des räumlichen Ausgleichs von personellen und beweglichen sächlichen Kapazitäten bei örtlichen und regionalen Beschäftigungsunterschieden sowie der dank gemeinsamer Bewirtschaftung möglichen Minimierung des Bedarfs an Reserve- und Instandhaltungskapazitäten. Die zentrale Führung größerer Verkehrsbetriebe bietet darüber hinaus die beschaffungswirtschaftliche Möglichkeit, bei Kaufverhandlungen die Nachfragemacht des ganzen Betriebes auszuspielen. Schließlich bringt die zentrale Führung dieser Betriebe auch einige absatzwirtschaftliche Vorteile, indem sie es insbesondere gestattet, die Nachfragemacht von Großabnehmern zu relativieren und die betrieblichen Angebote einheitlich und damit sehr transparent zu formulieren. Gerade in der Absatzwirtschaft liegen jedoch sehr große, ja häufig entscheidende Vorzüge der dezentralen Führung größerer Verkehrsbetriebe. Da im Verkehr Betriebe der verschiedensten Größen miteinander konkurrieren und es neben einigen sehr großen sehr viel kleine gibt, können die größeren Betriebe nur dann eine ähnliche Fähigkeit zur Anpassung an besondere Kundenwünsche und zum Kämpfen mit Wettbewerbsangeboten wie die kleineren erreichen, wenn sie ihre absatzwirtschaftlichen Verantwortlichkeiten ebenso wie jene produktionswirtschaftlichen Zuständigkeiten dezentralisieren, die angesprochen sind, wenn besondere Kundenwünsche erfüllt werden sollen [92]).

---

[92])Näheres hierüber KARL OETTLE: Voraussetzungen und Folgen einer unternehmungsweisen Führung der Deutschen Bundesbahn. In: Betriebswirtschaftliche Forschung und Praxis 16 (1964), S. 385 ff.; *derselbe:* Verkehrsbetriebe, Organisation der, demnächst in: Erwin Grochla (Hrsg.), Handwörterbuch der Organisation, 2. Aufl.

In erster Annäherung scheint die Wahl zwischen zentraler oder dezentraler Betriebsführung in betriebssozialer wie in betriebsinstrumentaler Sicht eine bloße Zweckmäßigkeitsfrage zu sein und die Oberzielbildung deshalb nicht beeinflussen zu können. Bei näherem Besicht stellt sich freilich heraus, daß diese Wahl zwar nicht auf das Bündel der Kategorien verfolgter Oberziele eines Betriebes, wohl aber in der öffentlichen Wirtschaft auf die Konkretisierung von Darbietungszielen [93]) einzuwirken vermag. Das ist insofern gerade in raumwirtschaftlicher Hinsicht bedeutsam, als die Darbietungsziele gegenüber einzelnen Orten und Regionen bei dezentraler Führung infolge engerer Fühlung besser auf deren Bedürfnisse als bei zentraler Führung abgestimmt werden können.

B. Kriterien der Wahl betrieblicher Führungs- und Verwaltungsgrundsätze im Verkehr

1. Grund- und Zweckmäßigkeitsentscheidungen, volkswirtschafts- und betriebswirtschaftspolitische Entscheidungen über Betriebsführungsgrundsätze

Betriebsführungsgrundsätze werden teils durch Zweckmäßigkeits-, teils durch Grundentscheidungen gewählt. Nach Zweckmäßigkeitsgesichtspunkten entscheidet man über sie, insoweit sie nicht oberzielbestimmend sind, sondern bei ihrer Konkretisierung unter Oberziele gestellt werden müssen, insoweit sie also Mittelcharakter haben. Auf Zweckmäßigkeitsüberlegungen beruht demgemäß die Anwendung logischer wie die Wahl betriebssozialer Grundsätze der Betriebsführung (vgl. Punkt A. 1 dieses Kapitels), sofern überhaupt rational und nicht etwa emotional gehandelt wird, welch letzteres bei der Entscheidung für betriebssoziale Führungsprinzipien durchaus möglich ist, sich aber nicht mit den logischen Führungsgrundsätzen verträgt. Grundüberlegungen stellt man demgegenüber an, wenn oberzielbeeinflussende Prinzipien der Betriebsführung und Oberziele selbst zu bestimmen sind. Die vorangegangenen Ausführungen (in Teil A dieses Kapitels) sollten unter anderem dartun, was die Wahl betriebsinstrumentaler Führungsgrundsätze für das Oberzielbündel eines Betriebes, insbesondere für seine Zusammensetzung aus bestimmten Oberzielkategorien bedeutet. Die Ausführungen versuchten auch, sichtbar zu machen, daß die erörterten fünferlei Kategorien betriebsinstrumentaler Führungsprinzipien insofern nicht durchweg gleichrangig sind, als sie die Bildung betrieblicher Oberziele in unterschiedlicher Weise beeinflussen. Die in dieser Hinsicht bestehenden Differenzen haben zur Folge, daß eine Entscheidung — wie die über den Einsatz eines privaten oder eines öffentlichen Betriebes zur Wahrnehmung öffentlicher Verkehrsaufgaben — volkswirtschaftspolitischen Zweckmäßigkeitscharakter haben kann, aber für den Betrieb konstitutive Bedeutung besitzt, für ihn also eine Grundentscheidung darstellt.

Die ungleiche Abgrenzung von Grund- und Zweckmäßigkeitsentscheidungen in der Volkswirtschaftspolitik einerseits und in der Betriebswirtschaftspolitik andererseits resultiert daraus, daß Betriebe, gleichgültig ob sie nach dem Autonomie- oder nach dem Organprinzip geleitet werden, Glieder der Volkswirtschaft sind (vgl. Punkt A. 2 dieses Kapitels). Für sie sollen die Betriebe jeweils bestimmte Funktionen erfüllen. Was für Leistungsaufgaben ihnen gestellt werden, ist ebenso Sache volkswirtschaftspolitischer Grundentscheidungen wie die Festlegung des wirtschaftsordnungspolitischen Rahmens für die betriebliche Tätigkeit. Die Feststellungen darüber, ob und inwieweit

---

[93]) Näheres über Darbietungsziele in der in Anmerkung 77 genannten Quelle.

volkswirtschaftliche Funktionen von autonom wirtschaftenden erwerbsstrebigen privaten Unternehmungen oder Unternehmungszusammenschlüssen hinreichend erfüllt werden, können nach den Grundentscheidungen über die anzulegenden Maßstäbe eigentlich nur noch Zweckmäßigkeitsurteile sein, wenn sich auch gerade in sie immer wieder gleichsam nachträglich, nach getroffenen Grundentscheidungen, dort nicht oder nur teilweise durchgesetzte politische und ideologische Wertungen einschleichen. Auf solchen Zweckmäßigkeitsurteilen gründet die Feststellung des Subsidiaritätsfalles, auf den die öffentliche Wirtschaft nach den Grundsätzen unseres individualistisch-marktwirtschaftlichen Systems beschränkt bleiben sollte. Ist er festgestellt, so ist es wiederum, wie schon angedeutet, eine Zweckmäßigkeitsfrage, ob die öffentliche Hand mit eigenen Betrieben tätig wird oder private Betriebe, sei es auf Erwerbsbasis, sei es auf freigemeinnütziger Grundlage für den Dienst an der öffentlichen Aufgabe gewinnt [94]).

Private Erwerbsbetriebe nehmen ihre volkswirtschaftlichen Funktionen im eigenen Interesse, das heißt im Interesse der maßgebenden Betriebspersonen (oder Gruppen von Betriebspersonen) wahr. Private Erwerbsbetriebe erfüllen volkswirtschaftliche Aufgaben, weil sie das als nützlich für ihre eigenen Oberziele ansehen [95]). Sie sind deshalb in der Regel unmittelbar Instrumente der maßgebenden Betriebspersonen und nur mittelbar auch Instrumente der Volkswirtschaftspolitik. Anders verhält es sich nur, wenn private Erwerbsbetriebe sich bereit erklären, gegen Vorteilsverschaffung und unter öffentlichen Auflagen öffentlichen Aufgaben zu dienen, deren sie sich sonst nicht oder nicht in der gewünschten Weise annehmen würden [96]). Hier sind private Erwerbsbetriebe zugleich unmittelbare Instrumente der maßgeblichen Betriebspersonen und der öffentlichen Hand. Öffentliche Betriebe stellen, sofern sie (systemgemäß) öffentlichen Aufgaben und nicht etwa Erwerbszwecken gewidmet sind (vgl. Punkt A. 4 dieses Kapitels), unmittelbare Instrumente der Volkswirtschaftspolitik dar.

Die Art des instrumentalen Charakters privater und öffentlicher Betriebe bestimmt, ob staatspolitische Grundentscheidungen über volkswirtschaftliche Funktionen von Betrieben direkt auf deren betriebsinstrumentale Führungsgrundsätze und Oberziele durchschlagen oder nicht. Die Führungsgrundsätze und die von ihnen beeinflußten Oberziele privater Erwerbsbetriebe ohne öffentliche Aufgaben stehen in keinem Zusammenhang mit solchen volkswirtschaftspolitischen Grundentscheidungen, sie beruhen vielmehr auf eigenen betriebswirtschaftspolitischen Grundentscheidungen. Demgegenüber sollten sowohl Führunggrundsätze, zumindest die oberste betriebliche Leitmaxime, als auch Oberziele, zumindest die Darbietungsziele, öffentlicher Betriebe systemgemäß auf Grundentscheidungen des Eigentümergemeinwesens, also auf volkswirtschaftspolitischen (regional-, gemeindewirtschaftspolitischen) Grundentscheidungen beruhen. Diese Grundentscheidungen gehören gleichsam zur geborenen Zuständigkeit des öffentlichen Eigentümers, müssen freilich, so er in dieser Hinsicht versagt, ersatzweise von der Betriebsleitung getroffen werden [97]).

---

[94]) Näheres hierüber KARL OETTLE: Privatisierung öffentlicher Unternehmen? In: Kommunalwirtschaft 1977, S. 164 ff., insbes. S. 166 f.; siehe auch PETER JÄGER: Öffentlich-wirtschaftliche Kriterien der Privatisierung. In: Wirtschaftsdienst 56 (1976), S. 569 ff.

[95]) Am eindrücklichsten wohl beschrieben von WILHELM RIEGER: Einführung in die Privatwirtschaftslehre, 2. unver. Aufl. Erlangen 1959 (zuerst 1929), insbes S. 44 ff.

[96]) So erwarten private Omnibusunternehmen bei Übernahme bisheriger öffentlicher Verkehrsdienste sowohl Konzessionen als auch „Abgeltung gemeinwirtschaftlicher Leistungen". (Vgl. die in Anmerkung 91 genannte Quelle, S. 18 f.).

[97]) Näheres in der in Anmerkung 77 genannten Quelle, S. 245 ff. (S. 15 ff.).

Daß die Zuständigkeit für die Festlegung von Grundsätzen der Betriebsführung und von betrieblichen Oberzielen, zumindest für die Entscheidung über die oberste betriebliche Leitmaxime und die Darbietungsziele, außerhalb des öffentlichen Betriebs liegen muß, ergibt sich aus seinem instrumentalen oder «institutionellen Sinn» [98]), der, wie dargelegt, von dem des privaten Erwerbsbetriebes wesensverschieden ist. Dieser instrumentale Sinn würde es nahelegen, die Zuständigkeiten zwischen Eigentümergemeinwesen und öffentlichem Betrieb so zu trennen, daß das erstere über alle instrumentalen Grundsätze der Betriebsführung wie über alle Oberziele befindet, wohingegen der Betriebsleitung die Zweck-Mittel-Entscheidungen überantwortet werden. In der Praxis wäre freilich schon viel gewonnen, wenn der instrumentale Sinn öffentlicher Betriebe richtig verstanden und nicht mit dem des privaten Erwerbsbetriebes konfundiert [99]), das Dienstprinzip als einzige diesem Sinn gemäße oberste betriebliche Leitmaxime erkannt und die Darbietungsziele den Betrieben konkret und nicht zumeist nur leerformelhaft vorgegeben würden [100]).

Daß die Darbietungsziele dem öffentlichen Aufgaben gewidmeten Betrieb konkret aufgegeben werden müssen, versteht sich, weil unerläßlich, für private Erwerbsbetriebe, die in öffentliche Dienste eingespannt werden, von selbst. Geschähe es nicht, wüßten ja der private und der öffentliche Partner gar nicht hinreichend über den Gegenstand ihrer vertraglichen Vereinbarungen Bescheid. Da die Beziehungen zwischen öffentlichen Gebietskörperschaften und ihren Betrieben nicht auf Bedienungsverträgen, sondern auf Eigentumsverhältnissen beruhen, unterliegen sie keinem ähnlichen rechtsgeschäftlichen Konkretisierungszwang.

2. Volkswirtschaftspolitische Grund- und Zweckmäßigkeitsentscheidungen

Die institutionelle Struktur der Verkehrswirtschaft wird wie die jedes anderen Wirtschaftszweiges von wirtschaftsordnungspolitischen und in ihrem öffentlichen Sektor auch von verfassungspolitischen Grundentscheidungen des Staates gleichsam vorgeformt.

Die wirtschaftsordnungspolitischen Grundentscheidungen laufen in der Bundesrepublik Deutschland wie in der Europäischen Gemeinschaft vor allem darauf hinaus, die Einzelwirtschaften möglichst weitgehend um die produktiven Kräfte wie um deren Produkte konkurrieren zu lassen, die Funktionsfähigkeit des Wettbewerbs zu sichern und die öffentliche Hand mit (weiteren) Ordnungsmaßnahmen wie mit eigenen Leistungsangeboten nur subsidiär eingreifen zu lassen [101]). In bezug auf diese Regeln muß freilich

---

[98]) Hierüber THEO THIEMEYER: Gemeinwirtschaftlichkeit als Ordnungsprinzip — Grundlegung einer Theorie gemeinnütziger Unternehmen, Berlin 1970, insbes. S. 131 ff. und S. 181 ff.

[99]) Solche Konfundierungen sind Legion. Siehe hierzu EBERHARD WITTE unter Mitwirkung von JÜRGEN HAUSCHILDT: Die öffentliche Unternehmung im Interessenkonflikt — Betriebswirtschaftliche Studie zu einer Zielkonzeption der öffentlichen Unternehmung, Berlin 1966.

[100]) Ein Musterbeispiel ist § 4, Absatz (1) des Allgemeinen Eisenbahngesetzes vom 29. März 1951 (BGBl I S. 225) in der Fassung vom 24. 6. 1968 (BGBl S. 503, 539): „Zu den Aufgaben der öffentlichen Eisenbahnen gehört es, ihr Netz entsprechend den Anforderungen des Verkehrs auszubauen und zum Wohle der Allgemeinheit zu ergänzen sowie den Reise- und Güterverkehr in Übereinstimmung mit dem Verkehrsbedürfnis zu bedienen und auszugestalten". (Abgedruckt in HANS-JOACHIM GRÖBEN: Taschenbuch der Eisenbahngesetze 5. Aufl. Darmstadt 1975, S. 18).

[101]) Siehe etwa ALFRED MÜLLER-ARMACK: Genealogie der Sozialen Marktwirtschaft — Frühschriften und weiterführende Konzepte, Bern und Stuttgart 1974, insbes. S. 100 f. Vom verfassungsrechtlichen Standpunkt aus zu der hier vorgetragenen Auffassung über die Subsidiarität öffentlicher Wirtschaftstätigkeit in unserer Wirtschaftsordnung HANS KLEIN: Die Teilnahme des Staates am wirtschaftlichen Wettbewerb, res publica 18, Berlin-Köln-Mainz 1968, S. 159 ff.

auch entschieden werden, inwieweit sie generell oder unter Ansehung von Eigentümlichkeiten einzelner Wirtschaftszweige dort jeweils nur eingeschränkt gelten sollen. Dies ist für die Verkehrswirtschaft als eine besonders wichtige Grundentscheidung anzusehen, wenn, wie hier (insbesondere in Kapitel II. 3) geschehen, davon ausgegangen wird, daß dieser Wirtschaftszweig eine Fülle von Eigentümlichkeiten besitzt, die bei wirtschaftsordnungs- wie bei wirtschaftszweigpolitischen Überlegungen zu ignorieren arational wäre.

Die verfassungspolitischen Grundentscheidungen für den öffentlichen Sektor der Verkehrswirtschaft regeln, welche gebietskörperschaftliche Ebene jeweils für verkehrspolitische Fragen, für verkehrliche Infrastrukturinvestitionen und deren Unterhaltung sowie für öffentliche Verkehrsdienste zuständig ist. Verfassungspolitisch wird auch darüber entschieden, wie die Zuständigkeiten auf den Gebieten jener anderen Zweige der Staatspolitik, so die der Landesentwicklung und des Umweltschutzes, welche der verkehrspolitischen Unterstützung bedürfen, innerhalb des Staatswesens verteilt sind. Hier können sich, wie in der Bundesrepublik Deutschland, von vornherein Inkongruenzen in der Kompetenzverteilung komplementärer Zweige der Staatspolitik ergeben, die dann besonders problematisch werden, wenn verkehrliche wie nicht-verkehrliche Ressorts und öffentliche Verkehrsbetriebe statt nach dem Organprinzip isoliert, das heißt tendenziell nach dem Autonomieprinzip geführt oder verwaltet werden [102]).

Zu den verkehrspolitischen Grundentscheidungen gehört es zunächst, die sachliche Reichweite der Verkehrspolitik zu bestimmen. Diese liegt zwischen dem Grenzfall der total isoliert betriebenen Verkehrspolitik, die die Ordnung des verkehrlichen Wettbewerbs als einzige Aufgabe sieht, und dem Grenzfall der voll (in die gesamte Staatspolitik) integrierten Verkehrspolitik, der es darum geht, die Bedeutung zu erfassen und bei ihren Maßnahmen zu berücksichtigen, die die Verkehrspolitik für alle anderen Zweige der öffentlichen Politik des Staates und seiner Untergliederungen hat. Umgekehrt beansprucht die voll integrierte Verkehrspolitik auch, daß die anderen Zweige der Staatspolitik dies honorieren, indem sie ihrerseits bei den Bemühungen um die Lösung ihrer eigenen Probleme auf verkehrswirtschaftliche und verkehrspolitische Belange achtgeben [103]).

Der Grundentscheidung über die Breite der verkehrspolitischen Aufgaben müssen jene verkehrspolitischen Grundentscheidungen folgen, die die einzelnen gesehenen Aufgaben konkretisieren. Sieht man von dem wohl öfter angestrebten, aber praktisch doch irrealen ersten Grenzfall der rein isoliert betriebenen, nur der Ordnung des verkehrlichen Wettbewerbs zugewandten Verkehrspolitik ab, so sind die konkreten Aufgaben dieses Zweiges der öffentlichen Politik teils von ordnungspolitischer, teils von leistungspolitischer (bedarfsdeckungspolitischer) Natur.

Die ordnungspolitischen Aufgaben haben ausgesprochenen Gewährleistungscharakter in dem Sinne, daß sie politisch erwünschte Zustände herbeiführen oder erhalten sollen, die nicht einzelnen Nutznießern zugute kommen, an denen vielmehr ein allgemeines,

---

[102]) Siehe die Klagen von Länderseite darüber, wie der Bund seine Eisenbahn führt bzw. führen läßt und welche Nahverkehrspolitik er betreibt. Beispiele: *Innenministerium Baden-Württemberg:* Informationen zum Landesentwicklungsbericht 1975, Stuttgart o.J., S. 65 und 68 f.; *Bayerisches Staatsministerium für Landesentwicklung und Umweltfragen:* 3. Raumordnungsbericht, München 1976, S. 142 ff. und S. 148.

[103]) Tendenziell wird der dargestellte Gegensatz sichtbar, wenn man die erste Konzeption einer gemeinsamen westeuropäischen Verkehrspolitik von 1961 mit der neueren von 1973 vergleicht (siehe die in Anmerkung 24 genannten Quellen).

öffentliches Interesse besteht. Die leistungs- oder bedarfsdeckungspolitischen Aufgaben wollen mittelbar ebenfalls bestimmte erwünschte Zustände schaffen oder bewahren, sind jedoch — zu diesem Zweck — unmittelbar darauf gerichtet, Sach- oder Dienstleistungen zu erzeugen und abzugeben, für die es, im Gegensatz zu den ausgesprochenen Gewährleistungsaufgaben, je einzelne Empfänger gibt.

Die Ordnungspolitik ist insoweit Systempolitik, als sie festlegt, welchen Prinzipien der Wirtschaftsablauf insgesamt und die zweigwirtschaftlichen Abläufe folgen sollen und welche Instrumente eingesetzt werden dürfen, um sie zu beeinflussen. Die Ordnungspolitik ist Ablaufs- und Regulierungspolitik, insoweit sie darüber entscheidet, wie die Grundsätze im Einzelfall ausgelegt und welche Instrumente in welcher Dosierung bei konkreten Situationen benutzt werden sollen. Demgegenüber ist der Bedarfsdeckungs- oder Leistungspolitik aufgegeben, bestimmten individuellen oder kollektiven Verbrauchsbedürfnissen zu dienen, also Sach- und Dienstleistungen zu produzieren und — wie private Unternehmungen — an Dritte abzugeben, sei es, daß sie dafür eigene Betriebe (oder Verwaltungen) hält, sei es, daß sie sich privater Betriebe bedient, die (in marktwirtschaftlichen Systemen: freiwillig) unter ihren Auflagen arbeiten [104]).

Sind die ordnungs- wie die leistungspolitischen Aufgaben festgelegt, so ist es Sache von Zweckmäßigkeitsentscheidungen, den Einsatz der Mittel zu steuern, die zu ihrer Erfüllung verfügbar sind, d. h., die Anforderungen der sich wandelnden Situationen und Probleme sowie die Eignung der Mittel je für sich sowie im Bezug aufeinander zu beurteilen und aus dieser Beurteilung die (logisch) richtigen Schlüsse zu ziehen. Zu diesen Mittelentscheidungen gehört auf dem Gebiet der Leistungspolitik, darüber zu befinden, ob und inwieweit öffentliche Leistungsaufgaben durch öffentliche Betriebe, durch gemischt-wirtschaftliche Unternehmungen, durch in Auftrag genommene private (kaufmännische oder ständische) Unternehmungen oder Erwerbsgenossenschaften oder durch Förderung frei-gemeinnütziger Betriebe erfüllt werden sollen. Letzteres setzt private, gemeinsinnige Opferbereitschaft und Initiative voraus, die durch öffentliche Förderungsmittel nur unterstützt, aber nicht hervorgerufen werden können und im übrigen gerade im Verkehr auf Grund der Erfahrung kaum wie anderswo — etwa wie im Krankenhauswesen, in der Jugend- und in der Altenpflege — erwartet werden dürfen. Die Indienstnahme privater Unternehmungen wie die Gründung gemischt-wirtschaftlicher Unternehmungen setzen ebenfalls private Bereischaft voraus, die allerdings auf Erwerbsstrebigkeit beruht und durch die Gestaltung des öffentlichen Angebots geweckt werden kann [105]).

Die Gegenüberstellung von Grund- und Zweckmäßigkeitsentscheidungen könnte vermuten lassen, daß sie sich außer durch ihren sachlichen Gehalt auch durch ihre zeitliche Reichweite wesentlich voneinander unterscheiden. Wohl ist es bei beiderlei Kategorien von Entscheidungen erforderlich, so diese rational sein sollen, nicht nur ihren Inhalt zu konkretisieren und ihre Beziehungen zu komplementären oder konkurrierenden anderen Entscheidungen zu bedenken, sondern auch ihre gewollte wie ihre nicht oder wenig beeinflußbare zeitliche Reichweite zu beachten. Jedoch ist den Grundentscheidungen keinesfalls prinzipiell die lange und den Zweckmäßigkeitsentscheidungen grundsätzlich die kurze zeitliche Reichweite zugeordnet. Häufig sind Grundentscheidungen, beispielsweise über Leistungsziele oder über die Konkurrenz zwischen Beeinflussungszielen und finanzwirtschaftlichen Sicherungszielen, leichter reversibel als

---

[104]) KARL OETTLE: Öffentliche Betriebe, a.a.O., Sp. 2794.
[105]) Näheres in der in Anmerkung 94 zuerst genannten Quelle.

Zweckmäßigkeitsentscheidungen, zum Beispiel für die Errichtung eines öffentlichen Schienenverkehrsbetriebes oder den Ausbau eines öffentlichen Hafens. Eine geringe Reversibilität von Zweckmäßigkeitsentscheidungen engt freilich den Spielraum für die Änderung jener Grundentscheidungen ein, in deren Ausführung sie getroffen worden sind, hebt ihn jedoch zumeist nicht gänzlich auf. Anders ausgedrückt, ist die Fortsetzungsdringlichkeit einer einmal mit Grundentscheidungen eingeschlagenen Linie um so größer, je weniger reversibel die Zweckmäßigkeitsentscheidungen sind, die ihnen folgen. Öffentliche Leistungskapazitäten, die durch die Änderung volkswirtschaftlicher Grundentscheidungen vor dem Ende ihrer planmäßigen Nutzungszeit überflüssig werden, sind offenbar Ausdruck von Fehlinvestitionen, die in Erscheinung treten zu lassen, sofern die Verantwortung nicht abwälzbar erscheint, politisch um so riskanter ist, je größer sie sind.

3. Betriebswirtschaftspolitische Grund- und Zweckmäßigkeitsentscheidungen

Private Unternehmungen treffen alle ihre Grundentscheidungen selbst. Die Grundentscheidungen dieser Unternehmungen stellen Willensbekundungen maßgeblicher Unternehmungspersonen dar, die nicht rational von anderen Größen hergeleitet werden können, sondern als Axiome des weiteren betrieblichen Handelns angesehen werden müssen [106]. Die Grundentscheidungen privater Unternehmungen gelten nur dann auch Darbietungszielen, wenn ein frei-gemeinnütziges, ein ständisches oder auch ein kaufmännisches Unternehmen es als Oberziel ansieht, ganz bestimmte Tätigkeiten auszuüben, statt die Gegenstandsgebiete (allein) nach Gesichtspunkten des eigenen wirtschaftlichen Nutzens zu wählen. Hiervon abgesehen, betreffen die Grundentscheidungen privater Unternehmungen die äußere Freiheit oder Bindung, die oberste betriebliche Leitmaxime, die Eigentumsorganisation, und, insoweit von gesetzeswegen freigestellt, die Zentren der Willensbildung und ihre Struktur (die Leitungsorganisation) sowie die aus der jeweiligen Wahl hervorgehenden Oberziele (Anlehnungs- oder Unabhängigkeitsziele der Unternehmung, Rentabilitäts- und Sicherheitsziele, Anlehnungs- oder Unabhängigkeitsziele insbesondere von Unternehmenseigentümern oder angestellten Geschäftsführern). Die Wahl der inneren Bindung oder Freiheit der Betriebsführung kann als Zweckmäßigkeitsfrage aufgefaßt werden, sofern sie nicht von emotionalen Unabhängigkeits- oder Anlehnungswünschen, sondern von rationalen Erwägungen bestimmt ist.

Private Erwerbsunternehmungen, die sich in den Dienst öffentlicher Aufgaben nehmen lassen, erheben die diesen geltenden Darbietungsziele des öffentlichen Auftraggebers keineswegs zu ihren eigenen Oberzielen, sondern betrachten sie rationalerweise als Unterziele für ihre eigenen, höchstprivaten Oberziele; die darbietungshalber erbrachten Leistungen sind ihnen Mittel zum Zweck.

Öffentlichen Betrieben werden die Grundentscheidungen vorgegeben, soweit es die verfaßte Aufgabenteilung zwischen ihnen und ihren Eigentümerkörperschaften vorsieht und insoweit diese von ihren Grundentscheidungsmöglichkeiten tatsächlich Gebrauch machten (vgl. Punkt B. 1 dieses Kapitels). Die Grundentscheidungen, die Eigentümerkörperschaften für öffentliche Betriebe oder die diese ersatzweise selbst treffen, gelten zwar denselben Kategorien betriebsinstrumentaler Führungsgrundsätze wie die Grundentscheidungen privater Unternehmungen, und aus der Wahl der äußeren Freiheit oder Bindung, der Eigentumsorganisation (Alleineigentum eines Gemeinwesens, Ge-

---

[106] Vgl. was EDMUND HEINEN über den „Zielbildungsprozeß in Koalitionen" schreibt. (Die Zielfunktion der Unternehmung, a.a.O., S. 65 ff.)

meinschaftseigentum mehrerer Gemeinwesen, gemischt-wirtschaftliches Eigentum) und der Leitungsorganisation ergeben sich wie bei privaten Unternehmungen Unabhängigkeits- oder Anlehnungsziele des Eigentümergemeinwesens oder des Betriebes. Die Wahl des eigentlich allein der öffentlichen Wirtschaft gemäßen Dienstprinzips (vgl. A. 3 dieses Kapitels) als oberster betrieblicher Leitmaxime nötigt aber im Gegensatz zu der Entscheidung für das Erwerbsprinzip dazu, nicht nur wenige, mindestens zwei Oberziele (Gewinn oder Rentabilität, Sicherheit), sondern zahlreiche zu konkretisieren, nämlich Darbietungsziele verschiedener Art, leistungs- und finanzwirtschaftliche Sicherungsziele, Ausgleichsziele und Wachstumsziele [107]. Die Wahl der inneren Bindung oder Freiheit der Betriebsführung muß als Grundentscheidung aufgefaßt werden, sofern sie nicht betriebswirtschaftlichen, sondern volkswirtschaftspolitischen, beispielsweise raumwirtschaftspolitischen Zweckmäßigkeitserwägungen folgt (vgl. Punkt A. 6 dieses Kapitels).

C. Raumwirtschaftliche Auswirkungen der Wahl bestimmter verkehrsbetrieblicher Führungs- und Verwaltungsprinzipien

1. Wirkungskette, Wirkungszurechnungen, Wirkungszeiträume

Die verkehrlichen Beiträge zur räumlichen Entwicklung bestehen teils in öffentlichen Verkehrsinfrastrukturinvestitionen für die Fremd- wie für die Eigenverkehrtreibenden, teils in privaten und öffentlichen Angeboten von Verkehrsdiensten. Die Verkehrsangebote beeinflußt die öffentliche Hand sowohl mit ordnungs- als auch mit leistungspolitischen Mitteln. Raumwirtschaftliche Auswirkungen der Wahl bestimmter verkehrsbetrieblicher Führungs- und Verwaltungsprinzipien werden von ihr unmittelbar nur leistungspolitisch hervorgerufen, nämlich über öffentliche Angebote von Verkehrsinfrastrukturen und Verkehrsdiensten, die von öffentlichen Verkehrsverwaltungen und -betrieben, gemischt-wirtschaftlichen Unternehmungen oder in öffentlichen Dienst genommenen privaten Unternehmungen erbracht werden. Raumwirtschaftliche Auswirkungen der Wahl bestimmter verkehrsbetrieblicher Führungsprinzipien werden von der öffentlichen Hand aber auch über ihre verkehrliche Ordnungspolitik insofern mittelbar in Gang gebracht, als das Tätigwerden privater Verkehrsunternehmungen und der Eigenverkehr (Werkverkehr, Selbstbedienung privater und öffentlicher Haushalte) angeregt oder gehemmt werden.

Die Wahl von Führungsgrundsätzen für öffentliche und private Verkehrsbetriebe und für Verkehrsverwaltungen (z. B. für die Straßen- und Wasserstraßenverwaltungen) übt raumwirtschaftliche Wirkungen aus, indem sie das Leistungsprogramm und die Absatzpolitik privater Verkehrsunternehmungen und die Angebotspolitik der öffentlichen Verkehrswirtschaft entscheidend mitbestimmt (vgl. Teil B dieses Kapitels). Zum Leistungsprogramm wie zur Absatz- bzw. Angebotspolitik von Verkehrsbetrieben (und -verwaltungen) gehören das jeweilige Bedienungsgebiet und die räumliche Differenzierung oder Gleichbehandlung der Angebote. Die in dieser Hinsicht von allen an der verkehrlichen Erschließung und Bedienung eines Raumes beteiligten Einzelwirtschaften (Verkehrsbetrieben, Verkehrsverwaltungen) getroffenen produktions- und absatzwirtschaftlichen Entscheidungen bestimmen direkt (Angebot von Verkehrsdiensten) und indirekt (Bereithaltung verkehrlicher Infrastrukturanlagen) das Konkurrenzgeschehen auf der Anbieterseite der zugehörigen räumlichen Teilmärkte des Verkehrs. Je intensiver

---

[107] Näheres in der in Anmerkung 77 genannten Quelle, S. 252 ff. (S. 24 ff.). Vgl. ferner KARL OETTLE und THEO THIEMEYER: Thesen über die Unterschiede zwischen privatunternehmerischen und öffentlich-wirtschaftlichen Zielen. In: Die öffentliche Wirtschaft 18 (1969), S. 5 ff..

die Konkurrenz von Verkehrsanbietern ist oder je wirkungsvoller die Schwäche oder gar das Fehlen der Angebotskonkurrenz von der öffentlichen Verkehrswirtschaft durch die Übernahme der Funktion des Konkurrenzsurrogates ausgeglichen wird, desto billiger und besser wird das Gebiet unter sonst gleichen Voraussetzungen verkehrlich erschlossen und bedient, desto weniger ökonomischer Zwang oder ökonomische Veranlassung besteht für die Verkehrsnachfrage auch, sich selbst zu bedienen, das heißt, Eigenverkehr zu betreiben.

Die räumlichen Unterschiede in der verkehrlichen Erschließung und Bedienung, damit auch in der Entbehrlichkeit oder Notwendigkeit verkehrlicher Selbsbedienung und damit wiederum in Graden der verkehrlichen Freiheit oder Freizügigkeit gehören zweifellos zu den Bestimmungsfaktoren der Wettbewerbsfähigkeit, die die einzelnen Räume und Gemeinden in ihrer Konkurrenz um die Verteilung der Bevölkerung und (anderer) ökonomischer Potenzen besitzen [108]). Unterschiede in der Wettbewerbsfähigkeit der Räume und Gemeinden sind ihrerseits wiederum um so bedeutsamer für die Ergebnisse der raumwirtschaftlichen Konkurrenz, je mobiler die Bevölkerung und die (anderen) wirtschaftlichen Potenzen des übergreifenden Wirtschaftsgebiets (der Volkswirtschaft, eines gemeinsamen Marktes, einer Teilweltwirtschaft) in einem sozial- und wirtschaftsgeschichtlichen Zeitabschnitt sind.

Die verkehrliche Binnenerschließung von Räumen ist wie deren Anbindung an Netze des zwischenräumlichen Verkehrs in modernen, zivilisierten Gesellschaften eine notwendige, wenn auch keinesfalls hinreichende Bedingung für ihre Besiedlungsfähigkeit. Gefälle in den Eigenschaften der verkehrlichen Erschließung und Anbindung von Räumen wirken sich zweifellos wie Gefälle in anderen ihrer Eigenschaften, beispielsweise in naturgegebenen, auf ihre jeweilige Konkurrenzfähigkeit im raumwirtschaftlichen Wettbewerb aus. Die Erfolge oder Mißerfolge, die ein Siedlungsgebiet in dieser Konkurrenz hat, sind teils auf seine eigenschaftsbestimmte Stellung in ihr, teils darauf zurückzuführen, wie die Bewohner und ihre politischen Treuhänder von dieser Stellung Gebrauch gemacht haben. Das heißt, es gibt nebeneinander raumstrukturelle und raumpolitische Komponenten der Ergebnisse des raumwirtschaftlichen Wettbewerbs. Beiderlei Erfolgskomponenten setzen sich ihrerseits wiederum aus einer Vielzahl von Bestimmungsfaktoren zusammen, die an dieser Stelle nicht katalogisiert werden sollen. Wichtig ist im hier herauszuarbeitenden Zusammenhang lediglich, daß die verkehrsinfra- und verkehrsbedienungsstrukturellen Eigenschaften eines Raumes wie die diese ausnützenden, erhaltenden oder verändernden verkehrspolitischen Entscheidungen nur Bestimmungsfaktoren raumwirtschaftlicher Wettbewerbsergebnisse neben anderen sind. Diese Ergebnisse sind Resultanten einer Vielzahl von Einflüssen, deren Einzelwirkung zu erfassen für die Wahl und Dosierung raumwirtschaftlicher Mittel [109]), hier: verkehrspolitischer Mittel für raumwirtschaftspolitische Zwecke, notwendig wäre, aber an die in der Betriebswirtschaftslehre bekannten Grenzen der Erfolgsspaltung stößt. Die Erfolgsspaltung ist schon für Sach- oder Dienstleistungsbetriebe mit einigen Produkten, die gänzlich

---

[108]) Vgl. die in Anmerkung 90 genannten Quellen.

[109]) Ein Überblick über die Mittel der Regionalpolitik bei ELISABETH LAUSCHMANN, Grundlagen einer Theorie der Regionalpolitik, 3. völlig neu bearbeitete Aufl., Taschenbücher zur Raumplanung 2, Hannover 1976, S. 272 ff.; daß die Verfasserin ihnen nur knapp fünf Prozent des Textes widmet, mag als ein Indiz für den Entwicklungsstand dieses zentralen Teils der Regionalökonomik aufgefaßt werden.

oder teilweise von gleichen personellen und sächlichen Kapazitäten gemeinsam erzeugt werden, nicht einwandfrei zu verwirklichen [110]). Sie ist es um so weniger, je komplexer die Wirkungszusammenhänge, etwa regional- oder volkswirtschaftlicher Natur, sind.

Die Erfolgsspaltung in der raumwirtschaftlichen Konkurrenz ist schon wegen der großen Komplexität der wirksamen Einflüsse besonders behindert. Hinzu tritt eine zusätzliche Erschwernis dadurch, daß die Wirkungszeiträume im raumwirtschaftlichen Wettbewerb im Durchschnitt viel länger sind als im Wettbewerb zwischen Einzelwirtschaften. Da Orte und Gebiete um die räumliche Verteilung der Bevölkerung und (anderer) wirtschaftlicher Potenzen konkurrieren, müssen sich die Ergebnisse dieses Wettbewerbs im Beibehalten und in der Verlegung einzelwirtschaftlicher Standorte und Wohnsitze ausdrücken. Mit Standort- und Wohnsitzentscheidungen können jedoch Unternehmungen und private Haushalte im allgemeinen nicht rasch, sondern nur sehr verzögert auf empfindliche Veränderungen komparativer Standort- und Wohnsitzeigenschaften reagieren. Der Verzögerungszeitraum kann, zumal bei Unternehmungen, Jahrzehnte dauern. Die Reaktion braucht auch nicht in einer Verlagerung des Standortes vorhandener Einrichtungen zu bestehen, sondern kann sich darauf beschränken, allfälligen künftigen Erneuerungs- oder Erweiterungsbedarf an Investitionen an einem neuen Standort zu decken. Die zumeist geringe zeitliche Standort- oder Wohnsitzverlagerungselastizität (oder spiegelbildlich: große zeitliche Standort- und Wohnsitzverharrungselastizität) von Einzelwirtschaften in bezug auf komparative Änderungen von Standort- oder Wohnsitzeigenschaften ist zum einen darauf zurückzuführen, daß die etwaigen Nachteile des Verbleibens um so spürbarer werden, je länger sie währen, wohingegen die ebenfalls nur allmählich zu genießenden Vorteile eines etwaigen Verlegens gegen die kurzzeitig kompakt auftretenden Nachteile des Wechsels aufzurechnen sind. Zum anderen ist ein Wechsel vom Bekannten zum weniger Bekannten oder Unbekannten, so auch vom bisherigen gewohnten Standort oder Wohnsitz zu einem neuen, fremden, mit einer zwar vorübergehenden, aber doch länger währenden Vermehrung von Risiken mangelhafter Information über Entscheidungsgrundlagen verknüpft.

Die Überlegungen zeigen, daß die räumliche Entwicklung zweifellos unter anderem auch auf verkehrlichen Voraussetzungen beruht, daß es aber schwerfällt, die *genauen* raumwirtschaftlichen Entwicklungsbeiträge des Verkehrs aus dem (positiven, negativen oder neutralen) Gesamterfolg der Entwicklung eines Gebietes oder Ortes herauszulösen. Was für die Erfolgszurechnung auf den Verkehr insgesamt gilt, trifft im Prinzip auch auf die Aufspaltung des nicht genau ermittelbaren verkehrlichen Erfolgs auf die einzelnen Elemente der Verkehrsstruktur und Verkehrspolitik zu. Des weiteren bedingen die im allgemeinen langen Wirkungszeiträume raumwirtschaftspolitischer Maßnahmen und räumlicher Eigenschaftsänderungen entsprechend lange Zeiträume der Beobachtung ihrer Wirkungen. Sowohl die Problematik der Wirkungszurechnung als auch die Länge der durchschnittlichen Wirkungszeiträume sind bei der Beurteilung raumrelevanter politischer Maßnahmen, so insbesondere auch bei der raumwirtschaftspolitischen Würdigung verkehrsinvestitions- und verkehrsbedienungspolitischer Maßnahmen oft nicht hinreichend beachtet worden. Die Folge sind die fehlerhaften, kurzschlüssigen Urteile,

---

[110]) Siehe insbesondere Dieter Pohmer und Franz Xaver Bea: Erfolg. In: Erich Kosiol (Hrsg.), Handwörterbuch des Rechnungswesens, Stuttgart 1970, Sp. 454 ff., insbes. Sp. 460; Paul Riebel: Kosten und Preise bei verbundener Produktion, Substitutionskonkurrenz und verbundener Nachfrage, a.a.O.

die derzeit die Lehre von der Verkehrspolitik wie die praktische Verkehrspolitik gerade auch in bezug auf deren raumwirtschaftliche Wirksamkeit beherrschen [111]).

Die Bemerkungen über die Wirkungskette zwischen verkehrlichen Maßnahmen, räumlichen Eigenschaften und räumlichen Veränderungen, über die Problematik der Erfolgsspaltung und über die Länge der Wirkungszeiträume sind gleichsam vor die Klammer gezogen zu denken, innerhalb deren nun über raumwirtschaftliche Auswirkungen der Wahl bestimmter betrieblicher Führungs- und Verwaltungsprinzipien zu handeln ist. Die Erörterung dieser Wahl setzt voraus, daß etwas über raumwirtschaftspolitische Grundentscheidungen gesagt wird, denen sie dienen soll; denn nur von daher läßt sie sich beurteilen. Zu den raumwirtschaftspolitischen Oberzielen, die von solchen Grundentscheidungen festgelegt werden, können sich betriebliche Führungs- und Verwaltungsprinzipien in neutralem, förderlichem oder konterkarierendem Verhältnis befinden. Die Führungs- und Verwaltungsprinzipien selbst werden teils auf Grund volkswirtschafts-, teils auf Grund betriebswirtschaftspolitischer Überlegungen gewählt.

2. Typen raumwirtschaftspolitischer Grundentscheidungen

Die Raumwirtschaftspolitik ist auf die wirtschaftliche Konkurrenz zwischen Siedlungsräumen und -orten gerichtet. Indem sie diese unbeeinflußt läßt oder auf sie einzuwirken versucht, bestimmt sie — zusammen mit den außer ihr an dem raumwirtschaftlichen Wettbewerb beteiligten Kräften — über das künftige wirtschaftliche Schicksal der Räume und Orte mit. Ihre Grundentscheidungen lassen sich infolgedessen danach typisieren, inwieweit sie in die Gestaltung des künftigen Schicksals von Großräumen und von Teilräumen derselben eingreifen will. Auf Großräume im Sinne von Volkswirtschaften (oder noch größeren Gebilden wie Gemeinsamen Marktgebieten) bezogen, ist die Raumwirtschaftspolitik insoweit mit der strukturpolitischen Seite der Volkswirtschaftspolitik identisch, als sich diese der Entwicklung der großräumlichen Arbeitsteilung zwischen Volkswirtschaften annimmt. Mithin bleibt das Tätigkeitsfeld der Raumwirtschaftspolitik im engeren, eigentlichen Sinn auf die Konkurrenz zwischen den Teilräumen einer Volkswirtschaft (eines Gemeinsamen Marktgebietes) beschränkt.

Nach dem Maß des Eingreifenwollens in die raumwirtschaftliche Konkurrenz innerhalb eines Großraumes kann die raumwirtschaftspolitische Grundentscheidung zunächst negativ oder positiv sein. Ist sie negativ, so soll der raumwirtschaftliche Wettbewerb sich selbst überlassen bleiben. Eine solche neutralistische Grundentscheidung ist keinesfalls als ein Verzicht auf Raumwirtschaftspolitik anzusehen. Die Raumwirtschaftspolitik besteht hier gerade darin, auf die Selbststeuerungskräfte der Wirtschaft auch in räumlicher Hinsicht zu vertrauen und dabei zu hoffen, sie mögen günstige Ergebnisse erzielen.

Ist die raumwirtschaftspolitische Grundentscheidung im oben gemeinten Sinne positiv, so soll Selbststeuerungskräften der Wirtschaft in bestimmter Weise entgegengewirkt werden. Der Gegensteuerungsbedarf hängt dabei teils von den raumwirtschaftspolitischen Entwicklungs- und Erhaltungszielen, teils von der raumwirtschaftlichen Eigenentwicklung ab. Je stärker diese gegebenen raumwirtschaftspolitischen Zielen

---

[111]) Exemplarisch genannt sei ERWIN SCHEELE: Tarifpolitik und Standortstruktur, Forschungen aus dem Institut für Verkehrswissenschaft an der Universität Münster 13, Göttingen 1959. Vgl. auch die Kritik von PETER FALLER: Die entscheidungsrelevante Kostenmasse im Standortkalkül des Unternehmers, In: Günther Stoewer (Hrsg.), Raumordnung und Landesplanung, Festschrift für Willi Guthsmuths, München 1971, S. 9 ff..

entgegegenläuft, um so größer ist der Gegensteuerungsbedarf. Nimmt man die raumwirtschaftliche Eigenentwicklung als gegeben an, so ist dieser Bedarf um so größer, je anspruchsvoller die raumwirtschaftspolitischen Ziele sind. Zusammen mit raumwirtschaftspolitischen Entwicklungs- und Erhaltungszielen können auch Ziele der Begrenzung raumwirtschaftspolitischer Eingriffe verfolgt werden. Letztere kollidieren dann mit ersteren, wenn diese angesichts der Kraft sie konterkarierender raumwirtschaftlicher Eigenentwicklungen Maßnahmen erfordern, die stärker eingreifen, als es die raumwirtschaftspolitischen Begrenzungsziele zulassen. Wird solchen die Priorität gegeben, so sind möglicherweise die noch als zulässig angesehenen raumwirtschaftspolitischen Mittel zu schwach, um überhaupt oder hinreichend zu greifen. Wird den raumwirtschaftspolitischen Entwicklungs- und Erhaltungszielen der Vorrang eingeräumt, so wird dies gegen allgemeine wirtschaftsordnungspolitische Grundsätze verstoßen, aus denen etwaige raumwirtschaftspolitische Begrenzungsziele abgeleitet werden. Eine Lösung des Widerspruchs kann nur in der Differenzierung generalisierender wirtschaftsordnungspolitischer Prinzipien gefunden werden. Diese kann beispielsweise die Eigenarten von Wirtschaftszweigen, so die der Verkehrswirtschaft, berücksichtigen. Differenzierung ist im übrigen nicht nur zur Lösung des besagten Zielkonflikts, sondern überhaupt aus logischen Gründen geboten, sofern sie erheischende Tatbestände vorhanden sind. Bekanntlich wird materialiter ungleich behandelt, was behandlungsrelevante Verschiedenheiten aufweist, aber dessenungeachtet formaliter gleich behandelt wird.

Eine utopische raumwirtschaftspolitische Grundentscheidung wäre es, in allen Teilen eines Großraumes für nahezu oder gar völlig gleichartige Lebensbedingungen sorgen zu wollen [112]. Dies würde eine ungefähre Gleichverteilung der Bevölkerung und der anderen wirtschaftlichen Potenzen im Raume voraussetzen, die schon deshalb nicht möglich ist, weil sich die Gebiete und Orte sowohl hinsichtlich ihrer naturgegebenen Eigenschaften als auch in bezug auf ihre Lage im eigenen Großraum und zu benachbarten Großräumen in unabänderlicher, nicht oder nur teilweise kompensierbarer Weise voneinander unterscheiden. Die völlige Kompensation von Nachteilen der räumlichen Lage und der natürlichen Ausstattung würde, soweit überhaupt möglich, einen so großen Mitteleinsatz erfordern, wie er vermutlich mit einer vorwiegend marktwirtschaftlichen Ordnung der Wirtschaftsabläufe nicht zu vereinbaren wäre. Des weiteren müßte insoweit auf die Wahrnehmung der volkswirtschaftlichen Vorteile räumlicher Arbeitsteilung verzichtet werden, als sie eine Ungleichverteilung der Bevölkerung und anderer wirtschaftlicher Kräfte voraussetzt. Schließlich würde das raumwirtschaftspolitische Ziel der völligen oder weitgehenden räumlichen Egalisierung nur sinnvoll sein, wenn alle Menschen gleiche Ansprüche an ihre räumlichen Lebensbedingungen stellten, was sicher nicht behauptet werden darf. Dies einmal angenommen, wäre aber noch nicht ausgemacht, daß alle vorhandenen Siedlungsräume als solche erhalten bleiben sollten. Vielmehr könnte zum Beispiel die Einheitlichkeit des Bedürfnisses, großstädtisch leben zu wollen, eine sozialökonomische Entleerung großer Teile des Gebietes der Volkswirtschaft erforderlich machen.

Realistischerweise muß davon ausgegangen werden, daß die Menschen verschieden sind und höchst unterschiedliche Lebenspläne haben. Eine Gesellschafts- und Wirtschaftsordnung ist im Hinblick auf diesen Tatbestand um so freiheitlicher und um so

---

[112] So etwa auch *Beirat für Raumordnung:* Die Gültigkeit der Ziele des Raumordnungsgesetzes und des Bundesraumordnungsprogramms unter sich ändernden Entwicklungsbedingungen. In: Der Bundesminister für Raumordnung, Bauwesen und Städtebau, Beirat für Raumordnung, Empfehlungen vom 16. Juni 1976, o.O., o.J., S. 9 ff., hierzu: S. 21 f..

humaner, je mehr Möglichkeiten sie bietet, vorhandene verschiedenartige und sich beim einzelnen womöglich im Laufe der Zeit erheblich ändernde Lebensbedürfnisse zu befriedigen, und je offener sie für die Erfüllung neu aufkommender Lebensansprüche ist, das heißt, je offener sie ihre Entwicklungshorizonte hält. Aus dem Zusammenhang von Freiheitlichkeit und Offenheit für vielerlei verschiedenartige Lebenspläne ergibt sich von vornherein zweierlei für die Grundentscheidungen der Raumwirtschaftspolitik eines freiheitlichen Systems: Erstens muß sie die raumwirtschaftliche Differenzierung nicht nur tolerieren, sondern tunlichst in dem Maße fördern, das die Verschiedenartigkeit der Menschen erheischt. Zweitens muß sie verhindern, daß der ökonomische Wanderungszwang an die Stelle des polizeilichen tritt, der ein Kennzeichen bestimmter totalitärer Systeme ist.

Das zweitgenannte Postulat hält die Raumwirtschaftspolitik freiheitlicher Ordnungen dann dazu an, den gesamten Großraum als Siedlungsgebiet zu erhalten, wenn und solange es nennenswerte Bevölkerungsschichten gibt, die räumlich immobil sind oder es sein wollen. Insoweit die räumliche Immobilität wirtschaftlich bedingt ist, ließe sie sich durch kompensatorische öffentliche Leistungen überwinden. Da der Mensch normalerweise nicht lebt, um zu wirtschaften, sondern wirtschaftet, um leben zu können, ist die räumliche Immobilität häufig nicht auf wirtschaftliche Zwänge, sondern auf emotionale Bindungen zurückzuführen. Wer solche Bindungen geltend macht, nimmt sein Recht auf die angestammte oder frei gewählte Heimat in Anspruch, das ein wichtiges Merkmal humaner, freiheitlicher Gesellschaften ist. Wer die Wahrung dieses Rechtes begehrt, darf freilich nicht verlangen, ihm mögen in seiner Heimat von der öffentlichen Hand die gleichen Lebensbedingungen erhalten oder geschaffen werden, die in begünstigteren Räumen vorzufinden sind, wohin sich die räumlich mobilen Menschen begeben. Er kann aber füglich erwarten, daß der freiheitliche Staat das Entstehen prohibitiv schlechter Lebensbedingungen verhindert, die ökonomischen Abwanderungszwang ausüben. Die raumwirtschaftspolitische Grundentscheidung für die Wahrung des Rechts auf Heimat impliziert also eine zweite darüber, wie groß das wirtschaftliche Gefälle zwischen entwicklungsbegünstigten und entwicklungsbenachteiligten Siedlungsräumen werden darf. In dieser Hinsicht sind vielerlei graduelle Unterschiede denkbar. Wie über sie entschieden wird, dürfte in erster Linie von der wirtschaftlichen Leistungsfähigkeit der Volkswirtschaft im Ganzen, von ethischen Überlegungen in bezug auf den Schutz existentieller Rechte von Minderheiten sowie von der Rangordnung beeinflußt sein, die den sittlichen Rücksichten auf «räumliche Minderheiten» in der Konkurrenz der öffentlichen Bedürfnisse um die knappen öffentlichen Mittel gegeben wird [113].

Das erstgenannte Postulat, das die Differenzierung raumwirtschaftspolitischer Maßnahmen im Hinblick auf die Verschiedenartigkeit menschlicher Lebenspläne verlangt, wurzelt ebenfalls im Sittlichen, beschränkt sich aber nicht auf die Vermeidung ökonomischen Abwanderungszwanges aus Gebieten der sozialökonomischen Erosion. Es zielt vielmehr darauf ab, daß prinzipiell eine gegliederte wirtschaftliche Raumstruktur erhalten oder geschaffen werden sollte. Wie die Gliederung aussehen sollte, ist Tatfrage. Die Antwort auf sie sollte sich danach richten, wie die verschiedenartigen Ansprüche an

---

[113] HANS PETER hat immer wieder betont, daß die Wirtschaftspolitik sowohl theoretischer als auch ethischer Grundlagen bedarf. Siehe unter anderem: Freiheit der Wirtschaft, Köln 1953; Strukturlehre der Volkswirtschaftslehre (posthum, hrsg. von Woldemar Koch unter Mitarbeit von Ursula Schleehauf), Göttingen 1963.

die räumlichen Lebensbedingungen in einer Bevölkerung verteilt sind und wie dafür gesorgt werden kann, daß nicht durch gegenwärtige irreversible oder schwer reversible Entscheidungen die künftige Befriedigung gewandelter derartiger Ansprüche verhindert oder großenteils unmöglich gemacht wird. Die Erhaltung schwachstrukturierter Siedlungsgebiete gemäß dem Postulat der Vermeidung ökonomischen Wanderungszwanges erfordert bestimmte Alimentierungsleistungen aus den wirtschaftsstarken Gebieten. Davon abgesehen, ist es denkbar, daß sich der Grundsatz der anspruchsgemäßen Gliederung wirtschaftsräumlicher Strukturen ohne zwischenräumliche Alimentierungshilfen verwirklichen läßt, sicher ist dies jedoch nicht.

Die freiwillige räumliche Mobilität kann in einer Volkswirtschaft von der Art sein, daß sich ohne raumwirtschaftspolitische Gegensteuerung ein Trend zur Ballung von Bevölkerung und (anderen) wirtschaftlichen Potenzen in wenigen von der Natur, der räumlichen Lage und der sozial- und wirtschaftsgeschichtlichen Entwicklung besonders begünstigten Gebieten herausbildet. Ein solcher von ökonomischen Bestimmungsfaktoren ausgelöster Trend führt, so er nicht gebrochen wird, dazu, daß die nicht-ökonomischen Lebensbedingungen in den unter hohem Zuwanderungsdruck stehenden Gebieten wegen Überbevölkerung und Überlastung mit wirtschaftlichen Aktivitäten allmählich schlechter werden, während die ökonomischen Vorzüge gegenüber den anderen (Verdichtungs-, Stagnations- und Entleerungs-) Gebieten insgesamt noch zunehmen. Die zunehmende Überlastung wird schließlich auf mehr und mehr Gebieten der privaten und der öffentlichen Wirtschaftstätigkeit zu Kostenprogressionen der Verdichtung, damit allmählich zu einer Degression und schließlich zu einer Regression der wirtschaftlichen Vorteile führen. Erfahrungsgemäß sind eingetretene räumliche Überkonzentrationen nur sehr schwer, das heißt nur unter Inkaufnahme hoher Kosten landesplanerischer Sanierungsmaßnahmen reparabel. Infolgedessen kann es ein raumwirtschaftspolitisches Ziel sein, statt der anspruchsgemäßen Gliederung der wirtschaftsräumlichen Struktur eine anspruchs- und möglichkeitsgemäße zu erstreben. Diese müßte darin bestehen, den in der Bevölkerung vorhandenen Ansprüchen an die räumlichen Lebensbedingungen soweit nachzukommen, als sich das mit den naturräumlichen Möglichkeiten, das heißt mit der tunlichst klaglosen naturräumlichen Tragfähigkeit [114]) in bezug auf Bevölkerung und wirtschaftliche Aktivitäten verträgt. In dem Maße, in dem selbstgesteuerte räumliche Entwicklungen Tragfähigkeitsgrenzen zu überschreiten drohen, müßte gegengesteuert werden, indem künstliche Anreize gegeben werden, bei der Wohnsitz- und Standortwahl andere, nicht überlastungsgefährdete Gebiete zu bevorzugen.

Die Konkretisierung der raumwirtschaftspolitischen Ziele der anspruchsgemäßen sowie der anspruchs- und möglichkeitsgemäßen Gliederung der wirtschaftsräumlichen Struktur ist in mehrerlei Hinsicht sehr problematisch. Erstens fällt es wegen der Vielfalt der Wünsche schwer, die Ansprüche der Menschen an ihre raumwirtschaftlichen Lebensbedingungen so grob zu typisieren, daß nur eine handhabbare kleine Zahl von Anspruchstypen gebildet wird. Zweitens ist fraglich, ob sich die Bevölkerung einigermaßen zuverlässig an Hand dieser Typen schichten läßt. Drittens sind die Maßstäbe für die Erfüllung der Ansprüche ebenso strittig wie die ihrerseits wegen der anderen genannten Unsicherheiten nur höchst ungenau angebbaren Differenzen zwischen Ansprüchen und ihrer Erfüllung durch die jeweiligen räumlichen Eigenschaften. Sowohl die Maßstäbe der Anspruchserfüllung als auch die Feststellungen über ihre Einhaltung

---

[114]) Über die wirtschaftliche Tragfähigkeit von Räumen GERHARD ISENBERG: Tragfähigkeit und Wirtschaftsstruktur, Schriften der Akademie für Raumforschung und Landesplanung, Abhandlungen, Bd. 22, Bremen-Horn 1953.

oder Nichteinhaltung lassen sich nicht wissenschaftlich begründen, sondern bedürfen solcher raumwirtschaftspolitischer Entscheidungen, die auf Schätzungen und Werthaltungen beruhen. Eine Ausnahme dürften hier nur die naturräumlichen Tragfähigkeitsgrenzen von Siedlungsgebieten machen. Diese Grenzen stehen aber nicht ein für allemal fest, sondern lassen sich durch technisch-ökonomische Fortschritte — wenigstens für Zeiten des Funktionierens unserer hoch-künstlichen Zivilisation — hinausschieben. Ungeachtet der angesprochenen Konkretisierungsschwierigkeiten ist es erforderlich, mit den ohne deren Überwindung noch leerformelhaften Typen (positiver) raumwirtschaftspolitischer Grundentscheidungen zu arbeiten, wenn über raumwirtschaftliche Auswirkungen anderer wirtschaftlicher, hier verkehrswirtschaftlicher Vorgänge geurteilt werden soll.

3. Typen volks- und betriebswirtschaftlicher Grundentscheidungen im Verkehr

Die Entwicklung der Möglichkeiten des internationalen Verkehrs beeinflußt die Möglichkeiten des Außenhandels; die Entwicklung der Möglichkeiten des Binnenverkehrs ist, wie gezeigt (Punkt IV C 1), für die Konkurrenz der Wirtschaftsräume bedeutsam; die Verkehrsteilung zwischen den Verkehrszweigen und Verkehrsmitteln trägt entweder zum Raubbau an (teilweise unersetzlichen) natürlichen Hilfskräften oder zu deren haushälterischer Ausnützung sowie zur größeren oder geringeren Umweltbelastung bei, und sie ist außerdem entscheidend für die inländischen Absatzmöglichkeiten der verschiedenen Lieferantenindustrien des Verkehrs; die Verkehrsentwicklung hat auch für viele andere Wirtschaftszweige und Lebensgebiete, etwa für die Agrarwirtschaft, für die Kommunalwirtschaft und für die Landesverteidigung, erhebliche Bedeutung. Infolgedessen spielt die verkehrspolitische Einflußnahme auf die Verkehrsteilung und die Entwicklung verkehrlicher Möglichkeiten für viele andere Zweige der öffentlichen Politik, so für die Außenhandelspolitik, die Raumwirtschaftspolitik, die (Umwelt-) Schutzpolitik, die Energiewirtschaftspolitik, die Industriepolitik, die Agrarpolitik, die Kommunalpolitik und die Verteidigungspolitik eine große, gleichsam „begleitende" Rolle. Diese Rolle kann je nach den verkehrspolitischen Grundentscheidungen in unterstützender, konterkarierender oder neutraler Weise ausgefüllt werden. Die hier zu treffenden Grundentscheidungen lassen sich zusammenfassend charakterisieren als die Wahl einer in die Gesamtheit der Zweige öffentlicher Politik integrierten oder einer isoliert von ihnen betriebenen Verkehrspolitik. Zwischen den beiden Grenzfällen der voll integrierten und der völlig isoliert betriebenen Verkehrspolitik gibt es mannigfache Zwischenformen. Sie lassen sich grob in zwei Typen gliedern, nämlich in die teilintegrierte und in die weitgehend, aber nicht total isolierte Verkehrspolitik.

Die voll oder teilweise integrierte Verkehrspolitik ist darauf gerichtet, die verkehrspolitische Unterstützungsbedürftigkeit aller oder einiger anderer Zweige der öffentlichen Politik zu berücksichtigen. Die isoliert betriebene Verkehrspolitik ignoriert diese Unterstützungsbedürfnisse entweder gänzlich oder großenteils. Daraus kann sich durchaus einmal eine unbeabsichtigte verkehrspolitische Hilfe für einen anderen Zweig der öffentlichen Politik oder ein neutrales Resultat ergeben. Auf alle Fälle geht die isoliert betriebene Verkehrspolitik jedoch das Risiko ein, Bemühungen anderer, an sich komplementärer Zweige der öffentlichen Politik abträglich zu sein.

Die Komplementaritätsbeziehungen zwischen verschiedenen Zweigen der öffentlichen Politik gebührend zu berücksichtigen, müßte eigentlich ein selbstverständliches Gebot rationalen Handelns sein, wenn nicht eine Konkurrenz zwischen ihrer Beachtung und wirtschaftsordnungspolitischen, speziell: wettbewerbspolitischen Oberzielen ausgesprochen marktwirtschaftlicher Systeme bestünde. Die Ordnungsgrundsätze eines solchen Systems verlangen, daß die Wirtschaftsabläufe sich möglichst weitgehend selbst steuern sollen. Sie gebieten zwar nicht unbedingt, bei den Entscheidungen über das Verhältnis von Selbststeuerung und staats- oder kommunalpolitischer Steuerung in den einzelnen Wirtschaftszweigen deren Eigenarten und etwaige aus ihnen stammende Fremdsteuerungsbedürfnisse zu vernachlässigen. Sie lassen jedoch keine Ausnahme von den allgemeinen Entscheidungen in dieser Sache zu, wenn derartige Rechtfertigungsgründe fehlen. Mithin ist in marktwirtschaftlichen Systemen die Anerkennung oder Leugnung von Eigenarten des Verkehrs und die etwaige Präzisierung derselben wie ihrer Bedeutung für andere Zweige der öffentlichen Politik ein entscheidender Gesichtspunkt für die Wahl einer Art der integrierten oder einer Art der isoliert betriebenen Verkehrspolitik (vgl. hierzu Punkt II 3).

Nur eine voll in die Gesamtheit der Gebiete der öffentlichen Politik integrierte Teilpolitik, beispielsweise nur eine voll integrierte Verkehrspolitik, darf als rational bezeichnet werden. Nur sie ist auf Optimierung der politischen Anstrengungen gerichtet. Die Teilintegration von Zweigen der öffentlichen Politik nimmt Teile für das Ganze und begeht damit offenbar einen logischen Fehler. Dieser ist um so schlimmer für die Rationalität der öffentlichen Politik, je schwächer die Integration einbezogener Gebiete ist und je weniger Teilgebiete in die Integration einbezogen werden. Das fehlerhafte Partialdenken erreicht seinen Höhepunkt in der völlig isoliert betriebenen Teilpolitik. Völlig isoliert betriebene Zweige der wirtschaftlichen Staats- und Gemeindepolitik sind zugleich wesensgemäß von ökonomistischer Natur; sie nehmen weder auf wirtschaftliche noch auf nicht-wirtschaftliche andere Gebiete der Politik des Gemeinwesens Rücksicht. Weitgehend, aber nicht total isoliert betriebene wie teilintegrierte Gebiete der öffentlichen Politik sind insoweit ökonomistisch, als sie deren nicht-wirtschaftliche Zweige außer acht lassen. Wirtschaftliche Staats- oder Gemeindepolitik ökonomistisch betreiben heißt, nicht-wirtschaftliche Lebensgebiete gänzlich oder teilweise der Gestaltung wirtschaftlicher unterzuordnen, was eine Verkennung der dienenden Rolle der Wirtschaft ist [115]. Die Wirtschaft unter die anderen Lebensgebiete zu stellen, für deren materielle Grundlagen sie sorgen kann, ist eine der Voraussetzungen für den humanitären Charakter eines Staatswesens und einer Gesellschaft. Ökonomistisch ist eine Verkehrspolitik beispielsweise, insoweit sie die Opfer geduldeten unfallträchtigen Verkehrs lediglich als eine Kostenart unter anderen betrachtet oder insoweit sie ignoriert, wie rein konkurrenzwirtschaftlich gesteuerte Verkehrsentwicklungen dazu beitragen, Bewohnern von Randgebieten das Recht auf Heimat zu nehmen.

In einem Staatenverbund wie der Europäischen Gemeinschaft und in einem föderalen Staatswesen wie der Bundesrepublik Deutschland ist außer über die Integration der Teilpolitiken einzelner Gebietskörperschaften auch über die Gemeinschaftsfreundlichkeit der jeweiligen Politik und Politikzweige zu befinden. Gemeinschaftsfreundliche Politik auf den verschiedenen Ebenen eines föderalen Staates beruht auf der Einsicht in den Gliedcharakter seiner Ober- und Unterverbände. Sie erstrebt Optimierung der politischen Bemühungen insgesamt. Insoweit die Glieder eines Staatswesens oder einer größeren staatlichen Gemeinschaft gemeinschaftswidrige Politik gegenüber ihren Ober-, Unter-

---

[115] Hierüber vor allem GERHARD WEISSER, so etwa in: Wirtschaftspolitik als Wissenschaft, Stuttgart 1934, insbes. S. 49 ff.; Anwendungen auf den Verkehr bei KARL OETTLE, Ökonomismus und Rationalität in der Verkehrspolitik, Verkehrsannalen — Mitteilungen der Österreichischen Verkehrswissenschaftlichen Gesellschaft 15 (1968), S. 95 ff.

und Nachbarverbänden betreiben, gerieren sie sich gleichsam wie in Konkurrenz stehende private kaufmännische Unternehmungen und kümmern sie sich nur um eine Optimierung ihrer eigenen politischen Tätigkeit.

Die nicht-integrierte, die ökonomistische und die gemeinschaftswidrige wirtschaftliche Staats- und Gemeindepolitik sind ihrem Charakter nach weniger oder gar nicht von gesamt- oder kommunalwirtschaftlichem, sondern mehr oder überhaupt von einzelwirtschaftlichem, betriebswirtschaftlichem Charakter. Insoweit öffentliche Politik in der einen oder in der anderen Art betrieben wird, könnte es sich bei ihr auch um die Politik eines Betriebes handeln, dessen Leitung nur die betrieblichen Oberziele im Auge hat. Für private Betriebe ist diese Beschränkung des Gesichts- und Wirkungsfeldes Ausdruck ihres instrumentalen (auch: institutionellen) Sinnes. Sie sind Instrumente Privater (Eigentümer, Mitarbeiter), die den Betrieb legitimerweise allein für ihre eigenen Zwecke arbeiten lassen wollen. Seine Beiträge zur Erhaltung des Staatswesens leistet er in der Regel nur auf Grund rechtlicher Pflichten. Sie müssen ihm abverlangt werden. Der instrumentale Sinn öffentlicher Betriebe, Verbands- und Gebietskörperschaften ist ein ganz anderer. Sie dienen der Erfüllung öffentlicher Aufgaben, und diese ergeben sich unter einer marktwirtschaftlichen Ordnung systemgemäß immer nur subsidiär [116]). Das heißt, öffentliche Aufgaben sollten unter einer solchen Ordnung nur dort postuliert werden, wo die private Wirtschaft sich versagt, weil sie das Erbringen von Leistungen nicht für lohnend hält, wo sie Leistungen nicht in der erwünschten Menge oder Art und Weise anbieten würde, wo sie unvermeidliche oder zweckmäßigerweise belassene Monopolstellungen (beispielsweise von Wegenetzen) ausbeuten könnte oder wo von ihr gar nicht erfüllbare Gewährleistungsaufgaben (z. B. der inneren und äußeren Sicherheit, der Erhaltung der Rechtsstaatlichkeit, der Erhaltung des Rechts auf Heimat) vorliegen. Öffentliche Aufgaben, die so begründet sind, nach Art kaufmännischer Unternehmungen wahrnehmen zu wollen, die gerade nicht tätig werden können, sollen oder wollen, steht offenbar von vornherein im Widerspruch zu der Rechtfertigung der Aufgaben.

Die wenig integrierte, die ökonomistische und die gemeinschaftswidrige wirtschaftliche Staats- und Gemeindepolitik tendieren, ihrem teilweisen oder völligen einzelwirtschaftlichen Charakter entsprechend, dahin, öffentliche Betriebe und Verwaltungen, beispielsweise öffentliche Verkehrsbetriebe und -verwaltungen, gleichen oder ähnlichen Führungs- und Verwaltungsgrundsätzen zu unterwerfen, wie sie private Betriebe, beispielsweise private Verkehrsunternehmungen und Eigenverkehr betreibende Nicht-Verkehrsbetriebe sich, ihrem instrumentalen Sinn durchaus gemäß, selbst wählen.

4. Bedingungen raumwirtschaftlicher Neutralität volks- und betriebswirtschaftlicher Grundentscheidungen im Verkehr

Wer aus ordnungspolitischer Überzeugung oder auf Grund seiner wirtschaftlichen Interessenlage die Auffassung vertritt, die Verkehrsentwicklung solle möglichst weitgehend dem Wettbewerb überantwortet und öffentliche Verkehrsbetriebe sollten deshalb wie private Verkehrsunternehmungen geführt werden, huldigt keinesfalls notwendigerweise zugleich auch der Ansicht, die raumwirtschaftliche Entwicklung möge sich selbst, das heißt der ungehemmten und ungesteuerten Konkurrenz zwischen den Wirtschaftsräumen und Gemeinden überlassen bleiben. Vielmehr werden von vielen Befürwortern

---

[116]) Wegen der verfassungsrechtlichen Kritik an dieser ordnungspolitischen Auffassung vgl. etwa die zweite der in Anmerkung 101 genannten beiden Quellen.

des möglichst unbeschränkten Wettbewerbs im Verkehr durchaus raumwirtschaftspolitische Gestaltungsbedürfnisse und -ziele anerkannt. Sie betrachten jedoch Eingriffe in die privatwirtschaftliche Verkehrskonkurrenz, die unter anderem in der verkehrspolitischen Indienstnahme öffentlicher Verkehrsbetriebe bestehen können, als ein ungeeignetes Mittel dafür, raumwirtschaftspolitische Ziele (oder andere nicht-verkehrswirtschaftliche Ziele der öffentlichen Politik) zu unterstützen [117]. Wer die Ziele der möglichst weitgehenden Wettbewerbsorientierung des Verkehrs und einer — wie auch immer gearteten — Beeinflussung raumwirtschaftlicher Vorgänge zugleich verfolgt, unterstellt offenbar, die von ihm für richtig gehaltenen volks- und betriebswirtschaftlichen Grundentscheidungen im Verkehr seien raumwirtschaftlich neutral oder ihre etwaigen unerwünschten raumwirtschaftlichen Wirkungen ließen sich durch nicht-verkehrspolitische Mittel neutralisieren.

Die meisten der Gemeinten gehen bezeichnenderweise nicht so weit, auch die öffentlichen Wegeverwaltungen und insbesondere deren Investitionsentscheidungen privatunternehmerischen Gesichtspunkten unterwerfen zu wollen. Wenn sie die Reichweite ihrer wettbewerbspolitischen Forderungen so beschränken, erkennen sie die raumwirtschaftliche Wirksamkeit verkehrsinfrastruktureller Maßnahmen der öffentlichen Hand an, zumindest soweit sie dem Straßenbau gelten [118] [119].

Sollte das Straßennetz auch nur tendenziell nach privatunternehmerischen Gesichtspunkten ausgebaut und unterhalten werden, so würden die bevölkerungs-, wirtschafts- und damit auch verkehrsschwachen Räume entweder ohne oder wenigstens ohne akzeptablen Straßenanschluß bleiben oder sich mit Straßenbenützungsgebühren belasten lassen müssen, die prohibitiv hoch wären. Private Unternehmer setzen ihre Mittel zweckmäßigerweise dort ein, wo es sich am meisten zu lohnen scheint. In erster Annäherung an eine rein einzelwirtschaftliche, dem unternehmerischen Denken nachempfundene Betrachtung würde sich ergeben, daß sich der Einsatz finanzieller Mittel für das Straßenwesen dort am meisten lohnt, wo die Summe der Einzelnutzen am größten ist, das heißt in und zwischen den Gebieten mit dichtester Bevölkerung, größter Wirtschaftskraft und stärkstem Verkehrsbedarf (Forderung der Nutzenmengenmaximierung). Die zweite Annäherung an eine solche Denkweise würde zur Forderung führen, das Straßennetz müsse sich selbst aus den Benützungsentgelten tragen, die zu einem internen Ertragsausgleich zwischen stark und schwach frequentierten Strecken verwendbar sind (Forderung der globalen Eigenwirtschaftlichkeit des Straßennetzes). Die dritte Annäherung würde die Ergebnisse der ersten und zweiten so miteinander kombinieren, daß zwar das Straßennetz nicht auf die Ballungsgebiete und ihre Verbindung beschränkt bleiben würde, aber Benützungsentgelte zu erheben wären, die sich an den regions- oder gar streckenspezifischen Straßenkosten orientieren (Forderung der regions- bzw. streckenspezifischen Eigenwirtschaftlichkeit). Da die Benützungskosten von Straßen je abgegebener Leistungseinheit unter sonst gleichen Verhältnissen um so höher sind, je geringer die jeweilige Inanspruchnahme ist, könnten zwar auch schwach besiedelte Gebiete von

---

[117] So im Tenor: *Wissenschaftlicher Beirat beim Bundesverkehrsministerium*, Gruppe A — Verkehrswirtschaft, Verkehrspolitik als Mittel der Regionalpolitik, Gutachten vom 4. 12. 1964, Schriftenreihe des Wissenschaftlichen Beirats beim Bundesverkehrsministerium 12, Frankfurt am Main 1966, S. 24 ff., insbes. S. 34 ff. und S. 49.

[118] So im Tenor auch der vorgenannte Beirat, ebenda, S. 37 ff. und 49 ff..

[119] Ein umfassender Überblick über die praktizierten und möglichen, nicht-ökonomischen und ökonomischen Gesichtspunkte der Gestaltung von Wegenetzen (ausgenommen sind die Nachrichtenwege) bei RUDOLF HOFFMANN: Die Gestaltung der Verkehrswegenetze, Veröffentlichungen der Akademie für Raumforschung und Landesplanung, Abhandlungen, Bd. 39, Hannover 1961.

einem Straßennetz überzogen werden, aber für dessen Benützung müßten viel höhere Entgelte gezahlt werden als für das Fahren auf stärker frequentierten Netzteilen. Sollen die daraus für die bevölkerungs-, wirtschafts- und verkehrsschwachen Gebiete entstehenden negativen raumwirtschaftlichen Wirkungen kompensiert werden, müßten deren Bewohner und Wirtschaftsunternehmungen hinreichende Ausgleichszahlungen erhalten. Als volkswirtschaftlicher Verlust enstünden dann die Kosten der Erhebung regions- oder streckenspezifischer Straßenbenützungsgebühren und der Verteilung jener Subsidien, mit denen diese teilweise zurückerstattet würden. Überflüssiger Aufwand wird aber bei unternehmerischem Verhalten tunlichst vermieden. Infolgedessen führt sich dessen Übertragung auf das Staßenwesen von selbst ad absurdum, sofern nur die sich dabei ergebenden raumwirtschaftlichen Wanderungswirkungen unerwünscht sind.

Ein Paradoxon ist es, daß die vorgeführten Zusammenhänge in bezug auf das Straßennetz weithin unstrittig sind, daß sie aber oft hinsichtlich anderer Wegenetze, insbesondere in bezug auf das Eisenbahn- und das Wasserstraßennetz ignoriert werden. Diesem Zwiespalt liegt offensichtlich die Vorstellung zugrunde, der Anschluß an das Straßennetz sei, vom Nachrichtenverkehr abgesehen, die verkehrsinfrastrukturelle Mindestausstattung, mit der sich Orte und Räume begnügen müssen, wenn sie nicht in der Lage sind, mit ihrem Verkehrsaufkommen den eigenwirtschaftlichen Anschluß an weitere Wege- und Stationsnetze zu tragen. Über eine solche Konzeption kann freilich erst dann ernsthaft diskutiert werden, wenn die an weitere Wegenetze angeschlossenen Orte und Räume ihren Netzanteil tatsächlich auf Grund ihres einschlägigen Verkehrsaufkommens und der erhobenen Benützungsentgelte selbst tragen. Davon kann heute bei der Eisenbahn wie beim Kanalnetz für die Binnenschiffahrt zumeist oder überhaupt keine Rede sein [120]. Wenn dem aber so ist, fließen öffentliche Zuschüsse zur Aufrechterhaltung oder gar Verbesserung des Eisenbahn- und Kanalnetzes in Gebiete, die im allgemeinen nicht zu den strukturschwächsten gehören. Somit erweist sich, daß derzeit näherungsweise vielleicht im Straßenwesen, nicht aber auch in anderen wichtigen Zweigen der verkehrsinfrastrukturellen Ausstattung von Räumen raumwirtschaftliche Neutralität angestrebt zu werden vermag.

Die Verkehrsgunst von Orten und Regionen ist unter sonst gleichen Voraussetzungen um so größer, an je mehr Wege- und Stationsnetze sie angeschlossen sind und je mehr verkehrliche Wahlmöglichkeiten ihren Bewohnern und Nicht-Verkehrsbetrieben darüber hinaus dank der Konkurrenz unter Anbietern von Verkehrsleistungen geboten werden. In beiderlei Hinsicht läßt sich raumwirtschaftliche Neutralität nicht erreichen. Die Sinnhaftigkeit verkehrsinfrastruktureller Einrichtungen hängt auch bei nicht-unternehmerischer Betrachtung von ihrer Benützung ab, wenn auch keineswegs in so starkem Maße und unter denselben Bedingungen wie bei der vorgeführten unternehmerischen Beurteilung. Infolgedessen muß das Straßennetz viel dichter als das Eisenbahnnetz und dieses wiederum dichter als das Kanal- und Binnenhafennetz sein. Schon von daher

---

[120] Aufschlußreiche, wenn auch sicher problemhaltige Zahlenangaben bei *Arbeitsgruppe Wegekosten im Bundesverkehrsministerium:* Bericht über die Kosten der Wege des Eisenbahn-, Straßen- und Binnenschiffsverkehrs in der Bundesrepublik Deutschland, Schriftenreihe des Bundesministers für Verkehr 34, Bad Godeberg 1969. Die die Eisenbahn betreffenden Ergebnisse müssen logischerweise unter Berücksichtigung der kaufmännischen Verluste von Eisenbahnunternehmungen, hier: der Deutschen Bundesbahn, betrachtet werden. Hierüber: *Vorstand der Deutschen Bundesbahn:* Betriebswirtschaftlich optimales Netz der DB, 22. Januar 1976 (hektographiert). Auszugsweise wiedergegeben und kritisiert in: O. V.: Eine überflüssige Aktion der DB — Zum Ergebnisbericht des Vorstandes der DB zum betriebswirtschaftlich optimalen Netz. In: Verkehrswirtschaftliche Informationen, hrsg. von der Gewerkschaft der Eisenbahner Deutschlands, 20/21 (1975/76), S. 34 ff..

ist auch ausgeschlossen, daß sich überall im Raum die Konkurrenz zwischen den Verkehrszweigen mit der gleichen Intensität zu entfalten vermag. Aber selbst innerhalb der einzelnen um die Verkehrsbedienung eines Raumes miteinander konkurrierenden Verkehrszweige oder innerhalb des einzigen in einer Region vorhandenen (Güter- und Personen-) Verkehrszweiges wird die Wettbewerbsintensität räumlich ungleich verteilt sein. Gleiche Unternehmungsgrößen innerhalb des einzelnen Verkehrszweiges unterstellt, werden sich um so mehr Verkehrsunternehmungen auf räumlichen Teilmärkten auf Dauer halten können, je größer der jeweilige Bedarf an ihren Leistungen ist. Hinzu kommt, daß auch die Größen der konkurrierenden Verkehrsunternehmungen räumlich ungleich verteilt sind oder wenigstens verteilt sein können.

Die Minderausstattung mit Anschlüssen an Wege- und Stationsnetze wie die Minderintensität der Konkurrenz um ihre Verkehrsbedienung müssen bevölkerungs-, wirtschafts- und verkehrsschwache Räume unvermeidlicherweise hinnehmen. Diese prinzipielle Feststellung muß allerdings ergänzt werden von Antworten auf die verkehrs- und raumwirtschaftlichen Fragen nach den Unterschiedsgraden. Zum einen ist über die Gesichtspunkte zu befinden, nach denen konkrete Entscheidungen über die verkehrsinfrastrukturelle Raumausstattung getroffen werden sollen. Zum andern muß gesagt werden, ob und wenn ja inwieweit öffentlich veranlaßte Konkurrenzsurrogate fehlenden Wettbewerb im Verkehr ersetzen oder als unzureichend angesehen ergänzen sollen.

Die zu fällenden verkehrspolitischen und öffentlich-wirtschaftlichen (staats- oder kommunalbetrieblichen) Grundentscheidungen können nach dem Ausgeführten weder die infrastrukturelle räumliche Verkehrserschließung noch in einem marktwirtschaftlichen System die Konkurrenz unter den Anbietern von Verkehrsdiensten so gestalten, daß es keine spürbaren räumlichen Unterschiede in bezug auf sie gibt und sie mithin raumwirtschaftsneutral sind. Wohl aber ist es möglich, mit den fraglichen Grundentscheidungen raumwirtschaftspolitische Erhaltungs- und Entwicklungsziele zu konterkarieren oder zu fördern.

5. Konträre oder komplementäre raumwirtschaftspolitische und verkehrspolitische Grundentscheidungen

Die freiheitlich-humanitären Systemen allein anstehenden raumwirtschaftspolitischen Grundentscheidungen für eine anspruchsgemäße oder für eine anspruchs- und möglichkeitsgemäße Gliederung der wirtschaftsräumlichen Struktur dürfen nicht mit dem utopischen Ziel verwechselt werden, in allen Wirtschaftsräumen eines Staates oder einer Wirtschaftsgemeinschaft gleichartige oder nahezu gleichartige Lebensbedingungen zu schaffen (vgl. IV C 2). Infolgedessen erfordern sie ebensowenig eine raumwirtschaftliche Neutralität der Verkehrsverhältnisse wie eine solche der Verhältnisse auf anderen Lebensgebieten. Wohl aber ist es im Sinne einer integrierten öffentlichen Politik (vgl. IV C 3) tunlich, unter anderem auch die verkehrspolitischen und verkehrsbetrieblichen Grundentscheidungen der öffentlichen Hand auf sie abzustimmen [121]. Das Gegenteil solcher Abstimmung wird jedoch erreicht, wenn bestimmte, zu erläuternde verkehrspolitische und verkehrsbetriebliche Grundentscheidungen getroffen werden.

---

[121] So gab die damalige Bundesregierung in ihrem ersten Raumordnungsbericht unter anderem kund, „die raumwirksamen Maßnahmen der Bundesressorts unter Gesichtspunkten der Raumordnung aufeinander abzustimmen". *Bundesminister für Wohnungswesen, Städtebau und Raumordnung:* Erster Raumordnungsbericht, 1. 10. 1963, Deutscher Bundestag 4. Wahlperiode, Drucksache IV/1492, S. 37). Im dritten Raumordnungsbericht bezeichnet sie die „Raumordnungspolitik

Dem Ziel der anspruchsgemäßen wirtschaftsräumlichen Gliederung wird auf dem Gebiet des Verkehrs zuwidergehandelt, wenn hingenommen wird, daß in Räumen, in denen Menschen ihr Recht auf Heimat wahrnehmen wollen, unzumutbar schlechte Verkehrsverhältnisse entstehen. Der moderne Mensch rechnet die verkehrliche Freizügigkeit zu seinen Grundrechten. Sie wird in dem Maß vermindert, in dem verkehrliche Alternativen verschwinden. Zu solchem Schwund verkehrlicher Alternativen kommt es durch private Initiative, wenn sich private Verkehrsanbieter zurückziehen, weil sie die Fortsetzung ihrer Tätigkeit in dem fraglichen Gebiet nicht mehr für lohnend erachten, und insoweit sich kein privater oder öffentlicher Ersatz für sie einstellt. Durch öffentliche Initiative werden verkehrliche Wahlmöglichkeiten insbesondere dort beseitigt, wo einem Gebiet bisherige Anschlüsse an ein zweites oder drittes Wegenetz neben dem Straßennetz genommen und wo öffentliche Verkehrsdienste eingestellt oder verschlechtert werden. Auf öffentliche Initiative hin können aber auch verkehrliche Selbstbedienungsmöglichkeiten verschlechtert (verteuert, erschwert,) oder, vor allem auf Grund einer Verschärfung der Verkehrspolizeipolitik, genommen werden. Ersteres kann, etwa durch Änderungen im System der Kraftfahrtbesteuerung, die Bevölkerung und die Unternehmungen des ganzen Staatsgebietes oder, so bei Einführung räumlich differenzierter Kraftfahrtabgaben, die Einwohnerschaft und die Wirtschaft ganzer Teilräume des Staatsgebietes treffen. Letzteres wird regelmäßig gestreut lozierte Menschen und Unternehmungen belasten, hat für sie aber bei gleichartiger Belastung durch die Maßnahme je nachdem eine höchst unterschiedliche Bedeutung, ob sie in ihrer räumlichen Umgebung viele, wenige oder keine Möglichkeiten der verkehrlichen Fremdbedienung vorfinden.

Der Forderung des modernen Menschen nach verkehrlicher Freizügigkeit sind von den monetären und nicht-monetären Kosten ihrer Erfüllung her mehrerlei Grenzen gesetzt. Das Recht des Einzelnen auf verkehrliche Freizügigkeit endet dort, wo seine Wahrnehmung gleich- oder höherrangige Grundrechte Dritter, zum Beispiel die auf Schutz des Lebens und auf körperliche Unversehrtheit, verletzt. Infolgedessen ist es in einem humanitären Rechtsstaat nicht nur zulässig, sondern sogar geboten, verkehrspolizeipolitisch streng vorzugehen. Die verkehrliche Freizügigkeit der Einzelnen darf und muß von einem Staat im Interesse der Freiheit des Ganzen vorübergehend eingeschränkt werden, wenn seine Abhängigkeit von Mineralöleinfuhren in einem Wirtschaftskrieg zu außenpolitischen Erpressungen gegen ihn ausgespielt wird. Daher muß es gerade einem freiheitlichen Staat erlaubt sein, im Notstand des Wirtschaftskrieges Verbote zur Benützung energieaufwendiger und Gebote zur Benützung energiesparsamer Verkehrsmittel zu erlassen sowie bereits in wirtschaftsfriedlichen Zeiten diese zu Lasten jener zu fördern (Prämiierung der Energiesparsamkeit, Belastung von Energieaufwendigkeit). Ebensowenig wie die Wahrung des Rechts auf Heimat gleichartige Lebensbedingungen im ganzen Staatsgebiet voraussetzt, läßt sich mit dem Anspruch auf verkehrliche Freizügigkeit die Forderung begründen, überall im Staatsgebiet sollte es gleiche verkehrliche Alternativen geben. Die Erfüllung dieser Forderung wäre nicht finanzierbar.

Selbst das Straßennetz, das unter westeuropäischen Verhältnissen für die bei Fehlen von Angeboten an Verkehrsdiensten allein verbleibende verkehrliche Selbstbedienung

---

als integrierende Aufgabe" und widmet sie dieser Aufgabe einen eigenen Abschnitt. *Bundesminister des Innern:* Raumordnungsbericht 1968 der Bundesregierung, Deutscher Bundestag 5. Wahlperiode, Drucksache V/3958, S. 47 ff.). Ähnlich, von der Verkehrspolitik aus gesehen: Kommission der Europäischen Gemeinschaften, Gemeinsame Verkehrspolitik; Ziele und Programm, a.a.O., insbes. S. 12 ff..

benötigt wird, kann hinsichtlich seiner quantitativen wie qualitativen Kapazität sinnvollerweise keinesfalls gleichmäßig über das Land gezogen werden. Da die Kosten der Wegebenützung bei gegebener quantitativer und qualitativer Wegekapazität um so höher sind, je geringer die Inanspruchnahme ist, verlangt die Kostenwirtschaftlichkeit bei isolierter Betrachtung, die quantitativen und qualitativen Kapazitäten der Straßen an der Stärke des Verkehrsbedarfs zu orientieren, also danach zu trachten, die auf die abgegebenen Leistungseinheiten zu verteilenden Summen der Investitions- und Unterhaltungskosten um so niedriger zu halten, je geringer die Zahl dieser Leistungseinheiten ist. Außerdem sind auch der Verästelung des öffentlichen Straßennetzes von der Kostenseite her Grenzen gesetzt. Wer außerhalb geschlossener Siedlungen und abseits des sie verbindenden Straßennetzes einen zulässigen Straßenanschluß braucht, wird in bezug auf dessen Bereitstellung auf die Selbstbedienung verwiesen. Es besteht also durchaus ein kostenwirtschaftlicher Zusammenhang zwischen Siedlungsdichte und erwartbaren infrastrukturellen Vorkehrungen für die verkehrliche Freizügigkeit. Die Art und Weise, wie diesem Zusammenhang bei verkehrspolitischen und verkehrsbetrieblichen Grundentscheidungen Rechnung getragen wird, konterkariert oder unterstützt jedoch die raumwirtschaftspolitische Grundentscheidung für die anspruchs- oder die anspruchs- und möglichkeitsgemäße wirtschaftsräumliche Ausstattung.

Die Gestaltung des Straßennetzes nach unternehmerischem Vorbild an die Stärken des Verkehrsbedarfs zu binden (vgl. IV C 4), wäre nur mit der raumwirtschaftspolitischen Grundentscheidung zu vereinbaren, den raumwirtschaftlichen Wettbewerb sich selbst zu überlassen. Da eine derartige Raumwirtschaftspolitik wenigstens für Westeuropa und wenigstens deklariertermaßen kaum Anhänger hat, wird auch die ihr komplementäre Gestaltung des Straßennetzes nach den Zielen der Nutzenmengenmaximierung oder der regions- bzw. streckenspezifischen Eigenwirtschaftlichkeit wenig und erfolglos propagiert [122]). Das Angebot privatgewerblicher Verkehrsdienste richtet sich jedoch zwar nicht ausschließlich, aber doch vornehmlich nach den regions- bzw. streckenspezifischen Rentabilitätsaussichten sowie danach, inwieweit diese verifiziert oder falsifiziert werden [123]). Das gilt auch dann, wenn der verkehrliche Wettbewerb durch sogenannte objektive Zugangsbeschränkungen zum Markt und (oder) durch Tarifbindungen eingeschränkt sein sollte. Beiderlei Mittel sind nicht geeignet, jemanden freiwillig zu veanlassen, Verkehrsdienste anzubieten, die er nicht für lohnend hält. Dafür müßten die Konzessionen zumindest mit Betriebs- und Beförderungspflichten und im Liniendienst auch mit Fahrplanpflichten verkoppelt sein. Eine derartige Verknüpfung von Konzessionen mit öffentlichen Bedienungsauflagen führt jedoch vom privatgewerblichen Verkehrsangebot zum öffentlichen. In einem marktwirtschaftlichen freiheitlichen System werden Konzessionen, die solche — die unternehmerische Autonomie einschränkende — Bedienungsauflagen einschließen, von Privaten nur erworben, wenn sie rentabel zu sein versprechen oder wenn die öffentliche Hand einen Ertragsausgleich

---

[122]) Vgl. aber hierzu die in Anmerkung 53 genannten Quellen sowie RAINER WILLEKE: Verkehr und Staatshaushalt, Schriftenreihe des Verbandes der Automobilindustrie e. V. (VDA) 19, Frankfurt am Main 1975, insbes. S. 82 ff. („Argumente für eine nachfrageorientierte Verkehrswegeplanung", unter denen die Nachfrage *mengen* in den Darlegungen dominieren).

[123]) Der Gesichtspunkt der regions- oder streckenspezifischen Rentabilität wird von privaten Verkehrsanbietern möglicherweise dann etwas in den Hintergrund gerückt, wenn wenig rentable oder unrentable Gebiete und Strecken mitbedient werden sollen, damit ein bestimmtes „Sortiment" an Relationen angeboten werden kann. In solchen Fällen verspricht sich jedoch der Anbieter von der Miteinbeziehung der fraglichen Gebiete und Strecken eine wiederum der Rentabilität des ganzen Angebots förderliche Werbewirkung.

gewährt oder mittels einer Ausfallbürgschaft eine Mindestrentabilität garantiert. Auf öffentliche Hilfen werden private Bewerber um die Übertragung als unrentabel geltender öffentlicher Verkehrsbedienungsaufgaben nur dann verzichten, wenn sie ausgleichsfähige rentable Konzessionen mitübertragen bekommen.

In ähnlicher Weise wie die Kosten der Beanspruchung verkehrlicher Infrastrukturen je Leistungseinheit unter sonst gleichen Verhältnissen um so höher sind, je geringer der Ausnützungsgrad ist, lassen sich Verkehrsströme von einem privaten wie von einem öffentlichen Verkehrsbetrieb unter sonst gleichen Bedingungen um so kostengünstiger bedienen, eine je bessere Auslastung seiner Kapazitäten sie ihm erlauben. Hinzu kommt, daß es größere gerichtete Transportmengen je Zeiteinheit eher als kleinere gestatten, außer der Beschäftigungsdegression auch andere Größendegressionen der Kosten wahrzunehmen, als da insbesondere sind die Fahrzeuggrößen-, die Zuglängen-, die Abfertigungsmengen- und die Spezialisierungsdegression der Transportkosten. Gleichen Konkurrenzgrad unterstellt, sind die Chancen, auf einer Relation wegen dieser Zusammenhänge kostengünstig transportieren zu können, um so größer, je dichter der Verkehrsstrom ist. Die Intensität der verkehrlichen Konkurrenz ist jedoch nicht überall im Raum gleich. Um die Bedienung schwächerer Verkehrsströme werden sich zumindest bei freiem Wettbewerb häufig weniger Konkurrenten bemühen als um die stärkerer, wie dünne Verkehrsströme bei Unterstellung gleicher Betriebsgröße auf Dauer auch weniger Konkurrenten zu tragen vermögen als dichte. Wo Verkehrsanbieter miteinander konkurrieren, sind die Chancen zur Wahrnehmung von Kostendegressionen also außer von der Dichte der jeweils zur Bedienung anstehenden Verkehrströme auch vom Ergebnis des Wettbewerbs abhängig. Diese marktliche Doppelabhängigkeit der verkehrsbetrieblichen Möglichkeiten zur Ausnützung von Kostendegressionen mildert zwar für die Verkehrsanbieter bei Konkurrenz tendenziell die räumlichen Gefälle der Kostengunst, die sich aus dem Vorhandensein unterschiedlich starker Verkehrsströme ergeben und die für einen Monopolisten allein bestünden. Dies wird dadurch hervorgerufen, daß auch in bezug auf den Konkurrenzgrad zumindest tendenziell ein Gefälle von den starken zu den schwachen Verkehrsströmen besteht. Das räumliche Gefälle im Konkurrenzgrad wirkt zwar nicht für die Transportbetriebe, wohl aber für die Verkehrsnachfrager der besagten Milderung des räumlichen Gefälles der Kostengunst entgegen; denn je schwächer der Wettbewerb der Anbieter ist, um so größer sind unter sonst gleichen Verhältnissen deren absatzpolitische Spielräume.

Infolge der dargelegten Zusammenhänge resultieren aus den räumlichen Differenzen in der Stärke der Fremdbedienung suchenden Verkehrsströme bei alleiniger Regulierung des Angebots durch den Wettbewerb räumliche Unterschiede in der Zahl und in den Eigenschaften der jeweils verfügbaren Alternativen zur verkehrlichen Selbstbedienung. Diese Unterschiede werden noch dadurch verstärkt, daß dort, wo dichter Verkehr fließt, eher als dort, wo der Verkehr nur schwach ist, von der öffentlichen Hand für zwei oder mehr Verkehrszweige Wege- und Stationsnetze bereitgehalten werden, und zwar unabhängig von den jeweils geltenden besonderen Zielen ihrer Gestaltung schon allein wegen des zuvor (S. 76) angesprochenen allgemeinen kostenwirtschaftlichen Zusammenhanges zwischen Besiedlungsdichte und möglicher verkehrsinfrastruktureller Ausstattung von Räumen.

Aus den räumlichen Gefällen im konkurrenzwirtschaftlichen Angebot verkehrlicher Wahlmöglichkeiten ergibt sich unter dem Ziel einer anspruchsgemäßen wirtschaftsräumlichen Gliederung, von der Raumwirtschaftspolitik her gesehen, ein Bedarf zu ihrer Verringerung durch öffentliche Verkehrsangebote. Mit ihnen könnte eine Ausgleichsaufgabe erfüllt werden, die unterschiedliche Wirkungen der Konkurrenz zwischen Verkehrsanbietern in benachteiligten bevölkerungs-, wirtschafts- und verkehrsschwachen Gebieten wenigstens teilweise kompensieren will. Die Wahrnehmung dieser Aufgabe soll dazu beitragen, derartige Gebiete als Siedlungsräume zu erhalten. Gleichgültig, inwieweit sich die Verkehrspolitik des gemeinten raumwirtschaftspolitischen Ausgleichsbedarfs annimmt, steht von vornherein fest, daß für eine auf anspruchsgemäße wirtschaftsräumliche Gliederung bedachte Raumwirtschaftspolitik öffentliche Verkehrsaufgaben vor allem dort anfallen, wo ihre Erfüllung wegen der Schwäche der Verkehrsströme besonders teuer und ihre Eigenwirtschaftlichkeit am wenigsten erreichbar ist.

Wird das Ziel einer anspruchs- und möglichkeitsgemäßen wirtschaftsräumlichen Gliederung verfolgt, so entsteht raumwirtschaftspolitischer Bedarf an verkehrspolitischer Unterstützung außer für die von der sozialökonomischen Erosion bedrohten Gebiete auch für jene, die mit Bevölkerung und wirtschaftlichen Aktivitäten überlastet sind. Der raumwirtschaftspolitische Unterstützungsbedarf für sie betrifft die teils unmittelbare, teils mittelbare Entlastung.

Unmittelbar können überlastete Gebiete von der Verkehrspolitik her dadurch entlastet werden, daß es ihr gelingt, vor allem die innergebietlichen, aber auch die zwischengebietlichen Verkehrsströme unter den individuellen und kollektiven Verkehrsmitteln zugunsten der letzteren anders als bisher aufzuteilen. So würden bei gleichem Anfall an Transportvolumen die Zahl der Verkehrsbewegungen und die von ihr abhängigen Umweltbelastungen verringert. Die verkehrsbedingten Umweltbelastungen ließen sich noch dadurch weiter abbauen, daß weniger umweltfreundliche Verkehrsmittel zurückgedrängt und umweltfreundlichere gefördert werden. Dies hätte in einem marktwirtschaftlichen System vorzugsweise über finanzielle Belastungen oder Honorierungen zu geschehen, in denen sich schutz- und raumwirtschaftspolitische Wertungen einschlägiger sozialer Mehr- oder Minderkosten niederschlagen und deren Erhebung nur die Bedingungen der Inanspruchnahme von Wahlfreiheiten verändert, nicht aber solche beseitigt [124].

Mittelbar vermag die Verkehrspolitik überlastete Gebiete zu entlasten, indem sie sich darum bemüht, die Gefälle in der Verkehrsgunst zwischen ihnen und nicht-überlasteten Räumen nicht noch weiter zu vergrößern, sondern abzubauen. Damit könnte sie dazu beitragen, den Zuwanderungsdruck, der auf überlasteten Gebieten ruht, zu reduzieren oder zu beseitigen. Die eleganteste und billigste Lösung bestünde darin, die Haltekraft abwanderungsbedrohter wirtschaftsschwacher Räume, die heute vor allem ländlicher Natur sind, so zu steigern, daß der Zuwanderungsdruck von den Überlastungsgebieten genommen würde. Wenn jedoch die Neigung vieler Menschen zu städtischer Lebensweise, die in einem freiheitlichen System respektiert werden muß, dies nicht zuläßt, bleibt nur zu versuchen übrig, raumwirtschaftspolitische Entlastungsziele dadurch zu verfolgen, daß das Attraktionsgefälle zwischen überlasteten und noch aufnahmefähigen anderen Verdichtungsräumen auch auf verkehrspolitischem Wege verkleinert wird [125].

---

[124] Hierüber Näheres bei KARL OETTLE: Über die zukünftige Finanzierung der Aufgaben des öffentlichen Personen-Nahverkehrs. In: Die Kernstadt und ihre strukturgerechte Verkehrsbedienung, Veröffentlichungen der Akademie für Raumforschung und Landesplanung, Forschungs- und Sitzungsberichte, Bd. 92 (Raum und Verkehr 11), Hannover 1974, S. 149 ff..

[125] Näheres ebenda sowie in: *derselbe:* Verkehrsprobleme im ländlichen Raum, in größere Zusammhänge gestellt. In: der landkreis 46 (1976), S. 211 ff.

Raumwirtschaftspolitischen Unterstützungsbedarf wird die Verkehrspolitik um so eher erkennen und zu befriedigen bemüht sein, in je stärkerem Maße sie nach ihrer Integration mit den übrigen Zweigen der Politik des betreffenden Gemeinwesens strebt und je gemeinschaftsfreundlicher die einander übergeordneten, untergeordneten und benachbarten Gemeinwesen sich verkehrspolitisch zueinander verhalten. Umgekehrt wird eine isoliert betriebene ökonomische Verkehrspolitik die von ihr erwartete Unterstützung der Raumwirtschaftspolitik wie anderer Zweige der Politik des fraglichen Gemeinwesens ignorieren. Im gleichen Sinne wird eine gemeinschaftswidrige Verkehrspolitik eines öffentlichen Oberverbandes öffentliche Unterverbände mit verkehrswirtschaftlichen und verkehrsbedingten siedlungswirtschaftlichen Problemen allein lassen, die sie in deren Zuständigkeitsbereich (mit-) verursacht und (mit-) zu verantworten hat [126]).

6. Konträre oder komplementäre raumwirtschaftspolitische und verkehrsbetriebliche Grundentscheidungen

Etwaige verkehrspolitische Grundentscheidungen für eine geringe oder für keinerlei Integration mit anderen Zweigen der öffentlichen Politik, hier: mit der Raumwirtschaftspolitik, sowie für Gemeinschaftswidrigkeit verkehren den instrumentalen Sinn öffentlicher Verkehrsbetriebe in sein Gegenteil. Von derartigen Grundentscheidungen aus gesehen, gibt es gewiß nur schwache oder keine Zweckmäßigkeitsargumente dafür, öffentlichen Verkehrsbetrieben öffentliche Verkehrsbedienungsaufgaben zu stellen und sie demgemäß dem Organprinzip und dem Dienstprinzip zu verpflichten. Vielmehr ist es grundentscheidungskongruent, für solche Betriebe das Autonomieprinzip und das Erwerbsprinzip zu postulieren. Folgerichtig wäre es allerdings auch, die ohne öffentliche Aufgaben gelassenen und dem Autonomie- wie dem Erwerbsprinzip überantworteten Betriebe aus dem öffentlichen in das private Eigentum zu überführen [127]). Unterbleibt dies, ergibt sich sowohl eine in sich widersprüchliche Kombination dreier betrieblicher Grundentscheidungen als auch ein Verstoß gegen die Rechtfertigungsbedürftigkeit öffentlichen Betriebseigentums in ausgesprochen marktwirtschaftlichen Systemen. Über beides könnte man leicht hinweggehen, wenn es sich um bloße gedankliche Möglichkeiten und nicht, wie es in der Tat der Fall ist, um deren praktisches Ergreifen handelte. Das letztgenannte Paradoxon ist dabei insofern besonders befremdlich, als die verkehrspolitischen Grundentscheidungen, die zu ihm hinführen, gleichsam marktwirtschaftlichem, wettbewerbsordnungspolitischem Purismus entspringen [128]).

Wird von den Straßenverwaltungen abgesehen, die bisher noch immer raumwirtschaftspolitischen Unterstützungsbedarf respektieren mußten, und werden die Kanal- und Hafenverwaltungen (Flughafen- und Schiffshafenverwaltungen) außer acht gelassen, die sich gleichsam in einem «Zwischenfeld» befinden [129]), so bleiben als besonders von ökonomistischen verkehrspolitischen Grundentscheidungen betroffene öffentliche Verkehrsbetriebe die der Verkehrsbedienung gewidmeten übrig. Ihre Leitungen kön-

---

[126]) Vgl. die in Anmerkung 74 zweitgenannte Quelle.

[127]) Siehe hierzu MICHAEL DRUDE: Sanierung der Deutschen Bundesbahn durch Privatisierung? — Eine Problemskizze. In: Zeitschrift für Verkehrswissenschaft 47 (1976), S. 195 ff.; KARL OETTLE: Gesamtwirtschaftliche und regionalwirtschaftliche Gesichtspunkte für die Gestaltung des künftigen Eisenbahnnetzes. In: Internationales Verkehrswesen 28 (1977), S. 80 ff.

[128]) Siehe *derselbe:* Zur „Optimalität" öffentlicher Verkehrsnetze, in: Zeitschrift für Eisenbahnwesen und Verkehrstechnik — Glasers Annalen 101 (1977), S. 174 ff., S. 177 f.

[129]) Sie befinden sich insofern in einem „Zwischenfeld", als ihre Lozierung im allgemeinen in erster Linie dem Verkehrsbedarf und den naturräumlichen Möglichkeiten folgt, in zweiter

nen rationalerweise um so stärker selbst dafür verantwortlich gemacht werden, ihnen vorgegebene Erwerbsziele (Rentabilitäts-, Eigenwirtschaftlichkeitsziele) zu erreichen, je größere Spielräume ihnen für die autonome Betriebspolitik eingeräumt werden. In je stärkerem Maße das geschieht, um so mehr wird der betriebsinstrumentale Sinn in Richtung auf den des privaten Unternehmens hin verändert, freilich ohne daß es neben den privaten Betriebsinteressen der Belegschaft auch solche privater Eigentümer gäbe. Dabei kann der Betriebsleitung durchaus aufgegeben sein, einen internen Ertragsausgleich vorzunehmen, um es mit Gewinnen, die in bestimmten Betriebsteilen erzielt werden, zu ermöglichen, zuschußbedürftige öffentliche Aufgaben anderer Betriebsteile zu erfüllen. Davon abgesehen, wird jedoch die Wahrnehmung zuschußbedürftiger öffentlicher Verkehrsaufgaben bei voller Verpflichtung auf das Erwerbsprinzip davon abhängig gemacht, daß konkrete öffentliche Einzelaufträge erteilt und der sich durch ihre Übernahme ergebende finanzielle Abmangel ausgeglichen wird [130]).

Die Verpflichtung öffentlicher Verkehrsbetriebe auf das Autonomie- und das Erwerbsprinzip muß nicht unbedingt in der geschilderten Weise auf ökonomistische verkehrspolitische Grundentscheidungen zurückgehen. Ihr kann auch allein die Vorstellung zugrunde liegen, öffentliche Betriebe würden um so wirtschaftlicher geführt, je stärker ihre Leiter dem Druck von Rentabilitäts- bzw. Eigenwirtschaftlichkeitsauflagen ausgesetzt werden und ihm, auf sich selbst gestellt, standhalten sollen. Möglicherweise bilden diese betriebswirtschaftliche Auffassung und ökonomistische verkehrspolitische Grundentscheidungen die gemeinsamen Wurzeln der besagten Grundentscheidungen für den Betrieb. Wie dem auch sei, verkannt wird im einen wie im anderen Fall, daß öffentliche Verkehrsbetriebe ihre Rentabilität oder Eigenwirtschaftlichkeit, so eine solche angesichts der Wettbewerbsverhältnisse im Verkehr von ihnen überhaupt (noch) erzielbar ist, nicht allein durch wirtschaftlichkeitsfördernde Bemühungen um ihre Konkurrenzfähigkeit zu erhalten oder zu bessern trachten können. Insoweit sie nicht zur verkehrlichen Selbstbedienung fähigen Nachfragern gegenüber monopolistische Spielräume besitzen, können sie auch durch deren stärkere Ausnützung dazu beitragen, ihre kaufmännischen Wirtschaftsergebnisse zu verbessern, ohne daß es dafür irgendwelcher Wirtschaftlichkeitsanstrengungen bedürfte. Positive Erfolgsbeiträge aus derartigem angebotspolitischem Verhalten können sogar dazu benützt werden, Unwirtschaftlichkeiten zu verdecken.

Werden öffentliche Verkehrsbetriebe von einer an sich integrationsbereiten Verkehrspolitik allein aus Interesse an ihrer betriebswirtschaftlichen Effizienz unter das Autonomie- und das Erwerbsprinzip gestellt, so wird die Wahrnehmung zuschußbedürftiger öffentlicher Verkehrsaufgaben in erster Linie in die Hand der Verkehrspolitiker gelegt. Auch wenn die Betriebsleitung zu einem internen Ertragsausgleich zugunsten solcher Verkehrsaufgaben angehalten sein sollte, wird sie sich wegen ihrer Verantwortlichkeit für positive kaufmännische Wirtschaftsergebnisse nicht als Anwalt der Erfüllung

---

Linie aber auch gelegentlich oder öfter von raumwirtschaftspolitischen Überlegungen beeinflußt wird. Vgl. etwa *Bundesminister für Verkehr:* Verkehrsbericht 1970, a.a.O., S. 70, Tz. 184, mit *Intertraffic GmbH., Prognos AG., Deutsche Revisions- und Treuhand Aktiengesellschaft — Treuarbeit:* Wasserstraßenanschluß für das Saarland — Kosten-Nutzen-Analyse im Auftrag des Bundesministers für Verkehr, Düsseldorf-Basel-Frankfurt am Main 1971, insbes. S. 340 f.; siehe ferner etwa W. LAMBERT und ROLAND A. SCHMID: Konzeption für die künftige Infrastruktur des Luftverkehrs in Baden-Württemberg (Verkehrslandeplätze), o.O. (Stuttgart) 1970.

[130]) Vgl. beispielsweise §§ 28 und 28 a des Bundesbahngesetzes vom 13. Dezember 1951 (BGBl I S. 955) in der Fassung vom 21. Dezember 1970 (abgedruckt in HANS-JOACHIM GRÖBEN: Taschenbuch der Eisenbahngesetze, 5. Aufl. Darmstadt 1975, S. 17 ff., hier: S. 40 ff.).

öffentlicher Aufgaben fühlen und gerieren. Sie wird sie bei rationalem Verhalten auf Grund ihrer nicht selbst gewählten, sondern ihr vorgezeichneten Interessenlage möglichst gering mit etwaigen anderswo erzielten Gewinnen dotieren und von den Gebern öffentlicher Verkehrsaufträge möglichst hohe Ausgleichsleistungen herauszuhandeln versuchen. Das wird ihr unter sonst gleichen Verhältnissen um so leichter fallen, je größere Investitionsrisiken der Betrieb bei kaufmännischer Betrachtung läuft und je stärker diese deshalb nach dem kaufmännischen Vorsichtsprinzip bei der Abschätzung heutiger Rentabilitätserfolge negativ zu berücksichtigen sind. Die Betriebsleitung wird mithin zum Anwalt betrieblicher Substanzerhaltungs- und Gewinninteressen und damit sozusagen zum Gegenanwalt öffentlicher Aufgabenerfüllung.

Die sich ergebenden Spannungen zwischen integrationswilliger Verkehrspolitik und integrationshemmender Betriebspolitik blieben ohne großes Gewicht, wenn öffentliche Verkehrsaufgaben weithin auf eigenwirtschaftlichem Wege erfüllbar wären. Das sind sie aber derzeit und in zunehmendem Maße nicht. Die in bevölkerungs-, wirtschafts- und verkehrsschwachen Gebieten liegenden Ausgleichsbedürfnisse lassen sich bei der Kleinheit der dortigen Verkehrsnachfrage wegen der (S. 77 f.) erwähnten Zusammenhänge nur kostenungünstig befriedigen. Den Ausgleichsaufgaben würde zuwidergehandelt, wollte der öffentliche Verkehrsbetrieb die Kostenungunst der Bedienungsverhältnisse über die Tarife an die Benützer weitergeben oder ihr mittels einer starken weiteren Verschlechterung der Bedienungsqualität ausweichen. Hinzu kommt, daß öffentliche Verkehrsangebote einer öffentlichen Ausgleichsaufgabe sogar insoweit nachkommen, als sie nicht in Anspruch genommen werden, sondern lediglich als Konkurrenzsurrogat wirken und damit örtliche und regionale Preise und Qualitäten privater Verkehrsangebote auf einem für die Nachfrager günstigeren Niveau als auf dem stabilisieren, das sich sonst einstellen würde.

Was für die denkbaren Ausgleichsaufgaben öffentlicher Verkehrsbetriebe gegenüber wirtschaftsschwachen Räumen gilt, trifft sinngemäß im Ergebnis, aber aus anderen Gründen auch für die diesen Betrieben möglichen Beiträge zur Entlastung übersetzter Gebiete zu. Soll die Verkehrsteilung spürbar zugunsten kollektiver und möglichst auch zugunsten besonders umweltfreundlicher kollektiver Verkehrsmittel verändert werden, so ist es nötig, zur Selbstbedienung Fähige durch günstige öffentliche Verkehrsangebote in größerem Maßstabe davon abzuhalten, sich des individuellen Kraftfahrzeugs zu bedienen. Kostendeckende Tarife sind mit diesem Beeinflussungsziel, wie die Erfahrung lehrt, nicht zu vereinbaren [131]).

Soll das zwischen überlasteten Gebieten und anderen Räumen bestehende Gefälle der Verkehrsgunst abgebaut werden, so ist es unter anderem nötig, die räumliche Konzentration öffentlicher Verkehrsdienste von besonders hoher Qualität hintanzuhalten, obgleich sie, rein unternehmungswirtschaftlich gesehen, kostengünstiger und rentabler ist als ihre räumliche Dekonzentration.

Will die Raumwirtschaftspolitik eine anspruchsgemäße oder eine anspruchs- und möglichkeitsgemäße wirtschaftsräumliche Gliederung, so sollte sie zweckmäßigerweise in Verfolgung dieses Ziels auch durch öffentliche Verkehrsdienste unterstützt werden. Dieser Unterstützungsaufgabe werden sich öffentliche Verkehrsbetriebe aus eigenem

---

[131]) Siehe etwa *Verband öffentlicher Verkehrsbetriebe:* Besserer Verkehr in Stadt und Region — Wege und Ziele des öffentlichen Personennahverkehrs, Köln 1970; *derselbe:* Die wirtschaftlichen Grundlagen des öffentlichen Nahverkehrs — Zu Vorschlägen des Deutschen Industrie- und Handelstages (DIHT), Köln 1970. Vgl. hiermit die in Anmerkung 57 erstgenannte Quelle.

Antrieb nur dann widmen, wenn sie ihnen von ihren Eigentümern in Gestalt von Oberzielen vorgegeben werden. Eine solche Zielvorgabe ist zumindest bei den heutigen Wettbewerbsverhältnissen im Verkehr, unter denen öffentliche Verkehrsbetriebe in starke Bedrängnis geraten sind, nicht damit zu vereinbaren, diese Betriebe nach dem Autonomie- und dem Erwerbsprinzip zu führen. Sie erfordert vielmehr, daß ihre Eigentümer ihnen gliedwirtschaftliches Denken nach dem Organprinzip abverlangen und sie auf das Dienstprinzip verpflichten.

Die Betriebsführung nach dem Dienstprinzip verhindert einerseits, daß Angebote allein oder in erster Linie von den jeweiligen Rentabilitätsaussichten abhängig gemacht werden. Sie öffnet andererseits keineswegs gleichsam automatisch unwirtschaftlichem Betriebsgebaren die Tür. Das Dienstprinzip wird vielmehr um so besser gewahrt, mit je größerer Kostenwirtschaftlichkeit die gewünschten Nutzen gestiftet werden; was eingespart wird, dient dem Gemeinwesen. Kosteneinsparungen kommen entweder der Bessererfüllung der betreffenden Aufgabe oder anderen öffentlichen Aufgaben des Eigentümergemeinwesens zugute oder sie entlasten dessen Haushaltswirtschaft von Ausgaben. Allerdings vermag das Dienstprinzip ebensowenig wie das Erwerbsprinzip, die Kostenwirtschaftlichkeit der Betriebsführung ohne weiteres zu gewährleisten. Unter der Herrschaft des einen wie des anderen Grundsatzes ist es notwendig, Verfahren der betriebswirtschaftlichen Kostenkontrolle (Zeitvergleiche, Betriebsvergleiche, technologisch-arbeitswissenschaftliche Kostenanalysen und ökonomische Kostenprognosen, Soll-Ist-Vergleiche) anzuwenden, wenn die Kostenwirtschaftlichkeit der Produktion öffentlicher Leistungen anders als durch Verlaß auf eine gute Dienstgesinnung des Personals gesichert sein soll [132].

Im Gegensatz zum Erwerbsprinzip regt das Dienstprinzip die Betriebsleitung nicht dazu an, sich immer wieder zu überlegen, inwieweit sich die Ergebnisse auch durch Verschlechterungen und Verteuerungen der Leistungen, also zu Lasten des abzugebenden Nutzens, verbessern lassen. Für das kaufmännische Erwerbsdenken zählt die Resultante aus Ertrags- und Kostenwirtschaftlichkeit; dem öffentlich-wirtschaftlichen Dienenwollen sind demgegenüber Bedarfsdeckungsaufgaben vorgegeben (vgl. IV A 3), die es bestmöglich zu erfüllen gilt. Unter dem Erwerbsprinzip wäre es beispielsweise geboten, monopolistische Spielräume gegenüber Abnehmern gewinnoptimal auszunützen. Unter dem Dienstprinzip würde dies hingegen zumeist die bestehenden Darbietungsziele verletzen. Dadurch erzielte Ertragsmehrungen und Kosteneinsparungen wären bloße Scheinerfolge.

Das Bedürfnis einer anspruchsgemäßen oder anspruchs- und möglichkeitsgemäßen Raumwirtschaftspolitik, durch die Gestaltung des Angebots öffentlicher Verkehrsdienste unterstützt zu werden, kann dadurch verstärkt werden, daß andere Zweige der öffentlichen Politik, ewa die Innen-, die Bildungs- und die Gesundheitspolitik, ihnen zugeordnete öffentliche Einrichtungen mit viel Publikumsverkehr räumlich konzentrieren. Durch solche Maßnahmen wird der durchschnittliche Verkehrsbedarf der Bürger insofern spürbar erhöht, als der Einzugsbereich der fraglichen Einrichtungen vergrößert und damit die durchschnittliche Wegstrecke verlängert wird, die bei Inanspruchnahme zurückgelegt werden muß. Räumliche Konzentrationen öffentlicher Einrichtungen sollen teils nur der Ausnützung von Größendegressionen der Kosten, teils auch der Wahrnehmung von Größenprogressionen des Nutzens dienen. Zugleich werden mit ihnen

---

[132] Dabei wird unterstellt, daß die Kostenkontrolle nicht um ihrer selbst willen vorgenommen, sondern als Mittel zur Beeinflussung der Wirtschaftsgebarung verwandt wird.

aber die zeitlichen und geldlichen Kosten des Zugangs für viele Bürger erhöht [133]). An dieser Stelle kann nicht darauf eingegangen werden, inwieweit manche sogenannte Reform durch Betriebs- und Verwaltungsvergrößerung und damit einhergehende räumliche Konzentration zum einen für den Zweig des öffentlichen Dienstes selbst und zum andern in raumwirtschaftspolitischer Hinsicht fragwürdig sein mag (vergl. S 19 f.). Wie dem auch sei, müßten derartige Verlängerungen durchschnittlicher Zugangswege und Vermehrungen von Verkehrsbedarf in einem Staatswesen, das die verschiedenen Zweige seiner Politik möglichst integriert betreiben und das Erzeugen ökonomischer Wanderungszwänge tunlichst vermeiden will, Hand in Hand gehen mit der Verbesserung verkehrlicher Möglichkeiten nicht nur für die zur verkehrlichen Selbstbedienung fähigen, sondern auch für die anderen Menschen. Wo die Zweige der öffentlichen Politik hingegen weitgehend isoliert voneinander betrieben werden und die öffentlichen Verkehrsbetriebe autonom und erwerbsstrebig sind, wird sich bei letzteren ebenso wie bei anderen Zweigen des öffentlichen Dienstes das Bestreben einstellen, die eigene Kostenlage durch räumliche Konzentrationen zu verbessern. An die Stelle kompensatorischer Wirkungen von Wegverlängerungen und verkehrlichen Verbesserungen bei integriertem Vorgehen treten dann sich kumulierende Wirkungen isolierter, aber gleichartiger „Rationalisierungs"-maßnahmen.

Zu kompensatorischen Maßnahmen können öffentliche Verkehrsverwaltungen und Verkehrsbetriebe im Sinne raumwirtschaftspolitischer Ausgleichsaufgaben besonders für wirtschaftsschwache Gebiete auch dann aufgerufen sein, wenn räumliche Konzentrationen der privaten Unternehmungen die durchschnittlichen arbeitsmarktlichen Wahlmöglichkeiten der Arbeitnehmer bei gleichbleibenden Verkehrsverhältnissen reduzieren würden. Was hier für die Erwerbsmöglichkeiten gilt, trifft sinngemäß auch auf die Verbrauchsmöglichkeiten zu. Räumliche Konzentrationen von Einkaufsstätten und privaten Dienstleistungsangeboten brauchen die einschlägigen Wahlmöglichkeiten der von ihnen betroffenen privaten Haushalte und Wirtschaftsunternehmungen nicht zu verringern, wenn nur deren verkehrliche Reichweite in hinreichendem Maß vergrößert wird. Verkehrsanschlüsse und Verkehrsangebote können sonst zweckmäßige Wohnsitz- oder Standortverlagerungen substituieren, und ihre Verbesserung vermag infolgedessen negative Wirkungen räumlicher Konzentrationen nicht-verkehrlicher öffentlicher und privater Angebote teilweise oder gänzlich zu kompensieren oder gar überzukompensieren [134]). Ob und inwieweit im etwaigen raumwirtschaftspolitischen Interesse von diesen verkehrlichen Möglichkeiten Gebrauch gemacht wird, hängt von den für öffentliche Verkehrsverwaltungen und -betriebe getroffenen Grundentscheidungen ab.

---

[133]) Die Mehrkosten und Mindernutzen der Bürger werden in den einschlägigen Landtagsdrucksachen zumeist ignoriert. Siehe etwa: *Bayerische Staatsregierung:* Entwurf einer Verordnung zur Neugliederung Bayerns in Landkreise und kreisfreie Städte, Allgemeine Begründung, Abschnitt 7.8 „Kosten der Reform" (Bayerischer Landtag 7. Wahlperiode Drucksache 7/1445, S. 50). Kritik an diesem Verfahren bei HANS HIRSCH: Ökonomische Maßstäbe für die kommunale Gebietsreform — Eine Kritik der nordrhein-westfälischen Reformvorhaben unter besonderer Berücksichtigung des Aachen-Gesetzes, Köln 1971. In allgemeiner, nicht auf die sogenannten Gebietsreformen bezogener Weise über sachgerechte öffentlich-wirtschaftliche Kostenüberlegungen: THEO THIEMEYER: Kosten als gesellschaftliche Bedeutungsgröße. In: Zeitschrift für Verkehrswissenschaft 39 (1968), S. 193 ff..

[134]) Vgl. hierzu CARL PIRATH: Die Grundlagen der Verkehrswirtschaft, 2. erw. Aufl. Berlin-Göttingen-Heidelberg 1949, insbes. die Ausführungen über das „Raumzeitsystem" des Verkehrs, S. 73 f. Die von mir gemeinten Kompensationen setzen Veränderungen des verkehrlichen Raumzeitsystems voraus.

V. Absatz- bzw. angebotspolitische Probleme als Beispiele ablaufspolitischer Fragen

A. Verknüpfungen zwischen Struktur- und Ablaufpolitik im Verkehr am Beispiel der Absatz- bzw. Angebotspolitik

1. Oberzielstruktur und Potentialstruktur von Verkehrsbetrieben

Die (in Kapitel IV) abgehandelten strukturpolitischen Fragen sind vornehmlich solche, die die Oberzielstruktur von Verkehrspolitik und Verkehrsbetrieben, insbesondere von öffentlichen Verkehrsbetrieben betreffen. Die Oberzielstruktur der Verkehrspolitik mußte dabei in dieser betriebswirtschaftlichen Arbeit berücksichtigt werden, weil sie die Spielräume bestimmt, die privaten Verkehrsunternehmungen zur Verwirklichung ihrer Oberziele eingeräumt werden, und weil sie den instrumentalen Sinn [135] (oder Widersinn) öffentlicher Verkehrsverwaltungen und -betriebe festlegt, was für die Oberziele maßgeblich ist, die sie bestimmungsgemäß verfolgen sollten.

Die betrieblichen Oberziele sind, wie (in Kapitel III 5) gezeigt wurde, nur eine Kategorie verkehrsbetrieblicher Strukturmerkmale unter vielen anderen. Diese anderen Kategorien (13 wurden aufgeführt) lassen sich als die verkehrsbetriebliche Potentialstruktur zusammenfassen und der Oberzielstruktur gegenüberstellen. Außer von den Urteilen der maßgeblichen Betriebspersonen über die Situation und die Eigenschaften der verfügbaren Mittel hängt es bei Zieladäquanz der Entscheidungen von den Oberzielen ab, wie in einer bestimmten Situation, die den Betrieb ereilt oder die er selbst hervorruft, von den betrieblichen Potenzen Gebrauch gemacht wird, das heißt, mittels welcher, von betrieblichen Potenzen genährter Prozesse die Situation bewältigt werden soll (vgl. Kapitel III 4). Die betrieblichen Oberziele gehören zwar zu den betrieblichen Strukturmerkmalen, sie sind zugleich aber auch wichtige Bestimmungsfaktoren der betrieblichen Potentialstruktur. Insofern wird diese gewissermaßen durch die Festlegung des Bündels betrieblicher Oberziele wesentlich mit vorgeformt.

Oberziele festzulegen, ist eine Willensbekundung [136]. Die Durchsetzung des Willens trifft auf innerbetriebliche, marktliche und staatspolitisch gesetzte Lebensbedingungen des Betriebes, die insofern zu dessen Potentialstruktur gehören, als sie die Spielräume festlegen, innerhalb deren der betriebliche Willen zu agieren vermag. Insoweit der Betrieb nicht in der Lage ist, diese seine Lebensbedingungen zu verändern, muß er sie respektieren, wenn er realitätsadäquat handeln will. Beispielsweise kann der Betrieb im Augenblick nur soviel investieren, um sächliche Kapazitäten zu erneuern, zu erweitern oder umzustellen, wie die Finanzierungsmöglichkeiten hergeben, auch wenn er in der Lage sein sollte, die Finanzierungsmöglichkeiten allmählich durch die Verbesserung seiner marktlichen Verdienstmöglichkeiten sowie durch eine darüber hinausgehende

---

[135] Vgl. THEO THIEMEYER: Gemeinwirtschaftlichkeit als Ordnungsprinzip, a.a.O., insbes. S. 131 ff. und S. 181 ff., sowie *derselbe:* Wirtschaftslehre öffentlicher Betriebe, a.a.O., S. 28.
[136] Vgl. die in Anmerkung 106 genannte Quelle.

Pflege seines Rufes als Kapitalnehmer und vielleicht auch rasch durch Anknüpfen von Beziehungen zu neuen potentiellen Kapitalgebern zu vermehren.

Das zwischen Oberziel- und Potentialstruktur bestehende Verhältnis ist bei öffentlichen Betrieben nicht dasselbe wie bei privaten. Private Betriebe der meisten oberziel- und eigentumsbezogenen Typen, insbesondere private kaufmännische und ständische Unternehmungen, die das private Verkehrsgewerbe fast ausschließlich «besetzen», sind dem Grundsatz nach in bezug auf die Erhaltung und Verbesserung ihrer Potentialstruktur auf sich selbst gestellt, es sei denn, sie würden zu Zusammenschlüssen untereinander bereit sein. Als Ausnahmen könnten öffentliche Finanzierungshilfen [137]) angesehen werden, auf die sie aber zumeist lediglich dann einen Rechtsanspruch haben, wenn sie sich in den Dienst der Erfüllung öffentlicher Aufgaben, etwa solcher im Verkehr, gestellt haben. Insoweit öffentliche Finanzierungshilfen ohne solchen oder anderen Rechtsanspruch gewährt werden, wird sich die zuständige öffentliche Stelle an bestimmten Betriebsmerkmalen orientieren, die der Betrieb im Lauf seiner Geschichte erworben, also wiederum selbst zu vertreten hat. Öffentlichen Betrieben können demgegenüber wegen der Möglichkeit des Rückgriffs auf öffentliche Haushalte und damit auf die hinter diesen stehende Steuerkraft von Gemeinwesen nicht nur Substanzverluste ersetzt werden, die private Unternehmungen zum Konkurs brächten. Sie können auf diesem Weg auch rasch mit zusätzlichen finanziellen, sächlichen und personellen Potenzen ausgestattet werden, ohne daß sie sich die Voraussetzungen dafür zuvor im marktlichen Wettbewerb erkämpfen müßten. Schließlich ist es unter Rückgriff auf die Gesetzgebungsgewalt der öffentlichen Hand auch möglich, die staatspolitisch gesetzten Lebensbedingungen öffentlicher Betriebe und ihrer etwaigen Konkurrenten ad hoc zugunsten der einen oder der anderen Seite zu verändern und damit auch in die marktlichen Wettbewerbsbeziehungen zwischen beiderlei Gruppen von Betrieben einzugreifen.

2. Betriebsstrukturelle Möglichkeitsrahmen der Absatz- bzw. Angebotspolitik im Verkehr

Wird von den betrieblichen Oberzielen abgesehen, so sind die ablaufspolitischen Möglichkeiten eines Betriebes, die ihm zur Bewältigung einer bestimmten Situation verfügbar sind, in dem jeweiligen Zustand seiner Potentialstruktur angelegt. Diese bildet gewissermaßen den innerbetrieblichen finanziellen, sächlichen und personellen sowie den zwischenbetrieblichen, teils marktlichen, teils staatspolitisch gesetzten Möglichkeitsrahmen, innerhalb dessen Prozesse auf den verschiedenen betrieblichen Funktionsgebieten (Kreislauf- und Querschnittsfunktionen) ablaufen können (vgl. Kapitel III 4). Soll dieser Möglichkeitsrahmen für ein Funktionsgebiet von Verkehrsbetrieben, hier für das der Leistungsverwertung — bei privaten Unternehmungen: Absatzwirtschaft, bei öffentlichen Betrieben: Angebotswirtschaft — umschrieben werden, so ist es erforderlich, aus den Kategorien ökonomischer Strukturmerkmale von Verkehrsbetrieben (vgl. Kapitel III 5 a') jene herauszulesen, die für das betreffende Teilgebiet der betrieblichen Tätigkeit im Vordergrund stehen, unmittelbar bedeutsam sind. Nur bei einer solchen Schwerpunktbildung lassen sich überhaupt auf Funktionsgebiete bezogene strukturelle Möglichkeitsrahmen angeben; denn, genau genommen, berühren alle Kategorien betriebsstruktureller Merkmale sämtliche betrieblichen Funktionsgebiete, sind diese doch einander alle komplementär.

---

[137]) Ein Überblick über ihre Zwecke, Formen und Wirkungen bei KARL OETTLE: Finanzierungshilfen, öffentliche, in: Erwin Grochla und Waldemar Wittmann (Hrsg.), Handwörterbuch der Betriebswirtschaftslehre 4. Aufl., Band 1, Stuttgart 1974, Sp. 1446 ff. Ausführlich: KLAUS VON WYSOCKI: Öffentliche Finanzierungshilfen, Köln und Opladen 1961.

Was das Funktionsgebiet der Absatz- oder Angebotswirtschaft betrifft, so stehen bei Verkehrsbetrieben folgende Merkmalskategorien (Eigenschaftsstellen) der Potentialstruktur im Vordergrund (Numerierung nach der von S. 29):

(1) Das Leistungsprogramm in erster Linie nach der Leistungsbreite, in zweiter Linie — wegen der Komplementarität der selbst- oder fremderfüllten verkehrlichen (nicht: allgemein-betrieblichen!) Funktionen — auch nach der Leistungstiefe;

(2) sächliche und personale Kapazitätsgrößen, sowie deren Teilung bzw. Teilbarkeit;

(3) Kapazitätsqualitäten, und zwar in erster Linie die nutzenwirtschaftlich (ertragswirtschaftlich) bedeutsamen wie Nutzenabhängigkeiten, Umstellungs- und Überbeanspruchungselastizitäten, räumliche Verschieblichkeiten, Geschwindigkeit, Sicherheit, Zuverlässigkeit, Bequemlichkeit, in zweiter Linie auch die kostenwirtschaftlich wichtigen, von ihnen insbesondere die Kostenabhängigkeiten;

(4) die Standorte und Bedienungsgebiete;

(7) die gegenwärtigen und erwarteten absatzmarktlichen Lebensbedingungen der betrieblichen Leistungswirtschaft [138]);

(8) gegenwärtige und erwartete öffentliche (staatspolitische) Lebensbedingungen derselben; [138])

(11) die richtungsweisenden betriebswirtschaftlichen Entscheidungen auf dem Gebiet der Absatz- bzw. Angebotswirtschaft einschließlich der ihr unmittelbar dienenden Investitions- und Personalwirtschaft;

(12) der Ruf, den sich der Betrieb als Anbieter erworben hat;

(13) die innerbetriebliche soziale Schichtung in bezug auf das Verhalten.

Diese Merkmalskategorien seien im Hinblick darauf betrachtet, was sie für die absatz- bzw. angebotspolitischen Möglichkeiten eines Verkehrsbetriebes bedeuten:

Das Leistungsprogramm (1) besagt, insoweit es die Leistungsbreite meint, wievielerlei verkehrliche Dienste und etwa auch nicht-verkehrliche Leistungen der Betrieb erbringt. Insoweit es die Leistungstiefe betrifft, gibt es an, welche der verschiedenen teils einander streng komplementären, teils lediglich fakultativen verkehrlichen Funktionen der Betrieb selbst wahrnimmt und in bezug auf welche er oder seine Abnehmer auf Dritte angewiesen sind. Bietet ein Betrieb mehrerlei Verkehrsdienste nebeneinander an, so braucht die Leistungstiefe für sie nicht gleich zu sein (man denke an den Schienen- und den Straßenverkehr von Eisenbahnbetrieben!). Zu den verkehrlichen Funktionen, die von den allgemeinen, für alle Wirtschaftszweige geltenden betrieblichen Kreislauf- und Querschnittsfunktionen zu unterscheiden sind, gehören die Bereithaltungsfunktionen (Wege- und Stationsbereithaltung, Fahrzeugbereithaltung), die Wegsicherungsfunktion, die Beförderungsfunktion, die Abfertigungsfunktion und die Hilfsfunktionen [139]) (z. B. Transportversicherung, Bewirtung und Beherbergung, Lagerung und Pflege von Transportgütern). Um das Leistungsprogramm auszuführen, bedarf es dafür geeigneter Kapazitätsqualitäten (3). Sie bestimmen unter anderem, was für Leistungen der Art und den konkreten Eigenschaften nach überhaupt erbracht werden können. Von ihnen hängt es auch ab, inwieweit und zu welchen Kosten die Mengen, die Arten und die Eigenschaften der Leistungen variierbar sind. Welche Leistungsmengen sich je Zeiteinheit in den einzelnen Dienstzweigen wie in den einzelnen selbstwahrgenommenen verkehrlichen Funktionsgebieten erzeugen lassen, richtet sich nach der Größe der sächlichen und personalen Kapazitäten (2) sowie, was die Leistungstiefe betrifft, nach der Größe der Kapazität eines etwaigen Engpaßfaktors. Wo verkehrliche Funktionen nicht selbst

---

[138]) Vgl. die in Anmerkung 45 genannte Quelle.
[139]) Vgl. Anmerkung 43 und die dort genannte Quelle.

wahrgenommen werden, kann es bei der Deckung des Bedarfs an Leistungen auf komplementären verkehrlichen Funktionsgebieten Beschaffungsengpässe geben. Sie sind zu den gegenwärtigen und erwarteten marktlichen Lebensbedingungen der betrieblichen Leistungswirtschaft (7) oder zu den gegenwärtigen und erwarteten öffentlichen (staatspolitischen) Lebensbedingungen derselben (8) zu rechnen, je nachdem ob die Fremdwahrnehmung der jeweiligen komplementären Funktion privater oder öffentlicher Natur ist. Die Standorte und Bedienungsgebiete (4) geben an, wo die stationären Kapazitäten loziert sind und wo die mobilen Kapazitäten derzeit dazu verwendet werden, abzugebende Leistungen zu produzieren. Die räumliche Verschieblichkeit, die eine Kapazitätsqualität (3) darstellt, besagt, inwieweit mobile Kapazitäten innerhalb der vorhandenen Bedienungsgebiete umgegliedert oder zum Aufsuchen neuer Bedienungsgebiete eingesetzt werden können. Dazu vorhandene kapazitative Möglichkeiten auszunützen, ist möglicherweise durch staatlich verordnete Wettbewerbsbeschränkungen (8 mit 7) verwehrt. Inwieweit von den verschiedenen in den quantitativen und qualitativen sächlichen und personalen Kapazitäten angelegten Möglichkeiten der quantitativen, qualitativen und räumlichen Variation der Produktion von Endleistungen und damit des betrieblichen Leistungsangebots Gebrauch gemacht werden kann, wird von der innerbetrieblichen sozialen (betriebsgesellschaftlichen) Schichtung in bezug auf das Verhalten beeinflußt (13), so beispielsweise durch eine vorhandene oder fehlende Bereitschaft von Belegschaftsangehörigen, unregelmäßig und/oder an wechselnden Orten zu arbeiten. Diese Schichtung ist nicht ein für allemal gegeben, sondern kann im Zeitablauf, etwa in Abhängigkeit von der Lage auf Arbeitsmärkten oder von der Qualität der Betriebsführung wechseln. Mit richtungsweisenden Entscheidungen für die der Absatz- bzw. Angebotswirtschaft unmittelbar dienenden Investitionswirtschaft und Personalwirtschaft (11) sind möglicherweise kapazitätsverändernde Beschaffungs-, Anstellungs-, Umstellungs- oder Abbauvorgänge eingeleitet, die um so weniger reversibel sein, das heißt, eine um so größere Fortsetzungsdringlichkeit [140]) aufweisen werden, je weiter sie vorangeschritten sind. Der Ausnützung an sich vorhandener quantitativer und qualitativer Kapazitäten sächlicher wie personaler Art stehen gerade im Verkehr vielerlei staatlicherseits erlassene und überwachte Benützungsvorschriften entgegen (8) [141]). — All diese Bemerkungen haben zunächst einmal den produktionstechnischen-produktionswirtschaftlichen Möglichkeitsrahmen der verkehrsbetrieblichen Absatz- bzw. Angebotspolitik in seinen sozialen und rechtlichen, anders ausgedrückt, in seinen institutionellen Beschränkungen skizziert.

Dem produktionstechnisch-produktionswirtschaftlichen Möglichkeitsrahmen der Absatz- bzw. Angebotspolitik steht der marktlich-verkehrspolitische zur Seite. Zu ihm gehören die gegenwärtigen und erwarteten absatzmarktlichen Lebensbedingungen der betrieblichen Leistungswirtschaft (7), die gegenwärtigen und erwarteten öffentlichen (staatspolitischen) Lebensbedingungen derselben, insoweit sie die Leistungsverwer-

---

[140]) Wegen dieses Begriffes siehe die in Anmerkung 36 an letzter Stelle genannte Quelle, S. 34 f.

[141]) Sie sind Ergebnisse der Verkehrspolizeipolitik. Diese ist bisher in den systematischen Darstellungen der Verkehrspolitik weitgehend vernachlässigt worden. (Siehe beispielsweise ANDREAS PREDÖHL: Verkehrspolitik, a.a.O., Dritter Teil: Gestaltung des Verkehrs, S. 269 ff.). Monographische Abhandlungen für einzelne Verkehrsmittel und die verkehrspolizeiliche Behandlung einzelner ihrer Eigenschaften liegen dagegen vor. (Siehe etwa: JÖRG ABTHOFF, HERBERT HEITLAND, DIETER MATTHES, HOLGER MENRAD, BERNHARD MICHEL, und KURT OBLÄNDER: Auto und Abgas — Gesamtemission von Schadstoffen, Maßnahmen zu ihrer Verminderung und gesetzliche Vorschriften, Schriftenreihe des Verbandes der Automobilindustrie e. V. (VDA) 18, Frankfurt am Main 1974). Um die rechnerische Berücksichtigung verkehrspolitisch hervorgerufener wettbewerblicher Imparitäten bemühen sich beispielsweise die in Anmerkung 9 genannten Autoren.

tung [142]) betreffen (8), sowie der Ruf [143]), den der Betrieb als Anbieter genießt (12). Diesen Ruf hat sich der Betrieb in seinem bisherigen Bedienungsgebiet (4) erworben. Er ist nicht allein eine Eigenschaft der betrieblichen Potentialstruktur, sondern zugleich auch ein Bestimmungsfaktor anderer ihrer Merkmale, nämlich der unter (7) genannten absatzmarktlichen, aber auch der unter (8) aufgeführten staatspolitischen Lebensbedingungen. Außer aktuellen und potentiellen Nachfragern fällen auch zuständige öffentliche Stellen, beispielsweise Genehmigungs- und Aufsichtsbehörden, Urteile über den Grad der bisherigen Bewährung des Betriebes als Anbieter, die seine künftigen absatz- bzw. angebotspolitischen Möglichkeiten beeinflussen können. Mit richtungsweisenden Entscheidungen auf dem Gebiet der Absatz- bzw. Angebotspolitik selbst (11) sind möglicherweise Festlegungen getroffen worden, wie längere vertragliche oder auch nur tatsächliche Bindungen an Großverlader oder wie die Einführung eines bestimmten Tarifsystems, die sich nicht leicht wieder zurücknehmen lassen, oder es sind vielleicht Vorgänge, wie die Abstoßung bestimmter Abnehmergruppen, eingeleitet worden, die sich — hier: wegen der Nachfrageremanenz im Verkehr [144]) — schwerer revidieren lassen, als sie herbeizuführen waren.

Zu den absatzmarktlichen und zu den für ihre Leistungsverwertung wichtigen staatspolitischen Lebensbedingungen der Leistungswirtschaft von Verkehrsbetrieben sind insbesondere gemeinsame Eigenschaftsstellen von Verkehrbetrieben und Verkehrsmärkten zu rechnen, die (in Kapital III 5 a und b) als „Verknüpfungsstellen zwischen der Struktur von Betrieben und der Struktur von Verkehrsmärkten" hervorgehoben worden sind. Es sind dies (nach der Numerierung von S. 32) folgende: (1) Zahl und Gegenstände der Verkehrsmärkte, auf denen der Betrieb anbietet; (4) Zusammensetzung der fraglichen Verkehrsmärkte aus Teilmärkten, ihre Konkurrenzstruktur und Bewegungsstruktur, die Elastizitätsstrukturen des jeweiligen Angebots und der jeweiligen Nachfrage; (2, 3 und 5) der Möglichkeitsrahmen des quantitativen und des qualitativen Verkehrsbedarfs von Betrieben und der Nachfrager auf den einzelnen Verkehrsmärkten; (6) verkehrsräumliche Affinitäten binnenräumlicher und den Raum übergreifender Art, vor allem nach räumlicher Lage, Transportobjekten und zeitlicher Bewegungsstruktur; (7) Struktur der leicht variablen Möglichkeiten öffentlicher Eingriffe und der verhältnismäßig feststehenden öffentlichen Eingriffe in den (einzelnen) Verkehrsmarkt.

Von der Sache her zwischen dem produktionstechnisch-produktionswirtschaftlichen und dem marktlich-verkehrspolitischen Möglichkeitsrahmen stehen (2) die Kapazitätsgrößen und (3) die Kapazitätsqualitäten der Anbieter auf den einzelnen Verkehrsmärkten. Sie umschließen zum einen die quantitativen und qualitativen Kapazitäten des jeweils betrachteten Verkehrsbetriebs, die einen wesentlichen Bestandteil seines produktionstechnisch-produktionswirtschaftlichen Möglichkeitsrahmens der Absatz- bzw. Ange-

---

[142]) Wegen dieses Begriffes siehe ERICH GUTENBERG: Grundlagen der Betriebswirtschaftslehre, Zweiter Band: Der Absatz, 1. Aufl. Berlin-Göttingen-Heidelberg 1955, S. 1 (15. Aufl., Berlin-Heidelberg-New York 1976, S. 1).

[143]) Über den Ruf eines Betriebes und die Rufpflege („Rufpolitik") ausführlich CURT SANDIG: Betriebswirtschaftspolitik, 2. völlig neu bearb. Aufl. von „Die Führung des Betriebes — Betriebswirtschaftspolitik", Stuttgart 1966, insbes. S. 272 ff.

[144]) Die Nachfrageremanenz im Verkehr besteht darin, daß bestimmte Teile der Verkehrsnachfrage von einem Verkehrsbetrieb oder Verkehrszweig leichter verloren bzw. abgestoßen als zurückgewonnen werden können. Die verkehrliche Nachfrageremanenz ist besonders stark, wo der Verkehrsnutzer mit Hilfe von Investitionen auf Eigenverkehr ausweicht oder wo längerfristige Bindungen zwischen Verlader und Frachtführer üblich sind. (So KARL OETTLE: Verkehrsbetrieb und Verkehrsbetriebslehre, a.a.O., Sp. 4156).

botspolitik bilden. Zum anderen sind sie Bestimmungsfaktoren der Elastizitätsstruktur des Angebots sowie der Bewegungs- und der Konkurrenzstruktur des betreffenden Verkehrsmarktes (4).

3. Ziel- und Ereignisadäquanz von Entscheidungen

Der produktionstechnisch-produktionswirtschaftliche wie der marktlich-verkehrspolitische Möglichkeitsrahmen der Absatz- bzw. Angebotspolitik von Verkehrsbetrieben wird von diesen bei rationalem Verhalten im Sinne ihrer Oberziele ausgenützt. Neben dieser Zieladäquanz der absatz- bzw. angebotspolitischen Entscheidungen steht deren Ereignisadäquanz. Beiderlei Adäquanzen bestimmen den Entscheidungserfolg, der innerhalb der überhaupt vorhandenen Entscheidungsspielräume erzielt wird. Die Ereignisadäquanz der Entscheidungen besagt, kurz gefaßt, ob und inwieweit die Urteile der Entscheidungspersonen über die jeweilige Lage, für die zu entscheiden ist, durch die späteren, für den Entscheidungserfolg maßgeblichen Ereignisse verifiziert oder falsifiziert werden. Zur Lage, die von den Entscheidungspersonen bei der Entscheidungsvorbereitung zu beurteilen ist, gehören die jeweiligen betriebs- und marktstrukturellen Möglichkeitsrahmen sowie die jeweilige Situation samt jenen in ihnen beschlossenen künftigen Möglichkeiten, die für den zeitlichen Entscheidungshorizont wichtig sein könnten.

Zum Beispiel stellen die Elastizitätsstrukturen der Nachfrage marktliche und zugleich auch betriebliche Strukturmerkmale dar, die, soweit einschlägig, hinsichtlich ihrer derzeitigen Ausprägung wie in bezug auf Möglichkeiten ihrer Veränderung innerhalb des zeitlichen Entscheidungshorizonts abzuschätzen sind, wenn eine absatzpolitische, etwa eine preispolitische Entscheidung rational fundiert werden soll. In dem Maße, in dem sich nach der Entscheidung tatsächlich andere als die bei ihrer Vorbereitung angenommenen Preiselastizitäten der Nachfrage (etwa verschiedener Nachfragerschichten), den Entscheidungserfolg beeinflussend, einstellen, wurde die Ereignisadäquanz der Entscheidung verfehlt.

Das genannte Beispiel betrifft die Beurteilung der Eignung eines dank der Betriebs- und Marktstruktur verfügbaren bestimmten Mittels, hier eines preispolitischen, in einer gegebenen Situation. Ein zweites Beispiel gelte der Situationsbeurteilung: Wird auf einem räumlichen Teilmarkt ein Nachfragerückgang beobachtet, so wäre es für das absatz- bzw. angebotspolitische Verhalten des Betriebes nützlich zu erfahren, wie die Nachfrage weiter verlaufen wird, wobei außer den Veränderungsmengen auch die Veränderungsgeschwindigkeiten sowie etwaige Verlagerungen zwischen mehreren bedienten Relationen wissenswert wären. Je nachdem, wie das eingetretene Ereignis im Hinblick auf die ihm folgenden Ereignisse beurteilt wird, wird es überhaupt erst überlegenswert sein, an eine absatzpolitische Anpassungsmaßnahme zu denken. Treffen tatsächlich andere als die angenommenen weiteren Ereignisse ein, ist nach Maßgabe der Diskrepanz wiederum die Ereignisadäquanz der Entscheidung über eine solche Maßnahme nicht erreicht worden.

B. Verkehrliche Preispolitik

1. Oberziele und Leistungsverwertung von Verkehrsbetrieben

Private Verkehrsunternehmungen ohne öffentliche Aufgaben und öffentliche Verkehrsbetriebe dienen in einem ausgesprochen marktwirtschaftlichen System höchst unterschiedlichen instrumentalen Zwecken (vgl. Kapitel IV B 1), es sei denn, öffentliche

Verkehrsbetriebe würden in systemwidriger Weise geführt. Das heißt, beiderlei Verkehrsbetriebe haben nicht den gleichen institutionellen Sinn [145]). Wenn sie aber auch ihre jeweiligen Leistungen, *betriebs*wirtschaftlich gesehen, aus sehr verschiedenen Gründen erzeugen und zu verwerten suchen, sind sie doch, *volks*wirtschaftlich betrachtet, gleichermaßen Verkehrsbedienungsaufgaben gewidmet. Private Verkehrsunternehmungen werden aus eigenem Antrieb tätig, um im Interesse der maßgebenden Betriebspersonen oder Gruppen solcher Personen an der Wahrnehmung von Verkehrsbedienungsaufgaben zu verdienen, gleichgültig ob sie sich dabei selbst einem mehr oder weniger freien bzw. beschränkten Wettbewerb auf Verkehrsmärkten aussetzen oder ob sie sich von der öffentlichen Hand gewissermaßen in Auftrag nehmen lassen. Öffentliche Verkehrsbetriebe werden demgegenüber bei systemgemäßer Führung unmittelbar, nicht auf dem Umweg über betriebswirtschaftliche Verdienstinteressen, in die Erfüllung öffentlicher Verkehrsaufgaben eingespannt. Der unterschiedliche institutionelle Sinn von beiderlei Betrieben führt dazu, daß das Kategorienbündel der jeweils zu verfolgenden Oberziele unterschiedlich zusammengesetzt ist (vgl. Kapitel IV B 3).

Der zur Ordnungspolitik (vgl. Kapitel IV B 2) gehörenden Verkehrskonkurrenzpolitik ist in einem marktwirtschaftlichen System aufgetragen, den Wettbewerb zwischen den verschiedensten (privaten und öffentlichen) Verkehrsbetrieben davor zu bewahren, sich selbst zu zerstören. Eine erfolgreiche Verkehrskonkurrenzpolitik unterstellt, dürfen in einem ausgesprochen marktwirtschaftlichen System öffentliche Verkehrsbedienungsaufgaben, streng genommen, allein auf die Grundlage verkehrspolitischer Urteile darüber postuliert werden, ob und inwieweit volkswirtschaftliche (gesamt-, regional- und gemeindewirtschaftliche) Verkehrsbedienungsaufgaben vom Wettbewerb zwischen den privaten Verkehrsunternehmungen nicht hinreichend erfüllbar sind oder erfüllt werden. Um die mit solchen Urteilen festgestellten (transportobjektbezogenen, räumlichen, zeitlichen, verkehrsmittelbezogenen) «Bedienungslücken» zu schließen, können — je nach Zweckmäßigkeit — private Unternehmungen oder öffentliche Verkehrsbetriebe herangezogen werden. Dabei müßten erstere bereit sein, unter öffentlichen Auflagen und erforderlichenfalls gegen öffentliche Ausgleichsleistungen zu arbeiten. Neben dieser verkehrsbedienungs- oder leistungspolitischen Begründung (vgl. Kapitel IV B 2) gibt es auch unter ausgesprochen marktwirtschaftlichen Ordnungen eine verkehrskonkurrenzpolitische Rechtfertigung öffentlicher Verkehrsbetriebe. Sie betrifft produktionstechnisch-produktionswirtschaftlich wie volkswirtschaftlich als zweckmäßig angesehene Leitungs-, Wege- und Netzmonopole, die zu beseitigen Parallelisierungen zumindest von Leitungs-, Wege- und Stationskapazitäten erforderte. So zweckmäßig derartige Monopole in kostenwirtschaftlicher Hinsicht sind, so bedenklich sind, vom marktwirtschaftlichen Standpunkt aus gesehen, die großen absatzpolitischen Spielräume, die sie gewähren. Infolgedessen gilt es, ihre Ausbeutung durch private Unternehmungen zu verhindern. Das kann entweder durch deren Kontrolle oder durch Selbsteintritt der öffentlichen Hand mit eigenen Betrieben geschehen. Solche öffentlichen Monopolbewirtschaftungsbetriebe schaffen im Verkehr insoweit besondere wettbewerbliche und wettbewerbspolitische Probleme, als sie Substitutionskonkurrenten haben, die andersartige Wege als die von dem öffentlichen Betrieb für seine Dienste reservierten benützen.

---

[145]) Wegen des Begriffes „institutioneller Sinn" vgl. die in Anmerkung 98 genannte Quelle. Über die Unterscheidung privater und öffentlicher Verkehrsbetriebe KARL-OTTO KONOW: Zur Problematik der Betätigung des Bundes in privatwirtschaftlichen Verkehrsunternehmen, in: Zeitschrift für Verkehrswissenschaft 38 (1967), S. 71 ff.; *derselbe:* Unternehmensziele der staatlichen Eisenbahnen. In: Zeitschrift für Verkehrswissenschaft 43 (1972), S. 151 ff.

Sollen verkehrliche Bedienungslücken durch öffentliche Betriebe geschlossen werden, so dürfen und können sich diese, falls eine wirkliche und nicht etwa nur eine scheinbare öffentliche Aufgabe wahrzunehmen ist, keineswegs nach Oberzielen derselben Kategorien richten wie private Unternehmungen, in deren Oberzielbündel in aller Regel die Rentabilitäts- und Sicherheitsziele dominieren (vgl. Kapitel IV B 3). Hinreichende private Unternehmungsbereitschaft vorausgesetzt, die im Verkehr schon wegen seiner vielerlei Möglichkeiten für mittelständische Betriebsgrößen bis heute sicher (noch) vorliegt, entstehen dort keine Bedienungsabmängel, wo als hinreichend angesehene Verdienstchancen vermutet werden, daß heißt, wo es Privaten aussichtsvoll erscheint, ihren Erwerbszielen nachzugehen. Infolgedessen müssen öffentliche Verkehrsbetriebe Lückenschließeraufgaben unbedingt nach Oberzielen zu erfüllen suchen, die mit dem dem Erwerbsprinzip konträren Dienstprinzip (vgl. Kapitel IV A 3) zu vereinbaren sind, sich unmittelbar aus verkehrspolitischen Aufgaben herleiten lassen (vgl. Kapitel IV B 1) und den Charakter von Darbietungszielen, leistungs- und finanzwirtschaftlichen Sicherungszielen, Ausgleichszielen und Wachstumszielen haben (vgl. Kapitel IV B 3). Wäre es anders, so würde davon ausgegangen werden müssen, der fragliche öffentliche Betrieb könnte seine Leistungen um so vieles wirtschaftlicher erzeugen und abgeben als etwaige private Substitute, daß allein die Kosten- und Ertragsdifferenzen ausreichen, ihm jene Verdienstmöglichkeiten zu gewähren, die das private Verkehrsgewerbe infolge seiner schlechteren Wirtschaftsgebarung nicht findet. Daß eine derartige Annahme zumindest wenig realistisch wäre, dürfte kaum strittig sein [146]).

Sollen öffentliche Betriebe, wie bei der Bewirtschaftung verkehrlicher Monopole und Teilmonopole, (Sach- oder) Dienstleistungsaufgaben übernehmen, für die es ausschließlich oder vornehmlich ordnungspolitische, genauer: wettbewerbspolitische Gründe gibt, so ist die Oberzielfrage etwas anders als bei Vorliegen ausgesprochen leistungspolitischer Aufgaben zu sehen. Hier müßte es bei Fehlen von Substitutionskonkurrenten grundsätzlich möglich sein, Rentabilitätsziele zu erreichen, insoweit das Bedienungsnetz nicht so verdichtet (überdehnt) wird, daß für schwach frequentierte Netzteile die Kosten je Leistungseinheit eine Höhe erreichen, die bei mehr oder weniger preiselastischer Nachfrage entweder keine sie deckenden Entgelte erlauben oder bei einer auf die Deckung der spezifischen Kosten bedachten Preispolitik zu einer sich schraubend vollziehenden allmählichen Abstoßung jeglicher Nachfrage in den betreffenden Netzteilen führt [147]). Sind Substitutionskonkurrenten vorhanden, so bleibt zwar die Leitung, der Weg oder das Netz, produktionstechnisch-produktionswirtschaftlich gesehen, ein Monopol. Absatzwirtschaftlich betrachtet, geht aber dieser Charakter um so mehr verloren, je mehr der bedienbaren Verkehrsbedarfe auch durch die substitutiven Verkehrsmittel befriedigt werden können. Solange das nicht alle (nennenswerten) Verkehrsbedarfe sind, bleibt eine Monopolsituation gegenüber jenen bestehen, die nicht auszuweichen vermögen. Weder im Falle des vollen noch im Falle des nur noch teilweisen Monopols darf der öffentliche Betrieb sich mit ähnlicher Intensität erwerbsstrebig verhalten wie eine private Unternehmung, ist er doch gerade dazu bestellt, diese Art der Monopolbewirtschaftung zu

---

[146]) Zur Frage der Effizienz öffentlicher Betriebe und ihrer Verbesserung: *Wissenschaftlicher Beirat der Gesellschaft für öffentliche Wirtschaft und Gemeinwirtschaft:* Zur Leistungsfähigkeit öffentlicher Unternehmen — Beispiele und Ursachen für Leistungseinschränkungen sowie Möglichkeiten von Leistungsverbesserungen, Schriftenreihe der Gesellschaft für öffentliche Wirtschaft und Gemeinwirtschaft e. V. 15, Berlin 1977.

[147]) Über diesen Vorgang, den er „Rückwärtsdrall" nennt, RUDOLF HOFFMANN: Rückzug der Eisenbahnen aus der Fläche?, a.a.O., insbes. S. 24 f..

verhindern. Wenn aber der Cournotsche Punkt [148]), an dem die Monopolstellung gewinnoptimal ausgenützt ist, nicht angestrebt werden darf, ist es notwendig, wie dort, wo öffentlichen Betrieben ausgesprochene leistungspolitische Aufgaben gestellt sind, die Darbietungsziele in den Vordergrund zu rücken, und zwar nach mehr oder weniger weit gegangener Auflösung einer ursprünglich vollen oder doch großenteils bestehenden Monopolstellung weit mehr als zuvor.

Solange ein auf der Einmaligkeit von Leitungen, Wegen oder Verkehrsnetzen beruhendes Monopol vollständig ist, dürfte deren Existenzberechtigung unbestritten sein. Zu diskutieren wäre allenfalls über die Einmaligkeit, die sich zumeist von der natürlichen und technischen Seite her durch parallele Investitionen beseitigen ließe, auch wenn diese nicht zweckmäßig sein sollten. Wenn jedoch statt der Parallelangebote im gleichen Verkehrszweig substitutive Verkehrszweige auftreten und große Verkehrsanteile gewinnen, wie es in der Substitutionskonkurrenz zwischen Schienen- und Straßenverkehr sowie zwischen Schienen- und Luftverkehr der Fall ist, kann der Zeitpunkt kommen, in dem der ursprüngliche Monopolweg bzw. das ursprüngliche Monopolnetz als Verkehrszweig in Frage gestellt wird.

Wird die Eisenbahn als aktuelles Beispiel genommen, so zeigt sich folgendes: Ihre große Massenleistungsfähigkeit ist in der Netzverästelung zumeist von jeher nur zu einem kleinen Teil ausnützbar gewesen. Diesem Tatbestand wurde tunlichst durch eine vereinfachte und damit billige Betriebsweise Rechnung getragen, die zugleich die tatsächliche quantitative Kapazität von Strecken und Stationen unter der möglichen hielt [149]). Das Vorandringen der Substitutionskonkurrenten führt dazu, daß die große Massenleistungsfähigkeit des Schienennetzes mehr und mehr auch auf Strecken zwischen und Stationen in Verdichtungsgebieten ungenützt bleibt, obgleich sie hier infolge der angewandten vervollkommneten und aufwendigen technischen Betriebsweise in hohem Maße oder voll nutzbar wäre [150]). In dem Maße, in dem die Unterausnützung der sächlichen und personalen Kapazitäten der Bahn zunimmt, schwinden selbst bei (hier nicht behaupteter) bester Wirtschaftsgebarung die früher vorhandenen Möglichkeiten, wenigstens außerhalb der Lückenbüßerdienste leistenden Netzteile und Dienstzweige kaufmännische Rentabilitäten zu erzielen, ja diese Möglichkeiten verkehren sich in ihr Gegenteil, nämlich in die Unmöglichkeit, ein Eisenbahnnetz unter den obwaltenden Wettbewerbsverhältnissen aus der Zone kaufmännischer Verluste herauszubringen. Die zu stellende verkehrs- und eisenbahnbetriebspolitische Hauptfrage darf dann nicht heißen, welche Netzteile abzukappen sind, damit der Betrieb wieder eigenwirtschaftlich geführt werden kann [151]). Diese Frage wäre, rein einzelwirtschaftlich gesehen, nur sinnvoll, wenn es überhaupt noch Netzteile mit Eigenwirtschaftlichkeitschancen gäbe; verkehrspolitisch betrachtet, implizierte sie freilich, daß zuerst einmal die von jeher zuschußbedürftig gewesenen Lückenfülleraufgaben gestrichen werden. Die eigentlich zu stellende verkehrs- und eisenbahnbetriebspolitische Hauptfrage müßte lauten, ob überhaupt noch ein Eisenbahnnetz aufrecht erhalten werden soll, welchen Umfang es gegebe-

---

[148]) Siehe etwa HELMUT REICHARDT: Augustin A. Cournot — Sein Beitrag zur exakten Wirtschaftswissenschaft, Tübingen o.J. (1954), S. 15.

[149]) Siehe die in Anmerkung 147 genannte Quelle, insbes. S. 14, 28 f. und 116 ff.

[150]) Vgl. hierzu *Bundesminister für Verkehr:* Bundesverkehrswegeplan 1. Stufe, a.a.O., Anlage 5 „Auslastung der Verkehrswege 1970 — Strecken der Deutschen Bundesbahn in der Bundesrepublik Deutschland" (Karte; beachte die Erläuterungen).

[151]) Diese (falsche) Frage versuchte der *Vorstand der Deutschen Bundesbahn* mit seiner Untersuchung „Betriebswirtschaftlich optimales Netz der DB" vom 22. Januar 1976 (hektographiert) zu beantworten.

nenfalls haben darf und was für eine Angebotspolitik betrieben werden kann, damit der Zuschußbedarf möglichst klein gehalten werden kann und zugleich möglichst viele öffentliche Verkehrsaufgaben erfüllt werden. Wenn, wie hier, die Eigenwirtschaftlichkeit anzustreben, von vornherein als ein wenigstens vielleicht noch realisierbares Oberziel ausscheidet, stehen, von arbeitsmarktpolitischen Überlegungen abgesehen, nur noch Darbietungsaufgaben als den Betrieb künftig allein rechtfertigende Gründe und damit als dessen dominierende Oberziele zur Wahl. Diese Darbietungsaufgaben könnten vor allem von schutzpolitischer, raumwirtschaftspolitischer, städtebaupolitischer und (auch zivil-) verteidigungspolitischer Natur sein [152]. Auf sie wird (in Kapitel V C 3) noch näher eingegangen.

Hier sei vorab nur soviel gesagt: Die öffentlich-wirtschaftliche Fortführung eines Verkehrszweiges, der auch und vornehmlich um die Bedienung starker Verkehrsströme heftig mit Substitutionskonkurrenten kämpfen muß, wird künftighin in erster Linie unter dem Blickwinkel zu sehen sein, daß mit ihr ein besonderes Wege- und Stationssystem aufrecht erhalten bleibt. Daß mehrere substitutive Wegenetze (Stationsnetze) nebeneinander existenzberechtigt sind, ist in der reinen Wege- und Stationsverwaltung, die außer der Wege- und Stationsbereithaltungsfunktion hauptsächlich vielleicht noch einige Wegesicherungsfunktionen übernimmt, bislang keine Frage. Die Eisenbahn wird hingegen in der verkehrspolitischen Diskussion, von ihren Substitutionskonkurrenten her gesehen verständlicherweise, vor allem als Beförderungsbetrieb behandelt, den seine Konkurrenten allmählich so zurückgedrängt haben, daß er sein besonderes Wege- und Stationsnetz längst nicht mehr selbst zu tragen vermag. Wenigstens ein Teil der Zuschüsse, die dem Eisenbahnbetrieb bisher zugeflossen sind, um ihn arbeitsfähig zu halten, wird von seinen Substitutionskonkurrenten als Subvention seiner Konkurrenz gegen sie aufgefaßt [153]. Selbst wenn Zuschüsse nicht mit solcher Zweckbestimmung gegeben werden, so lassen sich doch die Dienste, denen sie gelten sollen, wegen der Breite (und Zweckmäßigkeit) der gemeinsamen Produktion im Eisenbahnbetrieb kostenrechnerisch nicht einwandfrei von den anderen, im Wettbewerb stehenden trennen [154]. So problematisch dieser Tatbestand zusammen mit dem der Bezuschussung auch in wettbewerbspolitischer Hinsicht sein mag, so ist die Eisenbahn doch im Landverkehr auf Grund ihrer produktionstechnisch-produktionswirtschaftlichen Eigenschaften neben der Binnenschiffahrt einer der beiden geborenen Schwerlastträger und zugleich das einzige geborene Verkehrsmittel zur Massenbeförderung von Personen. Soll ihr Wege- und Stationsnetz dieser Tatsache wegen in größerem oder in kleinerem Umfang in Betrieb bleiben, so muß die bezeichnete wettbewerbspolitische (ordnungspolitische) Problematik in Kauf genommen und müssen der Eisenbahn Darbietungsaufgaben gestellt werden.

Wie immer auch Darbietungsziele als betriebliche Oberziele beschaffen sein mögen, gemeinsam ist ihnen, daß sie sachliche Regulatoren der Leistungserzeugung wie der Leistungsverwertung sind. Sofern sie Leistungsziele sind, legen sie die Leistungsaufgaben der Leistungsart (dem Gegenstand), der Quantität und der Qualität sowie dem Bedienungsgebiet nach fest. Als etwaige Bedarfslenkungsziele sagen sie, ob und inwieweit die freiwillige Inanspruchnahme der Dienste gefördert oder gehemmt oder ob ihre Benützung reglementiert werden soll. Als etwaige Belastungsziele schreiben sie vor, wer in welchem Maß die Kosten des Betriebs mittragen soll, insoweit sich das nicht nach Beeinflussungs-

---

[152] Siehe hierzu die in den Anmerkungen 127 und 128 genannten Quellen.

[153] Siehe etwa die in Anmerkung 55 genannte Quelle, insbes. S. 40, sowie die in Anmerkung 62 genannten Quellen an den dort genannten Stellen.

[154] Vgl. die in Anmerkung 61 genannten Quellen.

zielen zu richten hat. Entweder sind Leistungs- und Bedarfslenkungs- oder Leistungs- und Belastungsziele einander komplementär [155]).

Wo Darbietungsziele den Rang betrieblicher Oberziele haben, treten sie an die Stelle jener finanziellen Regulatoren, die als Rentabilitäts- und Sicherheitsziele gleichsam die privaten Unternehmungen regieren. Darbietungsziele kommen aber nicht nur als Oberziele und nicht allein in der öffentlichen oder in der frei-gemeinnützigen Wirtschaft vor. Jedweder Produktivbetrieb hat sie, nur spielen sie etwa bei privaten kaufmännischen Unternehmungen die Rolle von Unterzielen, die verfolgt werden, um daran zu verdienen. Der Verdienst wird andersartiger Oberziele wegen erstrebt, um solcher willen nämlich, die dem Erwerbsprinzip zugehören (vgl. Kapitel IV A 3).

So problematisch auch die etwaige (Substitutions-) Konkurrenz öffentlicher Betriebe mit privaten Unternehmungen in wettbewerbspolitischer Hinsicht sein mag, so sehr kann sie doch auch dadurch entschärft werden, daß erstere sich auf Grund ihrer andersartigen Oberziele und systemgemäß auf dem Gebiet der betrieblichen Leistungsverwertung nicht dieselben Freiheiten nehmen, die letzteren zustehen.

Zumindest sofern private Unternehmungen nicht in einem (leistungspolitisch begründeten) Auftragsverhältnis zur öffentlichen Hand stehen oder anderen (wettbewerbspolitisch gesetzten) Konkurrenzbeschränkungen unterworfen sind, werden sie die Bedürfnisse ihrer Gegenspieler im Wettbewerb (Konkurrenten, Marktpartner) bei rationalem Verhalten gemäß dem Erwerbsprinzip nur insoweit berücksichtigen, als es für sie nützlich ist oder erscheint. Die Konkurrenten können bekämpft werden, Abnehmerbedürfnisse können im Verkehr etwa durch Reduzierung des Bedienungsgebietes oder Aufgeben von Dienstzweigen ignoriert oder, vor allem durch aggressive Werbung, beeinflußt werden. Private Unternehmungen werden das Gegenstandsgebiet wechseln, auf dem sie den Markt bedient haben, oder sich auflösen, wenn sie das für vorteilhafter als das Beharren bei der bisherigen Tätigkeit oder als die Unternehmensfortsetzung halten.

Von öffentlichen Betrieben wird unter einer marktwirtschaftlich orientierten Wirtschaftsordnung demgegenüber ein anderes als das skizzierte unternehmerische Verhalten gegenüber Abnehmern und Wettbewerbern erwartet. Zwar kann es durchaus auch Aufgabe öffentlicher Betriebe sein, Bedürfnisse zu beeinflussen, im Verkehr beispielsweise auf Grund von Straßenentlastungs- und Energieeinsparungszielen. Das hat aber im öffentlich-wirtschaftlichen, im Beispielsfall im leistungspolitischen Interesse eines Gemeinwesens statt in dessen Verdienstinteresse, das hier ein fiskalistisches wäre, zu geschehen. Die öffentliche Hand darf zur ordnungsgemäßen Wahrnehmung ihrer Aufgaben erforderliche Investitionen nicht von Rentabilitätsaussichten im kaufmännischen Sinn abhängig machen, und sie ist gehalten, ihre Aufgaben auch bei Unrentabelwerden der ihnen dienenden Einrichtungen weiterhin zu erfüllen, solange und insoweit sie nicht durch politischen Beschluß als erledigt erklärt werden. Sie darf das in öffentlichen Betrieben investierte und liquidisierbare Kapital nicht beliebig anderswo für nicht-öffentliche, rein erwerbswirtschaftliche Zwecke verwenden, wenn die Aufgabe entfallen sollte, für die es bisher eigesetzt war. Öffentlichen Betrieben ist es nicht nur untersagt, Monopolstellungen auszubeuten (vgl. S. 91 f.); sie müssen sich auch im etwaigen (Substitutions-) Wettbewerb mit privaten Anbietern Beschränkungen auferlegen lassen oder selbst auferlegen, sind sie doch Organe des Staatswesens, dem seinerseits unter einer freiheitlich-marktwirtschaftlichen Ordnung die Aufgabe zufällt, für die Funktionsfähigkeit des Wettbewerbs zu sorgen und

---

[155]) Vgl. wegen der Unterscheidungen S. 48 ff. und die in Anmerkung 77 genannte Quelle, S. 252 ff.

seine Selbstvernichtung zu verhindern [156]). (Würde es sich im Hinblick auf die Beteiligung öffentlicher Betriebe am Wettbewerb mit privaten Unternehmungen anders verhalten, so könnten öffentliche Verkehrsbetriebe wie Deutsche Bundesbahn und Deutsche Bundespost bei guter kaufmännischer Führung schon ihrer Größe wegen leicht und mit Erfolgsaussicht daran denken, private Konkurrenz zu verdrängen, indem sie produktionstechnisch-produktionswirtschaftliche Vorteile wie den der — die Leerläufe reduzierenden — zentralen Wagenpoolung und absatzpolitische Möglichkeiten wie vorübergehende, Konkurrenten „aushungernde" Preisunterbietungen in Vernichtungsabsicht rücksichtslos ausspielen.)

Im Hinblick auf all die genannten prinzipiellen Unterschiede von Leistungsabsicht und Leistungsverwertung bei privaten Unternehmungen einerseits und systemgemäß geführten öffentlichen Betrieben andererseits sollte das Gebiet der Leistungsverwertung für sie nicht gleich bezeichnet werden. Dies geschieht hier, indem der privatunternehmerischen Absatzpolitik die öffentlich-wirtschaftliche Angebotspolitik gegenübergestellt wird. In dieser Bezeichnungsweise schwingt die unterschiedliche Leistungsabsicht mit; sie könnte außerdem geeignet sein, konfundierenden Assoziationen vorzubeugen.

2. Preispolitik als Zweig der Absatz- bzw. Angebotspolitik im Verkehr

Der unterschiedliche Charakter, den die Leistungsverwertung je nach den Kategorien und den konkreten Ausprägungen der betrieblichen Oberziele erhält, kommt bei zieladäquatem Verhalten außer in der je spezifischen Leistungsabsicht auch darin zum Ausdruck, was für Mittel der Verwertung (des Absatzes oder des Angebots) betrieblicher Leistungen eingesetzt werden und in welcher Weise es geschieht. Dieser Sachverhalt müßte eigentlich für die verschiedenen Zweige der betrieblichen Absatz- bzw. Angebotspolitik herausgearbeitet werden. Hier soll darauf verzichtet werden, weil nur zwei Gebiete der Absatz- bzw. Angebotspolitik privater und öffentlicher Verkehrsbetriebe exemplarisch erörtert werden sollen. Überdies liegt ein einschlägiger Ansatz an anderer Stelle vor [157]).

Preispolitik im Verkehr ist auch in ausgesprochen marktwirtschaftlichen Systemen möglicherweise nicht allein von betrieblicher, sondern teilweise auch von verkehrspolitischer Natur. Das gilt zum Beispiel in den meisten westeuropäischen Staaten nach einer langen Periode staatlicher Verkehrstarifpolitik heute noch, wenn auch dieser Zweig der Verkehrspolitik, vornehmlich auf dem Gebiet des Güterverkehrs, offenkundig im Niedergang begriffen ist [158]). Die Möglichkeit staatlicher Verkehrspreispolitik wie deren derzeiti-

---

[156]) Vgl. die in Anmerkung 55 genannte Quelle sowie WOLFGANG FIKENTSCHER: Rechtsgutachten über Fragen des Wettbewerbs der Verkehrsträger, Schriftenreihe des Bundesministers für Verkehr 24, Bad Godesberg 1963, und (Ergänzung) 28, Bad Godesberg 1964; siehe insbes. in Heft 28 die Ausführungen über „Die funktionelle Sonderstellung der Bundesbahn", S. 14 f..

[157]) KARL OETTLE und THEO THIEMEYER: Thesen über die Unterschiede zwischen privater Absatzpolitik und öffentlicher Angebotspolitik. In: Die öffentliche Wirtschaft 18 (1969), S. 37. Siehe auch THEO THIEMEYER: Wirtschaftslehre öffentlicher Betriebe, a.a.O., S. 161 ff.; KARL OETTLE: Probleme der absatzorientierten Unternehmungspoltik im öffentlichen Verkehr. In: Verkehrsannalen 22 (1975), S. 470 ff.; derselbe: Die Funktionen der Tarifpoltik innerhalb der verkehrlichen Absatz- oder Angebotspolitik. In: Verkehrstarife als raumordnungspolitisches Mittel (Raum und Verkehr 12), Forschungs- und Sitzungsberichte der Akademie für Raumforschung und Landesplanung Bd. 120, Hannover 1977, S. 299 ff.

[158]) Siehe hierzu etwa: HELLMUTH STEFAN SEIDENFUS: Verkehrsmärkte — Marktform, Marktbeziehung, Marktverhalten, Veröffentlichungen der List Gesellschaft 14, Tübingen-Basel 1959, insbes. S. 107 ff. und S. 116 f.; NORBERT KLOTEN: Die Gemeinwirtschaftlichkeit im Verkehr — Zum Stilwandel in der Verkehrspolitik. In: ORDO — Jahrbuch für die Ordnung von Wirtschaft

ger Verfall bieten einen guten Schlüssel zum Verständnis der Zusammenhänge, die zwischen verschiedenen Zweigen der betrieblichen Absatz- bzw. Angebotspolitik bestehen.

Wenn Betriebe staatlichen Preisregulierungen unterworfen werden, werden sie auf sie bei rationalem Verhalten in Ansehung sowohl der Marktlage als auch ihrer Oberziele reagieren. Die Reaktion muß, gleiche Marktlage und -beurteilung vorausgesetzt, bei privaten Unternehmungen oberzielgemäß anders ausfallen als bei öffentlichen Betrieben. Werden die vorgeschriebenen Preise angesichts der Marktlage als zu niedrig empfunden, werden private Unternehmungen, von Vorschriftsübertretungen abgesehen, versuchen, zu ihren Gunsten einen Ausgleich über Kostensenkungen herbeizuführen, die zu Lasten von Abnehmern gehen. Das können sie auf allen anderen Gebieten der Absatzpolitik versuchen, die es neben der Preispolitik gibt. Sie haben die Wahl, das Leistungsprogramm einzuengen, Leistungsqualitäten und Leistungskonditionen zu verschlechtern, unentgeltliche oder nicht-kostendeckende Kundendienstleistungen einzuschränken, einzustellen oder zu verteuern, die Werbung einzuschränken oder einzustellen, die räumliche Zugänglichkeit ihrer Angebote durch Konzentration etwaiger Filialen bzw. durch Verkleinerung von Bedienungsgebieten zu erschweren und Kundengruppen auch nach anderen als nach räumlichen Gesichtspunkten, etwa nach dem der Kleinheit von Aufträgen, abzustoßen. Werden umgekehrt die verordneten Preise von den leistenden Unternehmungen für zu hoch gehalten, so können sie danach trachten, Nachfrage statt mit ihnen verbotenen niedrigeren Preisen zu werben, indem sie auf einem oder auf mehreren der aufgezählten Gebiete absatzpolitische Maßnahmen ergreifen, die zu den eben beschriebenen konträr sind. Das absatzwirtschaftliche Reagieren auf marktliche Veränderungen oder das spontane, nicht durch Wechsel in der Marktlage stimulierte absatzwirtschaftliche Agieren läßt sich also von einem behördlich regulierten, für die Unternehmungen gleichsam stillgelegten Gebiet der Absatzpolitik auf deren andere Zweige verlagern. Die hier bestehenden Möglichkeiten gebieten es eigentlich, wenn der Zweck der Preisregulierung erreicht werden soll, diese durch eine übergreifende Absatzregulierung zu ersetzen, die den Betrieben jeglichen absatzpolitischen Spielraum nimmt und, soll sie wirksam sein, auch auf die Produktion zurückstrahlen muß. Staatliche Preisregulierungen können mithin im Prinzip als der erste Schritt auf dem Weg zur völligen Zwangswirtschaft angesehen werden, wenn sie gegenüber privaten Unternehmungen angewandt werden, die nicht in öffentlichem Auftrag stehen [159]).

---

und Gesellschaft XII (1962), S. 199 ff.; *Wissenschaftlicher Beirat beim Bundesverkehrsministerium, Gruppe A — Verkehrswirtschaft:* Der Preiswettbewerb in der zukünftigen europäischen Verkehrspolitik, Schriftenreihe des Wissenschaftlichen Beirats beim Bundesverkehrsministerium 11, Hof/Saale o.J. (1963/64); *Ministerium für Verkehr und Waterstaat:* Der Weg zur europäischen Verkehrspolitik — Einige von der niederländischen Regierung der Kommission der Europäischen Wirtschaftsgemeinschaft und den Regierungen der Mitgliedstaaten vorgelegte konkrete Ideen zur Erreichung einer gemeinsamen Verkehrspolitik, Den Haag 1964, insbes. S. 10, 19 und 30; HANS JÜRGENSEN und DIETER ALDRUP: Verkehrspolitik im europäischen Integrationsraum, Schriftenreihe zum Handbuch für Europäische Wirtschaft 10, Baden-Baden 1968, insbes. S. 53 ff. und S. 111 ff.; JEAN VREBOS: Le régime des prix pour les transports par chemin de fer, routes et voies navigables. In: Robert Wijffels, Wolfgang Stabenow und Léon van Huffel (Hrsg.), Gemeinsamer Markt & Verkehr, Antwerpen 1969, S. 131 ff.; HELLMUTH STEFAN SEIDENFUS: Auf dem Wege zur Liberalisierung des Verkehrs. In: Internationales Verkehrswesen 22 (1970), S. 210 ff.

[159]) Intensiv hat sich WALTER HAMM mit der wettbewerbspolitischen Bedeutung der Verkehrspreispolitik auseinandergesetzt; auf Grund seiner ordnungspolitischen Überzeugungen und einer Abwägung sich in bezug auf sie ergebender Vor- und Nachteile gebundener und freier Verkehrspreise plädiert er für eine „freiere Preisbildung" im Verkehr. [Siehe insbesondere: Preise als verkehrspolitisches Ordnungsinstrument, Heidelberg 1964; zuletzt: Überholtes Konkurrenzschutzdenken. In: Internationales Verkehrswesen 28 (1976), S. 73 ff.].

Werden staatliche Preisfestsetzungen in der öffentlichen Wirtschaft vorgenommen, so muß das Ergebnis bei auftragsgemäßer Reaktion der ihr unterworfenen Betriebe ganz anders sein als bei preispolitischer „Bevormundung" privater Unternehmungen ohne öffentlichen Auftrag. Private Unternehmungen, die sich in den Dienst öffentlich-wirtschaftlicher Aufgaben stellen, müssen etwaige staatliche Preisvorschriften als Bestandteil des ihnen erteilten Auftrags akzeptieren, so sie diesen übernehmen wollen. Öffentliche Betriebe sind geborene Instrumente der öffentlichen Politik, die auch Preispolitik sein kann. Werden im einen oder im anderen Fall die verordneten Preise, von der Marktlage her beurteilt, als zu niedrig angesehen, so bleibt nichts anderes übrig, als der dadurch etwa hervorgerufenen Mehrnachfrage durch Mehrleistung nachzukommen und umgekehrt, solange etwaige Vorstellungen bei der zuständigen Stelle keine Preisänderung bewirken.

Im Verkehr hat der Staat in vielen Ländern mit durchaus marktwirtschaftlichen Ordnungen bisher in verhältnismäßig großem Maß Preispolitik (Tarifpolitik) betrieben. Gerade im Verkehr ist aber die staatliche Preispolitik zugleich vor allem aus zwei Gründen besonders problemgeladen. Der eine Grund besteht in dem Nebeneinander privater Selbstbediener, privater Verkehrsunternehmungen und öffentlicher Verkehrsbetriebe. Der andere Grund liegt in den eigentümlichen Reaktionselastizitäten nicht aller, aber doch besonders wichtiger Arten der Verkehrsnachfrage. Er sei zuerst erörtert, weil so Hinweise auf die Würdigung des ersten Grundes zu gewinnen sind.

Der Güterverkehrsbedarf sowie große Teile des Personen- und des Nachrichtenverkehrsbedarfs entstehen nicht wie viele andere Bedarfe an Sach- und Dienstleistungen der Konsumgütersphäre originär. Sie setzen vielmehr andere wirtschaftliche Aktivitäten voraus, zu denen ihre Deckung komplementär ist, wobei die Bedarfsimpulse dort liegen. Die gemeinten großen Teile des Verkehrsbedarfs führen deshalb nicht zu ursprünglicher, sondern zu abgeleiteter Nachfrage [160]). Diese Eigenschaft können auch Bedarfe an Sach- und Dienstleistungen der Produktionsgütersphäre haben, die allerdings auch spontan etwa in Spekulation auf mögliche Aufträge, ohne vorhergehende Anstöße durch Nachfrage nach eigenen Produkten auftreten. Der ausschließliche Charakter erheblicher Teile des Verkehrsbedarfs als „Sekundärbedarf" kann als seine „Umsatzelastizität" bezeichnet werden. Diese Bezeichnung will besagen, daß derartiger Verkehrsbedarf und aus ihm entstammende Verkehrsnachfrage an andere, vorangehende wirtschaftliche Aktivitäten gebunden ist, die, vereinfachend ausgedrückt, (nicht-verkehrliche) „Umsätze" genannt werden.

Den Begriff der Umsatzelastizität von Verkehrsbedarf und Verkehrsnachfrage einzuführen, könnte als Gedankenspielerei aufgefaßt werden, wäre er nicht als „sprechender" Gegenbegriff zur Preiselastizität der Nachfrage von Nutzen, deren „nicht-sprechender" Gegenbegriff die Preisinelastizität (Preisrigidität) ist. Wird von Umsatzelastizität eines Bedarfs oder einer Nachfrage gesprochen, so wird sogleich mitgesagt, warum Preisrigidität vorliegt, nämlich infolge des Sekundärcharakters. Zu beachten ist allerdings, daß Umsatzelastizität von Verkehrsbedarf und Verkehrsnachfrage nicht unbedingt völlige Preisrigidität impliziert. Diese ist um so eher zu vermuten, eine je geringere Rolle die Transportkosten im Verhältnis zum Marktwert des umgesetzten und (deshalb) zu befördernden

---

[160]) Anderer Auffassung HELMUT DIEDERICH: Verkehrsbetriebslehre, a.a.O., S. 277 ff.. Er schreibt, „daß tatsächlich — jedenfalls im Güterverkehr — in weiten Bereichen mit einer vergleichsweise unelastischen Nachfrage nach Verkehrsleistungen gerechnet werden muß. Dies ist jedoch nicht darauf zurückzuführen, daß die Nachfrage nach Verkehrsleistungen eine abgeleitete Nachfrage ist, sondern darauf, daß der Anteil der Transportkosten an den Gesamtkosten des Erwerbs eines Leistungsbündels aus Gut und Transport oft nur gering ist..." (S. 280). Meine Argumente folgen im Text.

Gutes spielen. Umgekehrt können größere Steigerungen ihrer Transportkosten Umsätze in beförderungsbedürftigen Gütern von geringem Marktwert verhindern, so daß bei solchen Gütern trotz der Umsatzabhängigkeit des Bedarfs nach ihrem Transport eine gewisse Preiselastizität der Nachfrage zu konstatieren ist. All dies gilt nicht allein für den Bedarf und die Nachfrage nach Leistungen des Sachgütertransports, sondern (sinngemäß) auch für den Bedarf und die Nachfrage nach Beförderungsleistungen im Geschäftsreiseverkehr und im geschäftlichen Nachrichtenverkehr [161].

Wenn soeben von der Umsatzelastizität von Verkehrsbedarf und Verkehrsnachfrage gesprochen wurde, so wurde stillschweigend an Gesamtbedarfvolumina und aus ihnen abgeleitete Gesamtnachfragevolumina gedacht, welch letztere auf Verkehrsmärkten gegenüber den dort vorhandenen Anbietern als noch ungeteilt unterstellt wurden. Gibt es jedoch zwei oder mehr Anbieter, die um ein und dasselbe Nachfragevolumen konkurrieren, so kommt die Preiselastizität der Nachfrage (ebenso wie deren andere hier nicht näher erörterten Reaktionselastizitäten) trotz der Umsatzelastizität der ungeteilten Nachfrage doch noch ins Spiel, und zwar sofern die Wettbewerber allein oder unter anderem auch auf dem Gebiet der Preispolitik miteinander konkurrieren. Beschränkt sich der Wettbewerb auf die Preise, weil alle anderen Angebotseigenschaften gleich oder in bezug auf sie bestehende Differenzen für die Nachfrager uninteressant sind, wird des weiteren uneingeschränkt mit den Preisen konkurriert und hat jeder Anbieter soviel (Über-) Kapazitäten, daß er das ganze fragliche Nachfragevolumen allein zu bewältigen vermag, so tendiert der sich einstellende Marktpreis auf die Höhe, die den beschäftigungsvariablen Kosten jenes Anbieters entspricht, bei dem diese Kosten am niedrigsten sind [162]. Das etwas — aber nicht völlig — abstrakte Beispiel zeigt, daß die Umsatzelastizität von Verkehrsbedarf und noch ungeteilter Verkehrsnachfrage bei Kapazitätsüberhängen auf der Anbieterseite des betreffenden Verkehrsmarktes unter bestimmten, für vielerlei Transportobjekte sicher nicht unrealistischen Vorstellungen mit hoher Preiselastizität der Nachfrageteilung einhergehen wird. Dieser Zusammenhang ist, von der Nachfragerseite aus gesehen, mit der Umsatzelastizität von Verkehrsbedarf und noch ungeteilter Verkehrsnachfrage zu erklären. Sinken die Transportpreise infolge des Wettbewerbs unter den Anbietern, so werden, zunächst wenigstens auf kurze Sicht, häufig überhaupt keine oder nur geringe Anreize ausgeübt, die Umsätze an beförderungsbedürftigen Gütern zu steigern.

Die Umsatzelastizität von Verkehrsbedarfen und der sich aus ihnen ergebenden noch ungeteilten Verkehrsnachfrage einerseits und die von ihr bedingte hohe Preisreagibilität der Verteilung der Nachfrage auf etwaige Konkurrenten andererseits sind wichtige Rechtfertigungsargumente staatlicher Preispolitik im Verkehr. Im Falle zurückgehender Verkehrsnachfrage will sie mit ihren Tarifbindungen eine „ruinöse" Preis-

---

[161] Im Gegensatz zum geschäftlichen Güterverkehr ist der Geschäftsreiseverkehr und der geschäftliche Nachrichtenverkehr nicht vom jeweiligen Umsatz, sondern von der jeweiligen Geschäftstätigkeit abgeleitet. Diese wird sich im Vertrieb häufig steigern, wenn die Umsätze zurückgehen, weil stärker als zuvor konkurriert wird. Im Einkauf wird sie mit dem Umsatz variieren, es sei denn, es gäbe Beschaffungshemmungen und diese riefen eine intensivere Einkaufstätigkeit hervor. Im Kundendienst wird sich die Geschäftstätigkeit, teilweise mit zeitlicher Verzögerung, gemäß der Umsatzentwicklung verhalten, solange die Kundendienstintensität gleichbleibt. Diese wird aber möglicherweise bei rückläufigem Umsatz erhöht und vielleicht auch bei zunehmendem Umsatz verringert.

[162] Außer kostenwirtschaftlichen Preisuntergrenzen gibt es auch finanzwirtschaftliche. Der Unterschied wird hier vernachlässigt, weil er für Argumentationszweck und -kette nicht bedeutsam erscheint. Wegen der Unterscheidung sei verwiesen auf HANS RAFFEE: Kurzfristige Preisuntergrenzen als betriebswirtschaftliches Problem, Köln und Opladen 1961.

konkurrenz verhindern [163]), was sie, ohne auf die Reglementierung anderer Zweige der verkehrsbetrieblichen Absatzpolitik ausgreifen zu müssen, um so eher vermag, je weniger Aktivitätsspielräume die Konkurrenten wenigstens kurzfristig dort haben. Tatsächlich gibt es jedoch auf verschiedenen Gebieten der nicht-preislichen Absatzpolitik, etwa beim Kundendienst und bei der Qualitätspolitik, für vielerlei Transportobjekte Gestaltungsmöglichkeiten, deren Wahrnehmung für das eigene, preisgebundene Angebot zu werben vermag. Solche Möglichkeiten vorausgesetzt, von denen private Unternehmungen rationalerweise Gebrauch machen dürften, werden bei einer staatlichen Tariffestsetzung für Verkehrsmärkte, auf denen private Unternehmungen und öffentliche Betriebe nebeneinander anbieten, letztere in eine merkwürdige Rolle, nämlich in die des Vorhalters von Reservekapazitäten gedrängt.

Sinkt die Nachfrage nach Transportleistungen infolge branchen- oder gesamtkonjunktureller Abschwünge, so werden die privaten Anbieter, sofern sie sich an die Tarifvorschriften halten, ihre absatzpolitischen Bemühungen auf nicht-preislichen Gebieten vermutlich eher, leichter und weitergehend verstärken, als es den öffentlichen Konkurrenten gelingt, falls diese sich überhaupt spürbar zu regen beginnen [164]). Eine derartige Differenz in der Intensität der absatzpolitischen Bemühungen wird den öffentlichen Anbietern einen größeren Anteil an konjunkturbedingter Unterbeschäftigung aufladen als den privaten. Umgekehrt könnten die privaten Anbieter sich bei ihrer Kapazitätsbemessung, möglicherweise dazu sogar durch eine staatliche Konzessionierungspolitik angehalten, an einer „Normalgröße" der noch ungeteilten Verkehrsnachfrage orientieren und etwaige Übernachfrage in Zeiten hochgehender Branchen- und Gesamtkonjunktur wiederum durch Einsatz nicht-preislicher Mittel ihrer Absatzpolitik abwehren. Sie könnten so nicht nur auf das Halten von Reservekapazitäten, sondern auch darauf verzichten, bei deren Fehlen überbeschäftigt zu werden und in Zonen der Beschäftigungsprogression der Kosten arbeiten zu müssen. Beides lohnt für private Unternehmungen nur, wenn es in hohen Marktpreisen zur Zeit der Überbeschäftigung honoriert wird. Einen derartigen Mehrleistungsanreiz können staatlich fixierte Tarife, die längere Zeit gelten sollen, selbst dann nicht geben, wenn sie auf Dauer und im Durchschnitt schöne Gewinnmargen zulassen. Der bei gegebenen Tarifen auf Dauer und im Durchschnitt erzielbare Gewinn würde durch das Halten wenig beschäftigter Reservekapazitäten stark und durch vermeidbares Produzieren zu beschäftigungsprogressiven Kosten zwar nicht so stark, aber

---

[163]) Siehe die Begründung zur „Überlandverkehrsordnung" vom 6. Oktober 1931, abgedruckt in: *Bundesministerium für Verkehr* unter Mitwirkung der *Arbeitsgemeinschaft Güterfernverkehr e. V. (AGF)* und der *Hauptverwaltung der Deutschen Bundesbahn:* Die Entwicklung des Reichskraftwagentarifs bis zum 31. Dezember 1955, Schriftenreihe des Bundesministers für Verkehr 11, Bielefeld 1956, S. 8 f. Vgl. etwa auch HANS-CHRISTOPH SEEBOHM: Das verkehrspolitische Programm der Bundesregierung, In: Grundlagen einer verkehrspolitischen Neuordnung, dieselbe Schriftenreihe 4, Bielefeld 1954, S. 3 ff., hier: S. 34; Die Verkehrspolitik in der Bundesrepublik Deutschland 1949-1961 — Ein Bericht des *Bundesministers für Verkehr,* dieselbe Schriftenreihe 22, Bad Godesberg 1961, S. 63 ff., insbes. S. 65; PAUL HELFRICH: Grenzen des Wettbewerbs im Verkehr. In: Arbeitsausschuß Verkehr des Deutschen Industrie- und Handelstages (Hrsg.), Ein Kreis um Otto Most — Verkehrswirtschaftliche Betrachtungen, Bonn o.J. (1962), Schriftenreihe des Deutschen Industrie- und Handelstages 77 S, S. 37 ff., insbes. S. 46.

[164]) Siehe hierzu beispielsweise: *Prüfungskommission für die Deutsche Bundesbahn:* Bericht über die Deutsche Bundesbahn (DB) vom 30. Januar 1960, Deutscher Bundestag 4. Wahlperiode Drucksache IV/840, S. 19, S. 174 ff., S. 217 ff. und 225. Über Möglichkeiten zur Verbesserung der Flexibilität des Angebots RASSO ULRICH BAUER: Voraussetzungen und Folgen einer dezentralisierten Absatzorganisation im Güterverkehr öffentlicher Eisenbahnen unter besonderer Berücksichtigung der Neuorganisation des kommerziellen Dienstes der Deutschen Bundesbahn, Diss. München 1972.

immerhin doch etwas geschmälert. Was die privaten Verkehrsunternehmungen sich ersparen, wenn sie sich so, wie beschrieben, verhalten sollten, müssen die mit ihnen konkurrierenden öffentlichen Verkehrsbetriebe leisten, die außer der Tarifbindung, die sie mit ihren privaten Konkurrenten gemeinsam haben, auch noch der Betriebs-, der Beförderungs- und der Fahrplanpflicht unterliegen, aus gesamtwirtschaftlichen Gründen gerade auch deshalb unterliegen, weil es in einem marktwirtschaftlichen System kaum möglich sein dürfte, private Unternehmungen zu zwingen, Reserven an Transportkapazitäten zu unterhalten und nicht gesondert entgoltene progressive Kosten der Überbeschäftigung ohne geschäftliche Notwendigkeit auf sich zu nehmen.

Die imparitätischen Ergebnisse zuungunsten öffentlicher Verkehrsbetriebe, die aus einer pretialen, vielleicht auch konzessionierenden Teilregulierung der zwischen ihnen und privaten Verkehrsunternehmungen bestehenden (Substitutions-) Konkurrenz zu gewärtigen sind, werden durch das Vorhandensein der Selbstbedienungskonkurrenz noch verstärkt. Wer Eigenverkehr (Werkverkehr) betreibt, darf in einem freiheitlich-marktwirtschaftlichen System eigentlich (dem System gemäß) nicht daran gehindert werden, dessen Kapazitäten nach ähnlichen Gesichtspunkten zu bemessen, wie sie für die privaten Verkehrsunternehmungen als denkbar und zweckmäßig beschrieben worden sind [165]. Die eigenen Transportkapazitäten werden zweckmäßigerweise möglichst gut ausgelastet; die Pufferfunktionen wahrzunehmen, wird dem Fremdverkehrsangebot überlassen, innerhalb dessen die öffentlichen Anbieter gewissermaßen am kürzeren Hebel sitzen [166].

Zwei Möglichkeiten gäbe es in einer marktwirtschaftlichen Ordnung, die öffentlichen Verkehrsbetriebe gänzlich oder wenigstens zum Teil von der Last zu befreien, die das nicht honorierte Vorhalten der nationalen Transportkapazitätsreserve [167] bedeutet. Die eine Möglichkeit bestünde darin, die öffentlichen Verkehrsbetriebe gewissermaßen dazu anzuhalten, sich ihrer Reservekapazitäten wenigstens großenteils zu entledigen, weil ihre Beförderungspflicht aufgehoben wird. Die andere Möglichkeit wäre darin zu sehen, die absatzpolitische Flexibilität öffentlicher Verkehrsbetriebe derjenigen privater Verkehrsunternehmungen möglichst weitgehend anzunähern.

Die erste Möglichkeit zu ergreifen, wird hier für indiskutabel gehalten, weil mit der Beförderungspflicht ein tragendes Argument für die Rechtfertigung der Existenz vor allem auch jener öffentlichen Verkehrsdienste entfiele, die im Wettbewerb mit privaten

---

[165] So schrieb die *Kommission der Europäischen Wirtschaftsgemeinschaft* zum Grundsatz der freien Wahl des Verkehrsnutzers: „Mit der Billigung eines solchen Prinzips wird das Problem des Werkverkehrs aufgeworfen. Die freie Wahl ist für den Verkehrsnutzer nur schwer vorstellbar ohne die Möglichkeit, auf den Werkverkehr zurückzugreifen, sofern der Verkehrsnutzer dies gegenüber den ihm vom gewerblichen Güterverkehr gebotenen Möglichkeiten vorzieht. Die freie Gestaltung des Werkverkehrs ist daher an sich zuzulassen...". Sie wurde von der Kommission seinerzeit (1961) immerhin nicht ohne Erfüllung einiger (schwacher) Voraussetzungen empfohlen. (Denkschrift über die Grundausrichtung der gemeinsamen Verkehrspolitik, a.a.O., S. 67 f.).

[166] Hierüber etwa: *Wissenschaftlicher Beirat beim Bundesverkehrsministerium, Gruppe Verkehrswirtschaft:* Gutachten über den Werkverkehr mit Lastkraftwagen, Schriftenreihe des Wissenschaftlichen Beirats beim Bundesverkehrsministerium 6, Bielefeld 1956, insbes. S. 8.

[167] Diese Funktion wird selbst von HANS CLAUSEN KORFF anerkannt, der empfiehlt, die Deutsche Bundesbahn dem Netzumfang wie den Dienstzweigen nach radikal „auf den öffentlich-rechtlich unentbehrlichen Kern" schrumpfen zu lassen. Er sagt: „Der unentbehrliche Kern der Bundesbahn, der als Bundesunternehmen erhalten bleiben muß, ist der Personenfernverkehr und der bundesweite Wagenladungsverkehr. Diese Aufgabe ist hoheitsrechtlicher Natur, da von der Aufrechterhaltung dieser Transporte in Krisen- und Spannungszeiten die Lebensfähigkeit der Bundesrepublik abhängt. Sie können von keinem anderen Verkehrsträger sichergestellt werden." (Die Betriebsverwaltungen des Bundes — Bundesbahn, Bundespost — in der Krise, Institut „Finanzen und Steuern", Brief 155, Bonn 1975, S. 68).

stehen [168]). Die zweite Möglichkeit auszuschöpfen, sei jedoch dringend empfohlen. Soll sie verwirklicht werden, so müßte einmal die angebots- und mithin wenigstens teilweise auch die produktionswirtschaftliche Führung insbesondere der großen öffentlichen Verkehrsbetriebe sehr stark dezentralisiert werden [169]). Das empfiehlt sich, damit sie ihren Konkurrenten auf allen Gebieten der Angebotspolitik rasch und ausreichend zu begegnen vermögen, was hauptsächlich bei rückläufigem Gesamttransportaufkommen bedeutsam ist und sie in den Stand setzen sollte, ihren Verkehrsanteil auch bei geringerer Gesamtbeschäftigung des ganzen betreffenden Verkehrssektors zu behaupten (vgl. Kapitel IV A 6). Zum andern müßte die Tarifbindung auf Margentarife (Höchst-Mindest-Tarife) sowie auf das Verbot beschränkt werden, innerhalb der Spielräume, die diese lassen, räumliche Diskriminierungen vorzunehmen. Hingegen wäre durchaus zu überlegen, inwieweit jene Nachfrager diskriminiert werden können sollten, die öffentliche Verkehrsangebote ausschließlich oder vornehmlich beanspruchen, wenn es gilt, kostenungünstige Pufferfunktionen wahrzunehmen. Je größer die Margen wären, desto eher könnte die betriebliche Tarifpolitik in Zeiten starker Verkehrsnachfrage Entgelte für die Vorhaltung der sonst nicht oder unterbeschäftigten Reservekapazitäten oder für die Inkaufnahme von Kostenprogressionen der Überbeschäftigung hereinholen. Ein wettbewerbspolitischer Mangel freilich müßte hingenommen werden. Er bestünde darin, daß die privaten Konkurrenten in Zeiten der Hochbeschäftigung des ganzen Sektors in der Ausnützung der tarifpolitischen Spanne mit den nun in die Rolle des Preisführers versetzten öffentlichen Verkehrsbetrieben gehen, ohne sozusagen als Gegenleistung dafür sich an den Vorhaltungs- oder Überbeschäftigungsleistungen beteiligen zu müssen. Sie könnten insofern eine Mitläuferrente beziehen.

Nicht jeder Verkehrsbedarf und nicht jede Verkehrsnachfrage ist umsatzelastisch. Neben den vielen Arten umsatzelastischen Verkehrsbedarfs, den die privaten und öffentlichen Produktivbetriebe sowie, vor allem im Berufsverkehr, die Konsumtivbetriebe (private Haushalte) haben, steht der anders orientierte konsumtive Verkehrsbedarf [170]). Er ist großenteils entweder einkommens- oder preiselastisch. Zu einem gewissen Teil ist er aber auch in diesen beiden Beziehungen rigide und von Vorstellungen über die Unabdingbarkeit von Bedürfnissen beherrscht, die selbst unter finanziellen (und anderen) Opfern befriedigt werden. Viele der konsumtiven Verkehrsbedarfe und der Berufsverkehrsbedarf führen zu Nachfrage, die weithin oder in erheblichen Schichten sehr qualitätselastisch ist. Um derartige Nachfrage kann nur erfolgreich konkurrieren, wer in der Lage ist, den Qualitätsansprüchen hinreichend nachzukommen.

Qualitätsmaßstäbe werden heute für große Teile dieser Nachfrage von den Eigenschaften des Personenkraftwagentransports gesetzt, auf den zwar nicht alle, aber doch

---

[168]) Dieses Argument wird in einer Zeit besonderes Gewicht haben müssen, in der öffentliche Verkehrsbetriebe, denen die öffentlichen Leistungsaufgaben genommen sind, infolge nachhaltiger kaufmännischer Verluste die dann allein noch verbleibende, wirtschaftsordnungspolitisch fragwürdige Funktion eines fiskalistischen Gewinnablieferers auf absehbare Zeit nicht mehr zu erfüllen vermögen. (Siehe zur Gewinnerzielungsfunktion etwa WALTER HAMM: Kollektiveigentum, Heidelberg 1961, insbes. S. 34 und 247). Dies sei auch im Hinblick auf jene Auffassungen gesagt, die eine wirtschaftliche Betätigung der öffentlichen Hand als systemgemäß gelten lassen, auch wenn sie nicht leistungs- oder ordnungspolitisch begründet ist. (Vgl. die in Anmerkung 101 zuletzt genannte Quelle).

[169]) Näheres in den in Anmerkung 92 genannten Quellen.

[170]) Über die Bestimmungsfaktoren dieses Verkehrs, soweit er Personenverkehr ist, ausführlich FRITZ VOIGT, MANFRED ZACHCIAL und FERDI SOLZBACHER: Determinanten der Nachfrage nach Verkehrsleistungen, Teil I: Personenverkehr, Forschungsberichte des Landes Nordrhein-Westfalen Nr. 2546 Fachgruppe Verkehr, Opladen 1976.

große Nachfragerschichten auszuweichen vermögen. Insoweit Fremdverkehrsanbieter solche Schichten halten oder gar nach bereits erfolgter Abwanderung zurückgewinnen wollen oder sollen, müssen deren Abwanderungs- oder Rückwanderungselastizitäten in bezug auf die Preise wie auf die maßgeblichen Beförderungs-, Abfertigungs- und Hilfsdienstqualitäten in Rechnung gezogen werden. Hinsichtlich der Preisstellung stehen die Anbieter kollektiver Verkehrsdienste dabei, vom Taxi- und Gruppenreiseverkehr abgesehen, zwei besonderen Schwierigkeiten gegenüber: Erstens bietet der Personenkraftwagen eine Personenzahldegression der Benützungskosten je Leistungseinheit, mit der nur eine Personenzahldegression der Fahrpreise kollektiver Verkehrsmittel, also ein Angebot von Gruppentarifen auch für Kleinstgruppen wettbewerbsfähig ist. Zweitens pflegt der Halter eines Personenkraftwagens für dessen Benützung zumeist nur die fahrtabhängigen Kosten zu veranschlagen und in pretialer Hinsicht mit konkurrierenden Möglichkeiten zu vergleichen.

Aus beiderlei Gründen stehen die Anbieter kollektiver Personenbeförderung des Landverkehrs heute vor der Frage, ob sie sich mit der Bedienung jener Schichten bescheiden wollen, deren Nachfrage nicht oder nur wenig abwanderungselastisch ist und infolgedessen, solange Konkurrenzangebote fehlen, wenigstens für dringlichen Verkehrsbedarf auch geringe Preis- und Qualitätselastizitäten aufweist. Für geborene Massenverkehrsmittel wie Eisenbahn, Untergrundbahn und Straßenbahn verbietet es sich angesichts der Größe der Schichten abwanderungsfähiger Nachfrager einerseits von vornherein, sich so zu beschränken. Andererseits sind sie nicht in der Lage, eine Preisdifferenzierung nach der Abwanderungsfähigkeit vorzunehmen, die allein sie in den Stand setzen könnte, insgesamt ihre Kosten (bzw. die „anteiligen Kosten" ihres Personenverkehrs) voll zu decken.

3. Verkehrliche Preispolitik und Raumwirtschaft

Zu den wichtigsten Rechtfertigungsgründen einer etwaigen staatlichen Preispolitik im Verkehr gehört außer der Absicht, «ruinöse Konkurrenz» in der Verkehrswirtschaft verhindern zu helfen (vgl. S. 98 f.), oft auch die Bekämpfung der räumlichen Differenzierung von Verkehrspreisen, positiv ausgedrückt die Herstellung der Tarifgleichheit im Raum [171]. Hat die staatliche Preispolitik im Verkehr auch diese Absicht, so will sie raumwirtschaftspolitischen Nutzen stiften. Ob sie das mit der Verwirklichung dieser Absicht vermag, wird mehr und mehr angezweifelt [172]. Es gibt sogar Stimmen, die

---

[171] So der *Wissenschaftliche Beirat beim Bundesverkehrsministerium, Gruppe Verkehrswirtschaft*, im Jahre 1953 und, wenn auch schon etwas abgeschwächt, noch im Jahre 1960. [Vorschläge für eine Reform des Deutschen Eisenbahngütertarifs, Ein Gutachten, 12. Mai 1953, Schriftenreihe des Wissenschaftlichen Beirats beim Bundesverkehrsministerium 1, Bielefeld o.J. (1953), insbes. S. 7; Grundsätze zur Verkehrspolitik, Eine Stellungnahme vom 19. Oktober 1960, dieselbe Schriftenreihe 9, Bad Godesberg 1961, insbes. S. 35].
Vgl. auch PAUL SCHULZ-KIESOW: Eisenbahngütertarifpolitik und Raumordnung — entwickelt am Beispiel Thüringens — zugleich ein Nachweis der Gemeinwirtschaftlichkeit des Gütertarifsystems der Deutschen Reichsbahn, Berichte zur Raumforschung und Raumordnung 1, Leipzig 1939; *derselbe:* Die Eisenbahngütertarifpolitik in ihrer Wirkung auf den industriellen Standort und die Raumordnung — zugleich ein volkswirtschaftliches Lehrbuch der Eisenbahngütertarifpolitik, Beiträge zur Raumforschung und Raumordnung 6, Heidelberg-Berlin-Magdeburg 1940.

[172] So auch vom *Wissenschaftlichen Beirat beim Bundesverkehrsministerium, Gruppe A — Verkehrswirtschaft*, im Jahre 1965. (Zur Frage der optimalen Verkehrsbedienung in der Fläche, Gutachten vom 11. September 1965, Schriftenreihe des Wissenschaftlichen Beirats beim Bundesverkehrsministerium 12, S. 5 ff., insbes. S. 17 f.; Verkehrspolitik als Mittel der Regionalpolitik, ebenda, S. 25 ff., insbes. S. 34 ff.). — Vgl. auch die in Anmerkung 111 genannten Quellen sowie NORBERT KLOTEN: Die Eisenbahntarife im Güterverkehr, Veröffentlichungen der List Gesellschaft 13, Basel — Tübingen 1959.

meinen, die Tarifgleichheit im Raum sei raumwirtschaftlich schädlich, veranlasse sie doch manche betriebswirtschaftlichen Standortentscheidungen, die in volkswirtschaftlicher Hinsicht als Fehlentscheidungen zu werten seien [173]. Ehe zu diesen Fragen Stellung genommen wird, ist darzulegen, daß und wie es bei freier Preisbildung auf Verkehrsmärkten zu räumlichen Differenzierungen von Verkehrspreisen kommen wird.

Da Transportleistungen in räumlicher Erstreckung erbracht werden, bilden sich für sie unter anderem auch räumliche Teilmärkte verschiedener Stufen, deren unterste Stufen im Linienverkehr einzelne Relationen und im Gelegenheitsverkehr um Siedlungszentren als Bedienungsstandorten liegende kleinere oder größere Umkreise des Nah- oder des Fernverkehrs sind. Wird die Verkehrspreisbildung isoliert, das heißt unter Außerachtlassen des Einsatzes nicht-pretialer Instrumente der Absatz- bzw. Angebotspolitik betrachtet (vgl. wegen des Zusammenhanges mit ihnen S. 95 f.), so sind die Kostenverhältnisse, die Konkurrenzstruktur und das preispolitische Konkurrenzverhalten dafür maßgebend, was sich auf den räumlichen Teilmärkten für Verkehrsleistungen jeweils für Preise ergeben. Die Kosten je abgegebener Leistungseinheit sind unter sonst gleichen Verhältnissen um so niedriger, je mehr die verschiedenen Größen- und Spezialisierungsdegressionen der Kosten ausgenützt werden. Je schwächer Verkehrsströme sind, um so geringer sind die Möglichkeiten dazu und umgekehrt. Eine Verkehrsnachfrage von bestimmter Größe vorausgesetzt, werden zumindest auf einem räumlichen Teilmarkt mit schwachen Verkehrsströmen die Möglichkeiten, die verschiedenen Größen- und Spezialisierungsdegressionen der Kosten wahrzunehmen, unter sonst gleichen Bedingungen um so besser, je weniger sich die Deckung der Nachfrage auf konkurrierende Verkehrsangebote aufteilt. Je größer die Nachfrage nach räumlich gerichteteten Verkehrsleistungen je Zeiteinheit gegenüber einem Verkehrsanbieter ist, um so besser kann er Kapazitäten beschäftigen, um so größere Fahrzeuge oder um so längere Züge kann er einsetzen und um so eher wird der Einsatz von Spezialfahrzeugen — jeweils unter sonst gleichen Bedingungen — erwägenswert. Starke Verkehrsströme, wie sie zwischen und in Ballungsgebieten fließen, lassen sich also bei gegebener Struktur der Anbieterkonkurrenz viel kostengünstiger als schwache Verkehrsströme im ländlichen Raum bedienen.

---

[173] NORBERT KLOTEN schreibt: „Der tragende Gedanke der deutschen Verkehrspolitik in den letzten Jahrzehnten: Hauptziel habe eine gesunde Raumordnung zu sein und diese sei mit dem bestehenden deutschen Tarifsystem untrennbar verknüpft, erweist sich eben nicht als tragfähig. Damit erscheint die gesamte Verkehrspolitik fast eines halben Jahrhunderts sofort in einem bezeichnend negativen Licht. Der Preis, den die deutsche Volkswirtschaft für das konsequente Festhalten an der für richtig beurteilten Konzeption zu zahlen hatte, war sehr hoch." [Die Gemeinwirtschaftlichkeit im Verkehr — Zum Stilwandel in der Verkehrspolitik, in: ORDO XIII (1962), S. 199 ff., hier: S. 218] — Konkreter: *Wissenschaftlicher Beirat beim Bundesverkehrsministerium, Gruppe A — Verkehrswirtschaft*, der sagt, daß „die Mittel der generellen Verbilligung des Schüler- und Berufsverkehrs und die Gleichheit der Tarife im Raum zu regional unterschiedlichen Ergebnissen geführt haben. Bewirkt die generelle Verbilligung im Berufsverkehr auf Grund der nicht von den Pendlern zu tragenden Kosten eine verstärkte Pendlerbewegung, so kann damit eine Aufwertung der Standortgunst der Ballungsräume verbunden sein, wodurch genau das Gegenteil des angestrebten regionalpolitischen Zieles erreicht wird." (Zur Frage der optimalen Verkehrsbedienung in der Fläche, Schriftenreihe des Wissenschaftlichen Beirats beim Bundesverkehrsministerium 12, a.a.O., S. 5 ff., hier: S. 18). Ähnlich HELLMUTH STEFAN SEIDENFUS: „So dürfte es z. B. allmählich einsichtig geworden sein, daß gerade die Sozialtarife der Eisenbahn einen rasch zunehmenden Einpendlerverkehr der Berufstätigen in derartige Regionen ermöglichte, der die tatsächliche Standortqualität der Industrie — insoweit sie vom Arbeitsfaktor abhängt — verschleiern mußte, anders ausgedrückt: die durchschnittliche Produktivität der Investitionen höher erscheinen ließ und läßt als sie in Wirklichkeit ist." [Verkehr und Regionalpolitik, in: Zeitschrift für Verkehrswissenschaft 37 (1966), S. 1 ff., hier: S. 10].

Die Konkurrenzstruktur auf der Angebotsseite räumlicher Teilmärkte des Verkehrs hat für die Preisbildung, wie soeben angedeutet, zunächst von der Kostenseite her Bedeutung. Je mehr Konkurrenten sich um die Bedienung einer gegebenen Verkehrsnach-frage bemühen, um so mehr machen sie sich zumindest bei schwachen Verkehrsströmen auch die Ausnützung der verschiedenen Größen- und Spezialisierungsdegressionen der Kosten streitig. Die Folge sind durchschnittlich höhere Kosten je Leistungseinheit, als sie bei stärkerer Konzentration des Verkehrsangebots unter sonst gleichen Verhältnissen entstünden. Insofern ist die Konkurrenzstruktur ein wesentlicher Bestimmungsfaktor der kostenwirtschaftlichen Preisuntergrenze [174], die für Verkehrsanbieter, so sie auf Selbsterhaltung verwiesen sind, vorübergehend bei den jeweiligen beschäftigungsvariablen und auf Dauer und im Durchschnitt bei den vollen Kosten liegt. Rein kostenwirtschaftlich gesehen, wäre es also zweckmäßig, die Verkehrsangebote um so stärker zu konzentrieren, je schwächer die Verkehrsströme sind, oder, anders ausgedrückt, Wettbewerb im Verkehr nur dort zuzulassen, wo die Verkehrsströme so stark sind, daß mehrere Anbieter nebeneinander die verschiedenen Größen- und Spezialisierungsdegressionen der Kosten im Durschnitt gut auszuschöpfen vermögen.

Eine Konkurrenzbeschränkung nach rein kostenwirtschaftlichen Gesichtspunkten verbietet sich in einem ausgesprochen marktwirtschaftlichen System wie dem westdeutschen und westeuropäischen schon aus ordnungspolitischen Gründen. Sie würde der Monopolisierung um so mehr Vorschub leisten, je weiter die Minima der Leistungseinheitskosten bei deren verschiedenen Größen- und Spezialisierungsabhängigkeiten infolge der technisch-ökonomischen Fortentwicklung hinausgeschoben werden. Die Monopole dürften überdies selbst in einem nicht-marktwirtschaftlichen System aus verteilungs- und sozialpolitischen wie — bei Vorhandensein raumwirtschaftlicher Ausgleichsziele — aus raumwirtschaftspolitischen Gründen nicht der privatwirtschaftlichen Ausbeutung überlassen bleiben. Sie müßten vielmehr staatlich kontrolliert oder vom Staat verwaltet werden. Unkontrolliert würde der Monopolist bei Ausschöpfung seiner Marktstellung mit seinen Preisforderungen den jeweiligen Cournotschen Punkt ansteuern, der als Schnittpunkt zwischen Grenzkosten und Grenzerlösen von der Ausnützung der verschiedenen Größen- und Spezialisierungsdegressionen der Kosten wie von der Preiselastizität der Nachfrage mitbestimmt wird. Die Kontrollinstanz für solche Verkehrsmonopole könnte versuchen, die etwa von ihr zu bewahrende Tarifgleichheit im Raum von der kostenwirtschaftlichen Seite her für die Kontrollierten akzeptabel zu machen. Dafür müßte sie die Bedienungsgebiete zuteilen und nach der Größe jenes Verkehrsaufkommens zuschneiden, das benötigt wird, wenn die verschiedenen Größen- und Spezialisierungsdegressionen der Kosten gut ausgenützt werden sollen. Wäre dies durchweg möglich, würde das Ergebnis allerdings nur bei stationären Verhältnissen in der Verkehrswirtschaft und in der Raumwirtschaft befriedigen können. Ändern sich infolge von Bedarfswandlungen oder Veränderungen in der verkehrlichen Substitutionskonkurrenz die regionalen Verkehrsaufkommen in ungleicher Weise oder infolge technisch-ökonomischer Fortentwicklung die Größen- und Spezialisierungsdegressionen der Kosten, würden sich auch die gleichgeschalteten kostenwirtschaftlichen Ausgangsbedingungen der einheitlichen Tarifen unterworfenen Gebietsmonopolisten verschieben. Soll die kostenwirtschaftliche Gleichstellung beibehalten werden, wäre es bei erheblichen derartigen Verschiebungen erforderlich, die Zahl und die Größe der Bedienungsgebiete zu verändern. Hinzu käme, daß die gute Ausnützung nicht aller Größen -und Spezialisierungsdegressionen der Kosten

---

[174] Auf die Komplizierung der Überlegungen durch Einbeziehen der neben den kostenwirtschaftlichen Preisuntergrenzen stehenden finanzwirtschaftlichen wird verzichtet. Wegen der Unterscheidung beider Arten von Preisuntergrenzen vgl. die in Anmerkung 162 genannte Quelle.

von Verkehrsleistungen auf dem beschriebenen Wege ermöglicht werden kann. So lassen sich die Fahrzeuggrößen- und die Zuglängendegression der Kosten in der Netzverästelung unter sonst gleichen Verhältnissen auch in bezug auf die Bedienungszeiten nicht durch Vergrößern des Bedienungsgebietes, sondern nur durch Zusammenfassen verästelter Verkehrsströme, also durch Reduzieren der Netzverästelung besser als zuvor ausnützen. Diese Maßnahme könnte jedoch raumwirtschaftspolitisch unerwünscht sein. Sie würde außerdem die Inanspruchnahme von Fremdverkehrsangeboten zugunsten der verkehrlichen Selbstbedienung vermindern und damit die ursächlichen Kostensenkungsabsichten teilweise konterkarieren, solange und soweit die durch die räumliche Konzentration der Verkehrsangebote diesen fernergerückte Ziel- und Quellpunkte von Verkehrsbedarf nicht „nachwandern".

Die Struktur der Anbieterkonkurrenz auf räumlichen Teilmärkten des Verkehrs wirkt nicht nur mittelbar — über die Kostenverhältnisse — auf die jeweiligen Möglichkeiten der rein marktlichen Preisbildung ein. Sie beeinflußt diese Möglichkeiten auch unmittelbar. Die Kostenverhältnisse begrenzen (wie S. 104 gesagt) wenigstens auf Dauer den Preisbildungsspielraum für solche Verkehrsanbieter nach unten hin, die sich von marktlichen Leistungentgelten selbst erhalten müssen. Die Zahl und Größe der Anbieter beeinflussen demgegenüber den rein marktlichen Preisbildungsspielraum unter sonst gleichen Verhältnissen (etwa in bezug auf die Leistungsqualitäten) nach oben hin, und zwar zusammen mit anderen Einflußfaktoren, insbesondere mit der Zahl und der Größe der Nachfrager, mit den etwaigen Beschränkungen der Preiskonkurrenz auf einer oder auf beiden Marktseiten, mit der Preiselastizität der Gesamtnachfrage und den von Präferenzen hervorgerufenen etwaigen unterschiedlichen Preiselastizitäten der Nachfrage nach Leistungen einzelner Anbieter [175]. Ist die Konkurrenz nicht beschränkt, so ist sie auf der Angebotsseite im allgemeinen um so intensiver, je mehr Wahlmöglichkeiten die Nachfrager dort haben, das heißt, je mehr Anbieter miteinander konkurrieren. Je intensiver der Wettbewerb unter ihnen ist, um so kleiner wird der preispolitische Spielraum der Anbieter sein. Unter sonst gleichen Verhältnissen, unter anderem auch bei gegebener durchschnittlicher Größe von Verkehrsunternehmungen, können sich auf räumlichen wie auf anderen Teilmärkten des Verkehrs um so mehr Anbieter auf Dauer halten, je größer das jeweilige Verkehrsaufkommen ist. Das heißt, die Konkurrenz auf räumlichen wie auf anderen Teilmärkten des Verkehrs wird unter sonst gleichen Verhältnissen tendenziell um so besser funktionieren, je stärker die jeweils zu bedienenden Verkehrsströme sind und je kleiner die Durchschnittsgröße der anbietenden Verkehrsunternehmungen ist.

Konkurrieren auf räumlichen wie auf anderen Teilmärkten des Verkehrs Unternehmungen von unterschiedlicher Größe miteinander, so können größere Unternehmungen bei gleicher Zusammensetzung ihrer Verkehrsnachfrage verschiedene Größen- und Spezialisierungsdegressionen der Kosten besser wahrnehmen als kleinere und sich diesen gegenüber dadurch preispolitische Wettbewerbsvorteile verschaffen, die in niedrigeren Preisuntergrenzen bestehen. Solche wie andere Unterschiede in der Wettbewerbsfähigkeit der um Teilmärkte des Verkehrs konkurrierenden Anbieter können dazu führen, daß im Laufe der Zeit die Zahl derselben zurückgeht und ihre durchschnittliche Größe ansteigt, daß sich also wichtige Voraussetzungen für das gute Funktionieren des Wettbewerbs durch Ausnützen von Wettbewerbsvorsprüngen verschlechtern. Sieht man davon ab, so läßt sich für räumliche Teilmärkte des Verkehrs sagen, daß sie unter sonst gleichen

---

[175] Vgl. insbesondere, was ERICH GUTENBERG über das „akquisitorische Potential" von Unternehmungen bei polypolistischer und bei bestimmter oligopolistischer Anbieterkonkurrenz sowie über die aus ihm resultierende unternehmungsindividuelle Gestalt der Preis-Absatzmengen-Kurve ausführt. (Grundlagen der Betriebswirtschaftlehre, Zweiter Band: Der Absatz, 1. Aufl., a.a.O., S. 199 ff. und S, 244 ff.; 15. Aufl., a.a.O., S. 243 ff. und S. 290 ff.).

Verhältnissen um so bessere Voraussetzungen für das Funktionieren des Anbieterwettbewerbs aufweisen, je größer ihr Verkehrsaufkommen ist, und umgekehrt. Je besser aber der Wettbewerb funktioniert, um so kleiner sind die preispolitischen wie die anderen absatzpolitischen Spielräume der Anbieter und um so besser sind die Angebotseigenschaften für die Nachfrager und umgekehrt. Dies bedeutet für wirtschafts- und verkehrsschwache Gebiete, daß rein marktlich gebildete Preise und andere Eigenschaften von Angeboten auf den zugehörigen räumlichen Teilmärkten des Verkehrs tendenziell schlechter sind als auf den räumlichen Teilmärkten des Verkehrs, die in wirtschaftsstärkeren Gebieten liegen.

Darauf, wie groß jene räumlichen Unterschiede in der Gunst oder Ungunst der Verkehrsangebote werden können, die auf unterschiedliche Konkurrenzintensität zurückgehen, hat die Abschottung oder Durchlässigkeit zwischen räumlichen Teilmärkten des Verkehrs (vgl. S. 30) erheblichen Einfluß. Voneinander abgeschottete (abgeschlossene) räumliche Teilmärkte des Verkehrs sind nicht etwa in dem Sinne verkehrliche „Inselmärkte", daß auf ihnen nur Binnenverkehrsleistungen umgesetzt werden. Zwischen ihnen und anderen räumlichen Teilmärkten des Verkehrs fließen in der Regel durchaus Verkehrsströme von kleinerer oder von größerer Stärke. Wie durchlässige räumliche Teilmärkte des Verkekrs auch, haben sie eine je eigene Konkurrenzstruktur und eine je eigene, von dieser beeinflußte Konkurrenzintensität. Von durchlässigen räumlichen Teilmärkten des Verkehrs unterscheiden sich die voneinander abgeschotteten jedoch dadurch, daß die jeweilige Konkurrenzintensität dort von außen, nämlich von anderen räumlichen Teilmärkten her beeinflußt werden kann, hier aber nicht. Je abgeschlossener ein räumlicher Teilmarkt des Verkehrs von anderen ist, um so weniger ist der örtliche und regionale Abmangel an Anbieterkonkurrenz durch Mitkonkurrieren orts- oder gebietsfremder Unternehmungen ausgleichbar. Je durchlässiger benachbarte oder auch fern voneinander liegende räumliche Teilmärkte des Verkehrs füreinander sind, um so eher ist ein Ausgleich zwischen den jeweiligen Intensitäten der Anbieterkonkurrenz möglich.

Von der Produktionstechnik her gesehen, könnte die Durchlässigkeit zwischen räumlichen Teilmärkten jener Verkehrszweige besonders groß sein, deren Verkehrsmittel — wie Flugzeuge und Seeschiffe — eine besonders große räumliche Verschieblichkeit aufweisen. Demgegenüber kann die gegenseitige Abschottung räumlicher Teilmärkte dort schon von der Produktionstechnik her vollkommen sein, wo die Verkehrsunternehmungen — wie im Fernmelde-, Schienen- oder Rohrleitungsverkehr — eigene Wege und (oder) Stationen vorhalten müssen. Die etwaigen produktionstechnischen Möglichkeiten der Durchlässigkeit räumlicher Teilmärkte des Verkehrs werden nicht überall ausgeschöpft, sei es, daß die Verkehrsunternehmungen sich auf bestimmte räumliche Teilmärkte (Fahrgebiete, Bedienungsgebiete, Strecken) spezialisieren, sei es, daß die Verkehrspolitik künstliche Grenzen zwischen räumlichen Teilmärkten zieht (zum Beispiel durch Kabotagevorbehalte, durch Gebiets- oder Linienkonzessionen). Umgekehrt rufen die produktionstechnischen Abschließungsmöglichkeiten nicht zwangsläufig eine gegenseitige Abschottung räumlicher Teilmärkte des Verkehrs hervor. Sie lassen sich absatz- oder verkehrspolitisch wahrnehmen, so wie sie sich von einem anders gerichteten absatz- oder verkehrspolitischen Willen auch gleichsam neutralisieren lassen [176]).

---

[176]) Über die notwendige Unterscheidung zwischen absatzpolitischen (genauer: preispolitischen) Möglichkeiten und ihrer Ausnützung: HANS MÖLLER: Kalkulation, Absatzpolitik und Preisbildung — Die Lehre von der Absatzpolitik der Betriebe auf preistheoretischer und betriebswirtschaftlicher Grundlage, 1. Aufl. Wien 1941; Nachdruck mit einer neuen Enführung über die Entwicklung der modernen Preistheorie, Tübingen 1962, insbes. S. 66 ff. („Formen der Absatzpolitik in Theorie und Wirklichkeit") sowie S. 167 ff. (z. B. „Preisbildung auf monopolistischen Märkten bei konkurrenzwirtschaftlicher Absatzpolitik").

Gleichgültig ob die gegenseitige Abschottung räumlicher Teilmärkte des Verkehrs vornehmlich produktionstechnische, absatzpolitische oder verkehrspolitische Ursachen hat, stets ist die konkurrenzwirtschaftliche Wirkung die gleiche, stets besteht sie darin, daß der Ausgleich räumlicher Unterschiede in der Konkurrenzintensität unterbleibt (vollkommene Abschottung) oder behindert wird (unvollkommene Abschottung bzw. unvollkommene Durchlässigkeit). Während sich jedoch die produktionstechnischen Abschließungsmöglichkeiten nicht oder lediglich bei eingreifenden produktionstechnischen Fortentwicklungen ändern lassen, ist die absatz- wie die verkehrspolitisch verursachte Abschottung oder Durchlässigkeit grundsätzlich — bei entsprechender Wandlung des zugrunde liegenden politischen Willens — aufhebbar. Die verkehrlichen Produktionstechniken, die die vollkommene gegenseitige Abschließung räumlicher Teilmärkte des Verkehrs ermöglichen, erzwingen — von denen des Fernmeldeverkehrs abgesehen — Linienverkehr, dem Gelegenheitsverkehr zugestellt werden kann. Bei Verwendung der anderen Verkehrstechniken bleibt es gänzlich der betrieblichen Absatz- oder der öffentlichen Verkehrspolitik überlassen, ob nur Linien-, nur Gelegenheits- oder beiderlei Verkehr angeboten werden soll. Auch der nicht produktionstechnisch erzwungene Linienverkehr ist wie der produktionstechnisch vorgezeichnete für die absatz- oder verkehrspolitisch beschließbare Abschottung räumlicher Teilmärkte des Verkehrs prädisponiert. Das erklärt sich daraus, daß die Beziehungen des Anbieters zu aktuellen und potentiellen Abnehmern in um so stärkerem Maße räumlich gebunden sein müssen, je mehr Linienverkehr und je weniger Gelegenheitsverkehr betrieben wird. Nichtsdestoweniger können auch die Beziehungen von Anbietern zu Kunden ihres Gelegenheitsverkehrs räumlich gebunden sein. Im Gegensatz zum Linienverkehr besteht jedoch beim Gelegenheitsverkehr kein Zwang zu solcher Beschränkung. Wo eigene Beziehungen des Verkehrsanbieters zu räumlich entfernten Kunden fehlen, können sie überdies häufig durch solche von Verkehrsmittlern (Verkehrsmaklern, Spediteuren) ersetzt werden.

Selbst wo die räumlichen Teilmärkte des Verkehrs sehr durchlässig sind, Anbieter des Gelegenheitsverkehrs von dieser Eigenschaft reichlich Gebrauch machen und so räumliche Gefälle in der Intensität des Wettbewerbs um die Verkehrsnachfrage weitgehend abbauen, wird es bei rein marktlicher Preisbildung nicht zur Gleichheit von Verkehrspreisen im Raum kommen, solange nur räumliche Unterschiede in der Wirtschaftskraft und damit im Verkehrsaufkommen bestehen bleiben. Solange wird nämlich die Kostenseite der marktlichen Preisbildung im Verkehr von den Differenzen der Leistungseinheitskosten beeinflußt, die sich aus der unterschiedlichen Stärke zu bedienender Verkehrsströme ergeben. Wohl wird eine durch auswärtige Anbieter erhöhte Intensität der Konkurrenz auf Verkehrsmärkten wirtschaftsschwacher Gebiete den preispolitischen Spielraum der Anbieter auf diesen Märkten „von oben her" verringern. Zugleich wird die Bedienung der regionalen Verkehrsnachfrage auf mehr Anbieter als zuvor aufgeteilt, so daß Größen- und Spezialisierungsdegressionen der Kosten im Durchschnitt nur noch in geringerem Maße als bisher ausgenützt werden können. Betroffensein aller Anbieter unterstellt, wird dadurch die langfristige, kostenwirtschaftliche Preisuntergrenze all jener Anbieter gegenüber dem Zustand geringerer Konkurrenzintensität heraufgesetzt, die auf Selbsterhaltung verwiesen sind. Räumliche Unterschiede in rein marktlich gebildeten Verkehrspreisen werden also bleiben, auch wenn auf Grund der Durchlässigkeit räumlicher Teilmärkte des Verkehrs räumliche Unterschiede in der Intensität der Konkurrenz zwischen Verkehrsanbietern reduziert werden. Offen bleibt die Tatfrage, ob der etwaige tendenzielle räumliche Ausgleich der Konkurrenzintensität die räumlichen Verkehrspreisunterschiede verringert, gleich läßt oder erhöht. Jedes dieser Ergebnisse ist auf Grund der geschilderten Zusammenhänge zwischen den Konkurrenz- und den Kostenfaktoren der Preisbildung denkbar.

Sollen räumliche Differenzierungen der Verkehrspreise hintangehalten werden, so bedarf es angesichts des aufgezeigten Fehlens hinreichender einschlägiger Möglichkeiten der marktlichen Selbstkorrektur des öffentlichen Eingriffs. Er kann sich sowohl ordnungs- als auch leistungspolitischer Mittel bedienen. Ordnungspolitische Mittel gegenüber dem Verkehrsgewerbe sind insbesondere Tarifbindungen privater Verkehrsangebote und Konzessionierungsvorschriften für private Verkehrsunternehmungen. Mit beiderlei Instrumenten läßt sich in einem ausgesprochen marktwirtschaftlichen System nicht erreichen, daß Verkehrsunternehmungen Verkehrsleistungen nachhaltig unter Kosten verkaufen, wie es nötig wäre, wenn die im Raum gleichen Tarife wohl für die durchschnittliche Kostendeckung, nicht aber für die kostendeckende Bedienung schwacher Verkehrsströme ausreichen. Nur für lohnend gehaltene Konzessionen werden von privaten Unternehmern begehrt. Nur für lohnend gehaltene Verkehrsdienste werden von ihnen nachhaltig übernommen. Die Angebote unterbleiben, wenn es nicht möglich ist oder für zu riskant gehalten wird, zwecks Kostendeckung behördlich vorgeschriebene Verkehrstarife bei nur kostenungünstig zu erbringenden Verkehrsleistungen zu überschreiten. Übrig bleiben für betroffene verkehrsschwache Gebiete nur Bemühungen von Anbietern, bei vorübergehendem Rückgang ihrer Beschäftigung auf den kostengünstig zu bedienenden Relationen anderswo Deckungsbeiträge [177]) hereinzufahren. Dies alles gilt zumindest für den Gelegenheitsverkehr. Im Linienverkehr können die Konzessionierung und die Tarifbindung mit der Betriebs-, der Beförderungs- und der Fahrplanpflicht gekoppelt werden, um eine Nichtbedienung nicht als lohnend erachteter Verkehrsnachfrage zu verhindern. Die Konzession wird jedoch wiederum nur begehrt und gehalten, solange ihre Übernahme Gewinn verspricht. Soll die Tarifgleichheit im Raum mit einem solchen Maßnahmebündel gewährleistet werden, so müssen privaten Verkehrsunternehmungen Ausgleichszahlungen für die Übernahme kaufmännisch unrentabler Verkehrsdienste gezahlt oder Konzessionen für mehrere, teils rentable, teils unrentable Linien gegeben werden, die einen internen Rentabilitätsausgleich gestatten. Die Alternative hierzu wären öffentliche Verkehrsdienste, mit denen die öffentliche Hand von der Unternehmerwirtschaft gelassene „Bedienungslücken" im Verkehr unmittelbar schließt (vgl. S. 90 ff.). „Bedienungslücken" gibt es nicht allein bei Fehlen rein marktlich hervorgerufener privater Angebote, sondern auch dann, wenn solche Angebote wohl vorhanden sind, jedoch etwaigen leistungspolitisch gesetzten preislichen und (oder) qualitativen Standards nicht genügen. In derartigen Fällen hat das öffentliche oder öffentlich veranlaßte private Verkehrsangebot die Funktion eines „Konkurrenzsurrogats" (vgl. S. 81), das die Stelle fehlender privater Anbieterkonkurrenten vertritt oder die geringe Intensität solcher privater Konkurrenz gewissermaßen künstlich erhöht.

Wurde bisher danach gefragt, inwiefern frei gebildete Verkehrspreise räumliche Unterschiede aufweisen und wie sich diese verändern oder verhindern lassen, so ist nunmehr die eingangs dieses Punktes (S. 102) gestellte Frage wiederaufzugreifen, welchen raumwirtschaftlichen Sinn die räumliche Differenzierung oder Egalisierung von Verkehrspreisen haben kann. Unsere Überlegungen über die Entstehung räumlich differenzierter Verkehrspreise und die möglichen Gegenmaßnahmen dürften — in Übereinstimmung mit den von Gegnern der Tarifgleichheit im Raum vertretenen Auffassungen — gezeigt haben, daß räumliche Unterschiede der Verkehrspreise bei unterschiedlicher Ausstattung der Siedlungsräume mit wirtschaftlichen Kräften und bei unterschiedlichem Verkehrsaufkommen unserem ausgesprochen marktwirtschaftlichen System gemäß sind, und daß

---

[177]) Über diesen Begriff und seine Bedeutung für die kostenrechnerische Unterstützung der Preispolitik: PAUL RIEBEL. Das Rechnen mit Einzelkosten und Deckungsbeiträgen, in: Zeitschrift für handelswissenschaftliche Forschung, Neue Folge 11 (1959), S. 213 ff.

Egalisierungsmaßnahmen dirigistische Beschränkungen des verkehrlichen Wettbewerbs voraussetzen [178]. Dessenungeachtet reicht das ordnungspolitische Argument der Systemreinheit allein nicht aus, die künstliche, verkehrspolitische Herbeiführung der Tarifgleichheit im Raum und darüber hinausgehender regionalpolitisch begründeter Unterstützungstarife überzeugend abzulehnen. Außer dem Wettbewerb im Verkehr ist doch auch der von diesem beeinflußte Wettbewerb zwischen den Siedlungsräumen zu ordnen (vgl. S. 74 ff.) [179]. Die erste verbleibende Frage ist also, ob es in bezug auf die Preispolitik im Verkehr und ihre etwaige öffentliche Beeinflussung zu einer Zielkollision zwischen wettbewerblicher und räumlicher Ordnungspolitik kommt. Im bejahenden Fall verbliebe eine zweite Frage, nämlich die, wie die Zielkollision gelöst werden kann und soll.

Zu einer die Verkehrspreise betreffenden Zielkollision zwischen wettbewerblicher und räumlicher Ordnungspolitik kann es nur kommen, wenn raumwirtschaftspolitische Erhaltungs- und Ausgleichsziele verfolgt werden. Wo diese fehlen und die räumliche Entwicklung der Wirtschaft infolgedessen sich selbst überlassen bleibt, ist die rein marktliche Bildung von Verkehrspreisen unstrittig am Platz, sofern nur der verkehrliche Wettbewerb funktionsfähig ist und gehalten wird. Dichte Verkehrsströme werden dann gut und billig, schwache Verkehrsströme schlecht und teuer bedient, was die räumliche Konzentration befördert, die heute bei ungehemmter und ungesteuerter Konkurrenz zwischen den Siedlungsgebieten wegen der Häufung ökonomischer Vorteile in den bereits wirtschaftsstarken und der Häufung ökonomischer Nachteile in den bereits wirtschaftsschwachen Räumen gewärtigt werden muß. Wo diese räumliche Konzentration gebremst, gestoppt oder gar wieder etwas abgebaut werden soll, verhält es sich anders. Hier kann der staatliche Eingriff in die Verkehrspreisbildung als eine Unterstützung raumwirtschaftspolitischer Ausgleichsziele und seine Unterlassung als Konterkarierung derselben aufgefaßt werden. Die raumwirtschafspolitische Brauchbarkeit des Mittels der staatlichen Verkehrspreispolitik wird aber (wie S. 102 gesagt) mehr und mehr bestritten.

Die Argumente, die gegen die staatlicherseits zu schaffende Tarifgleichheit im Raum und zugleich auch gegen regionalpolitisch begründete Unterstützungstarife vorgebracht werden, sind hauptsächlich diese:

Erstens wird gesagt, bei raumwirtschaftspolitisch begründeter staatlicher Verkehrspolitik würden in kostenunterdeckenden Verkehrspreisen bestehende Subventionen nicht gezielt, sondern ungezielt an jedermann verteilt, der von den fraglichen Beförderungsangeboten Gebrauch macht. Dieses Subventionieren nach dem „Gießkannenprinzip" stelle eine Verschwendung raumwirtschaftspolitischer Förderungsmittel dar, die ersetzt werden solle durch kosedeckende Verkehrstarife einerseits und durch finanzielle Zuwendungen an Unternehmungen, die ihre Standortwahl nur unter der Voraussetzung solcher Zuwendungen in raumwirtschaftspolitisch gewünschter Weise treffen [180].

---

[178]) Siehe etwa NORBERT KLOTEN: Die Eisenbahntarife im Güterverkehr, a.a.O.

[179]) So spricht NORBERT KLOTEN von einem „verkehrspolitischen Dilemma, das untrennbar mit der Marktordnung im Verkehr verbunden war und ist", und er führt weiter aus: „Die volkswirtschaftliche Bewertung dieses Dilemmas ist natürlich nicht von der Rangordnung gesellschaftspolitischer Ziele zu trennen; wer der Raumordnung eine Priorität vor der ökonomisch bestmöglichen Verkehrsbedienung zubilligt, wird anders urteilen als derjenige Nationalökonom, der Zielen dieser Art nur wenig Gewicht beimißt." [Die Gemeinwirtschaftlichkeit im Verkehr — Zum Stilwandel in der Verkehrspolitik, ORDO XIII (1962), S. 218 f.]

[180]) So schreibt HELLMUTH STEFAN SEIDENFUS, daß „es nur in seltenen Fällen" gelingen dürfte, „die Einkommensentlastungen mit Hilfe der Verkehrspreispolitik so zu manipulieren, daß sie genau die Unternehmen und Haushalte treffen, die aus Gründen des regionalen Einkommensausgleichs begünstigt werden sollen." (Verkehr und Regionalpolitik, a.a.O., S. 7.)

Zweitens wird die Gewährung regionalpolitischer Unterstützungstarife bzw. die Tarifgleichheit im Raum in bezug auf die privaten Haushalte als sozialpolitisch bedenklich bezeichnet, weil von ihr sowohl Bedürftige als auch Nichtbedürftige begünstigt werden [181]).

Drittens wird darauf hingewiesen, daß der Anteil der Transportkosten an den Gesamtkosten insbesondere der industriellen Produktion im Durchschnitt abnimmt, daß die Transportkosten für die Standortwahl von Unternehmungen eine um so geringere Rolle spielen, je kleiner ihr Anteil an den jeweiligen gesamten Produktionskosten ist, und daß Transportkostenunterschiede aus beiderlei Gründen häufig überhaupt keinen Einfluß mehr auf die unternehmerische Standortwahl hätten [182]).

Viertens wird das (auf S. 102 f. schon erwähnte) Argument vorgebracht, die Tarifgleichheit im Raum oder eine andere verkehrstarifliche Unterstützung wirtschaftsschwacher Gebiete sei raumwirtschaftlich schädlich, weil sie betriebswirtschaftliche Standortentscheidungen veranlasse, die in volkswirtschaftlicher Hinsicht nicht zu einer optimalen Allokation von Ressourcen führten und von daher als falsch anzusehen seien [183]).

Neben diesen vier ausgesprochenen Gegenargumenten gegen die staatliche Verkehrstarifpolitik und ihre Ausgleichsziele steht *fünftens* der Hinweis auf deren Ambivalenz: Wo sie tarifliche Vergünstigungen nur regions- und nicht etwa auch unternehmens- oder branchengezielt gewährt, begünstigt sie sowohl Unternehmungen der zu unterstützenden Gebiete als auch deren Konkurrenten, insoweit sie in die fraglichen Gebiete liefern, aus ihnen beziehen oder aus ihnen Arbeitskräfte abwerben [184]).

Zu den fünf genannten Thesen ist Stellung zu nehmen!

Die erst- und die zweitgenannte These beziehen sich zwar auf verschiedene Nutznießergruppen staatlicher Verkehrstarifpolitik (Unternehmungen, private Haushalte), folgen aber der gleichen „Logik". Sie wenden sich gegen eine tarifpolitische Begünstigung nach dem Gesichtspunkt der räumlichen Lage des Standorts, Wohnsitzes oder Verkehrsziels. Sie verlangen statt der — etwa bei Tarifgleichheit im Raum stattfindenden — räumlichen Differenzierung der Beiträge von Verkehrsnutzern zu Kosten von Verkehrsdiensten eine gezielte Subventionierung von Unternehmungen oder privaten Haushalten, die nicht über Verkehrspreise läuft und damit die Verkehrsteilung unberührt läßt. Sie sprechen sich, anders ausgedrückt, dafür aus, Preise für Verkehrsdienste zu verlangen, die sich an den strecken- und stationsspezifischen Leistungseinheitskosten orientieren,

---

[181]) *Derselbe* sagt: „Wenn man die wirtschaftsschwachen Räume vom Verkehr nicht ausschließen will, die dort ansässigen Menschen wegen der mangelnden Wirtschaftskraft jedoch nicht in der Lage sind, diesen Verkehr zu bezahlen, damit die Verkehrsunternehmen eigenwirtschaftlich arbeiten können, ist es denn dann zwingend, daß wir über die Verkehrstarifpolitik, also mit vergleichsweise groben, undifferenzierten und ungezielten Mitteln diesen Menschen helfen, die doch gar nicht in gleicher Weise bedürftig sind?" [Diskussion über die Vorträge auf der Verkehrswissenschaftlichen Tagung der DVWG in Düsseldorf, (Generalthema: „Verkehrsbild der Zukunft"), in: Internationales Verkehrswesen 19 (1967), S. 263 ff., hier: S. 272].

[182]) Verwiesen sei auf die in Anmerkung 111 genannten Quellen sowie NORBERT KLOTEN: Die Eisenbahntarife im Güterverkehr, a.a.O., S. 207; *Wissenschaftlicher Beirat beim Bundesverkehrsministerium Gruppe A — Verkehrswirtschaft:* Zur Frage der optimalen Verkehrsbedienung in der Fläche, Schriftenreihe des Wissenschaftlichen Beirats beim Bundesverkehrsministerium 12, a.a.O., S. 5 ff., hier: S. 17; ERNST MÜLLER-HERMANN: Die Grundlagen der gemeinsamen Verkehrspolitik in der Europäischen Wirtschaftsgemeinschaft — Eine Untersuchung über die Anwendung des Wettbewerbsprinzips im gemeinsamen Verkehrsmarkt, Bad Godesberg 1963, S. 139; HANS-REINHARD MEYER: Verkehrswirtschaft und Verkehrspolitik, a.a.O., S. 245 f.

[183]) Vgl. die in Anmerkung 173 genannten Quellen und gebrachten Zitate.

[184]) Siehe vor allem FRITZ VOIGT: Die gestaltende Kraft der Verkehrsmittel in wirtschaftlichen Wachstumsprozessen — Untersuchung der langfristigen Auswirkungen von Eisenbahn und Kraftwagen in einem Wirtschaftsraum ohne besondere Standortvorteile, Bielefeld 1959.

welche ihrerseits über die jeweilige Kapazitätsausnützung von der Stärke oder Schwäche der regionalen Verkehrsströme beeinflußt sind. Die Verfechter beider Thesen übersehen dreierlei:

Erstens wenden sie sich zumeist nur partiell, nämlich nur in bezug auf Verkehrsdienste oder auch nur in bezug auf öffentliche Verkehrsdienste gegen die besagte Differenzierung des Benützerbeitrages zur Kostendeckung. Im Hinblick auf die Verkehrswege, insbesondere im Hinblick auf die Straßen halten sie dagegen eine solche Differenzierung zumeist ohne weiteres für selbstverständlich, verlangen sie doch hier keinesfalls Benützungsgebühren, die nach den streckenspezifischen Kosten bemessen sind. Die Differenzierung der Entgeltpolitik zwischen Verkehrsdiensten und Bereitstellen von Verkehrswegen (gegebenenfalls auch von Verkehrsstationen) versteht sich jedoch keineswegs von selbst [185]. Sie ist vielmehr höchst selektiv, weil in wirtschafts- und verkehrsschwachen Gebieten jene begünstigt werden, die sich verkehrlich selbst bedienen, wenn sich die öffentliche Hand mit Wegebenützungsgebühren begnügt, die nur Teile der streckenspezifischen Wegekosten decken, während sie es zugleich für richtig befindet, für Fremdverkehrsleistungen Tarife vorzuschreiben, die die vollen strecken- und stationsspezifischen Kosten decken, oder auf Tarifvorschriften zu verzichten und die Preisbildung dem Markt und damit in wirtschafts- und verkehrsschwachen Gebieten der dort tendenziell schlechter als in wirtschafts- und verkehrsstarken Räumen funktionierenden Konkurrenz zu überlassen.

Zweitens wird von den Befürwortern beider Postulate übersehen, daß die Höhe der Güterverkehrstarife nicht allein für die in wirtschafts- und verkehrsschwachen Räumen ansässigen Produktivbetriebe, sondern auch für die dortigen privaten Haushalte interessant ist. Sie beeinflußt nicht allein die Beschaffungs- und Absatzkosten der im Raum produzierten und anderswohin abzusetzenden Güter, sondern auch die Beschaffungskosten und über sie die Preise jener Güter, die der lokale und regionale Groß- und Einzelhandel von auswärts bezieht.

Drittens verwechseln die Verfechter beider Thesen hinsichtlich der privaten Haushalte Raumwirtschaftspolitik mit Sozialpolitik und teilweise im Hinblick auf die Produktivbetriebe auch Raumwirtschaftspolitik mit Gewerbestrukturpolitik. Die sich unter anderem in hohen Preisen auf den zugehörigen räumlichen Teilmärkten für Verkehrsleistungen widerspiegelnde Verkehrsungunst wirtschafts- und verkehrsschwacher Gebiete trifft alle Ansässigen ohne Rücksicht auf ihre Einkommensverhältnisse (private Haushalte) oder Rentabilitätsaussichten (Unternehmungen). Die gezielte, unmittelbare Subventionierung wirtschaftlich schwacher Einzelwirtschaften könnte wohl daran gebunden werden, daß der Wohnsitz oder Standort in dem zu fördernden Raum beibehalten wird. Insofern erhielte die sozial- und gewerbestrukturpolitische Maßnahme auch einen raumwirtschaftspolitischen Einschlag. Dessenungeachtet könnten die nicht geförderten Einzelwirtschaften unter freiheitlichen Verhältnissen nicht daran gehindert werden, sich bei allfälligen Wohnsitz- oder Standortüberlegungen für Gebiete zu entscheiden, die sich

---

[185]) Das zeigen beispielsweise die Diskussionen um das „Road Pricing" und die Parkgebührenpolitik. [Über das erstere: GERD ABERLE: Road Pricing — Möglichkeiten einer preispolitischen Beeinflussung des Individualverkehrs in Ballungsgebieten. In: Schweizerisches Archiv für Verkehrswissenschaft und Verkehrspolitik 24 (1969), S. 303 ff.; J. M. THOMSEN: Road Pricing: the British concept of a congestion tax, ebenda 25 (1970), S. 311 ff.; RAINER WILLEKE und HERBERT BAUM: Theorie und Praxis des Road Pricing. In: Zeitschrift für Verkehrswissenschaft 43 (1972), S. 63 ff.; siehe ferner zu beiderlei Fragen HERBERT BAUM: Grundlagen einer Preis-Abgabenpolitik für die städtische Verkehrsinfrastruktur, Buchreihe des Instituts für Verkehrswissenschaft an der Universität zu Köln 28, Düsseldorf 1972; über die Frage der Parkgebührenpolitik ausführlich: DIETER LINDENBLATT: Der Beitrag parkpolitischer Maßnahmen zur Verbesserung der Funktionsteilung im Stadtverkehr, dieselbe Schriftenreihe 33, Bentheim 1977].

unter anderem auch durch eine größere Verkehrsgunst als die zu fördernden Räume auszeichnen.

Die an dritter Stelle erwähnte These spielt die Bedeutung der Transportkosten herunter. Auch sie vernachlässigt dreierlei.

Erstens gibt es eine „entscheidungsrelevante Kostenmasse" (PETER FALLER) [186]), die in absoluten Mehr- oder Minderkosten und nicht in relativen, an den jeweiligen Gesamtkosten gemessenen besteht. Auch kleine Kostenanteile können für den großen wie für den kleinen Betrieb Beträge darstellen, über deren Inkaufnahme oder Einsparung nachzudenken lohnt.

Zweitens entgeht den Verfechtern der fraglichen These, daß in ungünstigen geographischen und ökonomischen Entfernungen bestehende Transportkostennachteile im allgemeinen nachhaltig sind [187]). Deshalb genügt es nicht, die Transportmehrkosten für einzelne Transportvorgänge oder kurze Zeitabschnitte, zum Beispiel für einzelne Geschäftsjahre, zu betrachten. Sie müssen vielmehr über die Zeit hin, das heißt zeitlich kumuliert betrachtet werden, wenn ihr wirkliches absolutes Gewicht bemessen werden soll. Wegen der zumeist unaufhebbaren ungünstigen geographischen Entfernungen von und zu Randgebieten hin helfen diesen zeitlich befristete regionale Unterstützungstarife [188]) nur zeitlich begrenzt und sachlich partiell, nämlich insoweit eine Umstrukturierung des dortigen produzierenden Gewerbes von transportkostenempfindlicheren zu transportkostenunempfindlicheren Wirtschaftszweigen stattfindet.

Eine endgültige Beseitigung des Entfernungsnachteils vermögen sie aber aus den hier an erster und dritter Stelle genannten Gründen nicht herbeizuführen [189]). Dies läßt sich allein erreichen, indem die lange geographische Entfernung mittels unbefristeter regionaler Unterstützungstarife in eine kürzere ökonomische umgewandelt wird.

Drittens treten gerade in wirtschafts- und verkehrsschwachen Gebieten Transportmehrkosten nicht als alleinige Standort- oder Wohnsitznachteile auf. Sie sind hier vielmehr eine ungünstige räumliche Eigenschaft neben anderen. Selbst wenn der einzelne Nachteil als vernachlässigenswert gering empfunden würde, trägt er das Seine zu dem Gesamtgewicht der kumulierten Nachteilswirkungen bei, die möglicherweise als gravierend aufgefaßt werden. Da es hier ebensowenig wie in anderen Fällen der Pluralität von

---

[186]) PETER FALLER: Die entscheidungsrelevante Kostenmasse im Standortkalkül des Unternehmers. In: Günther Stoewer (Hrsg.), Raumordnung und Landesplanung, a.a.O., S. 9 ff.

[187]) Siehe PETER FALLER: Die Entfernungsstaffel der Deutschen Bundesbahn unter raumordnerischen Gesichtspunkten. In: Reimut Jochimsen und Udo E. Simonis (Hrsg.), Theorie und Praxis der Infrastrukturpolitik, Schriften des Vereins für Socialpolitik Neue Folge 54, Berlin 1970, S. 335 ff., insbes. S. 345.

[188]) Zu welcher Kategorie die von der Kommission der Europäischen Gemeinschaften genehmigten Unterstützungstarife gehören. [Vgl. JOSEPH LEMMENS: Les discriminations en matière de prix et conditions de transport et les tarifs de soutien dans le traité de Rome, in: Robert Wijffels, Wolfgang Stabenow und Leon Huffel (Hrsg.), Gemeinsamer Markt & Verkehr, a.a.O., S. 137 ff., hier: S. 147.]

[189]) Die Frage der raumwirtschaftlichen Unterstützungstarife ist dann, wenn die Tarifbildung sich an den strecken- und stationsspezifischen Kosten orientiert, viel gravierender als dann, wenn dies nicht geschieht, also im Grundsatz Tarifgleichheit im Raum herrscht. Im letztgenannten Fall sind die schwach frequentierten Strecken und Stationen ohnehin begünstigt, weil ihre vergleichsweise hohen Leistungseinheitskosten im Tarif nicht berücksichtigt werden. Diese generelle Vergünstigung stellt keinen Unterstützungstarif dar. Wird hingegen die Orientierung der Tarife an den strecken- und stationsspezifischen Kosten der Verkehrsleistungen zum Prinzip erhoben, bildet jede Abweichung davon nach unten hin einen besonderen Unterstützungstarif. Ob beide Tarifbildungsprinzipien oder nur das erstgenannte als vereinbar mit Art. 80 (1) des Vertrages von Rom angesehen werden, bestimmt mithin die Bedeutung des hier ausgesprochenen Verbots von Unterstützungstarifen und der Möglichkeit, von ihm nach Art. 88 (2) Ausnahmen zu genehmigen.

Ursachen einer Erscheinung möglich ist, den „Erfolg" einwandfrei auf die Einzelursachen aufzuspalten [190]), dürfen die Einzelnachteile rationalerweise nicht isoliert, sondern nur insgesamt gewürdigt werden. Hiergegen wird freilich in der praktischen Politik im Widerspruch auch zu raumwirtschaftspolitischen Zielen häufig genug verstoßen. Die einzelnen Zweige der öffentlichen Politik betrachten negative Wirkungen ihrer Maßnahmen, die etwa in raumwirtschaftspolitischer Hinsicht zu beobachten oder zu gewärtigen sind, je für sich. Wenn jede Teilpolitik so verfährt und zu dem Ergebnis kommt, die Nachteilswirkungen könnten ihrer Kleinheit wegen vernachlässigt werden, unterläßt sie eine Korrektur. Die in die gleiche negative Richtung laufenden Einzelwirkungen können jedoch insgesamt zu höchst unerwünschten tatsächlichen Ergebnissen führen.

Die an vierter Stelle genannte These gegen eine staatliche Verkehrstarifpolitik ist mit einer Raumwirtschaftspolitik nicht zu vereinbaren, die auf räumlichen Ausgleich bedacht ist, weil sie alle oder viele Räume eines Staatswesens als Siedlungsgebiete erhalten will. Aus den beschriebenen Gründen steigert die rein marktliche Verkehrspreisbildung die Verkehrsgunst wirtschafts- und verkehrsstarker Gebiete, während sie zugleich die Verkehrsungunst wirtschafts- und verkehrsschwacher Räume erhöht. Sie ist mithin eine Triebkraft der räumlichen Konzentration. Die gemeinte Disallokationsthese stimmt also nur, wenn die sozialökonomische Erosion wirtschaftsschwacher Gebiete und die Zusammenballung der wirtschaftlichen Kräfte eines Landes in einem, in einigen oder in mehreren Verdichtungsgebieten als volkswirtschaftlich optimal angesehen oder wenn unterstellt wird, es sei gelungen, „die tatsächlichen realen ökonomisch-sozialen Verhältnisse durch eine Berücksichtigung des 'versteckten' externen Aufwands, d. h. eine möglichst weitgehende Transformation der sozialen Zusatzkosten in betriebsinternen Aufwand nach dem Verursachungsprinzip sichtbar zu machen" [191]).

Die an fünfter Stelle angeführte Ambivalenzthese gilt zweifellos für gewerbliche Unternehmungen verkehrstariflich unterstützter Gebiete, sofern die Tarifvergünstigung nicht richtungsgebunden ist. Sie gilt aber gerade bei einem Verzicht auf diese Einseitigkeit der Begünstigung nicht für die privaten Haushalte der fraglichen Räume. Diese erfreuen sich der transportverbilligten Zufuhr von „Fernbedarfsleistungen"[192]), insoweit die tarifpolitisch bewirkten Transportkostenvergünstigungen über die Einzelhandelspreise an sie weitergegeben werden. Dies geschieht in um so stärkerem Maße, je besser die dortige örtliche und regionale Konkurrenz im Handel funktioniert. Die Funktionsfähigkeit dieses Wettbewerbs zu erhalten oder zu forcieren, ist Aufgabe der Mittelstandspolitik, die insofern eine ähnliche raumwirtschaftspolitische Unterstützungsaufgabe hat wie die Verkehrspolitik.

C. Verkehrliche Dienstbereitschaft

1. Fahrplanpolitik als Zweig der Absatz- bzw. Angebotspolitik im Verkehr

In erster Annäherung könnte die Auffassung vertreten werden, die Fahrplanpolitik sei bei Verkehrsbetrieben nur insoweit ein Instrument der Absatz- bzw. Angebotspolitik, als sie Linienverkehr betreiben, das heißt, fest angekündigte, regelmäßige Beför-

---

[190]) Vgl. die in Anmerkung 61 genannten Quellen. Siehe auch DIETER POHMER und FRANZ XAVER BEA: Erfolg. In: Erich Kosiol (Hrsg.), Handwörterbuch des Rechnungswesens, Stuttgart 1970, Sp. 454 ff., insbes. Sp. 460.
[191]) So HELLMUTH STEFAN SEIDENFUS: Verkehr und Regionalpolitik, in: Zeitschrift für Verkehrswissenschaft 37 (1966), S. 1 ff., hier: S. 10. Auf die begrenzten Möglichkeiten solcher „Transformation" gehe ich in Kapitel VI ein.
[192]) „Fernbedarfsleistungen" in Analogie zu dem von GERHARD ISENBERG verwendeten Begriff der „Fernbedarfstätigen" [Tragfähigkeit, in: Akademie für Raumforschung und Landesplanung (Hrsg.), Handwörterbuch der Raumforschung und Raumordnung, 2. Aufl., Band III, Hannover 1970, Sp. 3381 ff., insbes. Sp. 3390 ff.].

derungsdienste offerieren. Das ist jedoch zu eng gesehen; denn bei rationaler Führung von Verkehrsbetrieben sollten nicht nur deren Liniendienste, sondern auch deren Gelegenheitsverkehre geplant und nicht etwa planlos verlaufen. Dafür ist es, produktionswirtschaftlich gesehen, sogar gleichgültig, ob es sich um Fremd- oder Eigenverkehr (Werkverkehr) handelt; in absatzwirtschaftlicher Hinsicht sind jedoch hauptsächlich die Fahrpläne des ersteren von Interesse. Die Fahrpläne für Eigenverkehr spielen dann mittelbar eine Rolle für die Absatz- bzw. Angebotswirtschaft von Fremdverkehrstreibenden, wenn es gilt, mit ihnen zu konkurrieren.

Wenn die Fahrplanpolitik auch durchaus ein Instrument der Verwertung von Leistungen des Gelegenheitsverkehrs ist, so hat sie für diese doch nicht dieselbe Bedeutung wie für die Verwertung von Leistungen des Linienverkehrs. Für beiderlei Verkehre muß zunächst zwischen dem Betriebs- und dem Markt- oder Kundenfahrplan unterschieden werden. Im Betriebsfahrplan sind außer Fahrtstrecken, Fahrtzeiten und Haltezeiten auch Fahrzeugkapazitäten verzeichnet. Der Marktfahrplan des Güterverkehrs kann häufig auf die Angabe von Fahrtstrecken verzichten; den Kunden interessiert die Wahl zwischen mehreren möglichen Fahrtstrecken zumeist nur mittelbar, nämlich insoweit sie sich auf die Reisezeit, auf den Fahrpreis und auf andere Angebotseigenschaften auswirkt. Die Marktfahrpläne des Personenverkehrs enthalten demgegenüber üblicherweise die Reiseroute, auch wenn sie für einen Teil der Reisenden nicht von unmittelbarem Interesse ist.

In Marktfahrplänen wird üblicherweise darauf verzichtet, Angaben über die einzusetzenden quantitativen Fahrzeugkapazitäten zu machen; eine wichtige Ausnahme bildet der Hinweis auf etwaige begrenzte Beförderungsmöglichkeiten. Hingegen enthalten Marktfahrpläne normalerweise sehr wohl den Kunden interessierende Mitteilungen über qualitative Merkmale der eingesetzten Fahrzeuge. Soll die Bedeutung herausgearbeitet werden, die die Fahrplanpolitik jeweils für den Gelegenheitsverkehr und für den Linienverkehr besitzt, so muß auf die getroffene Unterscheidung zwischen Betriebs- und Marktfahrplänen zurückgegriffen werden.

Im Linienverkehr bilden die Marktfahrpläne während eines Gültigkeitszeitraums den Rahmen für die Betriebsfahrpläne, die allein in bezug auf die Fahrzeugkapazitäten variiert werden können, insoweit diese nicht (in qualitativer Hinsicht) vom Marktfahrplan festgelegt sind. Im Gelegenheitsverkehr werden die Betriebsfahrpläne demgegenüber nach Bedarf aufgestellt. Doch sowenig beim Aufstellen der an die Kunden adressierten Zeitraumfahrpläne von Liniendiensten produktions- und kostenwirtschaftliche Gesichtspunkte des Fahrzeugeinsatzes außer Betracht bleiben sollten, so arational wäre es, wenn die Zeitpunktfahrpläne von Gelegenheitsdiensten allein nach diesen und nicht auch nach absatzwirtschaftlichen Gesichtspunkten gestaltet würden. So kann es kommen, daß der Bedarfsverkehr keinesfalls erst dann stattfindet, wenn die Transportkapazität voll, gut oder kostendeckend ausgelastet ist. Vielmehr werden häufig kostenwirtschaftlich ungünstige Fahrten unternommen, um Terminwünschen von Kunden nachzukommen, und zwar auch dann, wenn die Kostenungunst nicht durch ein Aufgeld für die Beschleunigung der Beförderung ausgeglichen wird. Das vom Verkehrsanbieter erhoffte Äquivalent für die in Kauf genommenen Mehrkosten soll in der günstigen Beeinflussung von Kundenbeziehungen bestehen.

Ungeachtet der fahrplanpolitischen Gemeinsamkeit von Gelegenheits- und Linienverkehr, daß produktions- und absatzwirtschaftliche (Unter-) Ziele aufeinander abzustimmen sind, hat die Fahrplanpolitik bei beiderlei Verkehren eine grundverschiedene Stellung im Bündel der absatzpolitischen Instrumente. Der Marktfahrplan des Linienverkehrs ist insofern ein Analogon zur Tarifbindung, als er für die Geltungsdauer den tatsächlichen und möglichen Kunden zuverlässige Angaben über wichtige Angebotseigenschaften an die Hand gibt. Der Marktfahrplan des Gelegenheitsverkehrs steht dagegen nicht von vornherein fest, sondern wird von Fall zu Fall, wenn möglicherweise auch mit Rücksicht auf spezielle Kundenwünsche, beschlossen. Der Marktfahrplan von Liniendiensten strukturiert wie ein Tarif für den Zeitraum seiner Gültigkeit einen Teil des Angebots. Variabel bleibt nur der Betriebsfahrplan in bezug auf den Einsatz von Fahrzeugkapazitäten. Das heißt, der Linienverkehrstreibende schränkt insoweit seinen absatz- bzw. angebotspolitischen Spielraum selbst ein. Das kann auf Grund geschäftlicher Opportunitätsüberlegungen oder in Erfüllung öffentlicher Verkehrsaufgaben geschehen.

Wenn die geschäftliche Opportunität Anlaß zur Bindung an einen Marktfahrplan gibt, so soll mit ihr ein Vorsprung im Wettbewerb mit anderen, zumeist mit Gelegenheitsverkehr betreibenden Anbietern erzielt werden, indem Kundenwünschen Rechnung getragen wird, die auf allfällig wahrnehmbare Beförderungsmöglichkeiten, also auf Bereithaltungsleistungen gerichtet sind. Wenn öffentliche Verkehrsaufgaben unter anderem durch eine Fahrplanbindung wahrgenommen werden sollen, geht es darum, ebensolchen Publikumswünschen nachzukommen, allerdings nicht oder nicht in erster Linie aus Gründen des Wettbewerbs, sondern um jedermann im Bedienungsgebiet einen zeitlich und qualitativ zuverlässigen Verkehrszugang zu gewähren.

2. Einzelwirtschaftliche Kosten und Nutzen verkehrlicher Dienstbereitschaft

Dienstleistungen lassen sich, von seltenen Ausnahmen abgesehen, nicht wie die meisten Sachleistungen auf Lager produzieren. Wo dies gilt, gehen Betriebsleistungen [193]) insoweit verloren, als es nicht gelingt, sie abzusetzen, das heißt, als Marktleistungen [193]) zu verwerten. Die Nichtspeicherbarkeit von Dienstleistungen bedeutet zunächst, daß Dienstleistungsbetriebe im allgemeinen ein absatzpolitisches Instrument weniger haben als Sachleistungsbetriebe. Sie bedeutet aber des weiteren auch, daß die aus der Sachleistungswirtschaft stammende Unterscheidung von Nutz- und Leerkosten [194]) nicht unbesehen auf die Dienstleistungswirtschaft übertragen werden darf [195]).

Sachleistungs- und Dienstleistungswirtschaft sind Nachfrageschwankungen ausgesetzt. Sachleistungsbetrieben ist es häufig möglich, zwischen der Anpassung an sie mit Beschäftigungsveränderungen oder mit Veränderungen der Lagerhaltung zu wählen. Insoweit die Variation der Lagerhaltung ausreicht, den Nachfrageschwankungen mit den Lieferungen zu folgen, erspart sie andere Maßnahmen, unter anderem Veränderungen des Beschäftigungsgrades. Sie ist also ein Mittel der Beschäftigungsstabilisierung. Insoweit es gelingt, die Beschäftigung der Produktionskapazitäten gleichzuhalten, bleibt das Ver-

---

[193]) Über diese Unterscheidung ALFRED WALTHER: Einführung in die Wirtschaftslehre der Unternehmung, 1. Band: Der Betrieb, Zürich 1947, S. 238 ff.; LEOPOLD L. ILLETSCHKO: Transport-Betriebswirtschaftslehre, a.a.O., S. 61.

[194]) Näheres über diese Unterscheidung zum Beispiel bei ERICH SCHNEIDER: Industrielles Rechnungswesen — Grundlagen und Grundfragen, 4. Aufl., Tübingen 1963, insbes. S. 134 ff.

[195]) Über Eigentümlichkeiten der Dienstleistungswirtschaft: HANNS LINNHARDT, PETER PENZKOFER und PETER SCHERPF (Hrsg.): Dienstleistungen in Theorie und Praxis, Otto Hintner zum siebzigsten Geburtstag, Stuttgart 1970; RUDOLF MALERI: Grundzüge der Dienstleistungsproduktion, Heidelberger Taschenbücher 123, Berlin-Heidelberg-New York 1973; FRANZ DECKER: Dienstleistungsbetriebe. In: Erwin Grochla und Waldemar Wittmann (Hrsg.), Handwörterbuch der Betriebswirtschaftslehre, 4. Aufl., Band 1, Stuttgart 1974, Sp. 1164 ff.

hältnis zwisch Nutz- und Leerkosten der Kapazitäten gleich, im Fall der gleichmäßigen Vollbeschäftigung entfallen letztere gänzlich und nachhaltig. Diese Zusammenhänge sind ein verständlicher Grund dafür, das Entstehen von Leerkosten in Sachleistungsbetrieben als etwas Unwirtschaftliches anzusehen, das tunlichst zu vermeiden ist. Würde eine solche Bewertung von Leerkosten in Dienstleistungbetrieben ohne weiteres nachvollzogen, so würde die Rationalität des sachleistungsbetrieblichen Wirtschaftlichkeitsstrebens oft in ihr Gegenteil verkehrt.

Das Halten von Lagern eigener Produkte ermöglicht es Sachleistungsbetrieben, über die volle Ausnützung der Produktionskapazitäten hinaus lieferbereit zu sein oder diese besser zu beschäftigen, als es die jeweilige Absatzlage eigentlich gestattet. Eine solche Lagerhaltung absorbiert mithin sonst entstehende Nachteile von Lieferverzögerungen, Mehrkosten der Überbeschäftigung oder Leerkosten der Unterbeschäftigung. Sie ist also unter anderem geeignet, das Entstehen von Leerkosten durch Inkaufnahme ihrer eigenen Kosten (Lagerhaltungskosten) zu substituieren. Geschieht dies, so wird zugleich die Voraussetzung dafür geschaffen, künftighin lieferfähiger zu sein, als die Kapazitäten es zulassen. Die so gekennzeichnete Eignung der Lagerhaltung zum produktionswirtschaftlichen Ausgleich von Nachfrageschwankungen erlaubt Kapazitätseinsparungen gegenüber sonst gleichen Fällen, in denen die eigenen Produkte nicht gelagert werden sollen oder — wie in der Dienstleistungswirtschaft — nicht gelagert werden können. Infolgedessen wäre es verfehlt, dem (Unter-) Ziel der Leerkostensenkung oder -vermeidung in Dienstleistungsbetrieben grundsätzlich den gleichen Rang zuzuerkennen, den es in Sachleistungsbetrieben mit lagerfähigen Produkten hat. Geschähe es, so würde die der Lieferbereitschaft von Sachleistungsbetrieben (und Handelsbetrieben) analoge Dienstbereitschaft aus Unverständnis beeinträchtigt.

Dienstleistungsbedürfnisse richten sich nicht allein auf das Erbringen von Dienstleistungen selbst, sondern auch auf die Bereitschaft dazu. Da diese Bereitschaft nicht wie zumeist die Lieferbereitschaft in der Sachleistungswirtschaft (auch) mit Hilfe der Lagerhaltung herstellbar ist, müssen die bei ihrer Erzeugung entstehenden „Leer"kosten anders als dort beurteilt werden. Sachleistungsbetriebe erzeugen im Maße einer Unterbeschäftigung in der Tat nichts; bei Dienstleistungsbetrieben ist dies jedoch nur insoweit der Fall, als der bei Unterbeschäftigung nicht ausgenützten Dienstbereitschaft von den aktuellen und potentiellen Abnehmern kein Wert beigemessen wird. Insoweit solche Dienstbereitschaft jedoch Wertschätzung erfährt, wird sie offensichtlich als Leistung aufgefaßt, die Nutzen stiftet. Infolgedessen sind ihre Kosten insoweit das Gegenteil von Leerkosten, nämlich Nutzkosten. Dies gilt im Verkehr sowohl für Gelegenheits- als auch für Liniendienste. Die Zahl der Kostenarten, die jeweils als beschäftigungsfix anzusehen sind, ist jedoch verschieden.

Beim Gelegenheitsverkehr entstehen durch bloße Dienstbereitschaft noch keine Fahrtkosten, beim Linienverkehr jedoch sehr wohl. Er stellt fahrende Angebotskapazitäten bereit, der Gelegenheitsverkehr stehende. Dieser kostenwirtschaftliche Unterschied zwischen der Dienstbereitschaft im Linien- und im Gelegenheitsverkehr ist allerdings praktisch nicht immer so scharf gezogen, wie eben beschrieben. Wie (auf S. 114) bereits in anderem Zusammenhang erwähnt, findet einerseits Gelegenheitsverkehr keinesfalls nur statt, wenn sich die Fahrzeugkapazitäten voll oder wenigstens gut ausnützen lassen. Wo das zutrifft, wird die Degression der beschäftigungsfixen Fahrtkosten nicht voll ausgenützt und oft zugleich im Maße der Unterauslastung Dritten eine Beförderungsmöglichkeit angeboten. Andererseits lassen sich im Linienverkehr die Fahrzeugkapazitäten häufig je nach Inanspruchnahme des Angebots variieren und damit voll beschäftigungsfixe Fahrtkosten in stufenfixe verwandeln.

Verkehrliche Dienstbereitschaft wird im übrigen nicht allein auf den Gebieten der Beförderung (Linienverkehr) und der Fahrzeugbereitstellung (Gelegenheitsverkehr, Fahrzeugvermietung) geleistet. Sie findet auch auf den Gebieten der Wege- und Stationsbereitstellung (Wege- und Stationsverwaltung) statt. Hier ist sie zumindest in bezug auf die Wegebereitstellung wie dort in bezug auf die Fahrzeugbereitstellung im Rahmen der vorgehaltenen Kapazitäten sogar unvermeidlich, wohingegen sich die in Beförderungsangeboten des Linienverkehrs bestehende Dienstbereitschaft bei gegebenen Fahrzeugkapazitäten durchaus steuern läßt. Wohl dieser Steuerungsmöglichkeit wegen wird fast ausschließlich die Dienstbereitschaft im Linienverkehr ins Auge gefaßt, wenn mit falschen Leerkostenargumenten versucht wird, angebliche Steigerungen der Wirtschaftlichkeit im Verkehr herbeizuführen [196]. Die gemeinten Versuche sind dann untauglich, wenn sie die mit dem Wegfall einzusparender Dienstbereitschaft für aktuelle und potentielle Verkehrsteilnehmer entstehenden Nutzenverluste ignorieren [197]. Rationale Wirtschaftlichkeitsurteile setzen voraus, daß sowohl die Kostenseite als auch die Nutzenseite (Ertragsseite) der fraglichen Leistung möglichst vollständig in die Betrachtung einbezogen werden [198]. Ein erheblicher Vollständigkeitsmangel liegt auch dann vor, wenn zwar die Nutzenseite nicht völlig außer acht gelassen, aber doch insofern stark verkürzt gesehen wird, als nur die betrieblichen Erträge für abgesetzte Verkehrsleistungen während fraglicher, weil umsatzschwacher Dienstzeiten und nicht auch die Kundeninteressen an zuverlässigen Beförderungsgelegenheiten während dieser Zeit berücksichtigt werden.

Die geforderte möglichst vollständige Sicht der Nutzenwirkungen von Dienstbereitschaft ist keinesfalls nur von öffentlich-wirtschaftlichem Verkehrserschließungs- und Verkehrsanbindungsinteresse (vgl. Abschnitt 3 dieses Kapitels). Sie ist auch privatunternehmerisch in ähnlicher Weise wie etwa im Handel die Sortimentsgestaltung bedeutsam. Wer unter den Benützern von Liniendiensten zur verkehrlichen Selbstbedienung oder zum

---

[196] So sagte die *Sachverständigen-Kommission für die Deutsche Bundespost* in ihrem Gutachten vom 6. November 1965: „Eine entscheidende Ursache für das Defizit im Postreisedienst sind zahlreiche ungewöhnlich schwach frequentierte Linien mit entsprechend ungünstiger Kapazitätsausnützung der eingesetzten Fahrzeuge und des Personals. Deshalb sollte die Deutsche Bundespost eine sofortige Durchforstung des gesamten Liniennetzes mit dem Ziel in Angriff nehmen, unrentable Linien einzustellen..." (Deutscher Bundestag 5. Wahlperiode, Drucksache V/20, S. 147).

[197] Das hat beispielsweise *dieselbe Kommission* in ihrem Gutachten an vielen Stellen geübt. Zitiert seien zwei besonders bemerkenswerte Empfehlungen: a) „Es wird... empfohlen, die Briefzustellung räumlich auf das notwendig und zumutbare Maß zu beschränken, indem z. B. die Zusteller auf dem Lande und in weiträumigen Stadtrand-Siedlungsgebieten entlastet werden. Die DBP sollte umgehend auch Überlegungen anstellen, ob und in welchem Umfang die Zustelleistungen zunehmend durch eine Abholung seitens der Empfänger ersetzt werden können. Jedermann weiß, wie teuer heute (Dienst-) Boten und Botengänge sind; an eine Verknappung und Verteuerung des Zustelldienstes der Post denkt man nie." (ebenda, S. 14). b) „Wegfall der kleinen Poststellen auf dem Lande und Ersatz durch ‚stumme Postanstalten' und Landzusteller." (ebenda, S. 118). Von den den Postkunden mit diesen Empfehlungen zugemuteten Nutzenminderungen und Kostensteigerungen ist ebensowenig die Rede wie von der gesamtwirtschaftlichen Produktivitätsminderung, die bei Verwirklichung des Selbstabholungsvorschlages (Rückschritt durch Abbau funktionaler Arbeitsteilung!) eintreten muß.

[198] Zum Rationalprinzip etwa EDMUND HEINEN: Einführung in die Betriebswirtschaftslehre, 6. verb. u. erw. Aufl., Wiesbaden 1977, insbes. S. 39 ff.
Von einem nicht-fiskalistischen öffentlichen Betrieb, also von einem öffentlichen Betrieb mit öffentlichen Leistungsaufgaben darf erwartet werden, daß seine Rationalität öffentlich-wirtschaftlicher und nicht privatunternehmerischer bzw. sogar privatmonopolistischer Natur ist. Dies bedeutet, daß die Mindernutzen und Mehrkosten, die auch und gerade Nachfragern durch betriebliche Maßnahmen entstehen, bei Entscheidungen dann berücksichtigt werden, wenn die Nachfrager weder zu Konkurrenten noch zur Selbstbedienung abzuwandern vermögen. Solche Rücksichten liegen den in den Anmerkungen 196 und 197 exemplarisch zitierten Empfehlungen offenbar fern.

Gelegenheitsverkehr abzuwandern vermag, läßt sich vielleicht bei seiner Entscheidung für oder gegen das Liniendienstangebot von dessen räumlicher und zeitlicher Breite oder Enge leiten. So kann es kommen, daß manch ein potentieller Benützer seltene und räumlich stark konzentrierte Linienverkehrsdienste ähnlich wie zwar häufige und den Raum erschließende, aber sonst qualitativ schlechte oder als zu teuer empfundene von vornherein außer jeglichem Betracht läßt, das heißt, als für ihn nicht existent ansieht. Wird diese Einstellung bei vielen möglichen Nachfragern hervorgerufen, so katapultiert sich ein Verkehrsunternehmen selbst aus dem Markt hinaus.

3. Verkehrliche Dienstbereitschaft und Raumwirtschaft

Private Verkehrsunternehmen werden den nicht unmittelbar zu Umsatzerlösen führenden Nutzen, den Dienstbereitschaft für Kunden haben kann, rationalerweise danach bewerten, inwiefern er mittelbar zu Ertragserwartungen berechtigt. Sie werden sich, anders ausgedrückt, am vermutlichen akquisitorischen Effekt von Dienstbereitschaftsleistungen orientieren, es sei denn, sie nähmen im öffentlichen Auftrag öffentliche Verkehrsaufgaben wahr. Wo dies der Fall ist, liegen die Dienstbereitschaftsentscheidungen nicht beim privaten Auftragnehmer, sondern beim öffentlichen Auftraggeber.

Bei öffentlich-wirtschaftlichen Entscheidungen über die Dienstbereitschaftsleistungen öffentlicher und privater Verkehrsbetriebe sind rationalerweise unter anderen auch raumwirtschaftspolitische Gesichtspunkte zu beachten. In dieser Hinsicht geht es darum, zu was für raumwirtschaftlichen Wirkungen räumlich unterschiedliche verkehrliche Dienstbereitschaft beiträgt, wie diese Wirkungen im Lichte der verfolgten raumwirtschaftspolitischen Ziele zu beurteilen sind und was für Folgerungen sich daraus für die verkehrliche Leistungspolitik ergeben.

„Leer"kosten im sachleistungswirtschaftlichen Verstand fallen unter sonst gleichen Verhältnissen in um so größerem Maße an, je schwächer die Verkehrsnachfrage ist, sei es, weil schwache räumliche Verkehrsströme bedient werden, sei es, weil Beförderungsleistungen auch zu Zeiten angeboten werden, die verkehrsschwach sind. Besonders „leer"kostenhaltig sind Beförderungsangebote für dünne räumliche Verkehrsströme zu verkehrsschwachen Zeiten. Gleiche Möglichkeiten der Anpassung von Fahrzeugkapazitäten an die zeitlichen Schwankungen der Verkehrsnachfrage vorausgesetzt, werden die Beförderungsangebote zu gleich verkehrsschwachen Zeiten im Durchschnitt um so weniger ausgenützt, je dünner der bediente räumliche Verkehrsstrom ist. Wollen Verkehrsbetriebe die Ausnützung von Verkehrsangeboten verbessern, so haben sie dazu produktionswirtschaftliche wie absatzwirtschaftliche Möglichkeiten. Die produktionswirtschaftlichen Möglichkeiten bestehen darin, Bereithaltungsleistungen der verschiedensten Art an die Nachfrage anzupassen, die absatzwirtschaftlichen entweder darin, (im weitesten Sinn) um mehr Nachfrage zu werben, oder darin, die noch vorhandene Nachfrage vollends abzustoßen. Wo letzteres erstrebt wird, geht es darum, die Sinnlosigkeit weiterer Verkehrsbedienung zu demonstrieren [199]).

Die produktionswirtschaftlichen Möglichkeiten sind großenteils zugleich investitionswirtschaftlicher Natur; ihr Ergreifen beeinflußt zumeist die Nachfrage, zeitigt also absatzwirtschaftliche Wirkungen. Je nach den Folgen für die Bedienung der als zu gering empfundenen Nachfrage lassen sich die Formen des Abbaues von Bereithaltungsleistungen in diese Reihenfolge bringen:

(1a) Verändern, insbesondere Verringern der Zuglänge;

---

[199]) In solchen Fällen spreche ich von „Rejektionspolitik" (Abstoßungspolitik).

(1b) Benützen anderer, insbesondere kleinerer Fahrzeuggrößen;

(1c) Wechseln des Verkehrsmittels, insbesondere Übergang vom Schienen- zum Straßenverkehr;

(2a) Nichtbedienen bestimmter Stationen zu verkehrsschwachen Zeiten, das heißt Verdünnen von Stationsfahrplänen;

(2b) Nichtbedienen von Strecken zu verkehrsschwachen Zeiten, das heißt Verdünnen von Streckenfahrplänen;

(2c) Ersatz von Linien- durch Gelegenheitsverkehr;

(3a) Stillegen von Stationen mit geringem Verkehrsaufkommen, das heißt Verringern der Stationsdichte;

(3b) Stillegen von Strecken mit geringem Verkehrsaufkommen, das heißt Verringern der Streckendichte;

(3c) stationsweises, streckenweises oder allgemeines Einstellen bestimmter Dienstzweige, beispielsweise der Personen-, Gepäck-, Expreßgut-, Stückgutbeförderung;

(4) Einstellen des ganzen Verkehrsangebots.

Für den Abbau des Angebots an Fahrzeugkapazitäten sind wohl die Verringerung der Zuglänge (1a) und die Benützung kleinerer Fahrzeuge (1b) typisch. Sie führen allerdings dazu, daß Kostendegressionen (nämlich die Zuglängendegression bzw. die Fahrzeuggrößendegression der Kosten sowie bei wechselndem Einsatz von Fahrzeugen verschiedener Größen auch die Beschäftigungsdegression der Kosten) nicht mehr so gut ausgenützt werden wie zuvor. Deshalb wird der Abbau des Angebots von Fahrzeugkapazitäten auch mit Verdünnungen des Streckenfahrplans (2b) kombiniert, um die Zuglänge oder Fahrzeuggröße beizubehalten oder sogar zu vergrößern.

Mit der Anwerbung zusätzlicher Nachfrage darf allein bei jenen produktionswirtschaftlichen Formen der Anpassung „nach unten hin" gerechnet werden, die Zeitersparnisse bringen. Sie sind unter bestimmten Umständen vornehmlich beim Wechsel des Verkehrsmittels (1c) sowie bei der Verdünnung von Stationsfahrplänen (2a), gelegentlich vielleicht auch bei der Verringerung der Zuglänge (1a) oder der Wahl einer kleineren Fahrzeuggröße (1b) zu gewärtigen. Beim Wechsel vom Schienen- zum Straßenverkehr lassen sich vielerorts Zeitersparnisse durch Verlegen und möglicherweise durch Vermehren von Stationen, beim Wechsel vom Straßen- zum Schienenverkehr durch zügigeres Fahren erzielen. Bei der Verminderung der Halte und vielleicht auch beim Einsatz kürzerer Züge oder kleinerer Fahrzeuge lassen sich Stations-, Beschleunigungs- und Bremszeiten reduzieren. Von den beiden letztgenannten Möglichkeiten abgesehen, sind die aufgeführten Maßnahmen insofern absatzwirtschaftlich ambivalent, als Zeitersparnissen bestimmter Nachfragergruppen Zeitverluste anderer gegenüberstehen.

Bleiben etwaige Zeitersparnisse außer acht, so darf vom Verringern der Zuglänge (1a) und dem Einsatz kleinerer Fahrzeuge (1b) bestenfalls Nachfrageneutralität erwartet werden. Sie können aber im Personenverkehr sehr wohl auch Nachfrage abstoßen, wenn die Verminderung des Platzangebots mit Unbequemlichkeiten für abwanderungsfähige Nachfrager verbunden ist. Beim Wechsel des Verkehrsmittels (1c) können im Personenverkehr außer dem Zeitaufwand und dem Platzangebot vor allem die von der Zuverlässigkeit des Fahrplans abhängige Kalkulierbarkeit des Zeitaufwands, die Sicherheit, die Platzbequemlichkeit, die Möglichkeiten zur Gepäckmitnahme sowie die Fazilitäten von Fahrzeugen und Stationen werbend oder abstoßend auf abwanderungsfähige Nachfrager wirken. Im Güterverkehr dürfte beim Wechsel des Verkehrsmittels vor allem die Zunahme oder Abnahme der Umladebedürftigkeit eine Rolle spielen, weil sie das Beschädigungsrisiko und unter Umständen auch den Zeitbedarf beeinflußt [200]).

Der Übergang vom Linien- zum Gelegenheitsverkehr (2c) ist nur insofern werbend, als an die Stelle der Fahrplanbindung die jederzeitige Bedienungsmöglichkeit tritt, wie es etwa der Fall wäre, wenn Personenlinienverkehre durch Taxidienste ersetzt würden. Hingegen wird abwanderungsfähige Nachfrage abgestoßen, wenn die Gelegenheitsbedienung nur stattfindet, nachdem sich eine als hinreichend angesehene Beförderungsmenge angesammelt hat. Diese nur für den Güterverkehr vorstellbare Bedienungsweise schränkt die Berechenbarkeit der Bedienungsmöglichkeiten, die Marktfahrpläne bieten, insbesondere dort erheblich ein, wo die Schwäche von Verkehrsströmen mit einer hohen Wahrscheinlichkeit unregelmäßigen Frachtenanfalls verbunden ist.

Die Verdünnung von Streckenfahrplänen (2b) sowie Teilstillegungen [(3a) und (3b)] sind eindeutig rejektiv; sie stoßen abwanderungsfähige Nachfrager ab und vermindern nicht-existentiellen Verkehrsbedarf. Das Einstellen von Dienstzweigen (3c) bedeutet partielles, das Einstellen des ganzen Verkehrsangebots (4) totales Ausscheiden des Betriebs aus dem verkehrlichen Wettbewerb. Seine bisherigen Nachfrager werden auf die etwaigen Konkurrenten oder auf Selbstbedienung verwiesen.

In dem Maße, in dem ein Verkehrsbetrieb Bereithaltungsleistungen wegen ihrer als unzureichend empfundenen Ausnützung einschränkt oder einstellt, wird die Verkehrsbedienung der betroffenen Orte und Gebiete verschlechtert, soweit nicht Wettbewerber ihr Angebot kompensatorisch verbessern. Mit letzterem darf um so eher gerechnet werden, je heftiger um Verkehrsströme konkurriert wird. Starke Verkehrsströme vermögen mehr Wettbewerber zu tragen als schwache. Wo heftig konkurriert wird, ist eher als bei verdünntem Wettbewerb zu erwarten, daß sich die Konkurrenzfähigkeit von Anbietern verändert und daß es aus diesem Grund einerseits zu Verschlechterungen, andererseits zu kompensatorischen Verbesserungen von Bereithaltungsleistungen kommt. Bei schwachen Verkehrsströmen und geringer Konkurrenz um ihre Bedienung muß hingegen eher als bei starken und lebhaft umworbenen Verkehrsströmen damit gerechnet werden, daß privatwirtschaftliche Entscheidungen von Verkehrsanbietern wettbewerblich unkompensiert Bereithaltungsleistungen einschränken oder einstellen. Versagt die Konkurrenz einen Ausgleich, so ist er nur über verkehrspolitische Entscheidungen herbeizuführen. Wird die private Verkehrswirtschaft der Selbstregulierung durch den Wettbewerb überantwortet, so läßt sich der verkehrspolitische Ausgleich nur über Aufträge an öffentliche Verkehrsbetriebe oder solche privaten Verkehrsunternehmungen bewirken, die ihre privatwirtschaftlichen Oberziele freiwillig durch Übernahme öffentlicher Aufgaben zu erfüllen trachten.

Vermindern und verschlechtern öffentliche Verkehrsbetriebe ihre Bereithaltungsleistungen, so sind nur dort kompensatorische Verbesserungen der Bereithaltungsleistungen privater Verkehrsunternehmungen zu erwarten, wo sie von diesen für lohnend gehalten werden. Eine Voraussetzung dafür ist die Dichte von Verkehrsströmen, weil sie ihrerseits einen wichtigen Bestimmungsfaktor der Chancen für die Ausnützung der Bereithaltungsleistungen darstellt. Diese Voraussetzung fehlt in dünnbesiedelten, wirtschaftsschwachen Gebieten fast durchweg, wohingegen sie in dichtbesiedelten, wirtschaftsstarken Räumen keineswegs überall, aber doch für eine größere Zahl von Relationen erfüllt ist. Infolgedessen werden die Gebiete der erstgenannten Art wenigstens tendenziell selbst dann stär-

---

[200]) Der Anfall oder Fortfall von Umladekosten bleibt außer Betracht, da der Wechsel des Verkehrsmittels hier für sich, ohne eine etwaige Kombination mit preispolitischen Maßnahmen erörtert wird.

ker als die der zweitgenannten Art betroffen, wenn Bereithaltungsleistungen des öffentlichen Verkehrs nicht selektiv, sondern generell eingespart werden. Die Orientierung des Angebots öffentlicher Verkehrsleistungen am privatunternehmerischen Erwerbsprinzip zeitigt jedoch rationalerweise und erfahrungsgemäß häufiger selektive als generelle Einsparungen, wobei vor allem jene Bereithaltungsleistungen vermindert oder eingestellt werden, die wegen ihrer Unterausnützung als nicht lohnend gelten [201]).

Die Beeinträchtigungen der ohnehin vorhandenen Verkehrsungunst dünn besiedelter, wirtschaftsschwacher Gebiete durch Veränderungen des Angebots verkehrlicher Bereithaltungsleistungen lassen sich nach ihrer Zahl so gliedern:

(1) Generelle Einschränkungen oder Einstellungen von Bereithaltungsleistungen des öffentlichen Verkehrs, die wettbewerblich zu Lasten der fraglichen Gebiete nur selektiv kompensiert werden;

(2) selektive Einschränkungen oder Einstellungen von Bereithaltungsleistungen des öffentlichen Verkehrs zu Lasten der fraglichen Gebiete, die wettbewerblich weithin oder gänzlich unkompensiert bleiben;

(3) generelle Einschränkungen oder Einstellungen von Bereithaltungsleistungen des öffentlichen Verkehrs nach Typ (1), verbunden mit selektiven Verbesserungen oder mit mit der Neueinführung anderer Bereithaltungsleistungen zu Gunsten dicht besiedelter, wirtschaftsstarker Gebiete;

(4) selektive Einschränkungen oder Einstellungen von Bereithaltungsleistungen des öffentlichen Verkehrs nach Typ (2), verbunden mit selektiven Verbesserungen oder mit der Neueinführung anderer Bereithaltungsleistungen nach Typ (3).

Die Alternative zu den produktionswirtschaftlichen Möglichkeiten, Bereithaltungsleistungen der verschiedensten Art an die als zu gering empfundene Nachfrage anzupassen, sind die absatzwirtschaftlichen Möglichkeiten, die Nachfrage zu stimulieren. Zu ihnen gehört unter anderem die (im vorigen Abschnitt erörterte) Preispolitik. Häufig wird es nicht genügen, sich mit Hilfe einer Kombination absatzpolitischer (beispielsweise preis-, konditionen-, werbe- und qualitätspolitischer) Maßnahmen darum zu bemühen, die Ausnützung der angebotenen Bereithaltungsleistungen zu heben. Es kann nämlich durchaus sein, daß ihre Inanspruchnahme deshalb unbefriedigend ist, weil sie in zu geringem Maße angeboten werden. So ist beispielsweise im Personennahverkehr eine gewisse, nicht allgemein anzugebende Fahrplandichte Voraussetzung dafür, daß das Angebot von den selbstbedienungsfähigen aktuellen und potentiellen Nachfragern überhaupt in Erwägung gezogen, das heißt, als für sie existent angesehen wird. Liegt die tatsächliche Fahrplandichte unter dem Anspruchsniveau einer Schicht selbstbedienungsfähiger Nachfrager, so kann das öffentliche Verkehrsangebot nur mit Aussicht auf Erfolge um sie werben, wenn eine sprunghafte Verdichtung des Fahrplans vorgenommen wird [202]).

Daß die Chancen der Inanspruchnahme von Bereithaltungsleistungen vom Volumen ihres Angebots abhängen können, machen sich öffentliche Verkehrsbetriebe auch zunutze, wenn sie Nachfrage abstoßen wollen, um Dienste „stillegungsreif" erscheinen zu lassen. Sie gehen dann gezielt unter das jeweilige Mindestvolumen hinunter [203]).

---

[201]) Vgl. die in Anmerkung 196 zitierte Empfehlung.

[202]) Damit überhaupt Nachfrage akquiriert werden kann, müssen Vorleistungen erbracht werden, wie sie OSKAR ENGLÄNDER für die Güterverkehrstarife neugebauter, zunächst unterausgenützter Strecken beschrieben hat. (Theorie des Güterverkehrs und der Frachtsätze, Jena 1924, S. 223). Eine sytematische Darstellung raumwirtschaftspolitischer Vorleistungen der verschiedensten Art bei JOSEF UMLAUF: Öffentliche Vorleistungen als Instrument der Raumordnungspolitik, Abhandlungen der Akademie für Raumforschung und Landesplanung 55, Hannover 1968.

[203]) Diese Methode läßt sich weiter dadurch „verfeinern", daß auf eine kundengerechte Abstimmung von Anschlüssen verzichtet wird.

VI. Rechnerische Probleme

A. Kaufmännische und öffentliche Erfolgsrechnungen

1. Betriebsziele, Rechnungsziele, Rechnungsstoff

Kaufmännische und öffentliche (Perioden-) Erfolgsrechnungen sind Nachschaurechnungen; kaufmännische und öffentliche Investitionsrechnungen (vgl. Kapitel VI B) sind Vorschaurechnungen. Beiderlei Rechnungen haben sowohl generelle als auch spezielle Ziele [204].

Die generellen Rechnungsziele sind die der Kontrolle und der Orientierung, wobei bei Nachschaurechnungen die Kontrolle und bei Vorschaurechnungen die Orientierung im Vordergrund steht. Kontrollergebnisse sind jedoch häufig auch geeignet, zur Orientierung bei der Lösung von Entscheidungsproblemen beizutragen. Orientierungsergebnisse von Vorschaurechnungen bilden ihrerseits Bestandteile von Kontrollen, wenn sie mit den tatsächlichen Ergebnissen von Entscheidungen verglichen werden, die auf sie gestützt wurden.

Die speziellen Rechnungsziele sind insbesondere nach ihren Gegenständen und nach ihrer Betriebszielabhängigkeit zu gliedern. Nach ihren Gegenständen lassen sich leistungswirtschaftliche und finanzwirtschaftliche Rechnungsziele, nach ihrer Betriebszielabhängigkeit betriebszielunabhängige und betriebszielabhängige Rechnungsziele unterscheiden. Leistungswirtschaftliche Rechnungsziele sind zum Beispiel die Ermittlung von Produktivität, Wirtschaftlichkeit, Rentabilität und Aufgabenerfüllung. Finanzwirtschaftliche Rechnungsziele sind etwa die Ermittlung von Liquiditätsangaben und von Selbstfinanzierungs- oder Deckungsgraden. Betriebszielunabhängig sind jene speziellen Rechnungsziele, die für Betriebe jedweden Wirtschaftssystems und oberzielverschiedenen Betriebstyps interessant sind, wie die leistungswirtschaftlichen Rechnungsziele der Produktivität und der Wirtschaftlichkeit und die auf Liquiditätsangaben gerichteten finanzwirtschaftlichen Rechnungsziele. Betriebszielabhängig sind jene speziellen Rechnungsziele, die aus solchen betrieblichen Zielen abgeleitet sind, die überhaupt nur von bestimmten oberzielverschiedenen Betriebstypen verfolgt werden oder in dem einen Betriebstyp Oberziel-, in dem anderen aber Unterzielcharakter haben. So ist die Rentabilität bei privaten und öffentlichen Erwerbsunternehmungen Oberziel, bei privaten und öffentlichen Dienstunternehmungen sowie bei Gebührenhaushalten (bestimmten öffentlichen Teilhaushalten) vielleicht Unterziel und bei vielen öffentlichen Teilhaushalten sowie bei öffentlichen Gesamthaushalten überhaupt kein Ziel. Umgekehrt steht die Erfüllung bestimmter Aufgaben bei öffentlichen Haushalten und bei öffentlichen wie bei privaten Dienstunternehmen mit Oberzielcharakter im Vordergrund, wohingegen sie bei privaten und öffentlichen Erwerbsunternehmen lediglich Unterzielrang hat. Der Selbstfinanzierungsgrad im

---

[204] Vgl. KARL OETTLE: Betriebserfolge in der privaten und in der öffentlichen Wirtschaft, a.a.O.; *derselbe:* Grundlagen und Systeme des betrieblichen Rechnungswesens, in: Studienstiftung der Verwaltungsleiter deutscher Krankenanstalten e. V. (Hrsg.), Zentrallehrgang 1967, Kulmbach 1967, S. 1 ff. (wieder abgedruckt in: Karl Oettle, Grundfragen öffentlicher Betriebe II, a.a.O., S. 137 ff.).

Sinn der Einbehaltung von Gewinnbestandteilen kann nur dort Rechnungsziel sein, wo die Rentabilität als Ober- oder als Unterziel vorkommt; der Deckungsgrad im Sinn der Finanzierung von Ausgaben aus endgültigen Einnahmen ist gleichsam sein Ersatz für öffentliche Haushalte, die ausschließlich oder in der Hauptsache nicht von Leistungsentgelten, sondern von Abgaben leben [205]).

Die kaufmännische Erfolgsrechnung ist eine vornehmlich leistungswirtschaftliche Nachschaurechnung. Ihr dominierendes Rechnungsziel ist die Ermittlung, genauer die Abschätzung von Gewinn oder Verlust, die sich ihrerseits in Angaben über Umsatz- und Kapitalrentabilitäten umformen lassen. In Verbindung mit einer Kostenrechnung ist die kaufmännische Erfolgsrechnung in der Lage, Wirtschaftlichkeitsergebnisse auszuweisen. Des weiteren lassen sich aus ihren Ergebnissen auch Angaben über finanzwirtschaftliche Erfolge (Liquidität, Vermögens- und Kapitalstruktur) herauslesen.

Die öffentliche Haushaltsrechnung ist eine ausgesprochen finanzwirtschaftliche Nachschaurechnung. Ihr dominierendes und realisierbares Rechnungsziel ist der Deckungserfolg [205]). Öffentliche Haushalte haben jedoch ebenso wie kaufmännische Unternehmungen eine leistungswirtschaftliche Seite. Für die in bezug auf sie erzielten Erfolge gibt es aber keinen monetären Generalnenner, wie ihn der Kaufmann mit Gewinn oder Verlust bzw. mit Rentabilitäten benützt. Die Erfolge bei der Erfüllung öffentlicher Leistungsaufgaben sind häufig ausschließlich technisch-naturaler Natur, nämlich überall dort, wo Leistungsentgelte fehlen. Nur bei Gebührenhaushalten und öffentlichen Dienstunternehmungen (teilverselbständigten öffentlichen Betrieben, vor allem der Versorgung und des Verkehrs) gibt es außer den technisch-naturalen Haupterfolgen wegen der entgeltlichen Leistungsaufgabe auch monetäre Nebenerfolge der Aufgabenerfüllung.

Solange öffentliche Verkehrsbetriebe, dem marktwirtschaftlichen System gemäß, um öffentlicher Aufgaben willen tätig sind, gehören diese zu ihren Oberzielen. Die kaufmännische Rentabilität kann solange allenfalls Oberzielrang erhalten, wenn sie mit den öffentlichen Aufgaben verträglich ist oder gerade der Selbstfinanzierung zur Sicherung künftiger Aufgabenerfüllung dienen soll. Da öffentliche Verkehrsbetriebe ihre Leistungen im Gegensatz zu einem Teil der öffentlichen Verkehrsverwaltungen gegen spezielle Entgelte abgeben, bedienen sie sich der kaufmännischen Erfolgsrechnung [206]). Deren dominierendes Rechnungsziel, die Abschätzung von Gewinn oder Verlust, ist jedoch nicht auf die Erfüllung öffentlicher Leistungsaufgaben, so auch nicht auf die Erfüllung öffentlicher Verkehrsaufgaben, gerichtet. Infolgedessen ist die kaufmännische Erfolgsrechnung öffentlicher Dienstunternehmungen, etwa solcher des Verkehrs, hochgradig ergänzungs-

---

[205]) Siehe insbesondere RUDOLF JOHNS: Richtiges Rechnen in der Finanzwirtschaft. In: Finanzarchiv, Neue Folge 9 (1943), S. 529 ff.; *derselbe:* Kombinierte Finanz- und Betriebsrechnung im Kameralstil. In: Zeitschrift für handelswissenschaftliche Forschung, Neue Folge 2 (1950), S. 407 ff.; *derselbe:* Kameralistik. In: Dr. Gablers Wirtschafts-Lexikon, Band 1, 9. neubearb. u. erw. Aufl., Wiesbaden 1975, Sp. 2281 ff.; HANS TAXIS: Grundfragen des finanzwirtschaftlichen und des erwerbswirtschaftlichen Rechnens. In: Finanzarchiv, Neue Folge 18 (1957/58), S. 275 ff.; LUDWIG MÜLHAUPT: Der Deckungsprozeß in der Gemeindefinanzwirtschaft und seine rechnerische Darstellung. In: Finanzarchiv, Neue Folge 8 (1941), S. 403 ff.; *derselbe:* Kameralistik. In: Erwin Grochla und Waldemar Wittmann (Hrsg.), Handwörterbuch der Betriebswirtschaft, 4. Aufl., Band 2, Stuttgart 1975, Sp. 2059 ff.

[206]) Siehe insbesondere WILHELM BÖTTGER: Kosten und Kostenrechnung bei Güterverkehrsbetrieben, Düsseldorf o.J. (1967); BERNHARD BELLINGER: Abrechnungssysteme in der Verkehrswirtschaft — Stand und Möglichkeiten einer Vereinheitlichung, Wiesbaden 1969; WILLI EFFMERT: Kosten-, Investitions- und Wirtschaftlichkeitsrechnungen im Verkehr, Frankfurt an Main 1970; PAUL RIEBEL: Rechnungswesen der Verkehrsbetriebe. In: Erwin Grochla und Waldemar Wittmann (Hrsg.), Handwörterbuch der Betriebswirtschaft, 4. Aufl., Band 3, a.a.O.

bedürftig. Die Ergänzungsbedürftigkeit betrifft sowohl den Rechnungsstoff als auch die Rechnungsziele.

Kaufmännische und öffentliche Erfolgsrechnungen sind Geldrechnungen, gleichgültig daß im einen Fall leistungswirtschaftliche Rechnungsziele dominieren und es sich im andern Fall um eine ausgesprochen finanzwirtschaftliche Rechnung handelt. Monetäre Erfolgsrechnungen sind nur in der Lage, jene betrieblichen Vorgänge zu erfassen, die in Einnahmen oder Ausgaben bestehen, als Begründungen von Forderungen oder Verbindlichkeiten zu solchen hinführen oder — wie kalkulatorische Leistungserträge und Kosten — wenigstens als Einnahmen oder Ausgaben fingiert sind. Für technisch-naturale Vorgänge wie Arbeitseinsatz, Anlagenbenützung, Stoffverbrauch und Aufgabenerfüllung ist ohne ihre monetäre Bewertung kein Platz, und sie lassen sich auch nur mit ihren monetären Werten und nicht in ihrer ursprünglichen Gestalt in Geldrechnungen verarbeiten. Das heißt, der Stoff von Geldrechnungen ist auf Geldbeträge begrenzt.

Das „Material" kaufmännischer und öffentlicher Erfolgsrechnungen ist nicht allein deshalb beschränkt, weil sie Geldrechnungen sind. Eine weitere Begrenzung ihres Rechnungsstoffes ergibt sich daraus, daß es sich bei ihnen um betriebliche Rechnungen handelt. Betriebliche Geldrechnungen vermögen nur solche Vorgänge zu erfassen, die für den Betrieb Geldwerte darstellen. Zu ihnen gehören nur betriebliche Einnahmen und Ausgaben, Erträge und Aufwendungen, Nutzen und Kosten. Zu ihnen gehören nicht volkswirtschaftliche (regional- oder kommunalwirtschaftliche, gesellschaftliche) Nutzen und Kosten, die gerade dadurch definiert sind, daß sie nicht durch finanzielle Honorierung oder Belastung in betriebliche umgewandelt sind. Wenn öffentliche Betriebe und Haushalte öffentliche Aufgaben zu erfüllen haben, sollen sie jedoch gerade solch überbetriebliche Nutzen stiften und zum Teil auch das Entstehen solch überbetrieblicher Kosten durch private Wirtschaftstätigkeit hintanhalten [207].

Theoretisch ist es möglich, die Zahl der speziellen Rechnungsziele für monetäre betriebliche Erfolgsrechnungen über die üblichen hinaus zu vermehren. Praktisch kann aber damit die vom Stoff her gezogene begrenzte Aussagefähigkeit solcher Erfolgsrechnungen nur scheinbar oder gar nicht übersprungen werden. Scheinbar läßt sich die Stoffverarbeitungsgrenze monetärer betrieblicher Erfolgsrechnungen dadurch hinausschieben, daß nichtbetrieblicher und nicht-monetärer Rechnungsstoff zu geldlichem und betrieblichem erklärt wird, ohne daß die realen Vorgänge geändert werden. Das erstere setzt Geldbewertungen voraus, die problematisch sind, deren Problematik jedoch aus der Rechnung nicht ersichtlich ist. Das letztere erfordert eine Neutralisierung tatsächlich nicht-betrieblicher Posten, wenn das Gewinn- oder Verlustergebnis nicht verfälscht werden soll. Gar nicht läßt sich die begrenzte Aussagefähigkeit monetärer betrieblicher Erfolgsrechnungen hinausschieben, insofern es sich um Rechnungsstoff handelt, dessen Bewertung in Geldbeträgen wie die Zahl von Verkehrsopfern oder die Erhaltung verkehrlicher Freiheitsspielräume offensichtlich sinnwidrig ist.

Eine Einzelwirtschaft oder eine öffentliche Politik hat soviel Arten von Vollerfolgen, wie sie Oberziele und so viel Arten von Teilerfolgen wie sie Unterziele verfolgt. Ist die Zahl ihrer auf Vollerfolge gerichteten Rechnungsziele kleiner als die Zahl ihrer Oberziele, so ist die Rechnung insoweit unvollständig und dürfen ihre Ergebnisse deshalb nicht als Ausdrücke aller (Voll-) Erfolge genommen werden. Eine derartige Unvollständigkeit ist sowohl der kaufmännischen als auch der öffentlichen Erfolgsrechnung eigen,

---

[207] Vgl. die in Anmerkung 9 genannten Quellen.

wenn sie auf öffentliche Verkehrsbetriebe oder Verkehrsverwaltungen angewendet werden und diese — dem marktwirtschaftlichen System gemäß — nach dem Dienstprinzip (vgl. Kapitel IV A 3) geführt werden. Infolgedessen bedarf die eine wie die andere betriebswirtschaftliche Rechnung der rechnerischen und der verbalen gemeinwirtschaftlichen Ergänzung. In ihr ist über die Erfüllung der öffentlichen Leistungs- und Ordnungsaufgaben Rechenschaft abzulegen.

2. Raumwirtschaftspolitische Erfolge im Verkehr

Zu den überbetrieblichen Erfolgen privater und öffentlicher Verkehrsdienste gehören unter anderem auch positive oder negative Ergebnisse, die sie im Hinblick auf raumwirtschaftspolitische Ziele zeitigen. Die rechnerische oder verbale Würdigung raumwirtschaftspolitischer Erfolge des Verkehrs oder anderer Wirtschaftszweige und der zugehörigen Betriebe muß von den jeweils verfolgten raumwirtschaftspolitischen Zielen ausgehen. Diese liefern die Beurteilungsmaßstäbe. Sie werden angewandt auf die jeweiligen raumwirtschaftlichen Wirkungen, die zunächst sine ira et studio festzustellen oder abzuschätzen sind.

Raumwirtschaftliche Wirkungen des Verkehrs resultieren aus seinen räumlichen Eigenschaften (vgl. Kapitel II 3 und 4 sowie III 5 und 6). Die raumwirtschaftlichen Wirkungen des Verkehrs bestehen, zusammenfassend ausgedrückt, in der Erhaltung, Verbesserung oder Verschlechterung der Verkehrsgunst von Siedlungsgebieten, die miteinander um die räumliche Verteilung von Bevölkerung und (anderen) wirtschaftlichen Potenzen konkurrieren.

Die Erhaltung oder Veränderung der verkehrlichen Bedienung eines Raumes ist weithin meßbar. Verkehrswege und -stationen sowie die ansässigen Verkehrsbetriebe stehen fest, ihre quantitative Leistungsfähigkeit läßt sich errechnen, ihre qualitativen Kapazitäten lassen sich — teilweise quantifizierend [208]) — beschreiben, die Umsätze sind erfaßbar [209]). Schätzungsbedürftig sind vor allem die Konkurrenzstruktur und -intensität sowie die unbefriedigt bleibenden Verkehrsbedürfnisse.

Die absoluten Angaben über die Verkehrsbedienung eines Raumes müssen relativiert werden, wenn sie zu Aussagen über seine Verkehrsgunst oder -ungunst umgewandelt werden sollen. Die Verkehrsgunst oder -ungunst besteht im Vergleich zu konkurrierenden Siedlungsgebieten. Bei diesem Vergleich kommt man nicht mit Angaben über die Struktur der jeweiligen regionalen Verkehrswirtschaften aus. Er muß vielmehr auch die Lage der verglichenen Räume in übergreifenden Verkehrsnetzen und die zwischen den verglichenen Gebieten bestehenden verkehrlichen Affinitäten berücksichtigen, weil Siedlungsräume nicht nur mit ihren heimischen Eigenschaften, sondern insbesondere bei starker räumlicher Arbeitsteilung mit ihrer Wettbewerbsfähigkeit auf außergebietlichen Märkten konkurrieren. Die Lozierung der Siedlungsgebiete in übergreifenden Verkehrsnetzen ist wohl verkehrsgeographisch beschreibbar [210]), verkehrswirtschaftlich jedoch nur deutbar,

---

[208]) Siehe Sigurd Klatt: Die Eigenschaften einer Verkehrsleistung. In: Zeitschrift für Verkehrswissenschaft 35 (1964), S. 125 ff.

[209]) Als Beispiel sei genannt: *Sachverständigenkommission zum Generalverkehrsplan Nordrhein-Westfalen:* Auswertungsbericht, hrsg. vom Minister für Wirtschaft, Mittelstand und Verkehr des Landes Nordrhein-Westfalen, Düsseldorf 1970.

[210]) Als Beispiel sei genannt Friedrich Vetter: Netztheoretische Studien zum niedersächsischen Eisenbahnnetz — Ein Beitrag zur angewandten Verkehrsgeographie, Abhandlungen des 1. Geographischen Instituts der Freien Universität Berlin 15, Berlin 1970.

weil die bestehenden interregionalen Handels- und Verkehrsverflechtungen nicht allein auf die jeweilige Verkehrsgunst oder -ungunst zurückgeführt werden dürfen.

Die Verkehrsgunst oder -ungunst eines Siedlungsraumes ist ein Zustand; dessen Erhaltung oder Veränderung (Verbesserung, Verschlechterung) sind raumwirtschaftliche Wirkungen des Verkehrs. Sie erhalten oder verändern zusammen mit den räumlichen Wirkungen der übrigen Wirtschaft (nämlich der anderen Wirtschaftszweige, der anderen Zweige des öffentlichen Dienstes, der privaten Konsumtivwirtschaft ohne die verkehrliche Selbstbedienung) die Wettbewerbsfähigkeit der Siedlungsräume. Die Veränderung dieser Wettbewerbsfähigkeit läßt sich ebenso wie die Erhaltung oder Veränderung der verkehrlichen Bedienung eines Raumes weithin messen, unmittelbar vor allem an den relativen Veränderungen der regionalen Einkommenserzielung, mittelbar verzögert und je nach Verbreitung der räumlichen Immobilität mehr oder weniger unvollkommen insbesondere an den Ergebnissen der zwischenräumlichen Wanderung von Bevölkerung und Kapital [211]).

Unzweifelhaft dürfte sein, daß Verschiebungen in der Verkehrsgunst oder -ungunst konkurrierender Siedlungsräume deren jeweilige Wettbewerbsfähigkeit beeinflussen. Fraglich ist, in welchem Maß feststellbare Verschiebungen der Verkehrsgunst oder -ungunst zu ebenfalls feststellbaren Symptomen von Verschiebungen in der Konkurrenzfähigkeit von Siedlungsgebieten beigetragen haben [212]). Ähnlich wie in Mehrproduktunternehmungen mit gemeinsamer oder konkurrierender Produktion stellt sich hier ein Problem der Erfolgsspaltung [213]). Es ist jedoch von volkswirtschaftlicher statt von betriebswirtschaftlicher Natur und deshalb komplexer [214]).

Bei gemeinsamer Produktion verschiedenartiger Leistungen — wie sie beispielsweise für Eisenbahnbetriebe typisch ist — ist es nicht möglich, die gemeinsamen Kosten, die bei deren Erzeugung entstehen, den Leistungsarten (Kostenträgerarten) einwandfrei, ohne Entscheidungen mit arbiträrem Einschlag zuzuscheiden [215]). Dieses Kostenzurechnungsproblem liegt im öffentlichen Verkehrswesen selbst dann vor, wenn es sich wie bei Straßen- oder Kanalverwaltungen und bei Hafen- oder Omnibusbetrieben um Einproduktbetriebe handelt, die im Dienste verschiedener Zweige der öffentlichen Politik (so der staatlichen und der kommunalen Raumwirtschaftspolitik, der Umweltschutzpolitik, der Energiewirtschaftspolitik, der Verteidigungspolitik) stehen. Es kompliziert sich dort, wo wie bei Eisenbahn-, Post- oder Luftfahrtbetrieben in gemeinsamer Produktion verschiedenartige Leistungen für mehrerlei politische Zwecke erzeugt werden. Eine weitere Komplikation tritt dadurch ein, daß im Verkehr häufig neben positive Wirkungen für mehrere Zweige der öffentlichen Politik negative in bezug auf andere Zweige auftreten. So ist die Förderung des Kraftverkehrs durch Straßenbau sowohl in schutzpolitischer als auch in energiewirtschaftspolitischer Hinsicht vor allem wegen der hohen spezifischen Luftbelastung, Unfallträchtigkeit, Raumaufwendigkeit, Lärmigkeit und Energieaufwen-

---

[211]) Als Beispiel sei genannt KLAUS KAISER und MANFRED VON SCHAEWEN: Stuttgart und die Region Mittlerer Neckar, Stuttgart 1973.

[212]) Siehe die in Anmerkung 184 genannte Quelle.

[213]) Vgl. die in den Anmerkungen 61 und 190 genannten Quellen.

[214]) Ein Überblick über die anstehende Problematik und Versuche zu ihrer Bewältigung bei HEINRICH REINERMANN: Erfolgskontrolle im öffentlichen Sektor — Beiträge des Rechnungswesens als Brücke zwischen Nutzen-Kosten-Untersuchungen und Evaluierung. In: Die Betriebswirtschaft 37 (1977), S. 399 ff.

[215]) Vgl. die in Anmerkung 61 genannten Quellen.

digkeit dieses Verkehrszweiges ungünstig zu beurteilen [216]). In ähnlicher Weise belasten öffentliche Verkehrsdienste mit positiven raumwirtschaftspolitischen Wirkungen die verkehrliche Wettbewerbspolitik, insoweit sie mit privaten Verkehrsdiensten konkurrieren [217]).

Erzeugen private Unternehmungen verschiedenartige Leistungen in gemeinsamer Produktion, so lassen sich die erzielten Erträge (Leistungsentgelte) im allgemeinen sauber trennen. Anders verhält es sich jedoch bei öffentlichen Diensten. Zum Teil erzielen sie, so auch Verkehrsverwaltungen, überhaupt keine oder im Verhältnis zu den Kosten der Leistungen nur geringfügige Leistungsentgelte. Soweit sie ihre Leistungen gegen Entgelte abgeben, die die Kosten erheblichenteils oder gänzlich decken oder gar überdecken, sind die erwirtschafteten Erträge im Gegensatz zu denen privater Unternehmungen nicht die einzigen positiven Erfolgskomponenten. Neben sie und dem Range nach auch vor sie treten die Beiträge, die die Dienste zur Erfüllung all jener Aufgaben leisten, die ihnen jeweils gestellt sind. Diese Beiträge sind für öffentliche Haushaltswirtschaften, die ihre Leistungen unentgeltlich abgeben, im übrigen die ausschließlichen positiven Erfolgskomponenten. Häufig werden einzelne öffentliche Aufgaben von mehreren öffentlichen Diensten gemeinsam wahrgenommen. Insbesondere werden auch raumwirtschaftspolitische Ziele gemeinsam verfolgt, so außer von den öffentlichen Verkehrsverwaltungen, den öffentlichen Personen- und Güterverkehrsbetrieben und der Post unter anderem vom öffentlichen Schulwesen, vom öffentlichen Gesundheitswesen, vom öffentlichen Bankwesen und von verschiedenen Zweigen der öffentlichen Verwaltung. Wie die Leistungen der einzelnen Dienste und ihre Veränderungen räumlich verteilt sind, läßt sich feststellen. Die ebenfalls über Hilfsgrößen abschätzbaren Verschiebungen in der Wettbewerbsfähigkeit von Siedlungsräumen werden jedoch nicht allein von ihnen gemeinsam bewirkt. Sie sind auch von der privaten Wirtschaftstätigkeit beeinflußt, insoweit diese von der öffentlichen Politik und von öffentlichen Diensten weder stimuliert noch inhibiert wird.

Die Komplexität, die das Problem der volkswirtschaftlichen Erfolgsspaltung annehmen kann, wenn es gilt, raumwirtschaftspolitische Erfolge des Verkehrs zu würdigen, sei, das Ausgeführte zusammenfassend und ergänzend, so umschrieben:

(1a) Das öffentliche Verkehrswesen dient mit ein und denselben Leistungen zugleich mehrerlei Zweigen der öffentlichen Politik.

(1b) In einem föderalen Staatswesen ist sowohl das öffentliche Verkehrswesen als auch die Politik, der es dient, auf verschiedene gebietskörperschaftliche Ebenen aufgeteilt, wobei zwischen den Ebenen Dienstverflechtungen bestehen (beispielsweise in bezug auf die Deutsche Bundesbahn und die Deutsche Bundespost) [218]).

---

[216]) Siehe etwa: *Steering Group and Working Group appointed by the Minister of Transport*, Traffic in Towns — A study of the long term problems of traffic in urban areas, London 1963, insbes. Tzn. 9-35; *Sachverständigenkommission für eine Untersuchung von Maßnahmen zur Verbesserung der Verkehrsverhältnisse der Gemeinden*. Bericht nach dem Gesetz über eine Untersuchung von Maßnahmen zur Verbesserung der Verkehrsverhältnisse der Gemeinden, Deutscher Bundestag 4. Wahlperiode, Drucksache IV/2661, S. 1 ff., hier insbes. S. 187 ff.

[217]) Siehe beispielsweise WALTER HAMM: Infrastrukturpolitik und Wettbewerb im Verkehr. In: Rainer Willeke (Hrsg.), Wissenschaftliche Beratung der verkehrspolitischen Planung, Festschrift zum 50jährigen Bestehen des Instituts für Verkehrwissenschaft an der Universität zu Köln, Düsseldorf 1971, S. 101 ff., zugleich in: Zeitschrift für Verkehrswissenschaft 42 (1971), S. 101 ff.; J. HEINZ MÜLLER und MICHAEL DRUDE: Eigenwirtschaftlichkeit der Eisenbahnen und aktive Sanierung ländlicher Räume — ein Zielkonflikt?, ebenda, S. 162 ff.; GÜNTHER STORSBERG: Die Bedeutung der Verkehrspolitik für die Entwicklung ländlicher Räume. In: Zeitschrift für Verkehrswissenschaft 42 (1971), S. 429 ff.

[218]) Beiderlei Bundesbetriebe nehmen nebeneinander lokale, regionale und fernverkehrliche Bedienungsaufgaben wahr.

(1c) In den einzelnen Zweigen der staatlichen und kommunalen Politik, für die das öffentliche Verkehrswesen eingespannt wird, soll es möglicherweise mehrere Oberziele zugleich verfolgen [219]).

(2) Teile des öffentlichen Verkehrswesens erzeugen verschiedenartige Leistungen in gemeinsamer Produktion [220]).

(3) Das öffentliche Verkehrswesen nimmt seine Aufgaben gemeinsam mit anderen Zweigen des öffentlichen Dienstes wahr.

(4) Verschiebungen in der Wettbewerbsfähigkeit von Siedlungsräumen sind sowohl auf öffentliche Dienste und öffentliche Politik als auch auf solche privatwirtschaftlichen Entscheidungen zurückzuführen, die von ihnen nicht beeinflußt sind.

(5) Die raumwirtschaftspolitischen Maßstäbe für die gemeinsam von verschiedenen öffentlichen Diensten, verschiedenen Zweigen der öffentlichen Politik und von der privaten Wirtschaftstätigkeit herbeigeführten raumwirtschaftlichen Zustände und Vorgänge sind möglicherweise leerformelhaft [221]), unklar oder widersprüchlich [222]).

Das angesprochene Problem der Spaltung volkswirtschaftlicher (regionalwirtschaftlicher, kommunalwirtschaftlicher) Erfolge läßt sich schon deshalb nicht mit Mitteln betriebswirtschaftlicher Erfolgsrechnungen angehen, weil sie zu wenig Rechnungsstoff zu erfassen und zu wenig Rechnungszielen zu dienen vermögen (vgl. Punkt 1 dieses Kapitels). Das betriebswirtschaftliche Rechnungswesen ist überdies nicht einmal in der Lage, das Problem der Spaltung von ihm allein aufweisbarer betriebswirtschaftlicher Erfolge bei gemeinsamer Produktion verschiedenartiger Leistungen zu lösen [223]). Diese Feststellungen erhärten die These, daß sich rationale verkehrspolitische Entscheidungen nicht mit betriebswirtschaftlichen Erwägungen begnügen dürfen, wenn sie die Verkehrsentwick-

---

[219]) Zum Beispiel im Dienste der Raumordnungspolitik Straßenentlastung in Ballungsräumen, Beiträge zur Wiederherstellung oder Erhaltung der ökonomischen Tragfähigkeit wirtschaftsschwacher Gebiete, Beiträge zum räumlichen Ausgleich der Unterschiede in bezug auf diese Tragfähigkeit. Das zweitgenannte und das drittgenannte Oberziel sind komplementär. Das erstgenannte und das drittgenannte Oberziel widersprechen einander insofern, als Straßenentlastungserfolge in Ballungsräumen dazu beitragen, die dortigen Lebensverhältnisse zu bessern, was sich günstig auf ihre Attraktivität auwirkt.

[220]) Diese Eigenschaft ist bei Eisenbahnen am stärksten ausgeprägt.

[221]) Siehe DIETRICH STORBECK: Zur Operationalisierung der Raumordnungsziele. In: Kyklos XXIII (1970), S. 98 ff.

[222]) Einen Widerspruch kann man beispielsweise aus folgenden Stellen des Bundesraumordnungsprogramms herauslesen: a) „Durch eine langfristig angelegte Raumordnungspolitik ... wollen Bund und Länder ihren Beitrag dazu leisten, daß in *allen* Teilen des Bundesgebiets die räumlichen Voraussetzungen für ein ausreichendes Niveau als Mindestmaß an Lebensqualität gewährleistet und die Lebensbedingungen verbessert werden." (Sperrung vom Verf.). b) „Das Bundesraumordnungsprogramm vertritt die Politik eines differenzierten und qualitativen Wachstums". c) „In Gebieten, in denen ein ausreichendes Maß von Verdichtungsvorteilen noch nicht erreicht ist, sollen hierfür besonders geeignete Siedlungsräume vorrangig verdichtet werden, vornehmlich durch den Ausbau von Entwicklungszentren." [Bundesminister für Raumordnung, Bauwesen und Städtebau, (Hrsg.), Raumordnungsprogramm für die großräumige Entwicklung des Bundesgebietes (Bundesraumordnungsprogramm), von der Ministerkonferenz für Raumordnung am 14. Februar 1975 beschlossen, Schriftenreihe des Bundesministers für Raumordnung, Bauwesen und Städtebau — Raumordnung 06.002, Bonn-Bad Godesberg, o.J., S. II und S. 3.] In c) wird eine Konzentration von Bevölkerung und (anderer) Wirtschaftskraft innerhalb sogenannter ländlicher Räume gefordert, die gänzlich oder großenteils zu Lasten des Restes der jeweiligen Gebiete gehen muß. Das aber verträgt sich weder mit a) noch mit b), es sei denn, man nehme die Formulierung „*alle* Teile des Bundesgebietes" in a) nicht wörtlich, sondern verstehe darunter *weniger* als alle bisherigen Siedlungsgebiete.

[223]) Vgl. die in den Anmerkungen 61 und 190 genannten Quellen.

lung und ihre — unter anderem raumwirtschaftlichen Folgen — nicht einfach privatwirtschaftlichen Entscheidungen überlassen will. Das aber kann sie schon deshalb nicht, weil sie zumindest verkehrspolizei-, verkehrsinvestitions- und wettbewerbspolitische Entscheidungen treffen muß. (Vgl. Kapitel IV B 5).

Aporien der Erfolgsspaltung wie die aufgezeigte verhindern zwar eine einwandfreie Erfolgszurechnung auf verschiedene, gemeinsam wirkende Erfolgsursachen. Ihr Vorhandensein ist jedoch kein rationaler Grund dafür, den Charakter notwendiger arbiträrer Entscheidungen über Erfolgszurechnungen zu verschleiern. Zu einer solchen arationalen Verschleierung kommt es etwa im Verkehr, wenn betriebswirtschaftliche Erfolge öffentlicher Verkehrsbetriebe als deren einzige Erfolge gewertet werden [224], obwohl sie unter anderem auch nicht-berechenbare und nur schwer abschätzbare Beiträge zu durchaus meßbaren (positiven oder negativen) raumwirtschaftlichen Wirkungen und raumwirtschaftspolitischen Erfolgen leisten. Eine solche Verkürzung öffentlich-wirtschaftlicher Erfolge ist um so irreführender, je stärker die öffentliche Hand auch außerhalb des Verkehrs daran beteiligt ist, den raumwirtschaftlichen Wettbewerb zu beeinflussen, und auf je mehr Gebieten ihrer Tätigkeit sie sich die Verkürzung der Erfolgswürdigung zuschulden kommen läßt. Derzeit ist die öffentliche Wirtschaft unseres Staatswesens und Westeuropas in hohem und steigendem Maß an der Gesamtwirtschaft beteiligt [225]. Zugleich nimmt die Zahl der Tätigkeitsgebiete zu, auf denen sie sich vornehmlich oder ausschließlich an betriebswirtschaftlichen Erfolgen orientiert [226], obgleich sie überbetriebliche Erfolge (volkswirtschaftliche, regionalwirtschaftliche, kommunalwirtschaftliche Nutzen-„überschüsse") erstrebt [227].

B. Kaufmännische und öffentliche Investitionsrechnungen

1. Bedürfnisse nach Kosten-Nutzen-Untersuchungen in der privaten und in der öffentlichen Wirtschaft

Investitionskalkulationen der herkömmlichen Art sind darauf zugeschnitten, Auskunft über die Erfolgsaussichten von Investitionsprojekten in bezug auf ein Ziel (Rentabilität) [228] oder allenfalls in bezug auf zwei Ziele (Rentabilität, finanzielle Sicherheit) zu geben [229]. Sie sind deshalb in erster Linie für solche Betriebe geeignet, die vornehmlich

---

[224] Für viele sei ERNST MÜLLER-HERMANN zitiert. Wenn er etwa sagt, das Abstoßen unrentabler Strecken der Deutschen Bundesbahn sei kein Schrumpfen, so denkt er offenbar nur an die kaufmännische Rentabilität. (DB-Sanierung — höchste Eisenbahn, a.a.O., S. 162.)

[225] Vgl. die in Anmerkung 6 genannte Quelle.

[226] Symptomatisch: *Wissenschaftlicher Beirat beim Bundesministerium für Wirtschaft:* Kosten und Preise öffentlicher Unternehmen, Stellungnahme. In: Bulletin der Bundesregierung Nr. 4 vom 8. Januar 1976, S. 36 ff.

Auf zwei Auseinandersetzungen mit dem angesprochenen Problem sei besonders verwiesen THEO THIEMEYER: Probleme und Besonderheiten der Preispolitik gemeinwirtschaftlicher Betriebe. In: Herbert R. Haeseler (Hrsg.), Gemeinwirtschaftliche Betriebe und öffentliche Verwaltungen, a.a.O., S. 27 ff.; GISBERT RITTIG: Gemeinwirtschaftsprinzip und Preisbildung bei öffentlichen Unternehmen unter volkswirtschaftlichen Gesichtspunkten, Schriftenreihe Gemeinwirtschaft 25, Frankfurt am Main — Köln 1977.

[227] Zur Ermittlung derartiger Erfolge HEINER FLOHR: Probleme der Ermittlung volkswirtschaftlicher Erfolge, Monographien zur Politik 7, Göttingen 1964.

[228] So etwa ERICH SCHNEIDER: Wirtschaftlichkeitsrechnung, 7. Aufl., Tübingen - Zürich 1968.

[229] So etwa HORST ALBACH: Investition und Liquidität — Die Planung des optimalen Investitionsbudgets, Wiesbaden 1962. Siehe auch EDWIN RÜHLI: Investitionsrechnung, in: Erwin Grochla und Waldemar Wittmann (Hrsg.), Handwörterbuch der Betriebswirtschaft, 4. Aufl., Band 2, Stuttgart 1975, Sp. 2004 ff.

auf diese Ziele hin wirtschaften. Sie sind aber unzureichend für Betriebe, die zwar, sofern mit ihren frei-gemeinwirtschaftlichen oder öffentlich-wirtschaftlichen Oberzielen zu vereinbaren, auch eine Rentabilität erwirtschaften, aber nicht um deretwillen, sondern um bestimmter Sachaufgaben willen tätig sein sollen [230]). Rentabilitätsbezogene Investitionskalkulationen sind gar nicht anwendbar, wo bestimmte Sachaufgaben wahrgenommen werden sollen, ohne daß überhaupt erstrebt wird, dabei Gewinn zu erzielen.

Kosten-Nutzen-Untersuchungen sind Orientierungshilfen für Investitionsentscheidungen. Sie können in der privaten wie in der öffentlichen Wirtschaft neben herkömmliche Investitionskalkulationen (Wirtschaftlichkeitsrechnungen, genauer: Rentabilitätsrechnungen) oder an die Stelle solcher Kalkulationen treten [231]).

Auch wo es in erster Linie um Rentabilität geht, können Kosten-Nutzen-Analysen von Vorteil sein. Sie können hier erstens die Aufgabe haben, solche Folgekosten und Folgenutzen möglicher Investitionen zu erfassen, die sich — wie die Beeinflussung des „Betriebsklimas" oder der Kundenbeziehungen — nicht unmittelbar in der kaufmännischen Erfolgsrechnung niederschlagen, deren Ergebnisse aber mittelbar sehr wohl beeinflussen. In solchen Fällen dienen Kosten-Nutzen-Betrachtungen dazu, die Komponenten des Rentabilitätserfolges analytisch zu vervollständigen. Zweitens können Kosten-Nutzen-Analysen bei vornehmlich rentabilitätsorientierten Betrieben aber auch dabei helfen, Vorstellungen darüber zu entwickeln, wie die Realisierung von Investitionsobjekten sich auf jene anderen Ziele auswirkt, die es neben Rentabilität und Sicherheit selbst in jenen Betrieben gibt, die wie voll-kapitalistische kaufmännische Unternehmungen allein auf die privaten Eigentümerziele hin geführt werden. Hier gibt es immer auch Wachstumsziele und Unabhängigkeits- oder Anlehnungsziele und häufig auch das Ziel, das auf Rentabilität hin angelegte Kapital aus persönlichen oder traditionellen Gründen in einem bestimmten Wirtschaftszweig arbeiten zu lassen. Kosten-Nutzen-Analysen können schon in derartigen einfachen Fällen die herkömmliche Investitionskalkulation um weitere Erfolgskategorien ergänzen. Dies wird um so wichtiger, wenn sich in kaufmännischen Unternehmungen außer Eigentümerzielen auch Belegschaftsziele oder Gewerkschaftsziele durchzusetzen vermögen, die beispielsweise in der Erhaltung von Arbeitsplätzen, in der Erhaltung des Wertes einer einmal erworbenen Ausbildung oder in der Vergrößerung von Mitbestimmungsmöglichkeiten bestehen können [232]).

Im Gegensatz zu käufmännischen Unternehmungen werden frei-gemeinnützige und öffentliche Betriebe nicht aus Erwerbsgründen tätig. Sie sollen vielmehr bestimmte Dienste leisten, die teils gegen gewinnhaltige, teils gegen kostendeckende oder teilkostendeckende Entgelte, teils unentgeltlich abgegeben werden. Der zu erzielende Nutzen besteht also überwiegend oder gänzlich im Erreichen anderer Ziele als dem der Rentabilität. Sollen Vorstellungen darüber gewonnen werden, inwieweit Investitionsprojekte geeignet sind, diese Ziele zu verfolgen, müssen Kosten-Nutzen-Analysen angestellt wer-

---

[230]) Hierzu RUDOLF MAHNKOPF: Möglichkeiten einer Berücksichtigung unterschiedlicher Ziele kaufmännischer Unternehmungen und öffentlicher Betriebe in der betriebswirtschaftlichen Investitionstheorie, Diss. München 1973.

[231]) Siehe etwa JACQUES STOHLER: Zur Methode und Technik der Cost-Benefit-Analyse. In: Kyklos XX (1967), S. 218 ff.; HORST CLAUS RECKTENWALD: Die Nutzen-Kosten-Analyse — Entscheidungshilfe der Politischen Ökonomie, Tübingen 1970; PETER FRIEDRICH: Volkswirtschaftliche Investitionskriterien für Gemeindeunternehmen, Tübingen 1969, insbes. S. 56 ff.; H. GEORGI: Cost-benefit-analysis als Lenkungsinstrument öffentlicher Investitionen im Verkehr, Forschungen aus dem Institut für Verkehrswissenschaft an der Universität Münster 17, Göttingen 1970.

[232]) Siehe die in Anmerkung 230 genannte Quelle.

den. Kosten-Nutzen-Analysen in der öffentlichen Wirtschaft haben zunächst die geschilderte betriebliche Bedeutung. Im Gegensatz zu privaten Unternehmungen dürfen jedoch öffentliche Betriebe bei rationaler Betrachtung entgegen dem, was noch häufig geübt wird, nicht lediglich unter einzelwirtschaftlichen Gesichtspunkten geführt werden. Für sie ist die gliedwirtschaftliche Führung von ihrem Sinn her allein angemessen. Diese Betriebsweise besteht darin,

(1) daß die betrieblichen Oberziele aus denen des Eigentümergemeinwesens abgeleitet werden,

(2) daß die betrieblichen Erfolge und Erfolgschancen sowohl vom Standpunkte des Betriebes als auch von dem des Eigentümergemeinwesens gewürdigt werden müssen,

(3) daß der Betrieb nicht ohne Rücksicht auf etwaige Wirkungen geführt werden darf, die seine Tätigkeit gegenüber anderen öffentlichen Betrieben und Gemeinwesen zeitigt. (Vgl. Kapitel IV A 2).

Kosten-Nutzen-Betrachtungen unterscheiden sich von herkömmlichen Investitionskalkulationen durch die Breite des Untersuchungsspektrums. Privaten Unternehmungen können sie, wie dargelegt, dazu dienen, Investitionskalkulationen teils besser zu fundieren, teils hinsichtlich ihres Aussagewertes zu ergänzen. Bei öffentlichen Betrieben und Haushalten ist die Bedeutung, die herkömmliche Investitionskalkulationen und Kosten--Nutzen-Analyse füreinander haben, umgekehrt. Wo die rentabilitätsorientierte Investitionskalkulation überhaupt anwendbar ist, weil unter anderem auch ein Rentabilitätsziel verfolgt wird, kann sie im Rahmen der Kosten-Nutzen-Betrachtung nur eine Ergänzungsfunktion ausfüllen. Ihr Ergebnis ist nur eines unter mehreren oder vielen, die zusammen das nicht in *einer* Kennziffernkategorie ausdrückbare Gesamtergebnis bilden. Angesichts dieses Zusammenhanges wäre es völlig unzureichend und möglicherweise auch höchst irreführend, Kosten-Nutzen-Betrachtungen, wie es oft geschieht, für öffentliche Projekte etwa des Verkehrs als eine Art erweiterter Investitionskalkulation aufzufassen und auf die derzeit berechenbaren und in Geldbeträgen bewertbaren Posten zu beschränken [233]. Auch die nicht so weit gehende Beschränkung auf derzeit in naturalen oder in monetären Größen berechenbare Posten wäre noch unzureichend. Vielmehr sollte versucht werden, alle wesentlichen wirtschaftlichen und gesellschaftlichen Wirkungen des Projekts gedanklich zu erfassen. Nur so ist es möglich, den Aussagewert der berechneten Kosten- und Nutzenbeträge zu beurteilen. Er hängt nämlich gleichsam von der „Dunkelziffer" ab, die in bezug auf die nicht berechneten und größeren- oder kleinerenteils wenigstens vorerst auch nicht berechenbaren Posten besteht. Zu diesen Posten können Beiträge des Verkehrs zu raumwirtschaftlichen Wirkungen gehören, die er nicht oder schwerlich trennbar zusammen mit anderen Zweigen der privaten und der öffentlichen Wirtschaft zeitigt (vgl. Kapitel VI A 2).

Die methodische Problematik von Kosten-Nutzen-Untersuchungen ist wie die jeglicher Wirtschaftsanalyse retrospektiven oder prospektiven Charakters von zweierlei Art. Erstens gibt es Untersuchungsprobleme, die jene zu bewältigen haben, die die Betrach-

---

[233] So etwa: *Batelle-Institute e.V., Deutsche Revisions- und Treuhand-Aktiengesellschaft (Treuarbeit) und Dornier-System GmbH.:* Die Beurteilung von Investitionen im Fernreiseverkehr der Deutschen Bundesbahn und im Luftverkehr der Bundesrepublik Deutschland bis 1980 auf der Grundlage der Kosten-Nutzen-Analyse, Gutachten im Auftrag des Bundesministers für Verkehr, Schriftenreihe des Bundesministers für Verkehr 40, 2 Bände, als Manuskript vervielfältigt, Frankfurt am Main und Friedrichshafen 1972; siehe insb. S. 623 (Band 2). Hier heißt es: „Voraussetzung für die Bildung der Kosten-Nutzen-Differenz ist, daß die Nutzen genauso wie die Kosten in DM bewertet sind."

tung anstellen. Zweitens gibt es die Verwertungsprobleme, vor denen jene stehen, für die die Ergebnisse der Analyse bestimmt sind und die sie zur Beurteilung vergangener oder zur rationalen Fundierung künftiger Entscheidungen verwenden wollen. Zwischen beiden Problemgebieten besteht insofern ein Zusammenhang, als dem, der die Ergebnisse der Analyse verwerten will, bekannt sein muß, welche Schwächen ihnen auf Grund der Untersuchungsproblematik innewohnen. Die Gefahr, diese Schwächen zu übersehen, ist besonders groß, wenn sich die Analyse in einem Rechenwerk erschöpft und die an sich stets notwendige verbale Ergänzung fehlt. Diese verbale Ergänzung sollte zum einen auf die Unsicherheiten hinweisen, die den vorgelegten Zahlen innewohnen. Zum andern sollte sie jene für die Beurteilung der anstehenden Frage wichtigen Tatbestände nennen, die rechnerisch nicht erfaßt wurden, weil dies unwirtschaftlich oder unmöglich war.

2. *Allgemeine Probleme von Kosten-Nutzen-Untersuchungen*

Die allgemeinen Probleme, die Kosten-Nutzen-Betrachtungen innewohnen, treten teils bei der Untersuchung selbst, teils bei der Verwertung ihrer Ergebnisse auf. Die Untersuchungsprobleme (1) sind wissenschaftsmethodischer, die Verwertungsprobleme (2) hochschuldidaktischer und entscheidungspraktischer Art. Die Verwertungsprobleme interessieren hier nur, insoweit letzteres zutrifft. Bei der Trennung hochschuldidaktischer und entscheidungspraktischer Verwertungsprobleme ist allerdings zu beachten, daß hochschuldidaktische und entscheidungspraktische Verwertungsprobleme eine Gemeinsamkeit haben. Sie besteht darin, daß der Praktiker ebenso wie der Student die mehr oder weniger begrenzte Tragfähigkeit der wissenschaftlichen Methoden und Aussagen kennen sollte, wenn er den rechten Gebrauch von ihnen machen und nicht einem in die Irre führenden Wissenschaftsaberglauben anheimfallen soll. Der Wissenschafter selbst darf solchem Fehlverständnis der Ergebnisse seiner Arbeit nicht dadurch Vorschub leisten, daß er vorgibt zu können, was er in Wirklichkeit nicht vermag. Das Gebot der intellektuellen Redlichkeit verlangt vielmehr von ihm, die Schwächen seiner Erkenntnismethoden ebenso wie ihre Vorzüge deutlich sichtbar zu machen.

(1) Die *Untersuchungsprobleme* gehören drei verschiedenen Gruppen an, die jeweils *eine* Stufe der Analyse betreffen.

(1a) Zuerst gilt es bei Kosten-Nutzen-Untersuchungen, jene Kosten- und Nutzenarten festzustellen, die im fraglichen Fall vorkommen und für den Untersuchungszweck wesentlich sind. Dies erfordert, sowohl die Eigenschaften der Frage als auch die Eigenschaften des fraglichen Projekts zu analysieren, soweit diese in Kosten oder in Nutzen bestehen *(Eigenschaftsanalyse)*. Sich Klarheit über die Eigenschaften der jeweils gestellten Frage zu verschaffen, ist notwendig, damit Kriterien für die Relevanz der Kosten- und Nutzeneigenschaften des Untersuchungsgegenstandes gewonnen werden können.

(1b) Die Ergebnisse der Eigenschaftsanalyse stellen gleichsam ein Bild von der „Vordergrundstruktur" des Untersuchungsproblems dar. Sollen Aussagen darüber gewonnen werden, wie die herausgearbeiteten „Eigenschaftsstellen" mit Werten „besetzt" sind, so müssen weiters die Bestimmungsfaktoren der einzelnen Kosten- und Nutzeneigenschaften ermittelt werden. Die Gesamtheit dieser Bestimmungsfaktoren kann als „Hintergrundstruktur" des Problems bezeichnet werden. Zwischen Hintergrund- und Vordergrundstruktur bestehen Beziehungen von der Art, daß Änderungen, die es in der ersteren gibt, Änderungen in der letzteren bewirken. Diese Beziehungen sind zu erfassen *(Beziehungs- oder Wirkungsanalyse)*.

(1c) Sind Hintergrund- und Vordergrundstruktur sowie die zwischen ihnen, genauer: die zwischen ihren einzelnen Elementen laufenden Beziehungen erkannt, so stellt sich die

Aufgabe, die Kosten- und Nutzeneigenschaften des Untersuchungsgegenstandes zu bewerten *(Größenanalyse)*. Dabei sind teils Messungsprobleme, teils Prognoseprobleme zu lösen. Erstere betreffen vergangene oder gegenwärtige Eigenschaften, letztere künftige.

(2) Wie die Untersuchungsprobleme lassen sich auch die *entscheidungspraktischen Verwertungsprobleme* in drei Gruppen einteilen.

(2a) Die erste Gruppe kann als die der *Vollständigkeitsprobleme* (Kongruenz-, Isomorphieprobleme) bezeichnet werden. Diese unterscheiden sich von den Vollständigkeitsproblemen bei den Untersuchungen selbst dadurch, daß es dort immer um die Vollständigkeit der Erfassung untersuchungsrelevanter Tatbestände geht, während hier zur Frage steht, in welchem Maße der Ansatz der Untersuchung der Entscheidungs- bzw. Beurteilungsaufgabe gerecht wird.

(2b) Die zweite Gruppe entscheidungspraktischer Verwertungsprobleme umfaßt diejenigen, die sich bei prospektiven Untersuchungen daraus ergeben, daß die ermittelten künftigen Kosten- und Nutzenwerte großenteils nicht den Charakter von Tatsachen, sondern von Risiken und Chancen haben. Sie kann deshalb die Gruppe der *Unsicherheitsprobleme* genannt werden.

(2c) Den beiden ersten Gruppen entscheidungspraktischer Verwertungsprobleme ist gemeinsam, daß bei ihrer Bewältigung Informationslieferant und -verwender zusammenwirken müssen. Der eine muß die Problematik seiner Aussagen (Unvollständigkeiten, Unsicherheiten) schildern, der andere muß sie zur Kenntnis nehmen. Die dritte Kategorie von Verwertungsproblemen stellt sich demgegenüber dem Verwender allein. Er darf die Entscheidungs- und Beurteilungshilfen, die ihm der Wissenschafter liefert, nicht mit der Entscheidung oder Beurteilung verwechseln, die er — unter anderem unter Verwertung der ihm gegebenen Hilfen — zu treffen hat. Insofern ist es gerechtfertigt, diese Gruppe als die der *Entscheidungs- und Beurteilungsprobleme* zu kennzeichnen.

3. Verkehrsspezifische Probleme von Kosten-Nutzen-Untersuchungen

Die Rechnungsziele und das jeweilige Gewicht der Kosten- und Nutzenarten bestimmen den Inhalt von Kosten-Nutzen-Analysen. Der Inhalt der Rechnungsziele ergibt sich aus den Oberzielen jener Wirtschaftseinheit, für die die Ermittlungen angestellt werden. Sie sind offenbar bei einem privaten Verkehrsunternehmen, das vor allem Erwerbsziele verfolgt, enger als bei einem öffentlichen Verkehrsbetrieb, der vornehmlich öffentliche Leistungsaufgaben erfüllen soll, und sie sind bei diesem, der sich in der Regel nur auf einen bestimmten Verkehrszweig richtet, wiederum enger als bei jenen verkehrspolitischen Instanzen, die Maßnahmen zur Beeinflussung der Verkehrsteilung zwischen den Verkehrszweigen zu erwägen haben. Diese Abfolge von Spannweiten der Kosten-Nutzen-Betrachtungen ist noch nicht verkehrsspezifisch, sondern im Prinzip überall dort zu finden, wo es nebeneinander private Unternehmungen, öffentliche Betriebe und Wirtschaftszweigpolitik des Staates gibt. Verkehrsspezifisch ist nur, daß das Nebeneinander solch verschiedener Wirtschaftseinheiten und unterschiedlicher Bedarfe nach Kosten-Nutzen-Analysen im Verkehr eine größere Rolle spielt als in vielen anderen Wirtschaftszweigen. Beim Verkehr handelt es sich ja um einen Wirtschaftszweig, in dem staatliche Interventionen faktisch zahlreich sind und weit reichen und in dem dies nach des Verfassers, wenn auch nicht nach der herrschenden Lehre prinzipiell auch notwendig ist. Die Notwendigkeit staatlicher Strukturierung und Regulierung der Verkehrswirtschaft ergibt sich aus den Eigenarten dieses Wirtschaftszweiges, die zugleich auch bestimmen, was für Kosten- und Nutzenarten bei den verschiedenen Rechnungszielen bedeutsam sind und welche besondere Problematik Kosten-Nutzen-Analysen im Verkehr innewohnt.

Als wichtige Eigenarten der Verkehrswirtschaft seien genannt: [234])

(1) das Nebeneinander privater und öffentlicher Anbieter;

(2) die Größe und Langlebigkeit verkehrlicher Infrastrukturinvestitionen bei gleichzeitiger starker Wandlungsfähigkeit von Verkehrsbedürfnissen;

(3) die gleichzeitige wettbewerbspolitische, raumwirtschaftspolitische und schutzpolitische Bedeutung verkehrlicher Infrastruktur;

(4) die unterschiedliche Unfallträchtigkeit konkurrierender Verkehrszweige;

(5) die Notwendigkeit verkehrspolitischer Flexibilität.

Alle diese Eigenarten der Verkehrswirtschaft schaffen nicht nur verkehrspolitische Probleme. Ihnen ist es auch zuzuschreiben, daß es bei Kosten-Nutzen-Betrachtungen verkehrsspezifische Untersuchungsprobleme gibt. Sie betreffen teils die Eigenschaftsanalyse, teils die Wirkungsanalyse und teils die Größenanalyse, deren jeweilige allgemeine Problematik genannt wurde.

(1) Das *Nebeneinander privater und öffentlicher Anbieter im Verkehr* ist zum Teil von der Eigenart der Produktion her unabdinglich, zum Teil künstlich von der Verkehrspolitik bestimmt. Unabdinglich ist in der Regel das Erfordernis, Wege- und Stationsnetze öffentlich vorzuhalten. Verschiedenartig gestaltbar ist die Beteiligung öffentlicher Verkehrsbetriebe an der Fahrzeugbereithaltungs-, der Beförderungs- und der Abfertigungsfunktion sowie an den Hilfsfunktionen der einzelnen Verkehrszweige. Verschieden gestaltbar sind auch die Aufgaben, die öffentliche Verkehrsverwaltungen und öffentliche Verkehrsbetriebe bei der Wahrnehmung ihnen zugewiesener Funktionen erfüllen sollen.

Aus dem Nebeneinander privater und öffentlicher Anbieter in der Verkehrswirtschaft sowie aus der teilweisen Gestaltbarkeit dieses Nebeneinanders resultieren zunächst mehrere Probleme der Eigenschaftsanalyse:

Erstens sind die Kosten- und Nutzenkategorien der öffentlichen Verkehrsbetriebe wegen der Andersartigkeit und des größeren Umfanges ihres Bündels an Oberzielen zahlreicher als die privater Verkehrsunternehmungen. Das erschwert von vornherein die Vergleichbarkeit der Wirkungen, die ein und dieselbe verkehrspolitische Maßnahme auf konkurrierende private und öffentliche Verkehrsbetriebe ausübt.

Zweitens sind die Wirkungen, die eine bestimmte verkehrspolitische Entscheidung bei privaten und bei öffentlichen Verkehrsbetrieben zeitigt, unterschiedlich zu beurteilen, weil öffentliche Verkehrsbetriebe in einem marktwirtschaftlichen System in der Regel nur zu rechtfertigen sind, wenn sie Aufgaben wahrnehmen, die die private Verkehrswirtschaft überhaupt nicht oder nicht in der verkehrspolitisch erwünschten Art und Weise erfüllen würden.

Drittens sind die Aufgaben, die öffentlichen Verkehrsbetrieben gestellt sind, oft nur leerformelhaft formuliert [235]). Brauchbare Kosten- und Nutzenkategorien lassen sich aber nur bilden, wenn die Oberziele, auf die hin Kosten und Nutzen bewirtschaftet werden, konkretisiert sind.

Das Nebeneinander privater und öffentlicher Anbieter in der Verkehrswirtschaft ruft dort besondere Probleme der Wirkungsanalyse hervor, wo diese Anbieter miteinander konkurrieren und eine unterschiedliche Produktionstiefe haben, wie es zwischen der

---

[234]) Vgl. die in den Anmerkungen 25 und 26 genannten Quellen.
[235]) Siehe Anmerkung 100.

Eisenbahn und dem Güterkraftverkehr der Fall ist. Bei der Eisenbahn, die ihre Wege und Stationen selbst bereithält, lassen sich die Kosten und Nutzen dieser Anlagen den Leistungen viel besser zurechnen als bei Güterkraftverkehrsunternehmungen, die öffentliche Straßen benützen [236]).

Das Nebeneinander privater und öffentlicher Betriebe in der Verkehrswirtschaft macht schließlich auch die Größenanalyse insofern problematisch, als sich die im Hinblick auf die oben genannten Ergänzungszwecke ermittelten Kosten und Nutzen der privaten Unternehmungen ungeachtet der vielerlei Bewertungsschwierigkeiten prinzipiell alle in Geldbeträgen ausdrücken lassen, wohingegen sich die Erfüllung bestimmter öffentlicher Verkehrsaufgaben lediglich technisch-natural beziffern oder beschreiben läßt. Das ist z. B. in bezug auf Beiträge der Fall, die öffentliche Verkehrsbetriebe zur Erschließung von Räumen, zur Erhaltung der verkehrsbedrohten Funktionsfähigkeit städtischer Siedlungen oder zur Bekämpfung des Unfallnotstandes auf den Straßen leisten.

(2) *Verkehrsinfrastrukturelle Investitionen* sind insofern von einer besonderen Größe, als sie jeweils den Raum mit einem mehr oder weniger weitmaschigen Netz bedecken. Zugleich sind diese Investitionen wenigstens teilweise besonders langlebig. Schon daraus ergibt sich, daß die Investitionsrisiken im Verkehr besonders hoch sind. Diese Risiken werden noch dadurch verstärkt, daß die technisch-ökonomische Fortentwicklung wenigstens auf einzelnen Verkehrsgebieten rasch verläuft und ein Teil der Verkehrsbedürfnisse sehr wandlungsfähig ist. Die Ansprüche an Elastizität, die sowohl der Bedarf als auch die Fortenwicklung der Produktionsmittel stellen, können wesentlich schlechter als in vielen anderen Wirtschaftszweigen erfüllt werden. Daraus resultieren vor allem größenanalytische Probleme der Kosten-Nutzen-Untersuchung. Die Rigidität verkehrlicher Infrastrukturen erfordert besonders gute Prognosen der künftigen Entwicklungen auf den Gebieten der Produktion und des Bedarfs. Die große zeitliche Reichweite vieler verkehrlicher Infrastrukturinvestitionen bietet jedoch nur besonders schlechte Prognosemöglichkeiten. Zum Teil sind die einschlägigen Probleme auch von wirkungsanalytischer Natur, weil nicht alle Bestimmungsfaktoren der Produktionsmittel- und der Bedarfsentwicklung bekannt sind.

(3) Verkehrspolitische Maßnahmen, so auch verkehrspolitische Infrastrukturinvestitionen, haben zumeist gleichzeitig *wettbewerbspolitische, raumwirtschaftspolitische und schutzpolitische Wirkungen*. So greift die Elektrifizierung einer Eisenbahnstrecke in den Wettbewerb zwischen der Bahn und dem Kraftverkehr und vielleicht auch zwischen der Bahn und der Luftfahrt oder zwischen der Bahn und der Binnenschiffahrt ein. Zugleich verbessert die Maßnahme die relative Verkehrsgunst der von der fraglichen Strecke berührten Gebiete. Schließlich reduziert sie den leistungsspezifischen Energieaufwand, die örtliche Luftbelastung und die Lärmbelästigung der Anlieger, was alles schutzpolitisch positiv zu beurteilen ist. Die sich bei einer Kosten-Nutzen-Betrachtung dieser Maßnahme ergebenden Probleme sind vor allem von größenanalytischem Charakter. Einmal sind die auftretenden Kostensenkungen und Nutzensteigerungen teils in Geldbeträgen, teils nur in technisch-naturalen Beträgen, teils nur in verbalen Umschreibungen zu erfassen.

---

[236]) Bei den Eisenbahnen gibt es in der Regel nur einen *unmittelbaren* Benützer dieser Anlagen, nämlich das Eisenbahnunternehmen selbst. Straßen dienen verschiedenerlei Verkehr und einer Fülle von Güterkraftverkehrsunternehmungen. Die sich daraus ergebenden Zurechnungsschwierigkeiten sind zwischenbetrieblicher Natur (sie bestehen zwischen der Straßenverwaltung und den Benützerbetrieben), die mehrfach erwähnte Problematik der Kostenzurechnung und Erfolgsspaltung bei gemeinsamer (verbundener) Produktion ist bei Eisenbahnen hingegen, von Ausnahmefällen abgesehen, innerbetrieblicher Natur.

Zum andern besteht ein Teil der Wirkungen in Chancen und Risiken, die nur zu prognostizieren, nicht aber einfach zu messen sind.

(4) Die Notwendigkeit, sich einer Bezifferung bestimmter Kosten- und Nutzenarten in Geldbeträgen zu enthalten, wird besonders bei der Betrachtung der sehr *unterschiedlichen Unfallrisiken* konkurrierender Verkehrszweige deutlich. Die Eisenbahn und der Luftverkehr sind viel weniger unfallträchtig als der Straßenverkehr. Die Verringerung der Zahl und der Folgen von Straßenverkehrsunfällen kann unter anderem mittels Förderung der mit ihm konkurrierenden Verkehrszweige erstrebt werden. Der Nutzen solcher Förderungsmaßnahmen läßt sich lediglich teilweise in Geldsummen ausdrücken, nämlich in bezug auf den Wert erhaltener Arbeitskraft, ersparter Renten und ersparter Heil- und Pflegeleistungen. Erhaltenes menschliches Leben und erhaltene menschliche Lebenschancen in Geldwerten zu beziffern und so in den Vergleich einzustellen, ist jedoch inhuman. Eine hier mögliche Vermeidung von Verlusten darf nicht auf die gleiche Stufe mit Möglichkeiten der Einsparung von Geldkosten gesetzt werden. Sie ist vielmehr gesondert auszuweisen, damit der verantwortliche Politiker auch durch die Gestalt der Kosten-Nutzen-Rechnung zu einem Werturteil gezwungen wird und sich nicht hinter einer vorgeblich objektiven Kalkulation verschanzen kann.

(5) Bei den meisten bisher angestellten verkehrlichen Kosten-Nutzen-Betrachtungen wird unterstellt, die Verkehrspolitik bleibe, wie sie ist. Damit wird ein schweres wirkungsanalytisches und ein nicht minder gewichtiges prognostisches Problem aus der Untersuchung eliminiert, was diese sehr erleichtert. Zugleich wird dadurch aber auch der Aussagewert der erzielten Ergebnisse entscheidend beeinträchtigt. Die gemachte Unterstellung führt nämlich zu einer großen Inkongruenz zwischen der Untersuchung und der untersuchten Wirklichkeit. Tatsächlich verlangen nämlich gerade eine Reihe der vorgeführten Eigenarten der Verkehrswirtschaft eine *flexible Verkehrspolitik.* So erheischt etwa die Diskrepanz zwischen der Rigidität verkehrlicher Infrastrukturinvestitionen und den an diese von der Verwendungs- wie von der Beschaffungsseite her zu stellenden Elastizitätsansprüchen, daß die Verkehrspolitik nötigenfalls auf die Nutzbarmachung neuer, besserer produktionstechnischer Möglichkeiten verzichten oder zu einer Beeinflussung des Bedarfs bereit sein muß. Des weiteren bleiben die wettbewerbs-, raumwirtschafts- und schutzpolitischen Aufgaben der Verkehrspolitik und der öffentlichen Verkehrsbetriebe im Zeitablauf nicht gleich. Beispielsweise kann eines baldigen Tages angesichts schwindender Ressourcen die Bekämpfung der Energieverschwendung im Verkehr und anderswo als notwendig angesehen werden. Schließlich können sich die Stellenwerte gleichbleibender wettbewerbs-, raumwirtschafts- und schutzpolitischer Aufgaben im Laufe der Zeit verändern.

VII. Prognostische Probleme

1. *Wahrscheinlichkeitscharakter von Prognosen*

Die Prognostik ist verständlicher-, aber irrtümlicherweise in West und Ost während der letzten Jahre zu einer Art wirtschaftspolitischen und unternehmungspolitischen Wunderwaffe erhoben worden. Verständlich ist dies in marktwirtschaftlichen Systemen wie dem unseren, weil die Kapitalintensität der Produktion von Sachgütern wie von Dienstleistungen im Durchschnitt ständig zunimmt und weil außerdem vielfach die Fähigkeit von Apparaturen wie von sie bedienenden Personen, sich an ändernde Bedürfnisse anzupassen, infolge steigender Spezialisierung abnimmt. Deshalb versucht man, den künftigen Bedarf besser als zuvor abzuschätzen. Die Fehlinvestitionen von Kapital wie von Ausbildungs- und Lebenszeit sollen möglichst klein gehalten werden. Diese Gründe gelten auch in Wirtschaftssystemen kommunistischer, zwangswirtschaftlicher Art. Dort kommt aber noch ein Anspruch an die Prognostik hinzu, der bei uns weithin fehlt. In einem marktwirtschaftlichen System wie dem unsrigen ist es selbstverständlich, daß die Prognostik die Fehlinvestitionsrisiken nicht verhüten, sondern lediglich reduzieren kann. Soweit es sich um privatunternehmerische Investitionen handelt, wird der Markt diese als richtig bestätigen oder als verfehlt verwerfen; der marktliche Erfolg oder Mißerfolg wird Regulator von Investitionsfortsetzungen, Umstellungsinvestitionen oder Desinvestitionen sein. In zwangswirtschaftlichen Ordnungen orientieren sich die betrieblichen Planungen durchweg nicht an marktlichen Erfolgen, während dies in marktwirtschaftlichen Ordnungen nur für ausgewählte Gebiete der Fall ist, die man — wie etwa die Bereitstellung von Straßen — aus verschiedenen Gründen nicht privaten Unternehmungen überlassen will. Infolgedessen bedarf es in staatsverwaltungswirtschaftlichen Systemen eines Marktersatzes. Orientierungskriterien, die marktliche Erfolgssignale ersetzen könnten, müßte eine Theorie der total geplanten Wirtschaft liefern. Eine solche Theorie gibt es jedoch nicht; die marxistische Wirtschafts- und Gesellschaftsideologie ist ja nur zerstörerischer, aber keineswegs aufbauender Natur. Daher rührt es, daß man sich im Osten noch viel mehr als im Westen von der Prognostik verspricht [237]). Wie noch zu zeigen ist, sind Prognosen wohl Entscheidungshilfen, aber, richtig betrachtet, keineswegs Kalkulationen, die den Markt oder an seine Stelle tretende wirtschaftspolitische Entscheidungen zu ersetzen vermögen.

Prognosen sind keine Vorausberechnungen, sondern lediglich Vorausschätzungen, deren Wahrscheinlichkeitsgehalt mehr oder weniger groß sein kann. Der Wahrscheinlichkeitscharakter muß bei den üblichen Prognosen aus den Voraussetzungen herausgelesen werden; treffen die Ausgangsannahmen der Prognose nicht ein, werden auch die tatsächlichen späteren Ereignisse von den vorausgesagten abweichen, was sich aus deren ursächlicher Verknüpfung mit den Annahmen ergibt.

Bessere Prognosen sind von verästelter Natur. Sie beruhen darauf, daß die Basisgrößen der Vorausschätzungen nicht jeweils mit einer Reihe aufeinander folgender künftiger Werte, sondern mit mehreren solcher prospektiver Zeitreihen beziffert werden. Diesen

---

[237]) Verwiesen sei auf: *Hochschule für Verkehrswesen „Friedrich List" Dresden* (Hrsg.): Prognostik im Transport- und Nachrichtenwesen, Vorträge der 7. Verkehrswissenschaftlichen Tage, Berlin 1968.

Zeitreihen von Basisgrößen der Prognose, das heißt von Bestimmungsfaktoren der abzuschätzenden künftigen Ereignisse, kann gleiche oder verschiedene Eintreffenswahrscheinlichkeit zukommen. Sollen darüber fundierte Aussagen gemacht werden, so müssen für jede Basisgröße eigene Prognosen erstellt werden. Außer Basisgrößen können sich aber auch die Verknüpfungsverhältnisse zwischen ihnen und den zu prognostizierenden Ereignissen im Zeitablauf verändern. Auch darüber müßten bessere Prognosen Vorausschätzungen enthalten. Schließlich werden bei den üblichen Prognosen viele tatsächlich auf die zu prognostizierenden Ereignisse einwirkenden und tatsächlich variablen Kräfte als gleichbleibend angenommen. Bessere Prognosen müßten demgegenüber abzuschätzen versuchen, wie sich diese üblicherweise praktisch ausgeklammerten Einflußgrößen im Prognosezeitraum verändern können [238]).

Die vorstehende Skizze der prognostischen Methodik soll zeigen, daß die Prognostik nichts anderes ist als die Entfaltung von Ausgangsmaterialien, und daß die Brauchbarkeit prognostischer Aussagen von der Reichhaltigkeit und Qualität dieses Materials abhängt. Das Ausgangsmaterial ist jedoch immer problematisch, weil es seinerseits nur in Prognosen oder in Unterstellungen des Gleichbleibens von Verhältnissen besteht.

2. Partialanalytischer Charakter üblicher verkehrswirtschaftlicher Prognosen

Die besonders große Problematik der üblichen Prognosen soll an Hand der Shell-Prognose von 1969 über die Entwicklung des Kraftfahrzeugbestandes in Westdeutschland bis zum Jahre 1985 dargelegt werden [239]). Soweit sie sich auf die vor allem ins Gewicht fallende Entwicklung des Bestandes an Personenkraftwagen bezieht, geht diese Prognose aus von (1) dem erwarteten Wachstum der Bevölkerung und den erwarteten Veränderungen der Altersschichtung der Bevölkerung, (2) dem erwarteten Wachstum des Nettosozialprodukts und daraus abgeleiteten Steigerungen des durchschnittlichen Einkommens der privaten Haushalte sowie (3) von einer bestimmten Einkommensabhängigkeit (-elastizität) der Nachfrage nach Automobilen.

Die Shell-Prognose kommt u. a. zu folgenden Ergebnissen: Der Kraftfahrzeugbestand (ohne landwirtschaftliche Zugmaschinen) wird sich von nahezu 14 Millionen in der Jahresmitte 1969 auf etwa 20 bis 22 Millionen in 1985, also um ungefähr 50% erhöhen. Der Bestand an Personenkraftwagen je 1000 Einwohner wird sich von 207 in 1969 auf 268 bis 297 in 1985 steigern.

Als Einflüsse, die überhaupt imstande wären, die vorausgeschätzte Entwicklung des Bestandes an Personenkraftwagen nachhaltig zu beeinträchtigen, sieht die Shell-Prognose nur diese drei: (1) Eintritt einer weltweiten echten Wirtschaftskrise, (2) ungenügende Anpassung der Straßenkapazität an die Entwicklung der Motorisierung und (3) erhebliches Ansteigen der finanziellen Belastungen der Autofahrer mit kraftfahrzeugbedingten Abgaben.

---

[238]) Vgl. in in Anmerkung 40 genannte Quelle.
[239]) *Deutsche Shell Aktiengesellschaft:* Die Motorisierung in Bund und Ländern bis 1985 sowie die strukturelle Zusammensetzung der künftigen Pkw-Besitzer, Aktuelle Wirtschaftsanalysen 2, Hamburg 1969. Verfolgt wurde diese Prognose mit zwei Schriften *derselben Gesellschaft:* Die Motorisierung am Beginn ihrer zweiten Entwicklungsphase — Zehn Jahre bestätigen Pkw-Prognose der Deutschen Shell AG — Zweitwagen beeinflussen die künftige Entwicklung, dieselbe Schriftenreihe 5, Hamburg 1971; Prognose des Pkw-Bestandes — Die Motorisierung im Spannungsfeld von Eigendynamik und Bremsfaktoren, dieselbe Schriftenreihe 6, Hamburg 1973. Fortgesetzt wurde die Prognose mit zwei weiteren Schriften: Die Motorisierung geht weiter — Prognose des Pkw-Bestandes, dieselbe Schriftenreihe 7, Hamburg 1975; Motorisierungswille weiterhin ungebrochen — SHELL-Prognose des Pkw-Bestandes bis 1990, dieselbe Schriftenreihe 8, Hamburg 1977.

Über die Wahrscheinlichkeit des ersten und dritten Faktors wird nichts ausgesagt. Über die Entwicklung der westdeutschen Straßenkapazität wird dagegen in einer Zusatzprognose von 1970 [240]) festgestellt, daß bis 1985 die Öffnung einer Kapazitätsschere zu erwarten ist, die so gekennzeichnet werden kann:

Während sich die Motorisierung auf nahezu 340 % des Standes von 1960 gesteigert haben wird, wird der Straßenverkehrsraum nur ein Wachstum auf etwa 150 % des Standes von 1960 zu verzeichnen haben. Als „Motorisierung" wurde dabei die Multiplikation des Bestandes an Personenkraftwagen mit der geschätzten durchschnittlichen Jahresfahrleistung und als „Verkehrsraum" die Multiplikation von Straßenlänge und Straßenbreite verstanden.

Die Prognose über die Entwicklung des Straßenverkehrsraumes beruhte auf den amtlichen Plänen zum Ausbau des Bundesfernstraßennetzes sowie auf Trendberechnungen für die Entwicklung des Netzes der Landesstraßen und der nichtklassifizierten Straßen, wobei jeweils auch die Finanzierungsmöglichkeiten prognostiziert worden sind.

Aus der zunächst noch stark zunehmenden Diskrepanz zwischen Straßenverkehrsvolumen („Motorisierung") und Straßenverkehrsraum wurde geschlossen, daß die Automobilausstattungswelle nicht die oberen Ziffern der Prognose erreichen, sondern sich den unteren annähern wird. Daraus wiederum wurde abgeleitet, daß die straßenbaulichen Anstrengungen von Bund, Ländern und Gemeinden ganz entschieden verstärkt werden müssen, daß also die Verkehrsinvestitionspolitik bisher ungenügende Anstrengungen zur Deckung des Bedarfs unternommen hat.

Der Bedarf selbst wurde gewissermaßen als eine sakrosankte Größe betrachtet. Insbesondere wurde auch gefordert, die Belastung der Kraftfahrer keinesfalls zwecks Finanzierung der verlangten Vermehrung der Straßenbauinvestitionen zu erhöhen. Die Folgewirkungen der prognostizierten enormen weiteren Automobilisierung auf andere Lebensgebiete, insbesondere auf Städtebau und Volksgesundheit, wurden ebensowenig berücksichtigt wie daraus möglicherweise künftighin resultierende Wandlungen der Verkehrspolitik. Des weiteren blieb unberücksichtigt, daß die Verkehrstechnik sowohl auf dem Gebiete des Straßenverkehrs als auch auf dem Gebiete seiner Alternativen, des Schienen- und des Luftverkehrs, für den Stadt- wie für den Fernverkehr Alternativen anbieten könnte, die die Motorisierungsbereitschaft zu bremsen und die Entwicklung der durchschnittlichen Jahresfahrleistungen im Straßenverkehr noch stärker nach unten zu drücken vermöchte, als dies infolge des zunehmenden Anteils von Zweit- oder gar Drittwagen am Gesamtbestand sowie infolge der zunehmenden Lästigkeit des Fahrens in gegenseitiger Behinderung ohnehin der Fall sein wird.

Die Prüfung der Verkehrspolitik an Hand von Prognosen der geschilderten Art ist also völlig unzureichend; sie ist wissenschaftlich nicht fundiert, auch wenn die Prognosen selbst eintreffen sollten. Wird die Verkehrspolitik an den Forderungen orientiert, die aus derartigen Prognosen abgeleitet werden, so wird dies allerdings dazu beitragen, Bedingungen zu schaffen, die die Wahrscheinlichkeit erhöhen, daß sich die Prognose bewahrheitet. Die Shell-Prognose wies ja selbst darauf hin, daß außer einer Weltwirtschaftskrise die Zunahme des Notstands der gegenseitigen Behinderung im Straßenverkehr sowie eine erheblich steigende Belastung der Kraftfahrzeughaltung und -benützung der Prognose die Basis entziehen können.

---

[240]) GÖTZ WEICH: Straßenverkehr 1985 — Motorisierung, Straßenbau, Finanzierung, Sicherheit, Aktuelle Wirtschaftsanalysen 3 (hrsg. von der Deutschen Shell Aktiengesellschaft), Hamburg 1970.

3. Instrumentaler Charakter verkehrswirtschaftlicher Prognosen

Mit der methodenkritischen Beurteilung der Shell-Prognose wurde zuletzt schon das Gebiet der instrumentalen Beurteilung von verkehrlichen Prognosen betreten. Diese hat sich damit zu befassen, ob Prognosen als hinzunehmende Vorgaben für verkehrspolitische Bemühungen aufzufassen sind, wie es die Shell-Prognose will, oder ob sie dazu dienen sollen, zum Nachdenken darüber anzuregen, ob das Entstehenlassen der prognostizierten Größenordnungen wünschenswert ist.

Die erste Alternative der Verwendung von Prognosen als die allein richtige zu bezeichnen, wäre nicht einmal für kaufmännische Unternehmungen zulässig; denn diese brauchen sich keineswegs immer nur an den Bedarf anzupassen. Sie können durchaus auch unter bestimmten Voraussetzungen versuchen, auf die Entwicklung des Bedarfs Einfluß zu nehmen. Es sei nur daran erinnert, wie für manche bisher unbekannten Produkte überhaupt erst Bedarf durch Werbung geschaffen werden muß, und wie für andere Produkte der Wiederbeschaffungsbedarf durch eine Politik der schlechten Produktqualität künstlich verstärkt werden kann. Das eine wie das andere kann volkswirtschaftlich pervers sein; unter unserem Wirtschaftssystem kann es sich jedenfalls als unternehmungswirtschaftlich zweckmäßig erweisen. Wo aber versucht wird, den Bedarf zu beeinflussen, kommt man bei der Vorbereitung der Entscheidungen, die deswegen zu treffen sind, nicht mehr mit nur einer Prognose aus. Hier müssen vielmehr so viel Alternativprognosen erarbeitet werden, wie Handlungsalternativen erwogen werden. Zu den Basisgrößen, die aus vorausgeschätzten gesamtwirtschaftlichen Entwicklungen bestehen, treten hier mögliche Größen des Einsatzes absatzpolitischer Mittel. Die Verknüpfungen zwischen ihnen und den zu prognostizierenden Nachfrageänderungen stellen die Reaktionselastizitäten dar, die es in bezug auf die verschiedenen absatzpolitischen Mittel, etwa in bezug auf die Preispolitik und die Werbepolitik, bei den vorhandenen und den vielleicht noch zu gewinnenden Abnehmern gibt.

Ist es schon bei privaten Unternehmungen viel zu eng, Prognosen allein als feste Richtlinien für Entscheidungen zu nehmen, die dann nur Anpassungsentscheidungen sein können, so gilt dies um so mehr für die Wirtschaftspolitik, hier für die Verkehrspolitik, und ihre betrieblichen Instrumente, die öffentlichen Verkehrsbetriebe und Verkehrsverwaltungen. Andernfalls wäre diese Politik rein konstatierender Natur und nicht mehr als Erfüllungsgehilfe privater Wirtschaftstätigkeit, für die ergänzende öffentliche Leistungen bereitzustellen sind. Daß sich eine solche Verwendung von Prognosen auf bestimmten Gebieten der öffentlichen Politik gar nicht praktizieren läßt, zeigt beispielsweise die Innenpolitik, insoweit sie Politik der öffentlichen Ordnung ist. Hier ist die Prognose von umstürzlerischen Aktionen, auch wenn man in bezug auf ihre Würdigung anderer Ansicht ist als die derzeitige Bundesregierung, keineswegs zugleich von selbst Richtlinie des Bedarfs an Bekämpfungsmaßnahmen. Eine politische Richtung mag sich eine Belebung des demokratischen Lebens von solchen Aktionen versprechen und gänzlich auf Abwehr verzichten, eine andere wird den Staat in höchster Gefahr sehen und zu harten Gegenmaßnahmen greifen. Im einen wie im anderen Fall ruft die Prognose eine politische Entscheidung hervor, die ihrerseits darauf Einfluß hat, ob die Prognose verifiziert oder falsifiziert werden wird. In der Verkehrspolitik könnte es so scheinen, als verhielte es sich mit der Bedeutung der Prognosen für Entscheidungen wesentlich anders; denn die Verkehrspolitik ist ja nicht nur Ordnungs-, sondern auch Leistungspolitik in dem Sinne, daß öffentliche Leistungen bereitgestellt werden, die unerläßliche Ergänzungen privater Leistungen darstellen. So richtig dies ist, so falsch wäre es, daraus zu schließen, die Leistungsverwaltung hätte nicht auch Ordnungsaufgaben. Gerade die von den zitierten

Shell-Prognosen erwähnten Tatsachen, daß im Straßenwesen sowohl die Mengen- und Qualitätspolitik als auch die Gebührenpolitik das Verkehrsvolumen wie die Haltung von Kraftfahrzeugen zu beeinflussen vermögen, weisen doch auf den instrumentalen Charakter dieser und anderer, von der Shell-Prognose außer acht gelassener Leistungsgebiete hin. Bei diesen anderen Leistungsgebieten handelt es sich um die privaten wie um die öffentlichen Nah- und Fernverkehrsdienste, die eine Alternative, eine Substitutionskonkurrenz zum individuellen Kraftverkehr darstellen.

Daß die Straßeninvestitionspolitik wie die Angebotspolitik der öffentlichen Verkehrsbetriebe Leistungspolitik mit ordnungspolitischen Möglichkeiten ist, reicht freilich noch nicht aus, um zu begründen, daß und wie von diesen instrumentalen Möglichkeiten Gebrauch gemacht werden soll. Dafür muß es ordnungspolitische Ziele geben. Diese resultieren allein aus politischen Entscheidungen, die sich weder mit prognostischen noch mit sonstigen ökonomischen Methoden auskalkulieren lassen. Politische Entscheidungen müssen vielmehr auf Grund von Wertvorstellungen getroffen werden. Sie können allerdings von Tatsachenfeststellungen wie von Tatsachenvorausschätzungen angeregt werden, und insoweit sie auf Größenordnungen, etwa auf eine bestimmte Reduktion der Unfallopfer im Straßenverkehr gerichtet sind, bedürfen sie der statistischen und der prognostischen Unterlagen. Diese werden außer für die Zielentscheidung auch für die Wahl der Mittel benötigt, die für die Verfolgung der gesetzten Ziele verwandt werden sollen. Zu den hier zu treffenden Wertentscheidungen gehören auch die, die das künftige wirtschaftliche Schicksal der Siedlungsräume betreffen. Sie stellen raumwirtschaftspolitische Grundentscheidungen (vgl. Kapitel IV C 2) dar, die nach *komplementären* verkehrspolitischen und öffentlich-verkehrsbetrieblichen Grundentscheidungen rufen (vgl. Kapitel IV C 5 und 6). Sollen die mit Grundentscheidungen festgelegten Oberziele der Volkswirtschafts- oder Betriebswirtschaftspolitik nicht nur deklariert, sondern auch tatsächlich verfolgt werden, so müssen die dafür verfügbaren Mittel auf Grund von Zweckmäßigkeitsentscheidungen ausgewählt werden (vgl. Kapitel IV B und V).

Literaturverzeichnis

ABERLE, GERD: Vom Rapport Allais zum Wegekostenbericht des Bundesverkehrsministeriums — Zwischenbilanz oder Schlußbilanz? In: Achim Dieckmann, Gerd Aberle, Straßenverkehr der Zukunft, Vom Rapport Allais usw., Schriftenreihe des Verbandes der Automobilindustrie (VDA) 3, Frankfurt am Main 1969.

Road Pricing — Möglichkeiten einer preispolitischen Beeinflussung des Individualverkehrs in Ballungsgebieten. In: Schweizerisches Archiv für Verkehrswissenschaft und Verkehrspolitik 24 (1969).

Die Investitionsplanung im Straßenbau: Steigerung der gesamtwirtschaftlichen Produktivität und interregionale Umverteilung als konkurrierende Ziele. In: Zeitschrift für Verkehrswissenschaft 43 (1972).

AKADEMIE FÜR RAUMFORSCHUNG UND LANDESPLANUNG, Forschungsberichte Raum und Verkehr 1-12, nämlich: Veröffentlichungen der Akademie für Raumforschung und Landesplanung, Forschungs- und Sitzungsberichte IV Bremen-Horn 1956; VII Bremen-Horn 1957; VIII Bremen-Horn 1958, XII Verkehrsprobleme in Ballungsräumen, Bremen-Horn 1959; XIII Der Verkehr im Rheingebiet, Bremen-Horn 1959; XVIII Zonenbildung im Verkehr, Hannover 1961; XXIV Aufgabenteilung im Verkehr, Hannover 1963; XXXVII Der Raumbedarf des Verkehrs, Hannover 1967; 57 Die strukturgerechte Verkehrsbedienung ländlicher Räume, Hannover 1969; 71 Die Regionalstadt und ihre strukturgerechte Verkehrsbedienung, Hannover 1974; 92 Die Kernstadt und ihre strukturgerechte Verkehrsbedienung, Hannover 1974; 120 Verkehrstarife als raumordnungspolitisches Mittel, Hannover 1977.

ALBACH, HORST: Investition und Liquidität — Die Planung des optimalen Investitionsbudgets, Wiesbaden 1962.

AMONN, ALFRED: Volkswirtschaftliche Grundbegriffe und Grundprobleme, 2. Aufl. Bern 1944.

ARBEITSGRUPPE WEGEKOSTEN IM BUNDESVERKEHRSMINISTERIUM: Bericht über die Kosten der Wege des Eisenbahn-, Straßen- und Binnenschiffsverkehrs in der Bundesrepublik Deutschland, Schriftenreihe des Bundesministers für Verkehr 34, Bad Godesberg 1969.

BATELLE-INSTITUT E. V., DEUTSCHE REVISIONS- UND TREUHAND-AKTIENGESELLSCHAFT (TREUARBEIT) und DORNIER-SYSTEM GMBH.: Die Beurteilung von Investitionen im Fernreiseverkehr der Deutschen Bundesbahn und im Luftverkehr der Bundesrepublik Deutschland bis 1980 auf der Grundlage der Kosten-Nutzen-Analyse, Gutachten im Auftrag des Bundesministers für Verkehr, Schriftenreihe des Bundesministers für Verkehr 40, 2 Bände, als Manuskript vervielfältigt, Frankfurt am Main und Friedrichshafen 1972.

BAUER, RASSO ULRICH: Voraussetzungen und Folgen einer dezentralisierten Absatzorganisation im Güterverkehr öffentlicher Eisenbahnen unter besonderer Berücksichtigung der Neuorganisation des kommerziellen Dienstes der Deutschen Bundesbahn, Diss. München 1972.

BAUM, HERBERT: Grundlagen einer Preis-Abgabenpolitik für die städtische Verkehrsinfrastruktur, Buchreihe des Instituts für Verkehrswissenschaft an der Universität zu Köln 28, Düsseldorf 1972.

BAUMGARDT, JOHANNES: Die Bedeutung des Ideellen und Pragmatischen in Wirtschaft und Erziehung für die Wirtschaftserziehung. In: Johannes Baumgardt (Hrsg.), Erziehung in einer ökonomisch-technischen Welt, Festschrift für Friedrich Schlieper, Freiburg i. Br. 1967.

BAYERISCHES STAATSMINISTERIUM FÜR LANDESENTWICKLUNG UND UMWELTFRAGEN: 3. Raumordnungsbericht, München 1976.

BAYERISCHE STAATSREGIERUNG: Entwurf einer Verordnung zur Neugliederung Bayerns in Landkreise und kreisfreie Städte (Bayerischer Landtag, 7. Wahlperiode, Drucksache 7/1445).

BELLINGER, BERNHARD: Geschichte der Betriebswirtschaftslehre, Stuttgart 1967.

BERNSTEIN, MARVER H.: Regulating Business by Independent Commissions, Princeton 1955.

BEIRAT FÜR RAUMORDNUNG: Die Gültigkeit der Ziele des Raumordnungsprogramms unter sich ändernden Entwicklungsbedingungen. In: Der Bundesminister für Raumordnung, Bauwesen und Städtebau, Beirat für Raumordnung, Empfehlungen vom 16. Juni 1976.

BISSING, W. M. FREIHERR VON: Verkehrspolitik — Eine Einführung, Berlin 1967.

BOEKEMANN, DIETER: Zur Einführung des Zeitfaktors in die Theorie der zentralen Orte — Walter Christaller (1893—1969) zum Gedenken. In: Archiv für Kommunalwissenschaften 8 (1969).

BOWERSOX, DONALD J., SMYKAY, EDWARD W., LA LONDE, BERNARD J.: Physical Distribution Management — Logistic Problems of the Firm, New York, London 1968.

BÜHLMANN, ROBERT: Die Frage der Besonderheiten des Verkehrs, Bern 1969.

BUNDESMINISTER DES INNERN: Raumordnungsbericht 1968 der Bundesregierung, Deutscher Bundestag 5. Wahlperiode, Drucksache V/3958.

BUNDESMINISTER FÜR WOHNUNGSWESEN, STÄDTEBAU UND RAUMORDNUNG: Erster Raumordnungsbericht, 1. 10. 1963, Deutscher Bundestag 4. Wahlperiode, Drucksache IV/1492.

BUNDESMINISTER FÜR VERKEHR: Die Verkehrspolitik in der Bundesrepublik Deutschland 1949 bis 1961, Schriftenreihe des Bundesministers für Verkehr 22, Bad Godesberg 1961.

Die Verkehrspolitik in der Bundesrepublik Deutschland 1949—1965, dieselbe Schriftenreihe 29, Hof (Saale) 1965.

Verkehrsbericht o. O. 1970.

Der Mensch hat Vorfahrt — Kursbuch für die Verkehrspolitik, Bonn o. J. (1973).

Bundesverkehrswegeplan 1. Stufe, Deutscher Bundestag 7. Wahlperiode, Drucksache VII/1045 vom 3. Oktober 1973.

Verkehrspolitik '76 — Grundsatzprobleme und Schwerpunkte, Ansprache des Bundesministers für Verkehr KURT GSCHEIDLE am 29. Januar 1976 anläßlich des verkehrspolitischen Jahresgesprächs in Bonn, Schriftenreihe des Bundesministers für Verkehrs 50, Bonn-Bad Godesberg 1976.

BUNDESMINISTER FÜR VERKEHR unter Mitwirkung der ARBEITSGEMEINSCHAFT GÜTERFERNVERKEHR E. V. (AGF) und der Hauptverwaltung der DEUTSCHEN BUNDESBAHN: Die Entwicklung des Reichskraftwagentarifs bis zum 31. Dezember 1955, Schriftenreihe des Bundesministers für Verkehr 11, Bielefeld 1956.

BUNDESVERBAND DER DEUTSCHEN BINNENSCHIFFAHRT E. V.: Binnenschiffahrt 1972 — Geschäftsbericht 1971/22, Bonn-Beuel o. J. (1972).

BUNDESVERBAND DER INDUSTRIE E. V.: Verkehrspolitik vor der Entscheidung — Zukunft der Bundesbahn, Eine Stellungnahme des BDI, BDI-Drucksache Nr. 96, Köln 1973.

BUNDESVERBAND DES DEUTSCHEN PERSONENVERKEHRSGEWERBES (BDP): Die privaten Bus-Unternehmen zum öffentlichen Personennahverkehr ÖPNV — Eine Stellungnahme, Frankfurt am Main 1977.

COX, HELMUT: Analyse und Theorie der einzelwirtschaftlichen Strukturen als Gegenstand der Unternehmensmorphologie. Zur Methodologie, Erkenntniskritik und Technologie der unternehmensmorphologischen Forschung und Theoriebildung. In: Archiv für öffentliche und freigemeinnützige Unternehmen 8 (1967/68).

DECKER, FRANZ: Dienstleistungsbetriebe. In: Erwin Grochla und Waldemar Wittmann (Hrsg.), Handwörterbuch der Betriebswirtschaftslehre, 4. Aufl., Band 1, Stuttgart 1974.

DEUTSCHE BUNDESBAHN, VORSTAND: Die Stabilisierung der wirtschaftlichen Lage der DB — Neue Unternehmenskonzeption des Vorstandes der DB, Bericht an den Bundesminister für Verkehr am 24. Mai 1973, Die Bundesbahn 49 (1973).

Betriebswirtschaftlich optimales Netz der DB, 22. Januar 1976 (hektographiert). Auszugsweise wiedergegeben und kritisiert in: O. V., Eine überflüssige Aktion der DB — Zum Ergebnisbericht des Vorstandes der DB zum betriebswirtschaftlich optimalen Netz. In: Verkehrswirtschaftliche Informationen, hrsg. von der Gewerkschaft der Eisenbahner Deutschlands, 20/21 (1975/76).

DEUTSCHE SHELL Aktiengesellschaft: Die Motorisierung in Bund und Ländern bis 1985 sowie die strukturelle Zusammensetzung der künftigen Pkw-Besitzer, Aktuelle Wirtschaftsanalysen 2, Hamburg 1969.

Die Motorisierung am Beginn ihrer zweiten Entwicklungsphase — Zehn Jahre bestätigen Pkw-Prognose der Deutschen Shell AG — Zweitwagen beeinflussen die künftige Entwicklung, Aktuelle Wirtschaftsanalysen 5, Hamburg 1971.

Prognose des Pkw-Bestandes — Die Motorisierung im Spannungsfeld von Eigendynamik und Bremsfaktoren, Aktuelle Wirtschaftsanalysen 6, Hamburg 1973.

Die Motorisierung geht weiter — Prognose des Pkw-Bestandes, Aktuelle Wirtschaftsanalysen 7, Hamburg 1975.

Motorisierungswille weiterhin ungebrochen — SHELL-Prognose des Pkw-Bestandes bis 1990, Aktuelle Wirtschaftsanalysen 8, Hamburg 1977.

DEUTSCHE STUDENTENUNION (DSU): Vorschlag für die Reform des wirtschaftswissenschaftlichen Studiums, Schriftenreihe der DSU 2, Bonn 1970.

DEUTSCHER INDUSTRIE- UND HANDELSTAG: Neue Chance für die Schiene — Zur Sanierung der Deutschen Bundesbahn, o. O. 1965.

Zum Verlust verurteilt? — Die wirtschaftlichen Grundlagen des öffentlichen Nahverkehrs, Bonn 1970.

Verkehrspolitik und Regionalpolitik — Zum Memorandum der Kommission der europäischen Gemeinschaften „Der Verkehr als Mittel der Regionalpolitik und der Raumordnung auf Gemeinschaftsebene", Bonn 1973.

Die Entwicklung der gemeinsamen Verkehrspolitik — Stellungnahme zur Mitteilung der Kommission an den Rat über die Entwicklung der gemeinsamen Verkehrspolitik vom 23. Oktober 1973, Bonn 1974.

DIHT, Bericht 1976, Bonn 1977.

DEUTSCHER INDUSTRIE- UND HANDELSTAG, BUNDESVERBAND DER DEUTSCHEN INDUSTRIE, BUNDESVERBAND DES DEUTSCHEN GROSS- UND AUSSENHANDELS, ZENTRALVERBAND DES DEUTSCHEN HANDWERKS: Die Zukunft der Post — Eine Stellungnahme der Spitzenorganisationen der gewerblichen Wirtschaft, o. O. 1967.

DIEDERICH, HELMUT: Verkehrsbetriebslehre, Wiesbaden 1977.

DILLKOFER, HEIDELORE, und KUHLMANN, JÜRGEN: Zur Situation der Wirtschafts- und Sozialwissenschaften und der entsprechenden Hochschulausbildung. In: Thomas Ellwein und Ralf Zoll (Hrsg.), Wirtschafts- und Verwaltungswissenschaften — Curriculum für die Hochschulen der Bundeswehr, Opladen 1975.

DRUDE, MICHAEL: Sanierung der Deutschen Bundesbahn durch Privatisierung? — Eine Problemskizze. In: Zeitschrift für Verkehrswissenschaften 47 (1976).

EFFMERT, WILLI: Das Problem der Verkehrsspitzen. In: Die Bundesbahn 40 (1966).

Kosten-, Investitions- und Wirtschaftlichkeitsrechnungen im Verkehr, Frankfurt am Main 1970.

EICHHORN, PETER: Zum Begriff der gemischtwirtschaftlichen Unternehmung. In: Betriebswirtschaftliche Forschung und Praxis 18 (1966).

Entwurf einer gesellschaftsbezogenen Erfolgsrechnung für öffentliche Unternehmen. In: Peter Mertens (Hrsg.), Die Unternehmung in ihrer gesellschaftlichen Umwelt, Wiesbaden 1974.

ENGELHARDT, W. W.: Die öffentlichen Unternehmen und Verwaltungen als Gegenstand der Einzelwirtschaftsmorphologie und -typologie. In: Zeitschrift für Betriebswirtschaft 44 (1974).

ENGLÄNDER, OSKAR: Theorie des Güterverkehrs und der Frachtsätze, Jena 1924.

EUROPÄISCHE GEMEINSCHAFTEN, KOMMISSION: Memorandum der Kommission über den Verkehr als Mittel der Regionalpolitik und der Raumordnung auf Gemeinschaftsebene, Brüssel 31. Oktober 1972, SEK (72) 3827 endg.

Gemeinsame Verkehrspolitik: Ziele und Programm, Mitteilung der Kommission an den Rat über die weitere Entwicklung der gemeinsamen Verkehrspolitik (dem Rat am 25. Okober 1973 vorgelegt), Bulletin der Europäischen Gemeinschaften Beilage 16/73.

Orientierungsrahmen für die Regionalpolitik der Gemeinschaft (Mitteilung und Vorschläge der Kommission an den Rat), KOM (77) 195 endg., Brüssel 7. Juni 1977.

EUROPÄISCHE WIRTSCHAFTSGEMEINSCHAFT, KOMMISSION: Denkschrift über die Grundausrichtung der gemeinsamen Verkehrspolitik, Brüssel 10. April 1961, VII/KOM (61) 50 endgültig.

Aktionsprogramm für die gemeinsame Verkehrspolitik (Mitteilung der Kommission an den Rat), Brüssel 23. Mai 1962, VII/KOM (62) 88 endgültig.

EUROPÄISCHE ZENTRALE DER ÖFFENTLICHEN WIRTSCHAFT (CEEP): Die Bedeutung der öffentlichen Wirtschaft in der Europäischen Gemeinschaft, Brüssel 1975.

EYNERN, GERT VON: Das öffentlich gebundene Unternehmen. In: Archiv für öffentliche und freigemeinwirtschaftliche Unternehmen 4 (1958).
 Gemeinwirtschaftliche Bindung von Unternehmen, Schriftenreihe Gemeinwirtschaft 17, Frankfurt am Main-Köln 1975.

FALLER, PETER: Die raumwirtschaftliche Problematik der Wettbewerbstarife nach Art. 80 Abs. 3 des EWG-Vertrages. In: Mitteilungen der Österreichischen Verkehrswissenschaftlichen Gesellschaft 14 (1967).
 Kommerzielle Handlungsfreiheit für die Eisenbahnen des EWG-Raumes — Zum Realitätsgehalt einer modernen Zauberformel. In: Zeitschrift für Verkehrswissenschaft 39 (1968).
 Die entscheidungsrelevante Kostenmasse im Standortkalkül des Unternehmers. In: Günther Stoewer (Hrsg.), Raumordnung und Landesplanung, Festschrift für Willi Guthsmuths, München 1971.

FIKENTSCHER, WOLFGANG: Rechtsgutachten über Fragen des Wettbewerbs der Verkehrsträger, Schriftenreihe des Bundesministers für Verkehr 24, Bad Godesberg 1963, und (Ergänzung) 28, Bad Godesberg 1964.
 Marktmacht und Preisunterbietung im Verkehr — Ein Rechtsgutachten über Fragen, die bei der rechtlichen Beurteilung von auf Tarifmaßnahmen beruhenden Preisunterbietungen der Deutschen Bundesbahn im Güterverkehr eine Rolle spielen können. Erstellt im Auftrag des Bundesverbandes der Deutschen Binnenschiffahrt e. V. in Bonn-Beuel und des Bundesverbandes des Deutschen Güterfernverkehrs e. V. in Frankfurt am Main, Schriftenreihe des Bundesverbandes des Deutschen Güterfernverkehrs e. V. 15, Bonn-Bad Godesberg 1970.

FISCHER, GUIDO: Partnerschaft im Betrieb, Heidelberg 1955.

FLOHR, HEINER: Probleme der Ermittlung volkswirtschaftlicher Erfolge, Monographien zur Politik 7, Göttingen 1964.

FRIEDRICH, PETER: Volkswirtschaftliche Investitionskriterien für Gemeindeunternehmen, Tübingen 1969.

GEORGI, H.: Cost-benefit-analysis als Lenkungsinstrument öffentlicher Investitionen im Verkehr, Forschungen aus dem Institut für Verkehrswissenschaft an der Universität Münster 17, Göttingen 1970.

GRÖBEN, HANS-JOACHIM: Taschenbuch der Eisenbahngesetze, 5. Aufl., Darmstadt 1975.

GUTENBERG, ERICH: Die Unternehmung als Gegenstand betriebswirtschaftlicher Theorie, Berlin und Wien 1929.
 Grundlagen der Betriebswirtschaftslehre, Erster Band: Die Produktion, 1. Auflage, Berlin-Göttingen-Heidelberg 1951 (22. Auflage, Berlin-Heidelberg-New York 1976).
 Grundlagen der Betriebswirtschaftslehre, Zweiter Band: Der Absatz, 1. Aufl., Berlin-Göttingen-Heidelberg 1955 (15. Aufl., Berlin-Heidelberg-New York 1976).

GWILLIAM, K. M., PETRICCIONE, S., VOIGT, F., und ZIGHERS, J. A.: Koordinierung der Verkehrswegeinvestitionen — Analyse, Empfehlungen, Verfahren, Kommission der Europäischen Gemeinschaften (Hrsg.), Studien Reihe Verkehr 3, Brüssel 1973.

HAESELER, HERBERT R.: Prolegomena zur Betriebswirtschaftslehre gemeinwirtschaftlicher Betriebe und öffentlicher Verwaltungen. In: Herbert R. Haeseler (Hrsg.), Gemeinwirtschaftliche Betriebe und öffentliche Verwaltungen, Zeitschrift für betriebswirtschaftliche Forschung, Sonderheft 5/1976.

HALLER, HEINZ: Typus und Gesetz in der Nationalökonomie — Versuch zur Klärung einiger Methodenfragen der Wirtschaftswissenschaften, Stuttgart und Köln 1950.

HAMM, WALTER: Kollektiveigentum, Heidelberg 1961.
 Preise als verkehrspolitisches Ordnungsinstrument, Heidelberg 1964.
 Infrastrukturpolitik und Wettbewerb im Verkehr. In: Rainer Willeke (Hrsg.), Wissenschaftliche Beratung der verkehrspolitischen Planung, Festschrift zum 50jährigen Bestehen des

Instituts für Verkehrswissenschaft an der Universität zu Köln, Düsseldorf 1971, zugleich in: Zeitschrift für Verkehrswissenschaft 42 (1971).

Überholtes Konkurrenzschutzdenken. In: Internationales Verkehrswesen 28 (1976).

HEINEN, EDMUND: Die Zielfunktion der Unternehmung. In: Helmut Koch (Hrsg.), Zur Theorie der Unternehmung — Festschrift zum 65. Geburtstag von Erich Gutenberg, Wiesbaden 1962.

Einführung in die Betriebswirtschaftslehre, 6. erw. u. verb. Aufl., Wiesbaden 1977.

HEINZE, G. WOLFGANG: Raum und Verkehr. In: CEMT Europäische Konferenz der Verkehrsminister (Hrsg.), Sechstes internationales Symposium über Theorie und Praxis in der Verkehrswirtschaft, Madrid 22.—25. September 1975, Vorabdruck.

Disparitätenabbau und Verkehrstheorie — Anmerkungen zum Aussagevermögen der räumlichen Entwicklungstheorie von Fritz Voigt. In: Sigurd Klatt und Manfred Willms (Hrsg.), Strukturwandel und makroökonomische Steuerung, Festschrift für Fritz Voigt, Berlin 1975.

Raumentwicklung und Verkehrsentstehung als mehrdimensionales Problem. In: Berichte zur Raumforschung und Raumplanung 21 (1977).

HELFRICH, PAUL: Grenzen des Wettbewerbs im Verkehr. In: Arbeitsausschuß Verkehr des Deutschen Industrie- und Handelstages (Hrsg.), Ein Kreis um Otto Most — Verkehrswirtschaftliche Betrachtungen, Bonn o. J. (1962), Schriftenreihe des Deutschen Industrie- und Handelstages 77 S.

HIRSCH, HANS: Ökonomische Maßstäbe für die kommunale Gebietsreform — Eine Kritik der nordrhein-westfälischen Reformvorhaben unter besonderer Berücksichtigung des Aachen-Gesetzes, Köln 1971.

HOCHSCHULE FÜR VERKEHRSWESEN „FRIEDRICH LIST" Dresden (Hrsg.): Prognostik im Transport- und Nachrichtenwesen, Vorträge der 7. Verkehrswissenschaftlichen Tage, Berlin 1968.

HOFFMAN, RUDOLF: Die Gestaltung der Verkehrswegenetze, Veröffentlichungen der Akademie für Raumforschung und Landesplanung, Abhandlungen 39, Hannover 1961.

Rückzug der Eisenbahnen aus der Fläche? — Ein Problem der Regional- und Verkehrspolitik, Veröffentlichungen der Akademie für Raumforschung und Landesplanung, Abhandlungen 46, Hannover 1965.

HUFEN, FRITZ: Die Zukunft der Wirtschaftswissenschaften, Mannheimer Morgen vom 16. Juli 1966.

IHDE, GÖSTA B.: Logistik — Physische Aspekte der Güterdistribution, Stuttgart 1972.

ILLETSCHKO, LEOPOLD L.: Transport-Betriebswirtschaft im Grundriß, Wien 1957 (2. Aufl., Wien-New York 1966, Transport-Betriebswirtschaftslehre).

INNENMINISTERIUM BADEN-WÜRTTEMBERG: Informationen zum Landesentwicklungsbericht 1975, Stuttgart o. J.

INTERTRAFFIC GMBH., PROGNOS AG., DEUTSCHE REVISIONS- UND TREUHAND AKTIENGESELLSCHAFT — TREUARBEIT: Wasserstraßenanschluß für das Saarland — Kosten-Nutzen-Analyse im Auftrag des Bundesministers für Verkehr, Düsseldorf-Basel-Frankfurt am Main 1971.

ISENBERG, GERHARD: Tragfähigkeit und Wirtschaftsstruktur, Schriften der Akademie für Raumforschung und Landesplanung, Abhandlungen 22, Bremen-Horn 1953.

Entfernungsaufwand im Personenverkehr und Raumordnung im Ballungsgebiet. In: Verkehrsprobleme in Ballungsräumen, Forschungs- und Sitzungsberichte der Akademie für Raumforschung und Landesplanung XII, Bremen-Horn 1959.

Tragfähigkeit. In: Akademie für Raumforschung und Landesplanung (Hrsg.), Handwörterbuch der Raumforschung und Raumordnung, 2. Aufl., Band III, Hannover 1970.

JÄGER, PETER: Probleme und Möglichkeiten einer mit sozialen Kosten und Nutzen erweiterten Erfolgswürdigung öffentlicher Betriebe des Personen-Nahverkehrs, Diss. München 1974, als Buch leicht gekürzt und überarbeitet unter dem Titel: Soziale Nutzen — soziale Kosten im öffentlichen Personennahverkehr, Konzepte einer gemeinwirtschaftlichen Erfolgswürdigung, Düsseldorf 1976.

Öffentlich-wirtschaftliche Kriterien der Privatisierung. In: Wirtschaftsdienst 56 (1976).

Der gemischt-wirtschaftliche Betrieb. In: WiSt Wirtschaftswissenschaftliches Studium 6 (1977).

Jaumann, Anton: Die Sanierung der Deutschen Bundesbahn und ihre zukünftige Tarifpolitik. In: Internationales Verkehrswesen 29 (1977).

Jochimsen, Reimut (Leiter): Arbeitsgruppe Wirtschafts- und Sozialwissenschaften. In: Studienreform — Ein Beitrag zur Reform der Universität, Studienstiftung des Deutschen Volkes 6, Bonn 1965.

Johns, Rudolf: Richtiges Rechnen in der Finanzwirtschaft. In: Finanzarchiv, Neue Folge 9 (1943).

Kombinierte Finanz- und Betriebsrechnung im Kameralstil. In: Zeitschrift für handelswissenschaftliche Forschung, Neue Folge 2 (1950).

Kameralistik. In: Dr. Gablers Wirtschafts-Lexikon, Band 1, 9. neubearb. u. erw. Auflage, Wiesbaden 1975.

Jürgensen, Hans, und Aldrup, Dieter: Verkehrspolitik im europäischen Integrationsraum, Schriftenreihe zum Handbuch für Europäische Wirtschaft 10, Baden-Baden 1968.

Kaiser, Klaus, und von Schaewen, Manfred: Stuttgart und die Region Mittlerer Neckar, Stuttgart 1973.

Kaspar, Claude: Verkehrswirtschaftslehre im Grundriß, St. Galler Beiträge zum Fremdenverkehr und zur Verkehrswirtschaft, Reihe Verkehrswirtschaft 7, Bern und Stuttgart 1977.

Kaufmann, Felix: Methodenlehre der Sozialwissenschaften, Wien 1936.

Kirsch, Werner: Entscheidungsprozesse, Band III, Entscheidungen in Organisationen, Wiesbaden 1971.

Kirsch, Werner; Bamberger, Ingolf; Gabele, Eduard; Klein, Heinz Karl: Betriebswirtschaftliche Logistik — Systeme, Entscheidungen, Methoden, Wiesbaden 1973.

Klatt, Sigurd: Die Eigenschaften einer Verkehrsleistung. In: Zeitschrift für Verkehrswissenschaft 35 (1964).

Klein, Hans: Die Teilnahme des Staates am wirtschaftlichen Wettbewerb, res publica 18, Berlin-Köln-Mainz 1968.

Kloten, Norbert: Die Eisenbahntarife im Güterverkehr, Veröffentlichungen der Listgesellschaft 13, Basel-Tübingen 1959.

Die Gemeinwirtschaftlichkeit im Verkehr — Zum Stilwandel in der Verkehrspolitik. In: ORDO XIII (1962).

Kommission Für Die Reform Der Staatlichen Verwaltung Baden-Württemberg Und Kommission Für Fragen Der Kommunalen Verwaltungsreform Baden-Württemberg: Gutachten zur Kreisreform. In: Staatsministerium Baden-Württemberg (Hrsg.), Dokumentation über die Verwaltungsreform in Baden-Württemberg, Stuttgart 1972.

Kommission Für Fragen Der Kommunalen Verwaltungsreform Baden-Württemberg, Teilgutachten A: Stärkung der Verwaltungskraft kleinerer Gemeinden. In: Staatsministerium Baden-Württemberg (Hrsg.), Dokumentation über die Verwaltungsreform in Baden-Württemberg, Stuttgart 1972.

Konow, Karl Otto: Zur Problematik der Betätigung des Bundes in privatwirtschaftlichen Verkehrsunternehmen. In: Zeitschrift für Verkehrswissenschaft 38 (1967).

Unternehmensziele der staatlichen Eisenbahnen. In: Zeitschrift für Verkehrswissenschaft 43 (1972).

Korff, Hans-Clausen: Die Betriebsverwaltungen des Bundes — Bundesbahn, Bundespost — in der Krise, Institut „Finanzen und Steuern", Brief 155, Bonn 1975.

Kühne, Karl: Sinn und Verantwortung der öffentlichen Kontrolle. In: Hauptvorstand der Gewerkschaft Öffentliche Dienste, Transport und Verkehr (Hrsg.), Karl Osterkamp und und Karl Kühne (Bearbeiter), Handbuch der Öffentlichen Wirtschaft, Erster Band, Stuttgart 1960.

Lambert, W., und Schmid, Roland A.: Konzeption für die künftige Infrastruktur des Luftverkehrs in Baden-Württemberg (Verkehrslandeplätze), o. O. (Stuttgart) 1970.

Lauschmann, Elisabeth: Grundlagen einer Theorie der Regionalpolitik, 3. völlig neu bearbeitete Aufl., Akademie für Raumforschung und Landesplanung, Taschenbücher zur Raumplanung 2, Hannover 1976.

Lechner, Karl: Verkehrsbetriebslehre, Stuttgart 1963.

Lemmens, Joseph: Les discriminations en matière de prix et conditions de transport et les tarifs de soutien dans le traité de Rome. In: Robert Wijffels, Wolfgang Stabenow und Leon Huffel (Hrsg.), Gemeinsamer Markt & Verkehr, Antwerpen 1969.

Lindenblatt, Dieter: Der Beitrag parkpolitischer Maßnahmen zur Verbesserung der Funktionsteilung im Stadtverkehr, Buchreihe des Instituts für Verkehrswissenschaft an der Universität zu Köln 33, Bentheim 1977.

Linhardt, Hanns; Penzkofer, Peter, und Scherpf, Peter (Hrsg.): Dienstleistungen in Theorie und Praxis, Otto Hintner zum siebzigsten Geburtstag, Stuttgart 1970.

Lisowsky, Arthur: Kostendenken und Ertragsdenken in der Betriebswirtschaft — Ein Beitrag zur wissenschafts- und erkenntnistheoretischen Grundlegung der allgemeinen Betriebswirtschaftslehre, insbesondere der Absatzlehre. In: Zeitschrift für Betriebswirtschaft 14 (1937).

Loesch, Achim von: Die gemeinwirtschaftliche Unternehmung — Vom antikapitalistischen Ordnungsprinzip zum marktwirtschaftlichen Regulativ, Köln 1977.

Malcor, Rene: Fragen im Zusammenhang mit der Anwendung eines Systems zur Abgeltung der Benutzung der Straßen — Im Auftrag der Kommission der Europäischen Gemeinschaften erstellter Bericht, Kommission der Europäischen Gemeinschaften (Hrsg.), Studien Reihe Verkehr 2, Brüssel 1970.

Maleri, Rudolf: Grundzüge der Dienstleistungsproduktion, Heidelberger Taschenbücher 123, Berlin-Heidelberg-New York 1973.

Mahnkopf, Rudolf: Möglichkeiten einer Berücksichtigung unterschiedlicher Ziele kaufmännischer Unternehmungen und öffentlicher Betriebe in der betriebswirtschaftlichen Investitionstheorie, Diss. München 1973.

Marks, N. E., Taylor, R. M. (Hrsg.): Marketing Logistics — Perspectives and Viewpoints, New York-London-Sydney 1967.

Meyer, Hans-Reinhard: Verkehrswirtschaft und Verkehrspolitik — Aktuelles und Grundsätzliches, Bern und Stuttgart 1976.

Ministerium für Verkehr und Waterstaat: Der Weg zur europäischen Verkehrspolitik — Einige von der niederländischen Regierung der Kommission der Europäischen Wirtschaftsgemeinschaft und den Regierungen der Mitgliedstaaten vorgelegte konkrete Ideen zur Erreichung einer gemeinsamen Verkehrspolitik, Den Haag 1964.

Möller, Hans: Kalkulation, Absatzpolitik und Preisbildung — Die Lehre von der Absatzpolitik der Betriebe auf preistheoretischer und betriebswirtschaftlicher Grundlage, 1. Aufl. Wien 1941; Nachdruck mit einer neuen Einführung über Die Entwicklung der modernen Preistheorie, Tübingen 1962.

Müller, Heinz J., und Drude, Michael: Eigenwirtschaftlichkeit der Eisenbahnen und aktive Sanierung ländlicher Räume — ein Zielkonflikt? In: Rainer Willeke (Hrsg.), Wissenschaftliche Beratung der verkehrspolitischen Planung, Festschrift zum 50jährigen Bestehen des Instituts für Verkehrswissenschaft an der Universität zu Köln, Düsseldorf 1971, zugleich in: Zeitschrift für Verkehrswissenschaft 42 (1971).

Müller-Armack, Alfred: Genealogie der Sozialen Marktwirtschaft — Frühschriften und weiterführende Konzepte, Bern und Stuttgart 1974.

Müller-Hermann, Ernst: Die Grundlagen der gemeinsamen Verkehrspolitik in der Europäischen Wirtschaftsgemeinschaft — Eine Untersuchung über die Anwendung des Wettbewerbsprinzips im gemeinsamen Verkehrsmarkt, Bad Godesberg 1963.

DB-Sanierung — höchste Eisenbahn, Stuttgart 1976.

Nicklisch, Heinrich: Die Betriebswirtschaft, 7. Aufl. der wirtschaftlichen Betriebslehre, Stuttgart 1932.

NIEMEIER, HANS-GERHART: Das Recht der Raumordnung und Landesplanung in der Bundesrepublik Deutschland — Eine systematische Darstellung, Veröffentlichungen der Akademie für Raumforschung und Landesplanung, Abhandlungen 75, Hannover 1976.

OETTLE, KARL: Tarif- und investitionspolitische Fragen des kommunalen Personen-Nahverkehrs. In: Der Gemeindehaushalt 65 (1964).

Voraussetzungen und Folgen einer unternehmungsweisen Führung der Deutschen Bundesbahn. In: Betriebswirtschaftliche Forschung und Praxis 16 (1964), wieder abgedruckt in: Grundfragen öffentlicher Betriebe I — Ausgewählte Aufsätze zur Zielsetzung, Führung und Organisation öffentlicher Betriebe, Baden-Baden 1976.

Zur Eigenkapitalausstattung öffentlicher Betriebe. In: Der Gemeindehaushalt 65 (1964), wieder abgedruckt in: Karl Oettle, Grundfragen öffentlicher Betriebe II, Ausgewählte Aufsätze zur Finanzierung und Rechnung öffentlicher Betriebe, Baden-Baden 1976.

Unternehmerische Finanzpolitik — Elemente einer Theorie der Finanzpolitik industrieller Unternehmungen, Stuttgart 1966.

Über den Charakter öffentlich-wirtschaftlicher Zielsetzungen. In: Zeitschrift für betriebswirtschaftliche Forschung 18 (1966).

Die gegenwärtige Bedrängnis der Deutschen Bundesbahn in öffentlich-wirtschaftlicher Sicht. In: Betriebswirtschaftliche Forschung und Praxis 18 (1966).

Die Gemeinschaftsaufgaben — Idee, Intentionen und Perspektiven. In: Kommunalwirtschaft 1967.

Grundlagen und Systeme des betrieblichen Rechnungswesens. In: Studienstiftung der Verwaltungsleiter deutscher Krankenanstalten e. V. (Hrsg.), Zentrallehrgang 1967, Kulmbach 1967.

Demolierung des öffentlichen Flächenverkehrs aus betriebswirtschaftlichen Gründen? In: Verkehrswirtschaftliche Informationen 13 (1968), Nr. 1—3.

Verkehrsprogramme und Verkehrsnotstand. In: Internationales Verkehrswesen 20 (1968).

Ökonomismus und Rationalität in der Verkehrspolitik. In: Verkehrsannalen 15 (1968).

Die Komplementarität staatlicher und kommunaler Verkehrspolitik. In: Heinz Lampert, Karl Oettle, Die Gemeinden als wirtschaftspolitische Instanzen, Schriftenreihe des Vereins für Kommunalwissenschaften e. V. 26, Stuttgart-Berlin-Köln-Mainz 1968.

Wasserstraßen in betriebswirtschaftlicher und volkswirtschaftlicher Sicht. In: Die Kanalschiffahrt im Jahre 1968/1969, Bericht über die Ordentliche Mitgliederversammlung des Schiffahrtverbandes für das westdeutsche Kanalgebiet e. V., Dortmund 1969.

Eigenwirtschaftliche Wegenetze? — Kritische Anmerkungen zum Wegekostenbericht. In: Hamburger Jahrbuch für Wirtschafts- und Gesellschaftspolitik 15 (1970).

Verantwortung und Gefährdung der wissenschaftlichen Berater im Verkehrswesen. In: Rainer Willeke (Hrsg.), Wissenschaftliche Beratung der verkehrspolitischen Planung, Düsseldorf 1971, Festschrift zum 50jährigen Bestehen des Instituts für Verkehrswissenschaften an der Universität zu Köln, gleichzeitig in: Zeitschrift für Verkehrswissenschaften 42 (1971).

Öffentliche Verwaltung und Betriebswirtschaftslehre, Sonderdruck der Kommunalen Gemeinschaftsstelle für Verwaltungsvereinfachung (KGSt.), Köln-Marienburg 1971.

Der Verkehr, der Einzelne und die Gesellschaft. In: Karl Lechner (Hrsg.), Analysen zur Unternehmenstheorie, Festgabe für Leopold Illetschko, Berlin 1972.

Grenzen des ökonomischen Prinzips im Verkehr. In: Emil Meynen (Hrsg.) unter Mitarbeit von Egon Riffel, Geographie heute — Einheit und Vielfalt, Ernst Plewe zu seinem 65. Geburtstag, Wiesbaden 1972 (Geographische Zeitschrift, Beihefte; Erdkundliches Wissen, Heft 33).

Betriebserfolge in der privaten und in der öffentlichen Wirtschaft, Sonderdruck der Kommunalen Gemeinschaftsstelle für Verwaltungsvereinfachung (KGSt.), Köln-Marienburg 1972, wieder abgedruckt in: Grundfragen öffentlicher Betriebe I.

Forderungen der Landesplanung an die Verkehrsplanung. In: Raumforschung und Raumordnung 30 (1972).

Über die zukünftige Finanzierung der Aufgaben des öffentlichen Personen-Nahverkehrs. In: Akademie für Raumforschung und Landesplanung (Hrsg.), Die Kernstadt und ihre strukturgerechte Verkehrsbedienung, Forschungs- und Sitzungsberichte 92 (Raum und Verkehr 11), Hannover 1974.

Einzelleistungs- und Gewährleistungsbetriebe, Sonderdruck der Kommunalen Gemeinschaftsstelle für Verwaltungsvereinfachung (KGSt.), Köln-Marienburg 1974.

Die Anwendung von Grundsätzen moderner Unternehmensführung im Krankenhaus. In: Studienstiftung der Verwaltungsleiter deutscher Krankenanstalten e. V. (Hrsg.), Zentrallehrgang 1974, Kulmbach 1974, wieder abgedruckt in: Karl Oettle, Grundfragen öffentlicher Betriebe I.

Zum Entwurf einer gemeinsamen Verkehrspolitik der EG. In: Wirtschaftsdienst 54 (1974).

Finanzierungshilfen, öffentliche. In: Erwin Grochla und Waldemar Wittmann (Hrsg.), Handwörterbuch der Betriebswirtschaftslehre 4. Aufl., Band 1, Stuttgart 1974.

Probleme der absatzorientierten Unternehmenspolitik im öffentlichen Verkehr. In: Verkehrsannalen 22 (1974).

Berufsverkehr. In: Eduard Gaugler (Hrsg.), Handwörterbuch des Personalwesens, Stuttgart 1975.

Öffentliche Betriebe. In: Erich Grochla und Waldemar Wittmann (Hrsg.), Handwörterbuch der Betriebswirtschaft, 4. Aufl., Band 2, Stuttgart 1975.

Verkehrsbetrieb und Verkehrsbetriebslehre. In: Erich Grochla und Waldemar Wittmann (Hrsg.), Handwörterbuch der Betriebswirtschaft, 4. Aufl., Band 3, Stuttgart 1976.

Verkehrsprobleme im ländlichen Raum, in größere Zusammenhänge gestellt. In: Der Landkreis 46 (1976).

Ungelöste Probleme der Verkehrswirtschaft. In: Omnibusrevue 27 (1976).

Die Willensbildung in öffentlichen Unternehmen. In: Horst Albach (Hrsg.), Die Bedeutung gesellschaftlicher Veränderungen für die Willensbildung im Unternehmen, Schriften des Vereins für Socialpolitik NF 88, Berlin 1976.

Die öffentliche Flächenverkehrsbedienung in raumordnerischer Sicht. In: Schwartzsche Vakanzen-Zeitung 102 (1976).

Bundesbahn — quo vadis? In: ETR - Eisenbahntechnische Rundschau 26 (1977).

Zur „Optimalität" öffentlicher Verkehrsnetze. In: Zeitschrift für Eisenbahnwesen und Verkehrstechnik — Glasers Annalen 101 (1977).

Die Bedeutung der Betriebswirtschaftslehre für wirtschaftsdidaktische Bemühungen. In: Reiner Buchegger u. a., Bezugswissenschaften der Wirtschaftslehre und Wirtschaftlehrerbildung, Trier 1977.

Privatisierung öffentlicher Unternehmen? In: Kommunalwirtschaft 1977.

Gesamtwirtschaftliche und regionalwirtschaftliche Gesichtspunkte für die Gestaltung des künftigen Eisenbahnnetzes. In: Internationales Verkehrswesen 28 (1977).

Verkehrsbetriebe, Organisation der, demnächst in: Erwin Grochla (Hrsg.), Handwörterbuch der Organisation, 2. Aufl.

Die Funktion der Tarifpolitik innerhalb der verkehrlichen Absatz- oder Angebotspolitik. In: Verkehrstarife als raumordnungspolitisches Mittel, Veröffentlichungen der Akademie für Raumforschung und Landesplanung, Forschungs- und Sitzungsberichte 120, Raum und Verkehr (12), Hannover 1977.

OETTLE, KARL, und THIEMEYER, THEO: Thesen über die Unterschiede zwischen privatunternehmerischen und öffentlich-wirtschaftlichen Zielen. In: Die öffentliche Wirtschaft 18 (1969).

Thesen über die Unterschiede zwischen privater Absatzpolitik und öffentlicher Angebotspolitik. In: Die öffentliche Wirtschaft 18 (1969).

ORTLIEB, HEINZ-DIETRICH; DÖRGE, FRIEDRICH-WILHELM (Hrsg.): Wirtschafts- und Sozialpolitik — Modellanalysen politischer Probleme, Opladen 1964.

OSSENBÜHL, FRITZ: Erweiterte Mitbestimmung in kommunalen Eigengesellschaften — Ein Rechtsgutachten, erstattet für die Gerwerkschaft ÖTV, Stuttgart 1972.

PETER, HANS: Einführung in die Politische Ökonomie, Stuttgart 1950.

Freiheit der Wirtschaft, Köln 1953.

Strukturlehre der Volkswirtschaftslehre (posthum, hrsg. von Woldemar Koch unter Mitarbeit von Ursula Schleehauf), Göttingen 1963.

Peters, Hans-Rudolf: Marktwirtschaftliche Verkehrsordnung und die „Besonderheiten" des Güterverkehrs, Bad Godesberg 1966.

Pirath, Carl: Die Grundlagen der Verkehrswirtschaft, 2. erw. Aufl., Berlin-Göttingen-Heidelberg 1949.

Pohmer, Dieter: Grundlagen der Betriebswirtschaftlichen Steuerlehre, Berlin 1958.

Pohmer, Dieter, und Bea, Franz Xaver: Erfolg. In: Erich Kosiol (Hrsg.), Handwörterbuch des Rechnungswesens, Stuttgart 1970.

Predöhl, Andreas: Verkehrspolitik, 2. verb. und erw. Aufl., Göttingen 1964.

Prüfungskommission für die Deutsche Bundesbahn: Bericht über die Deutsche Bundesbahn (DB) vom 30. Januar 1960, Deutscher Bundestag 4. Wahlperiode, Drucksache IV/840.

Püttner, Günter: Die Mitbestimmung in kommunalen Unternehmen unter dem Grundgesetz — Rechtsgutachten unter Mitwirkung von Peter Wössner, Bremen-Frankfurt am Main 1972.

Raffee, Hans: Kurzfristige Preisuntergrenzen als betriebswirtschaftliches Problem, Köln und Opladen 1961.

Recktenwald, Horst Claus: Die Nutzen-Kosten-Analyse — Entscheidungshilfe der Politischen Ökonomie, Tübingen 1970.

Reichardt, Helmut: Augustin A. Cournot — Sein Beitrag zur exakten Wirtschaftswissenschaft, Tübingen o. J. (1954).

Reinermann, Heinrich: Erfolgskontrolle im öffentlichen Sektor — Beiträge des Rechnungswesens als Brücke zwischen Nutzen-Kosten-Untersuchungen und Evaluierung. In: Die Betriebswirtschaft 37 (1977).

Riebel, Paul: Das Rechnen mit Einzelkosten und Deckungsbeiträgen. In: Zeitschrift für handelswissenschaftliche Forschung, Neue Folge 11 (1959).

Kosten und Preise bei verbundener Produktion, Substitutionskonkurrenz und verbundener Nachfrage, Opladen 1971.

Verkehrsbetriebe, absatzwirtschaftliche Probleme der. In: Bruno Tietz (Hrsg.), Handwörterbuch der Absatzwirtschaft, Stuttgart 1974.

Verkehrsbetriebe, Rechnungswesen der. In: Erich Grochla und Waldemar Wittmann (Hrsg.), Handwörterbuch der Betriebswirtschaft, 4. Aufl., Band 3, Stuttgart 1976.

Rieger, Wilhelm: Einführung in die Privatwirtschaftslehre, 2. unver. Aufl., Erlangen 1959 (zuerst 1929).

Ritschard, Willi: Probleme der Verkehrs- und Energiepolitik. In: Schweizerisches Archiv für Verkehrswissenschaft und Verkehrspolitik 29 (1974).

Ritschl, Hans: Gemeinwirtschaftliche Verkehrsbedienung und eigenwirtschaftliche Betriebsführung der Deutschen Bundesbahn — Gutachten. In: Die öffentliche Wirtschaft 9 (1960).

Gemeinwirtschaft. In: Handwörterbuch der Sozialwissenschaften, Vierter Band, Stuttgart-Tübingen-Göttingen 1965.

Vom Verkehrschaos zur Verkehrsordnung, Zeitfragen 5, Hamburg 1968.

Marktwirtschaft und Gemeinwirtschaft im Verkehrswesen, Wien-München 1969.

Rittig, Gisbert: Gemeinwirtschaftsprinzip und Preisbildung bei öffentlichen Unternehmen unter volkswirtschaftlichen Gesichtspunkten, Schriftenreihe Gemeinwirtschaft 25, Frankfurt am Main-Köln 1977.

Rühli, Edwin: Investitionsrechnung. In: Erwin Grochla und Waldemar Wittmann (Hrsg.), Handwörterbuch der Betriebswirtschaft, 4. Aufl., Band 2, Stuttgart 1975.

Sachverständigen-Kommission für die Deutsche Bundespost: Gutachten vom 6. November 1965, Deutscher Bundestag 5. Wahlperiode, Drucksache V/20.

Sachverständigen-Kommission für eine Untersuchung von Massnahmen zur Verbesserung der Verkehrsverhältnisse der Gemeinden: Bericht nach dem Gesetz über eine Untersuchung von Maßnahmen zur Verbesserung der Verkehrsverhältnisse der Gemeinden, Deutscher Bundestag 4. Wahlperiode, Drucksache IV/2661.

SACHVERSTÄNDIGEN-KOMMISSION ZUM GENERALVERKEHRSPLAN NORDRHEIN-WESTFALEN: Auswertungsbericht, hrsg. vom Minister für Wirtschaft, Mittelstand und Verkehr des Landes Nordrhein-Westfalen, Düsseldorf 1970.

SANDIG, CURT: Betriebswirtschaftspolitik, 2. völlig neu bearb. Aufl. von „Die Führung des Betriebes — Betriebswirtschaftspolitik", Stuttgart 1966.

SCHEELE, ERWIN: Tarifpolitik und Standortstruktur, Forschungen aus dem Institut für Verkehrswissenschaft an der Universität Münster 13, Göttingen 1959.

SCHMIDT, RALF-BODO: Wirtschaftslehre der Unternehmung, Band 1: Grundlagen und Zielsetzung, Stuttgart 1969.

SCHMITT, ALFONS: Verkehrspolitik. In: Adolf Weber unter Mitwirkung von Adolf Lampe und Alfons Schmitt, Handels- und Verkehrspolitik (Binnenhandel — Verkehr — Außenhandel), Wirtschaftspolitik II, München und Leipzig 1933.

SCHNEIDER, ERICH: Industrielles Rechnungswesen — Grundlagen und Grundfragen, 4. Aufl., Tübingen 1963.

Wirtschaftlichkeitsrechnung, 7. Aufl., Tübingen-Zürich 1968.

SCHNETTLER, ALBERT: Öffentliche Betriebe, Essen 1956.

SCHULZ-KIESOW: Eisenbahngütertarifpolitik und Raumordnung — entwickelt am Beispiel Thüringens — zugleich ein Nachweis der Gemeinwirtschaftlichkeit des Gütertarifsystems der Deutschen Reichsbahn, Berichte zur Raumforschung und Raumordnung 1, Leipzig 1939.

Die Eisenbahngütertarifpolitik in ihrer Wirkung auf den industriellen Standort und die Raumordnung — zugleich ein volkswirtschaftliches Lehrbuch der Eisenbahngütertarifpolitik, Beiträge zur Raumforschung und Raumordnung 6, Heidelberg-Berlin-Magdeburg 1940.

SEEBOHM, HANS-CHRISTOPH: Das verkehrspolitische Programm der Bundesregierung. In: Grundlagen einer verkehrspolitischen Neuordnung, Schriftenreihe des Bundesministers für Verkehr 4, Bielefeld 1954.

SEIDENFUS, HELLMUTH: Verkehrsmärkte — Marktform, Marktbeziehung, Marktverhalten, Veröffentlichungen der List Gesellschaft 14, Tübingen-Basel 1959.

Verkehr und Regionalpolitik. In: Zeitschrift für Verkehrswissenschaft 37 (1966).

Diskussion über die Vorträge auf der Verkehrswissenschaftlichen Tagung der DVWG in Düsseldorf (Generalthema: „Verkehrsbild der Zukunft"). In: Internationales Verkehrswesen 19 (1967).

Auf dem Wege zur Liberalisierung des Verkehrs. In: Internationales Verkehrswesen 22 (1970).

SMEAD, ELMER D.: Government Promotion and Regulating of Business, New York 1969.

STEERING GROUP AND WORKING GROUP APPOINTED BY THE MINISTER OF TRANSPORT: Traffic in Towns — A study of the long term problems of traffic in urban areas, London 1963.

STOHLER, JACQUES: Zur Methode und Technik der Cost-Benefit-Analyse. In: Kyklos XX (1967).

STORBECK, DIETRICH: Zur Operationalisierung der Raumordnungsziele. In: Kyklos XXIII (1970).

STORSBERG, GÜNTHER: Die Bedeutung der Verkehrspolitik für die Entwicklung ländlicher Räume. In: Zeitschrift für Verkehrswissenschaft 42 (1971).

TAXIS, HANS: Grundfragen des finanzwirtschaftlichen und des erwerbswirtschaftlichen Rechnens. In: Finanzarchiv, Neue Folge 18 (1957/58).

THIEMEYER, THEO: Kosten als gesellschaftliche Bedeutungsgrößen. In: Zeitschrift für Verkehrswissenschaft 39 (1968).

Gemeinwirtschaftlichkeit als Ordnungsprinzip — Grundlagen einer Theorie gemeinnütziger Unternehmen, Berlin 1970.

Unternehmensmorphologie. Methodische Vorbemerkungen zur Bildung praxisbezogener Betriebstypen. Thesen in didaktischer Absicht, Archiv für öffentliche und freigemeinnützige Unternehmen 10 (1972).

Gemeinwirtschaft in Lehre und Forschung, Schriftenreihe Gemeinwirtschaft 13, Frankfurt am Main 1974.

Wirtschaftslehre öffentlicher Betriebe, Reinbek bei Hamburg 1975.

THOMSEN, J. M., Road Pricing: the British concept of a congestion tax, Schweizerisches Archiv für Verkehrswissenschaft und Verkehrspolitik 25 (1970).

UMLAUF, JOSEF: Öffentliche Vorleistungen als Instrument der Raumordnungspolitik, Veröffentlichungen der Akademie für Raumforschung und Landesplanung, Abhandlungen 55, Hannover 1968.

VERBAND DER AUTOMOBILINDUSTRIE (Hrsg.): Planen für die menschliche Stadt — Die Rolle des Automobils, Referate und Diskussionsbeiträge von zwei VDA-Kolloquien, Schriftenreihe des Verbandes der Automobilindustrie (VDA) 15, Frankfurt am Main 1973.

VERBAND ÖFFENTLICHER VERKEHRSBETRIEBE: Besserer Verkehr in Stadt und Region — Wege und Ziele des öffentlichen Personennahverkehrs, Köln 1970.

Die wirtschaftlichen Grundlagen des öffentlichen Nahverkehrs — Zu Vorschlägen des Deutschen Industrie- und Handelstages (DIHT), Köln 1970.

VERSHOFEN, WILHELM: Totale Konkurrenz als Kern der Absatzproblematik. In: Deutsche Gesellschaft für Betriebswirtschaft (Hrsg.), Rationelle Absatzwirtschaft — heute und morgen, Berlin 1955.

VETTER, FRIEDRICH: Netztheoretische Studien zum niedersächsischen Eisenbahnnetz — Ein Beitrag zur angewandten Verkehrsgeographie, Abhandlungen des 1. Geographischen Instituts der Freien Universität Berlin 15, Berlin 1970.

VREBOS, JEAN: Le régime des prix pour les transports par chemin de fer, routes et voies navigables. In: Robert Wijffels, Wolfgang Stabenow und Léon van Huffel (Hrsg.), Gemeinsamer Markt & Verkehr, Antwerpen 1969.

VOIGT, FRITZ: Die gestaltende Kraft der Verkehrsmittel in wirtschaftlichen Wachstumsprozessen — Untersuchung der langfristigen Auswirkungen von Eisenbahn und Kraftwagen in einem Wirtschaftsraum ohne besondere Standortvorteile, Bielefeld 1959.

Verkehr, Zweiter Band, zweite Hälfte, Die Entwicklung des Verkehrssystems, Berlin 1965.

Verkehr, Erster Band, zweite Hälfte, Die Theorie der Verkehrswirtschaft, Berlin 1973.

VOIGT, FRITZ, ZACHCIAL, MANFRED, und SOLZBACHER, FERI: Determinanten der Nachfrage nach Verkehrsleistungen, Teil I: Personenverkehr, Forschungsberichte des Landes Nordrhein-Westfalen Nr. 2546 Fachgruppe Verkehr, Opladen 1976.

WALTHER, ALFRED: Einführung in die Wirtschaftslehre der Unternehmung, 1. Band: Der Betrieb, Zürich 1947.

WEICH, GÖTZ: Straßenverkehr 1985 — Motorisierung, Straßenbau, Finanzierung, Sicherheit, Aktuelle Wirtschaftsanalysen 3 (hrsg. von der Deutschen Shell Aktiengesellschaft), Hamburg 1970.

WEISSER, GERHARD: Wirtschaftspolitik als Wissenschaft, Stuttgart 1934.

Form und Wesen der Einzelwirtschaften — Theorie und Politik ihrer Stile, Erster Band 2. Aufl., Göttingen 1949.

Wirtschaft. In: Werner Ziegenfuß (Hrsg.), Handbuch der Soziologie, Stuttgart 1956.

Morphologie der Betriebe. In: Hans Seischab und Karl Schwantag (Hrsg.), Handwörterbuch der Betriebswirtschaft 3. Aufl., Band III, Stuttgart 1960.

Die Unternehmensmorphologie — nur Randgebiet? — Bemerkungen zu ihrer Erkenntniskritik und Methodologie. In: Archiv für öffentliche und freigemeinnützige Unternehmen 8 (1967/68).

WILLEKE, RAINER: Verkehrspolitik. In: Karl Hax und Theodor Wessels (Hrsg.), Handbuch der Wirtschaftswissenschaft, 2. überarb. und erw. Aufl., Band II Volkswirtschaft, Köln und Opladen 1966.

Verkehr und Staatshaushalt, Schriftenreihe des Verbandes der Automobilindustrie e. V. (VDA) 19, Frankfurt am Main 1975.

WILLEKE, RAINER, und ABERLE, GERD: Zur Lösung des Wegekostenproblems, Schriftenreihe des Verbandes der Automobilindustrie (VDA) 4, Frankfurt am Main o. J. (1970).

WILLEKE, RAINER, und BAUM, HERBERT: Theorie und Praxis des Road Pricing. In: Zeitschrift für Verkehrswissenschaft 43 (1972).

Wissenschaftlicher Beirat beim Bundesministrium der Finanzen: Zur Lage und Entwicklung der Staatsfinanzen in der Bundesrepublik Deutschland, Bulletin des Presse- und Informationsamtes der Bundesregierung Nr. 103 vom 16. August 1975.

Wissenschaftlicher Beirat beim Bundesverkehrsministerium, Gruppe Verkehrswirtschaft: Vorschläge für eine Reform des Deutschen Eisenbahngütertarifs, Schriftenreihe des Wissenschaftlichen Beirats beim Bundesverkehrsministerium 1, Bielefeld o. J. (1953).

Gutachten über den Werkverkehr mit Lastkraftwagen, Schriftenreihe des Wissenschaftlichen Beirats beim Bundesverkehrsministerium 6, Bielefeld 1956.

Grundsätze zur Verkehrspolitik, Schriftenreihe des Wissenschaftlichen Beirats beim Bundesverkehrsministeriums 9, Bad Godesberg 1961.

Der Preiswettbewerb in der zukünftigen europäischen Verkehrspolitik, Schriftenreihe des Wissenschaftlichen Beirats beim Bundesverkehrsministerium 11, Hof/Saale o. J. (1963/64).

Zur Frage der optimalen Verkehrsbedienung in der Fläche, Verkehrspolitik als ein Mittel der Regionalpolitik, Schriftenreihe des Wissenschaftlichen Beirats beim Bundesverkehrsministerium 12, Frankfurt am Main 1966.

Wissenschaftlicher Beirat beim Bundesministerium für Wirtschaft: Kosten und Preise öffentlicher Unternehmen, Stellungnahme. In: Bulletin der Bundesregierung Nr. 4 vom 8. Januar 1976.

Wissenschaftlicher Beirat der Gesellschaft für Öffentliche Wirtschaft und Gemeinwirtschaft e. V. (GÖWG): Mitbestimmung in öffentlichen und gemeinwirtschaftlichen Unternehmen — Eine Diskussion, Schriftenreihe der Gesellschaft für öffentliche Wirtschaft und Gemeinwirtschaft e. V. 12, Berlin o. J. (1975).

Privatisierung öffentlicher Unternehmen — kein Mittel zum Abbau von Haushaltsdefiziten, Schriftenreihe der Gesellschaft für öffentliche Wirtschaft und Gemeinwirtschaft e. V. 13, Berlin 1976.

Zur Leistungsfähigkeit öffentlicher Unternehmen — Beispiele und Ursachen für Leistungseinschränkungen sowie Möglichkeiten von Leistungsverbesserungen, Schriftenreihe der Gesellschaft für öffentliche Wirtschaft und Gemeinwirtschaft e. V. 15, Berlin 1977.

Witte, Eberhard, unter Mitwirkung von Jürgen Hauschildt: Die öffentliche Unternehmung im Interessenkonflikt — Betriebswirtschaftliche Studie zu einer Zielkonzeption der öffentlichen Unternehmung, Berlin 1966.

Wittmann, Waldemar: Unternehmung und unvollkommene Information. Unternehmerische Voraussicht — Ungewißheit und Planung, Köln und Opladen 1959.

Wysocki, Klaus von: Öffentliche Finanzierungshilfen, Köln und Opladen 1961.

Betriebswirtschaftslehre und Staat. In: Zeitschrift für betriebswirtschaftliche Forschung, Neue Folge 18 (1966).

Zeller, Eugen: Kommunale Mitbestimmung — Mitbestimmung in Betrieben und Unternehmungen der öffentlichen Hand, Bonn 1972.

Zentralausschuss der Deutschen Binnenschiffahrt: Die Verzerrungen der Wettbewerbsbedingungen im binnenländischen Güterverkehr — Stellungnahme zu dem Bericht der Bundesregierung vom 2. August 1963, Bundestagsdrucksache IV/1449, Beuel 1964.

O. V.: Die gemeinsame Verkehrspolitik, Europäische Dokumentation 1971, Sonderdruck.

Abhandlungen
der Akademie für Raumforschung und Landesplanung

Band 75: Hans-Gerhart Niemeier

Das Recht der Raumforschung und Landesplanung in der Bundesrepublik Deutschland

Aus dem Inhalt:

Vorwort		VII
Abkürzungen		IX
Literaturauswahl		XI
1.	Begriffliche und geschichtliche Grundlagen	1
1.1	Landesplanung und Landesplanungsrecht	1
1.2	Die Entwicklung des Landesplanungsrechts nach dem Zweiten Weltkrieg	8
1.3	Begriffserklärungen	17
2.	Bund und Länder in der Raumordnung	23
2.1	Zuständigkeiten in der Gesetzgebung	23
2.2	Die sachlichen Regelungen im Bundes- und im Landesrecht	26
3.	Die Organisation der Landesplanung	34
3.1	Prinzipien des bundesdeutschen Verwaltungsaufbaus	34
3.2	Die Träger der Landesplanungsarbeit	37
3.3	Beiräte	56
4.	Die Pläne der Landesplanung, ihr Entstehen, ihr rechtlicher Gehalt, ihre Bindungswirkung	58
4.1	Das Entstehen von Plänen der Landesplanung	58
4.2	Der rechtliche Gehalt der Pläne der Landesplanung	62
4.3	Die Rechtsformen der Pläne der Landesplanung	64
4.4	Die Bindungswirkung der Pläne der Landesplanung — Landesplanung und Fachplanungen —	65
4.5	Landesplanung und Bauleitplanung	69
5.	Die Mittel zur Durchsetzung der Pläne der Landesplanung	72
5.1	Allgemeines	72
5.2	Beratung und Gutachten	72
5.3	Raumordnungsverfahren	73
5.4	Raumordnungsklauseln	74
5.5	Untersagung raumordnungswidriger Planungen und Maßnahmen	75
5.6	Zurückstellen von Baugesuchen	78
5.7	Planungsgebot	78
5.8	Interne Hilfsmittel der Landesplanung	79
6.	Grenzüberschreitende Planung	84
6.1	Grundsätzliches	84
6.2	Hinweise im Raumordnungsgesetz	84
6.3	Planungen über binnendeutsche Ländergrenzen	85
6.4	Überschreitung von Regionalgrenzen innerhalb der Länder	88
6.5	Planung über die bundesdeutschen Grenzen	88
7.	Entschädigungen und Kostenregelungen	91
7.1	Entschädigung aus Anlaß einer Untersagung raumordnungswidriger Planungen und Maßnahmen	91
7.2	Entschädigung aus Anlaß der Abänderung von Bauleitplänen	92
7.3	Kostenerstattungen für Regionalplanungen	94
7.4	Sonstige Entschädigungsmöglichkeiten	94
8.	Schlußbewertung	95

Der gesamte Band umfaßt 95 Seiten; Format DIN B 5; 1976; Preis 28,— DM.

Auslieferung
HERMANN SCHRÖDEL VERLAG KG · HANNOVER

Forschungs- und Sitzungsberichte
der Akademie für Raumforschung und Landesplanung

Band 120:

Verkehrstarife als raumordnungspolitisches Mittel

Aus dem Inhalt:

Karl Oettle, München	Elemente von Personenverkehrstarifen	3
Kurt Kodal, St. Augustin	Rechtsgrundlagen und rechtliche Schranken einer Tarifpolitik als raumordnungspolitische Mittel	17
Klaus M. Medert, Bonn	Personenverkehrstarife der Eisenbahnen und des öffentlichen Nahverkehrs	31
Gerhard Isenberg, Bonn	Tarife und Distanzaufwand im Güter- und Personenverkehr als Einflußgrößen für Siedlungsstruktur und Ballungstendenzen	49
Gebriele Winterholler, München	Personen- und Gütertarife im Luftverkehr	67
Wilhelm L. Schneider, München	Raumordnung und Gütertarife, insbesondere im Schienenverkehr	81
Franz J. Schroiff, Dortmund	Die Tarife der Binnenschiffahrt und ihre raumordnende Wirkung	111
Paul Helfrich, Gräfelfing	Tarife im gewerblichen Güterfern- und Nahverkehr unter Berücksichtigung des Werkverkehrs	131
Franz J. Schroiff, Dortmund	Gütertarifpolitik als Mittel der Raumordnung	163
Hans Horak, Stuttgart	Transportkosten und Standortwahl aus betrieblicher Sicht	181
Gerhard Isenberg, Bonn	Empfindlichkeit von Industriegebieten gegenüber geldlichem und zeitlichem Aufwand im Verkehr	193
Heinrich Hunke, Hannover	Zur Finanzierung tarifär bedingter Defizite im Verkehr — Die öffentlichen Verkehrsträger im Spannungsfeld zwischen Eigenwirtschaftlichkeit und Nulltarif —	201
Heinz Richard Watermann, Straßburg	Tarifpolitische Vorschläge und Maßnahmen zur Verwirklichung der gemeinsamen Verkehrspolitik der Europäischen Gemeinschaften — Bestandsaufnahme und Versuch einer Wertung —	229
Karl Oettle, München	Die Funktionen der Tarifpolitik innerhalb der verkehrlichen Absatz- oder Angebotspolitik	299
	Tarifpolitik als raumordnungspolitisches Mittel — Stellungnahme des gleichnamigen Arbeitskreises der Akademie für Raumforschung und Landesplanung —	315

Der gesamte Band umfaßt 317 Seiten; Format DIN B 5; 1977; Preis 44,— DM.

Auslieferung

HERMANN SCHRÖDEL VERLAG KG · HANNOVER